根据《中华人民共和国民法总则》等
最新法律法规编写

◆ 婚姻家庭中的财产权与人身权保护
◆ 未成年人的财产权与人身权保护
◆ 财产权及其利用与保护
◆ 消费者权益保护
◆ 人身权与财产权侵权责任承担
◆ 就业工作中的财产权与人身权保护
◆ 财产权与人身权纠纷诉讼维权指引

像律师一样维护自己的权利

财产权与人身权保护指南

栾兆安◎编著

人民出版社

目　　录

第一部分　婚姻家庭中的财产权与人身权保护

第二部分　未成年人的财产权与人身权保护

第四部分　消费者权益保护

第五部分　人身权与财产权侵权责任承担

第六部分　就业工作中的财产权与人身权保护

第七部分　财产权与人身权纠纷诉讼维权指引

第一部分　婚姻家庭中的财产权与人身权保护

一、婚　　姻

（一）夫妻财产制

夫妻共同财产由哪些构成？

根据《中华人民共和国婚姻法》（以下简称《婚姻法》）第 17 条的规定，在婚姻关系存续期间所得的下列财产属于夫妻共同财产：

（1）工资、奖金。这里的"工资、奖金"是指工资性收入，包括基本工资之外的各种形式的补贴、奖金、福利以及企业高级管理人员或者技术人员的股份期权等收入。

（2）生产、经营的收益。这里的"生产、经营的收益"，既包括生产劳动收益，也包括经营收益以及买卖股票、期货、债权等投资收益。

（3）知识产权的收益。这里的"知识产权的收益"是指婚姻关系存续期间，实际取得或者已经确定能够取得的知识产权的财产性收益，包括著作权人因作品出版、上演、播映或者网络传播等许可他人使用作品而获得的报酬；专利权人转让专利权或许可他人使用其专利所取得的报酬；商标所有人转让商标权或许可他人使用其注册商标所取得的报酬。

（4）继承或赠与所得的财产。这里"继承或赠与所得的财产"是指婚姻关系存续期间依法继承或者接受赠与所得的财产。但并非所有继承的财产或受赠财产都是夫妻共同财产，如果遗嘱中或赠与合同中确定只归夫妻一方所有的，则该财产就属于遗嘱或者赠与合同所确定的一方的个人财产。

(5)其他应当归共同所有的财产。根据《最高人民法院关于适用〈中华人民共和国婚姻法〉若干问题的解释(二)》(以下简称《婚姻法司法解释(二)》)第 11 条规定,婚姻关系存续期间,下列财产属于婚姻法第 17 条规定的"其他应当归共同所有的财产":①一方以个人财产投资取得的收益;②男女双方实际取得或者应当取得的住房补贴、住房公积金;③男女双方实际取得或者应当取得的养老保险金、破产安置补偿费。

哪些财产属于夫妻关系存续期间夫妻一方的个人财产?

根据《婚姻法》第 18 条和第 19 条的规定,夫妻之间未对双方的财产归属另作约定的情况下,下列财产属于夫妻关系存续期间夫妻一方的个人财产:

(1)一方的婚前财产。这主要是指在夫妻结婚登记之前或在得到法律认可的事实婚姻成立之前一方拥有的财产,包括婚前个人劳动所得、经营收益、继承或受赠的财产以及其他合法财产。

(2)因一方身体受到伤害获得的医疗费、残疾人生活补助费等费用。这里的"医疗费、残疾人生活补助费等费用"是指因生命健康权受到侵害而获得的相关赔偿费用或者依法享有的工伤保险费用。《婚姻法司法解释(二)》第 13 条规定,军人的伤亡保险金、伤残补助金、医药生活补助费属于个人财产。

(3)遗嘱或赠与合同中确定只归一方的财产。本项规定的立法目的是尊重遗嘱人或赠与人的个人意愿,保护公民对其财产的自由处分权,如果遗嘱人在遗嘱中或赠与人在赠与合同中确定夫妻中的一方为其财产继承人或者受赠人的,则该财产就属于夫妻一方的个人财产。但遗嘱或赠与合同中未确定财产只归一方的,则属于夫妻共同财产。

(4)一方专用的生活物品。一方专用的生活用品具有专属于个人使用的特点,包括一方拥有的个人服饰、鞋帽、个人卫生用品,以及带有个人意义的纪念章、奖章、奖品、相册、笔记、电子 U 盘等。

(5)其他应当归一方的财产。这项规定属于兜底条款,是指上述规定之外的依法应当属于夫妻个人的其他财产或者财产权利。

能否将夫妻一方的婚前个人财产约定为共同所有或者另一方所有？

《婚姻法》第19条第1款的规定，夫妻可以约定婚姻关系存续期间所得的财产以及婚前财产归各自所有、共同所有或部分各自所有、部分共同所有。约定应当采用书面形式。没有约定或约定不明确的，适用本法第17条、第18条的规定。可见，夫妻财产的约定应当采取书面形式。对于婚前财产可以作出以下几种约定：全部归各自所有或全部归共同所有；部分各自所有，部分共同所有。因此，夫妻可以通过书面形式将属于一方的婚前财产全部或者部分约定为共同所有；也可以通过书面形式将一方的婚前个人财产约定为另一方所有。根据本法第19条第2款规定，夫妻对婚前财产的约定，对双方具有约束力。但婚前财产约定以双方登记结婚为生效条件，双方未登记结婚的，则该约定不生效力，对双方不具有约束力。

夫妻能否将婚姻关系存续期间的所得财产约定为一方所有？

《婚姻法》第19条第1款的规定，夫妻可以约定婚姻关系存续期间所得的财产以及婚前财产归各自所有、共同所有或部分各自所有、部分共同所有。约定应当采用书面形式。没有约定或约定不明确的，适用本法第17条、第18条的规定。可见，夫妻财产的约定应当采取书面形式。对于婚姻关系存续期间所得的财产可以作出以下几种约定：全部归各自所有或全部归共同所有；部分各自所有，部分共同所有。据此，夫妻可以通过书面财产约定的方式将婚姻关系存续期间所得的夫妻共同财产、个人财产，全部归一方所有或者部分归一方所有。根据本法第19条第2款规定，夫妻对婚姻关系存续期间所得财产的归属约定，对双方具有约束力。

婚姻关系存续期间一方以个人财产投资所产生的收益，是否属于夫妻共同财产？

《婚姻法司法解释（二）》第11条规定，婚姻关系存续期间，下列财产属于婚姻法第17条规定的"其他应当归共同所有的财产"：（1）一方以个人财产投资取得的收益；（2）男女双方实际取得或者应当取得的住房补贴、住房公积金；（3）男女双方实际取得或者应当取得的养老保险金、破产安置补偿费。《最高人民法院关于适用〈中华人民共和国婚姻法〉若干问题的解释（三）》（以下简称《婚姻法司法解释（三）》）第5条进一步规定，夫妻一方个人财产在婚后产生的收益,除孳息和自然增值外,应认定为夫妻共同财产。可见,婚姻关系存续期间夫妻一方以个人财产购买股票、期货等投资所取得的收益为夫妻共同所有的财产,但婚前一方财产在婚后所产生的存款利息或者自然增值等收益应当为该方的个人财产。

一方婚前承租、婚后用共同财产购买的房屋,是否属于夫妻共同财产?

《婚姻法司法解释(二)》第19条规定,由一方婚前承租、婚后用共同财产购买的房屋,房屋权属证书登记在一方名下的,应当认定为夫妻共同财产。

婚后由一方父母购买并登记在其子女名下的房屋,是否属于夫妻共同财产?

《婚姻法司法解释(三)》第7条第1款规定,婚后由一方父母出资为子女购买的不动产,产权登记在出资人子女名下的,可按照婚姻法第18条第3项的规定,视为只对自己子女一方的赠与,该不动产应认定为夫妻一方的个人财产。根据《婚姻法》第18条第3项规定,赠与合同中确定只归夫妻一方的财产属于夫妻一方的个人财产,而赠与财产不能确定为只归夫妻一方所有的,就应当认定属于双方的共同财产。可见,夫妻一方的父母出资为子女购买的房屋,产权登记在其子女一方名下的,在没有证据证明夫妻双方为共同受赠人以及房屋产权登记在出资人子女名下的,作为不动产的该房屋为房屋产权证书所载明的夫妻一方的个人财产。

父母为双方购置房屋出资的,该出资是否属于夫妻共同财产?

《婚姻法司法解释(二)》第22条规定,当事人结婚前,父母为双方购置房屋出资的,该出资应当认定为对自己子女的个人赠与,但父母明确表示赠与双方的除外。当事人结婚后,父母为双方购置房屋出资的,该出资应当认定为对夫妻双方的赠与,但父母明确表示赠与一方的除外。可见,夫妻结婚前,父母为双方购置房屋出资的,对于该出资,除父母明确表示赠与双方外,该出资应当认定为对自己子女的个人赠与;夫妻结婚后,父母为双方购置房屋出资的,对于该出资,除父母明确表示赠与其子女一方外,该出资应当认定为对夫妻双方的赠与。这里的"明确表示",包括口头明确表示和书面明确表示。在父母的赠与表示不明确、含糊以及不能确定其真实意思的情况下,在上述情况下应当做出相反理解和认定。

双方父母出资购买的房屋,产权登记在一方子女名下的,是否属于夫妻共同财产?

不动产,主要是指土地、房屋及其附着物、构筑物等不可移动之财产。《婚姻法司法解释(三)》第 7 条第 2 款规定,由双方父母出资购买的不动产,产权登记在一方子女名下的,该不动产可认定为双方按照各自父母的出资份额按份共有,但当事人另有约定的除外。可见,由双方父母出资购买的、产权登记在夫妻一方名下的房屋,除夫妻双方约定为夫或妻一方的个人财产外,该房屋可认定为夫妻双方的共有财产,但双方对该共有财产为按份共有,夫妻各自所享有的份额应当按照各自父母的出资份额确定。

未经对方同意,夫妻一方对夫妻共同财产的处分是否有效?

《婚姻法》第 17 条第 2 款的规定,夫妻对共同财产有平等的处理权。《最高人民法院关于适用〈中华人民共和国婚姻法〉若干问题的解释(一)》(以下简称《婚姻法司法解释(一)》)第 17 条规定,婚姻法第 17 条关于“夫或妻对夫妻共同所有的财产,有平等的处理权”的规定,应当理解为:(1)夫或妻在处理夫妻共同财产上的权利是平等的。因日常生活需要而处理夫妻共同财产的,任何一方均有权决定。(2)夫或妻非因日常生活需要对夫妻共同财产做重要处理决定,夫妻双方应当平等协商,取得一致意见。他人有理由相信其为夫妻双方共同意思表示的,另一方不得以不同意或不知道为由对抗善意第三人。可见,因日常生活需要,夫妻任何一方都有权处分共同财产,而无需另一方同意。但是,非因日常生活需要,处理共同财产一般应当由双方共同决定,或者应取得另一方的同意或授权。他人有理由相信其为夫妻双方共同意思表示的,另一方不得以不同意或不知道为由对抗善意第三人。

夫妻一方未经另一方同意出售共同共有的房屋,另一方能否主张追回?

《中华人民共和国物权法》(以下简称《物权法》)第 106 条规定,无处分权人将不动产或者动产转让给受让人的,所有权人有权追回;除法律另有规定外,符合下列情形的,受让人取得该不动产或者动产的所有权:(1)受让人受让该不动产或者动产时是善意的;(2)以合理的价格转让;(3)转让的不动产或者动产依照法律规定应当登记的已经登记,不需要登记的已经交付给受让人。受让人依照前款规定取得不动产或者动产的所有权的，原所有权人有权向无处分权人请求赔偿损失。当事人善意取得其他物权的，参照前两款规定。上述规定中受让人的"善意"，是指受让人对让与人的无处分权不知情，受让人如果明知让与人无处分权，则其即存在主观恶意。根据上述规定，作为房屋等不动产的受让人在受让房屋等不动产时是善意的，且以合理的价格受让，并已依法完成产权过户登记的，则受让人即取得房屋等不动产的所有权，房屋等不动产原所有权人即无权追回其房屋等不动产，其只能向无处分权人请求赔偿损失。夫妻一方未经另一方同意出售共同共有房屋的情况下，也同样适用善意取得制度。对此，《婚姻法司法解释（三）》第 11 条第 1 款明确规定，一方未经另一方同意出售夫妻共同共有的房屋，第三人善意购买、支付合理对价并办理产权登记手续，另一方主张追回该房屋的，人民法院不予支持。可见，一方未经另一方同意出售夫妻共同共有的房屋，尽管第三人善意购买且已支付合理对价，但尚未办理产权登记手续的，第三人则不能善意取得受让房屋，另一方主张追回该房屋的，理应得到人民法院的支持。

一方所有的财产能否因婚姻关系的延续而成为夫妻共同财产？

夫妻一方所有的财产即夫或妻的个人财产，是指夫或妻各自可以完全支配而不构成夫妻共同财产的财产。夫妻个人财产可以分为法定个人财产和约定个人财产两种。《婚姻法司法解释（一）》第 19 条规定，婚姻法第 18 条规定为夫妻一方的所有的财产，不因婚姻关系的延续而转化为夫妻共同财产。但当事人另有约定的除外。

夫妻双方没有财产约定的，如何确定婚姻期间和婚前财产归属？

根据《婚姻法》第 19 条第 1 款的规定，夫妻没有财产约定或财产约定不明确的，夫妻的共同财产和个人财产适用婚姻法第 17 条、第 18 条的规定。即夫妻财产实行法定财产制，夫妻的共同财产和个人财产按照《婚姻法》第 17 条和第 18 条的规定确定。

（二） 离婚财产分割

婚姻关系存续期间，夫妻一方能否请求人民法院分割共同财产？

《婚姻法司法解释（三）》第 4 条规定，婚姻关系存续期间，夫妻一方请求分割共同财产的,人民法院不予支持,但有下列重大理由且不损害债权人利益的除外:(1)一方有隐藏、转移、变卖、毁损、挥霍夫妻共同财产或者伪造夫妻共同债务等严重损害夫妻共同财产利益行为的;(2)一方负有法定扶养义务的人患重大疾病需要医治,另一方不同意支付相关医疗费用的。可见,婚姻关系存续期间,原则上夫妻一方不得请求分割共同财产。但是,在具备上述列举的重大事由且不损害债权人利益的情况下,其分割共同财产的请求将会得到人民法院的支持。需要指出的是,如果不具备上述列举的重大事由,或者虽具有上述列举的重大事由,但分割夫妻共同财产具有逃避债务、降低民事责任能力等损害债权人利益情形的,其分割夫妻共同财产的请求也不会得到人民法院的支持。

离婚时属于夫妻的个人财产能否分割?

根据《婚姻法》的有关规定,离婚时,分割夫妻共同财产,必须严格区分夫妻共同财产和夫妻个人财产。对此,《婚姻法司法解释(一)》第19条明确规定,婚姻法第18条规定为夫妻一方的所有的财产,不因婚姻关系的延续而转化为夫妻共同财产。但当事人另有约定的除外。可见,原则上,在夫妻之间未有财产约定情况下的婚前个人财产,以及在夫妻之间通过婚姻财产约定归属于夫妻一方的个人所有的财产,不能作为共同财产进行分割。但是,离婚时,双方当事人对个人财产分割达成一致意见的,应当按照双方当事人的约定对夫妻的个人财产进行分割。

离婚时夫妻对共同财产的处理协议不成的,如何解决?

根据《婚姻法》第39条规定,离婚时,夫妻的共同财产由双方协议处理;协议不成时,由人民法院根据财产的具体情况,照顾子女和女方权益的原则判决。

离婚协议中一方放弃对夫妻共同财产分割的约定是否有效?

《婚姻法司法解释(二)》第8条第1款规定,离婚协议中关于财产分割的条款或者当事人因离婚就财产分割达成的协议,对男女双方具有法律约束力。本解释第9条规定,男女双方协议离婚后1年内就财产分割问题反悔,请求变更或者撤销财产分割协议的,人民法院应当受理。人民法院审理后,未发现订立财产分割协议时存在欺诈、胁迫等情形的,应当依法驳回当事人的诉讼请求。这里的"欺诈",是指一方当事人故意告知对方虚假情况,或者故意隐瞒真实情况,诱使对方订立对其不利的财产分割协议。这里的"胁迫",是指一方以将来要发生的损害或以直接施加损害相威胁,使对方产生恐惧并因此而订立对其不利的财产分割协议。可见,离婚协议中一方放弃对夫妻共同财产分割的约定,除了一方是在受到对方欺诈、胁迫等情形下作出的,被欺诈、被胁迫方可对离婚协议中有关对其不利的财产分割约定以及放弃财产分割的约定依法申请撤销或变更外,一方自愿放弃对夫妻共同财产分割的约定或者自愿接受对其不利的财产分割约定有效。

双方达成财产分割协议后协议离婚未成的,一方在离婚诉讼中能否反悔?

《婚姻法司法解释(三)》第 14 条规定,当事人达成的以登记离婚或者到人民法院协议离婚为条件的财产分割协议,如果双方协议离婚未成,一方在离婚诉讼中反悔的,人民法院应当认定该财产分割协议没有生效,并根据实际情况依法对夫妻共同财产进行分割。可见,双方自愿达成以登记离婚或者到人民法院协议离婚为条件的财产分割协议后,双方协议离婚未成的,该财产分割协议没有生效,对双方不具有约束力,任何一方可以对该协议内容反悔。

离婚时对共同财产中的有价证券和股份如何分割?

《婚姻法司法解释(二)》第 15 条规定,夫妻双方分割共同财产中的股票、债券、投资基金份额等有价证券以及未上市股份有限公司股份时,协商不成或者按市价分配有困难的,人民法院可以根据数量按比例分配。

离婚时涉及共同财产中以一方名义在有限责任公司的出资额如何处理?

《婚姻法司法解释(二)》第 16 条规定,人民法院审理离婚案件,涉及分割夫妻共同财产中以一方名义在有限责任公司的出资额,另一方不是该公司股东的,按以下情形分别处理:(1)夫妻双方协商一致将出资额部分或者全部转让给该股东的配偶,过半数股东同意、其他股东明确表示放弃优先购买权的,该股东的配偶可以成为该公司股东;(2)夫妻双方就出资额转让份额和转让价格等事项协商一致后,过半数股东不同意转让,但愿意以同等价格购买该出资额的,人民法院可以对转让出资所得财产进行分割。过半数股东不同意转让,也不愿意以同等价格购买该出资额的,视为其同意转让,该股东的配偶可以成为该公司股东。用于证明前款规定的过半数股东同意的证据,可以是股东会决议,也可以是当事人通过其他合法途径取得的股东的书面声明材料。

离婚时涉及分割共同财产中以一方名义在合伙企业中的出资如何处理?

《婚姻法司法解释(二)》第17条规定,人民法院审理离婚案件,涉及分割夫妻共同财产中以一方名义在合伙企业中的出资,另一方不是该企业合伙人的,当夫妻双方协商一致,将其合伙企业中的财产份额全部或者部分转让给对方时,按以下情形分别处理:(1)其他合伙人一致同意的,该配偶依法取得合伙人地位;(2)其他合伙人不同意转让,在同等条件下行使优先受让权的,可以对转让所得的财产进行分割;(3)其他合伙人不同意转让,也不行使优先受让权,但同意该合伙人退伙或者退还部分财产份额的,可以对退还的财产进行分割;(4)其他合伙人既不同意转让,也不行使优先受让权,又不同意该合伙人退伙或者退还部分财产份额的,视为全体合伙人同意转让,该配偶依法取得合伙人地位。

以夫妻一方名义投资设立的独资企业中的共同财产如何分割?

根据《婚姻法司法解释(二)》第18条规定,夫妻以一方名义投资设立独资企业的,人民法院分割夫妻在该独资企业中的共同财产时,应当按照以下情形分别处理:(1)一方主张经营该企业的,对企业资产进行评估后,由取得企业一方给予另一方相应的补偿;(2)双方均主张经营该企业的,在双方竞价基础上,由取得企业的一方给予另一方相应的补偿;(3)双方均不愿意经营该企业的,按照《中华人民共和国个人独资企业法》等有关规定办理。

夫妻共同财产中的房屋价值及归属无法达成协议时,应如何处理?

根据《婚姻法司法解释(二)》第20条规定,双方对夫妻共同财产中的房屋价值及归属无法达成协议时,人民法院按以下情形分别处理:(1)双方均主张房屋所有权并且同意竞价取得的,应当准许;(2)一方主张房屋所有权的,由评估机构按市场价格对房屋作出评估,取得房屋所有权的一方应当给予另一方相应的补偿;(3)双方均不主张房屋所有权的,根据当事人的申请拍卖房屋,就所得价款进行分割。

婚前一方以个人财产支付首付款,婚后夫妻共同还贷的房屋,离婚时如何处理?

根据《婚姻法司法解释(三)》第10条规定,夫或妻一方婚前与开发商或其他房屋出卖人签订房屋买卖合同,以个人财产支付首付款并在银行贷款,婚后用夫妻共同财产还贷,房屋产权登记于首付款支付方名下的,离婚时该房屋的归属由双方协议处理。依上述规定双方不能达成协议而起诉的,人民法院可以判决该房屋归产权登记一方,尚未归还的贷款为产权登记一方的个人债务。双方婚后共同还贷支付的款项及其相对应财产增值部分,离婚时应根据婚姻法第39条第1款规定的原则,由产权登记一方对另一方进行补偿。

离婚时夫妻中尚未退休一方的养老保险金,能否作为夫妻共同财产分割?

根据《婚姻法司法解释(三)》第13条规定,离婚时夫妻一方尚未退休、不符合领取养老保险金条件,另一方请求按照夫妻共同财产分割养老保险金的,人民法院不予支持;婚后以夫妻共同财产缴付养老保险费,离婚时一方主张将养老金账户中婚姻关系存续期间个人实际缴付部分作为夫妻共同财产分割的,人民法院应予支持。

夫妻一方作为继承人依法可以继承的遗产,离婚时另一方能否以共同财产要求分割?

根据《婚姻法》第17条第4项规定,夫妻在婚姻关系存续期间继承所得的财产归夫妻共同所有,但该法第18条第3项规定的除外,即遗嘱中确定只归夫妻一方所有的,该财产就归被确定的一方所有。可见,在婚姻关系存续期间对于夫妻一方作为继承人依法可以继承的遗产,未有遗嘱确定只归夫妻一方所有的,应归夫妻共同所有。离婚时,该财产理应作为夫妻共同财产进行分割。但是,被继承人有两位或者两位以上继承人的,夫妻对该共同财产的分割,应当在继承人之间将遗产实际分割完毕后进行。对此,《婚姻法司法解释(三)》第15条明确规定,婚姻关系存续期间,夫妻一方作为继承人依法可以继承的遗产,在继承人之间尚未实际分割,起诉离婚时另一方请求分割的,人民法院应当告知当事人在继承人之间实际分割遗产后另行起诉。

离婚后的农村妇女还享有原农村经济组织中的家庭承包土地经营权吗?

《中华人民共和国农村土地承包经营法》第6条规定,农村土地承包,妇女与男子享有平等的权利。承包中应当保护妇女的合法权益,任何组织和个人不得剥夺、侵害妇女应当享有的土地承包经营权。《婚姻法》第39条进一步明确规定,离婚时,夫或妻在家庭土地承包经营中享有的权益等,应当依法予以保护。离婚时夫妻双方应当双方协议处理,协议不成的,可以起诉由法院依法判决。可见,农村妇女离婚时,在家庭土地承包经营中享有的权益等不得侵犯。一般来说,离婚时,夫妻双方可以协商解决:农村妇女自愿放弃在原农村经济组织中的土地承包经营权,由男方经营的,男方可以给予一定的补偿;若不愿放弃在原农村经济组织中的土地承包经营权的,其在原农村经济组织所享有的土地承包经营权任何组织和个人不得剥夺、侵害。

对家庭付出较多义务的一方,离婚时能否要求对方给予补偿?

根据《婚姻法》第40条规定,夫妻双方采取分别财产制的情况下,承担较多家务劳动包括抚育子女、照料老人、协助另一方工作等付出较多义务的一方,在离婚时享有经济补偿的权利。这是因为:在约定分别财产制下,夫妻双方婚前和婚后所得财产归各自所有,并单独行使管理权、收益权及处分权。分别财产制保证了双方独立的财产权,但一般现实情况是妇女的就业机会和经济收入大多低于男性,并且在大多数情况下,为了家庭利益而牺牲自己发展机会的往往是女性,家务劳动又不计报酬,在离婚时如果不将这部分家务劳动给予补偿,这对付出了较多义务而又没有相应报酬的妇女的保护是不利的。因此,《婚姻法》第40条明确规定,夫妻书面约定婚姻关系存续期间所得的财产归各自所有,一方因抚育子女、照料老人、协助另一方工作等付出较多义务的,离婚时有权向另一方请求补偿,另一方应当予以补偿。

离婚时如一方生活困难,另一方是否有提供适当帮助的义务?

《婚姻法》第 42 条规定,离婚时,如一方生活困难,另一方应从其住房等个人财产中给予适当帮助。具体办法由双方协议;协议不成时,由人民法院判决。可见,离婚时,如一方生活困难,另一方有给予适当帮助的义务。根据《婚姻法司法解释(一)》第 27 条规定,这里所称"一方生活困难",是指依靠个人财产和离婚时分得的财产无法维持当地基本生活水平。一方离婚后没有住处的,属于生活困难。离婚时,一方以个人财产中的住房对生活困难者进行帮助的形式,可以是房屋的居住权或者房屋的所有权。

进行离婚共同财产分割时,一方具有什么情形的,可以少分或不分?

《婚姻法》第 47 条第 1 款规定,离婚时,一方隐藏、转移、变卖、毁损夫妻共同财产,或伪造债务企图侵占另一方财产的,分割夫妻共同财产时,对隐藏、转移、变卖、毁损夫妻共同财产或伪造债务的一方,可以少分或不分。离婚时,一方对共同财产的"隐藏"是指将财产藏匿起来,不让另一方发现,使另一方无法获知财产的所在从而无法控制。"转移"是指私自将财产移往他处,或将资金取出移往其他账户,脱离另一方的掌握。"变卖"是指将财产卖给他人以获取现金的行为。"毁损"是指采用打砸、毁弃等破坏性手段使物品失去原貌,全部或者部分丧失原来具有的用途或价值。"伪造债务"则是指通过制造内容虚假的债务凭证,包括合同、欠条等,并通过虚假偿还债务等行为将所涉共同财产据为己有,侵占另一方的财产。离婚时,一方采取上述行为的直接目的,就是为了阻止另一方参加夫妻共同财产分割或者企图侵占另一方财产、将共同财产占为己有。因此,根据《婚姻法》第 47 条第 1 款规定,离婚时,一方具有上述行为之一的,分割夫妻共同财产时,对隐藏、转移、变卖、毁损夫妻共同财产或伪造债务的一方,可以少分或不分。

离婚后,当事人在什么情况下可以起诉,请求再次分割夫妻共同财产?

根据《婚姻法》第 47 条第 1 款规定,离婚时,一方隐藏、转移、变卖夫妻共同财产,或伪造债务企图侵占另一方财产,离婚后,另一方发现有上述行为之一的,可以向人民法院提起诉讼,请求再次分割夫妻共同财产。此外,根据《婚姻法司法解释(三)》第 18 条规定,离婚后,一方以尚有夫妻共同财产未处理为由向人民法院起诉请求分割的,经审查该财产确属离婚时未涉及的夫妻共同财产,人民法院应当依法予以分割。

离婚当事人请求再次分割夫妻共同财产的诉讼时效为几年?

根据《婚姻法司法解释(一)》第 31 条规定,当事人依据《婚姻法》第 47 条的规定向人民法院提起诉讼,请求再次分割夫妻共同财产的诉讼时效为 2 年,从当事人发现之次日起计算。可见,离婚时,一方隐藏、转移、变卖夫妻共同财产,或伪造债务企图侵占另一方财产,离婚后,另一方发现有上述行为之一的,应当从发现上述行为之次日起的 2 年内向人民法院提起诉讼,请求再次分割夫妻共同财产。否则,超过上述规定的 2 年诉讼时效的,其将丧失再次分割夫妻共同财产的权利。

对于一方收取的彩礼,在什么情形下另一方要求返还法院将不予支持?

《婚姻法司法解释(二)》第 10 条规定,当事人请求返还按照习俗给付的彩礼的,如果查明属于以下情形,人民法院应当予以支持:(1)双方未办理结婚登记手续的;(2)双方办理结婚登记手续但确未共同生活的;(3)婚前给付并导致给付人生活困难的。适用前款第(2)、(3)项的规定,应当以双方离婚为条件。可见,双方办理结婚登记手续并共同生活的,以及婚前给付但并未导致给付人生活困难的,离婚时一方要求另一方返还彩礼的,人民法院一般不予支持。

(三) 夫妻债务承担

离婚时,对于原为夫妻共同生活所负的债务,应如何清偿?

《婚姻法》第 41 条规定,离婚时,原为夫妻共同生活所负的债务,应当共同偿还。共同财产不足清偿的,或财产归各自所有的,由双方协议清偿;协议不成时,由人民法院判决。根据上述规定,夫妻共同生活所负的债务必须具备三个条件:(1)这种债务,必须是在婚姻关系存续期间所负的;(2)这种债务必须是为维持共同生活的需要或出于为共同生活的目的所负的;(3)这种债务是连带之债,债权人有权要求夫妻任何一方清偿全部债务。当共同债务的数额大于夫妻共同财产价值,即夫妻共同财产不足以清偿时,或财产归各自所有而没有共同财产用于清偿共同债务时,由双方在合法自愿的前提下,协议清偿。夫妻双方对共同生活所负债务的清偿,协议不成时,则由人民法院根据案件的实际情况判决。

婚姻关系存续期间夫妻一方以个人名义所负债务,如何清偿?

根据《婚姻法司法解释(二)》第 24 条规定,债权人就婚姻关系存续期间夫妻一方以个人名义所负债务主张权利的,应当按夫妻共同债务处理。但夫妻一方能够证明债权人与债务人明确约定为个人债务,或者能够证明属于《婚姻法》第 19 条第 3 款规定情形的除外。《婚姻法》第 19 条第 3 款规定,夫妻对婚姻关系存续期间所得的财产约定归各自所有的,夫或妻一方对外所负的债务,第三人知道该约定的,以夫或妻一方所有的财产清偿。可见,夫或妻一方对外所负的债务以夫或妻所有的个人财产清偿应同时具备以下条件:(1)夫妻对婚姻存续期间所得的财产全部约定归各自所有;(2)夫妻一方能够证明债权人与债务人明确约定为个人债务;(3)夫妻一方所负债务属于夫妻关系存续期间对外所负的债务。此外,《最高人民法院关于适用〈中华人民共和国婚姻法〉若干问题的解释(二)的补充规定》(以下简称《婚姻法司法解释(二)的补充规定》)规定:夫妻一方与第三人串通,虚构债务,第三人主张权利的,人民法院不予支持;夫妻一方在从事赌博、吸毒等违法犯罪活动中所负债务,第三人主张权利的,人民法院不予支持。可见,婚姻关系存续期间,符合上述情形的个人债务应当由所负债务的夫或妻一方负责清偿,另一方对此不负清偿义务。

夫妻通过虚假离婚后的共同财产分割,就可以逃避所负债务吗?

《婚姻法司法解释(二)》第 25 条规定,当事人的离婚协议或者人民法院的判决书、裁定书、调解书已经对夫妻财产分割问题作出处理的,债权人仍有权就夫妻共同债务向男女双方主张权利。一方就共同债务承担连带清偿责任后,基于离婚协议或者人民法院的法律文书向另一方主张追偿的,人民法院应当支持。可见,夫妻无论是真离婚还是假离婚,都不可能逃避以夫或妻个人名义所负的共同债务。因为夫妻财产分割处理后,债权人仍有权就夫妻共同债务向男女双方主张权利,而离婚当事人双方对该共同债务承担连带赔偿责任,即作为共同债务人的夫妻任何一方都对债权人负有清偿义务。

婚姻关系存续期间夫妻一方所负的债务,什么情况下应由夫妻个人财产清偿?

根据《婚姻法司法解释(二)》第 24 条规定,债权人就婚姻关系存续期间夫妻一方以个人名义所负债务主张权利的,应当按夫妻共同债务处理。但夫妻一方能够证明债权人与债务人明确约定为个人债务,或者能够证明属于《婚姻法》第 19 条第 3 款规定情形的除外。《婚姻法》第 19 条第 3 款规定,夫妻对婚姻关系存续期间所得的财产约定归各自所有的,夫或妻一方对外所负的债务,第三人知道该约定的,以夫或妻一方所有的财产清偿。此外,《婚姻法司法解释(二)的补充规定》规定:夫妻一方与第三人串通,虚构债务,第三人主张权利的,人民法院不予支持;夫妻一方在从事赌博、吸毒等违法犯罪活动中所负债务,第三人主张权利的,人民法院不予支持。可见,除符合上述情形外,就婚姻关系存续期间夫或妻一方所负债务,债权人既可以要求由作为债务人的夫或妻一方所有的个人财产清偿,也可以要求由夫妻共同共有财产清偿。

在夫妻约定财产各自所有的情况下,夫或妻一方对外所负的债务,债权人能否要求双方清偿?

《婚姻法》第 19 条第 3 款规定,夫妻对婚姻关系存续期间所得的财产约定归各自所有的,夫或妻一方对外所负的债务,第三人知道该约定的,以夫或妻一方所有的财产清偿。据此,夫妻对婚姻关系存续期间所得的财产约定归各自所有及债务各自承担,债权人知道该约定的,对婚姻关系存续期间夫或妻的各自债务,债权人应当要求作为借款人的夫或妻一方清偿;债权人不知道该约定的,有权要求夫妻任何一方清偿。根据《婚姻法司法解释(一)》第 18 条规定,《婚姻法》第 19 条第 3 款所称"第三人知道该约定的",夫妻一方对此负有举证责任。夫妻一方不能举证证明"第三人知道该约定的",那么,该债务为夫妻共同债务,债权人有权要求夫或妻中的任何一方清偿。

债权人就夫妻一方婚前所负个人债务,能否要求债务人的配偶清偿?

《婚姻法司法解释(二)》第 23 条规定,债权人就一方婚前所负个人债务向债务人的配偶主张权利的,人民法院不予支持。但债权人能够证明所负债务用于婚后家庭共同生活的除外。可见,债务人对夫妻一方的婚前所负个人债务,债权人有证据证明夫妻一方所负债务用于其婚后家庭共同生活的,可以要求债务人的配偶清偿;债权人无证据证明夫妻一方婚前所负个人债务用于其婚后家庭共同生活的,在债务人结婚后债权人无权要求其配偶清偿。

夫或妻一方死亡的,生存一方对其婚姻关系存续期间的共同债务是否负有清偿义务?

《婚姻法》第19条第3款规定,夫妻对婚姻关系存续期间所得的财产约定归各自所有的,夫或妻一方对外所负的债务,第三人知道该约定的,以夫或妻一方所有的财产清偿。根据《婚姻法司法解释(二)》第24条第1款规定,债权人就婚姻关系存续期间夫妻一方以个人名义所负债务主张权利的,应当按夫妻共同债务处理。但夫妻一方能够证明债权人与债务人明确约定为个人债务,或者能够证明属于《婚姻法》第19条第3款规定情形的除外。该解释第26条规定,夫或妻一方死亡的,生存一方应当对婚姻关系存续期间的共同债务承担连带清偿责任。根据上述规定,除夫妻一方能够证明债权人与债务人明确约定为个人债务外,夫妻对婚姻关系存续期间所得的财产未约定归各自所有的,夫妻婚姻关系存续期间所负的债务为夫妻共同债务。夫或妻一方死亡的,生存一方应当对婚姻关系存续期间的共同债务承担连带清偿责任,债权人有权要求生存一方清偿。

恋爱期间一方向另一方的借款,结婚后又离婚的,是否应当偿还?

《婚姻法》第18条规定,有下列情形之一的,为夫妻一方的财产:(1)一方的婚前财产;(2)一方因身体受到伤害获得的医疗费、残疾人生活补助费等费用;(3)遗嘱或赠与合同中确定只归夫或妻一方的财产;(4)一方专用的生活用品;(5)其他应当归一方的财产。本法第19条规定,夫妻可以约定婚姻关系存续期间所得的财产以及婚前财产归各自所有、共同所有或部分各自所有、部分共同所有。约定应当采用书面形式。没有约定或约定不明确的,适用本法第17条、第18条的规定。《婚姻法司法解释(一)》第19条规定,婚姻法第18条规定为夫妻一方的所有的财产,不因婚姻关系的延续而转化为夫妻共同财产。但当事人另有约定的除外。根据上述规定,一方的婚前财产只要未依法赠与对方或者未约定为共同共有的,那么,有证据证明婚前一方向另一方借款的,该借款可以作为婚前财产处理,双方离婚后贷款方可以要求借款方偿还。

(四) 婚姻家庭人身关系

夫妻在家庭中的地位平等表现在哪些方面?

《婚姻法》第13条规定,夫妻在家庭中地位平等。该条说明:(1)夫妻在家庭中地位平等,是作为夫妻关系的指导原则,是确定夫妻各项权利义务的基础。(2)夫妻在家庭中地位平等,主要意义在于强调夫妻在人格上的平等以及权利义务的平等。夫妻都是家庭关系中的主体,夫妻双方应当互相尊重对方的人格,不得剥夺对方享有的权利。(3)夫妻平等的原则意味着夫妻在共同生活中平等地行使法律规定的权利,平等地履行法律规定的义务,共同承担对家庭和社会的责任。具体讲,夫妻在家庭中地位平等主要体现在夫妻对于共同生活中的共同事务拥有平等的决策权,夫妻拥有平等的姓名权、人身自由权、计划生育的义务,夫妻对共同财产拥有平等的所有权、管理权、处分权和受益权,对子女拥有平等的教育和监护权。

夫能否以妻未经其同意中止妊娠侵犯其生育权为由请求损害赔偿?

根据《婚姻法司法解释(三)》第9条规定,夫以妻擅自中止妊娠侵犯其生育权为由请求损害赔偿的,人民法院不予支持;夫妻双方因是否生育发生纠纷,致使感情确已破裂,一方请求离婚的,人民法院经调解无效,应依照《婚姻法》第32条第3款第5项的规定处理。

夫妻一方能干涉另一方工作、学习和社会活动的自由吗?

根据《婚姻法》的规定,夫妻都享有人身自由权。本法第15条规定,夫妻双方都有参加生产、工作、学习和社会活动的自由,一方不得对他方加以限制或干涉。

夫妻一方丧失劳动能力的,另一方可以拒绝扶养吗?

《婚姻法》第20条第1款规定,夫妻有相互扶养的义务。根据本条的规定,有扶养能力的一方,对于因残疾、患有重病而导致经济困难的配偶,必须主动承担扶助供养义务。扶养应当具备下列要件:(1)配偶一方丧失劳动能力又无生活来源;(2)配偶另一方有扶养能力。根据本条第 2 款规定,一方不履行扶养义务时,需要扶养的一方,有要求对方付给扶养费的权利。根据《刑法》第 261 条规定,夫妻一方因年老、患病或者其他原因丧失独立生活能力的,夫妻另一方负有扶养义务而拒绝扶养,情节恶劣的,构成遗弃罪,应依法判处 5 年以下有期徒刑、拘役或者管制。

夫妻一方在离婚过程中死亡的,另一方是否丧失继承权?

根据《婚姻法》第 24 条规定,夫妻有相互继承遗产的权利。根据《中华人民共和国继承法》(以下简称《继承法》)的有关规定,夫妻继承权的内容是:(1)夫妻互为第一顺序法定继承人。(2)夫妻互相继承遗产时,应首先从共同财产中分割出一半作为生存方的个人财产,然后对另一半遗产按照继承法的有关规定加以继承。(3)夫妻之间的继承权因离婚而消灭。可见,即使一方在离婚诉讼过程中死亡,只要夫妻双方尚未依法解除婚姻关系的,另一方仍依法享有继承权。

夫妻一方失踪的,另一方能否提起离婚诉讼?

2017 年 3 月 15 日第 12 届全国人民代表大会第 5 次会议通过、自 2017 年 10 月 1 日起施行的《中华人民共和国民法总则》(以下简称《民法总则》)第 40 条规定,自然人下落不明满 2 年的,利害关系人可以向人民法院申请宣告该自然人为失踪人。本法第 41 条规定,自然人下落不明的时间从其失去音讯之日起计算。战争期间下落不明的,下落不明的时间自战争结束之日或者有关机关确定的下落不明之日起计算。(注:上述两条规定与现行《中华人民共和国民法通则》(以下简称《民法通则》)第 20 条的规定基本相同,《民法通则》该条中的"公民"在《民法总则》中表述为"自然人"。)上述规定中的"下落不明"是指自然人离开最后居住地后没有音讯的状况。《婚姻法》第 32 条第 2 款规定,一方被宣告失踪,另一方提出离婚诉讼的,应准予离婚。可见,夫妻一方依法被宣告失踪的,另一方可以通过向人民法院提出离婚诉讼,依法解除双方的婚姻关系。

夫妻一方被依法宣告死亡的,另一方能否再婚?

《民法总则》第 46 条第 1 款规定,自然人有下列情形之一的,利害关系人可以向人民法院申请宣告该自然人死亡:(1)下落不明满 4 年;(2)因意外事件,下落不明满2年。本条第2款规定,因意外事件下落不明,经有关机关证明该自然人不可能生存的,申请宣告死亡不受2年时间的限制。(注:上述第1款规定与《民法通则》第23条第1款规定基本相同;第2款规定不同。《民法通则》第23条第2款规定,战争期间下落不明的,下落不明的时间从战争结束之日起计算。)《民法总则》第48条规定,被宣告死亡的人,人民法院宣告死亡的判决作出之日视为其死亡的日期;因意外事件下落不明宣告死亡的,意外事件发生之日视为其死亡的日期。可见,被宣告死亡的人与配偶的婚姻关系,自死亡宣告之日起消灭。双方的婚姻关系依法消灭后,被宣告死亡人的配偶可以再婚。

夫妻一方被依法宣告死亡后又出现的,能否自行恢复婚姻关系?

《民法总则》第50条规定,被宣告死亡的人重新出现,经本人或者利害关系人申请,人民法院应当撤销死亡宣告。(注:上述规定与《民法通则》第24条第1款规定基本相同。)本法第51条规定,被宣告死亡的人的婚姻关系,自死亡宣告之日起消灭。死亡宣告被撤销的,婚姻关系自撤销死亡宣告之日起自行恢复,但是其配偶再婚或者向婚姻登记机关书面声明不愿意恢复的除外。(注:上述规定吸收了《最高人民法院关于贯彻执行《中华人民共和国民法通则》若干问题的意见(试行)第37条的规定内容。本条规定:"死亡宣告被人民法院撤销,如果其配偶尚未再婚的,夫妻关系从撤销死亡宣告之日起自行恢复;如果其配偶再婚后又离婚或者再婚后配偶又死亡的,则不得认定夫妻关系自行恢复。")

父母和子女之间的相互权利义务关系主要体现在哪些方面?

《婚姻法》第21条明确规定,父母对子女有抚养教育的义务;子女对父母有赡养扶助的义务。父母不履行抚养义务时,未成年的或不能独立生活的子女,有要求父母付给抚养费的权利。子女不履行赡养义务时,无劳动能力的或生活困难的父母,有要求子女付给赡养费的权利。禁止溺婴、弃婴和其他残害婴儿的行为。本法第24条第2款的规定,父母和子女有相互继承遗产的权利。根据《继承法》的有关规定,父母和子女是第一顺序法定继承人;被继承人订立的遗嘱应当对缺乏劳动能力又没有生活来源的继承人保留必要的遗产份额。

养父母和养子女间的权利义务与生父母和子女间的权利义务不同吗？

收养是指公民领养他人子女为自己的子女，从而使收养人和被收养人之间建立拟制血亲关系的民事法律行为。《婚姻法》第 26 条规定，国家保护合法的收养关系。养父母和养子女间的权利和义务，适用本法对父母子女关系的有关规定。养子女和生父母间的权利和义务，因收养关系的成立而消除。可见，养父母和养子女间的权利义务与生父母与子女间的权利义务完全相同，即养父母对养子女有抚养教育的义务；养子女对养父母有赡养扶助的义务。作为第一顺序法定继承人，养父母和养子女有相互继承遗产的权利。

父母不履行抚养义务的，子女能否要求父母给付抚养费？

《婚姻法》第 21 条明确规定，父母对子女有抚养教育的义务。父母不履行抚养义务时，未成年的或不能独立生活的子女有要求父母付给抚养费的权利。根据《婚姻法司法解释（一）》第 20 条和第 21 条规定，"不能独立生活的子女"，是指尚在校接受高中及其以下学历教育，或者丧失或未完全丧失劳动能力等非因主观原因而无法维持正常生活的成年子女。"抚养费"，包括子女生活费、教育费、医疗费等费用。

非婚生子女与婚生子女的权利不同吗？

所谓婚生子女，是指具有合法婚姻关系的男女双方所生的子女。非婚生子女是指没有合法婚姻关系的男女双方所生的子女。《婚姻法》第 25 条第 1 款规定，非婚生子女享有与婚生子女同等的权利，任何人不得加以危害和歧视。这里的"同等的权利"是指非婚生子女与婚生子女享有同等的人格权和财产权。根据《继承法》第 10 条规定，在父母和子女的继承顺序上来讲，非婚生子女与婚生子女一样都属于第一顺序法定继承人。

不直接抚养非婚生子女的生父或生母，可以不负抚养义务吗？

根据《婚姻法》第 21 条规定，抚养子女是父母的法定义务，不因婚生或者非婚生、不因夫妻婚姻关系是否解除而免除。对此，《婚姻法》第 25 条第 2 款的明确规定，不直接抚养非婚生子女的生父或生母应当负担子女的生活费和教育费，直至子女能独立生活为止。

夫妻一方请求确认亲子关系时,另一方拒绝做亲子鉴定的,能否确认亲子关系?

《婚姻法司法解释(三)》第2条规定,夫妻一方向人民法院起诉请求确认亲子关系不存在,并已提供必要证据予以证明,另一方没有相反证据又拒绝做亲子鉴定的,人民法院可以推定请求确认亲子关系不存在一方的主张成立。当事人一方起诉请求确认亲子关系,并提供必要证据予以证明,另一方没有相反证据又拒绝做亲子鉴定的,人民法院可以推定请求确认亲子关系一方的主张成立。

对于配偶死亡再婚的父母,子女就可以不负赡养义务吗?

《婚姻法》第30条规定,子女应当尊重父母的婚姻权利,不得干涉父母再婚以及婚后的生活。子女对父母的赡养义务,不因父母的婚姻关系变化而终止。据此,丧偶父母拥有自主决定是否再婚的法定权利;子女对于年老体弱、丧失劳动能力的或生活困难的父母具有赡养的法定义务,其对丧偶再婚的父母不得以再婚为由拒绝履行赡养义务。

父母在世时声明放弃继承权的子女可以不尽赡养义务吗?

《婚姻法》第21条规定,子女对父母有赡养扶助的义务。子女不履行赡养义务时,无劳动能力的或生活困难的父母有要求子女付给赡养费的权利。根据《继承法》的规定,无论是婚生子女或者是非婚生子女,都可以作为第一顺序继承人继承父母的遗产。对于继承权,子女既可以行使该权利,也可以放弃该权利。但是,其对父母包括生父母和养父母的赡养义务,不因父母在世时其声明放弃继承权而免除。

继子女对继父母有赡养义务和继承遗产的权利吗?

所谓继子女,是指夫与前妻或者妻与前夫所生的子女。根据《婚姻法》第27条的规定,继父母与继子女间,不得虐待或歧视。继父或继母和受其抚养教育的继子女间的权利和义务,适用本法对父母子女关系的有关规定。可见,继父或继母对继子女尽到抚养教育义务的,继子女对继父或继母具有赡养义务和继承遗产的权利。否则,继子女既无赡养义务,也无继承的权利。

未成年子女对他人造成损害的,父母是否应承担民事责任?

《婚姻法》第 23 条规定,父母有保护和教育未成年子女的权利和义务。在未成年子女对国家、集体或他人造成损害时,父母有承担民事责任的义务。根据《中华人民共和国未成年人保护法》(以下简称《未成年人保护法》)的有关规定,18 周岁以上的公民是成年人,未成年人指未满 18 周岁的公民。未成年子女是指未满 18 周岁的子女。《民法总则》第 26 条第 1 款规定,父母对未成年子女负有抚养、教育和保护的义务。本法第 27 条第 1 款规定,父母是未成年子女的监护人。(注:上述两条规定与《民法通则》第 16 条第 1 款的规定基本相同,本款规定"未成年人的父母是未成年人的监护人。对未成年子女的保护和教育是父母作为监护人的重要职责。)对此,《中华人民共和国侵权责任法》第 32 条进一步明确规定,无民事行为能力人、限制民事行为能力人造成他人损害的,由监护人承担侵权责任。监护人尽到监护责任的,可以减轻其侵权责任。有财产的无民事行为能力人、限制民事行为能力人造成他人损害的,从本人财产中支付赔偿费用。不足部分,由监护人赔偿。

祖父母、外祖父母对孙子女、外孙子女有抚养义务吗?

《婚姻法》第 28 条规定,有负担能力的祖父母、外祖父母,对于父母已经死亡或父母无力抚养的未成年的孙子女、外孙子女,有抚养的义务。可见,在符合下列条件下,祖父母、外祖父母有抚养孙子女、外孙子女的义务:祖父母、外祖父母有负担能力;父母已经死亡或父母无力抚养;孙子女、外孙子女未成年。

孙子女、外孙子女对祖父母、外祖父母有赡养义务吗?

《婚姻法》第 28 条规定,有负担能力的孙子女、外孙子女,对于子女已经死亡或子女无力赡养的祖父母、外祖父母,有赡养的义务。可见,在符合下列条件下,孙子女、外孙子女对祖父母和外父母有赡养义务:孙子女、外孙子女有负担能力;需要赡养的祖父母或外祖父母的子女已经死亡或子女无力赡养。

在什么情况下,兄姐与弟妹之间具有扶养义务?

根据《婚姻法》第 29 条规定,有负担能力的兄、姐,对于父母已经死亡或父母无力抚养的未成年的弟、妹,有扶养的义务。由兄、姐扶养长大的有负担能力的弟、妹,对于缺乏劳动能力又缺乏生活来源的兄、姐,有扶养的义务。

(五) 离婚后的父母子女关系

离婚后未与子女共同生活的一方可以不支付抚养费吗?

《婚姻法》第 36 条第 1 款和第 2 款规定,父母与子女间的关系,不因父母离婚而消除。离婚后,子女无论由父或母直接抚养,仍是父母双方的子女。离婚后,父母对于子女仍有抚养和教育的权利和义务。因此,跟父母一方生活的未成年的或不能独立生活的子女,有要求不履行抚养义务的父母一方付给生活费、教育费、医疗费等抚养费的权利。

离婚后,哺乳期内的子女一般应由哪一方直接抚养?

根据《婚姻法》第 36 条第 3 款规定,离婚后,哺乳期内的子女,以随哺乳的母亲抚养为原则。哺乳期内的子女是指未满 1 周岁的需要母乳喂养的子女,上述规定确定了离婚后哺乳期内的子女,以随哺乳的母亲抚养的原则。在司法实践中,判决离婚时,1 周岁以下的子女,一般随母亲生活。但母亲有下列情形之一的,也可随父亲生活:(1)母亲患有久治不愈的传染性疾病或其他严重疾病,子女不宜与其共同生活的;(2)母亲有抚养条件不尽抚养义务,而父亲要求子女随其生活的,并对子女健康成长没有不利影响的;(3)因其他原因,子女确无法随母亲生活的,如母亲的经济能力及生活环境对抚养子女明显不利的,或母亲的品行不端不利于子女成长的,或因违法犯罪被判服刑不可能抚养子女的等等。

对哺乳期后的子女,离婚当事人双方因抚养问题发生争执不能达成协议时如何解决?

根据《婚姻法》第 36 条第 3 款规定,离婚后,哺乳期后的子女,如双方因抚养问题发生争执不能达成协议时,由人民法院根据子女的权益和双方的具体情况判决。司法实践中,如果离婚当事人双方因子女抚养问题达不成协议时,法院应结合离婚双方的抚养能力和抚养条件等具体情况,根据有利于子女健康成长的原则妥善地作出裁决。但应注意以下问题:对 2 周岁以上未成年的子女,父亲和母亲均要求随其生活,一方有下列情形之一的,可予优先考虑:(1)已做绝育手术或因其他原因丧失生育能力的;(2)子女随其生活时间较长,改变生活环境对子女健康成长明显不利的;(3)无其他子女,而另一方有其他子女的;(4)子女随其生活,对子女成长有利,而另一方患有久治不愈的传染性疾病或其他严重疾病,或者有其他不利于子女身心健康的情形,不宜与子女共同生活的。

双方所达成的子女抚养协议中有关子女抚养归属在执行中能否变更?

父母离婚后,在一定条件下,可以根据父母双方或子女的实际情况的变化,父母双方可以自愿协议变更子女抚养归属。如果当事人双方对子女抚养问题达不成变更协议,一方起诉要求变更子女抚养关系,在司法实践中有下列情形之一的,应当支持其变更要求:(1)与子女共同生活的一方因患严重疾病或因伤残无力继续抚养子女的;(2)与子女共同生活的一方不尽抚养义务或有虐待子女行为,或其与子女共同生活对子女身心健康确有不利影响的;(3)10周岁以上未成年子女,愿随另一方生活,该方又有抚养能力的;(4)有其他正当理由需要变更的。

未直接抚养子女的一方,承担抚养费的数额和期限如何确定?

根据《婚姻法》第37条第1款规定,离婚后,一方抚养的子女,另一方应负担必要的生活费和教育费的一部或全部,负担费用的多少和期限的长短,由双方协议;协议不成时,由人民法院判决。

子女可以向父母提出超过抚养协议或判决原定数额的抚养费吗?

《婚姻法》第37条第2款规定,关于子女生活费和教育费的协议或判决,不妨碍子女在必要时向父母任何一方提出超过协议或判决原定数额的合理要求。

离婚后,不直接抚养子女的父或母,有探望子女的权利吗?

根据《婚姻法》第38条第1款规定,离婚后,不直接抚养子女的父或母,有探望子女的权利,另一方有协助的义务。行使探望权利的方式、时间由当事人协议;协议不成时,由人民法院判决。

在什么情形下,人民法院可以依法中止父或母探望子女的权利?

根据《婚姻法》第38条第2款规定,父或母探望子女,不利于子女身心健康的,未成年子女、直接抚养子女的父或母及其他对未成年子女负担抚养、教育义务的法定监护人,有权向人民法院提出中止探望权的请求,由人民法院依法中止探望的权利;中止的事由消失后,应当恢复探望的权利。

对拒不执行有关探望子女等判决或裁定的,能否申请强制执行?

《婚姻法》第48条规定,对拒不执行有关扶养费、抚养费、赡养费、财产分割、遗产继承、探望子女等判决或裁定的,由人民法院依法强制执行。有关个人和单位应负协助执行的责任。根据《婚姻法司法解释(一)》第32条规定,对拒不执行有关探望子女等判决和裁定的,由人民法院依法强制执行的规定,是指对拒不履行协助另一方行使探望权的有关个人和单位采取拘留、罚款等强制措施,不能对子女的人身、探望行为进行强制执行。

(六) 离婚损害赔偿

夫妻因何种情形导致离婚的,无过错方有权要求损害赔偿?

《婚姻法》第46条规定,有下列情形之一,导致离婚的,无过错方有权请求损害赔偿:(1)重婚的;(2)有配偶者与他人同居的;(3)实施家庭暴力的;(4)虐待、遗弃家庭成员的。根据《婚姻法司法解释(一)》第28条、第29条规定,上述规定的"损害赔偿",包括物质损害赔偿和精神损害赔偿。涉及精神损害赔偿的,适用最高人民法院《关于确定民事侵权精神损害赔偿责任若干问题的解释》的有关规定。人民法院判决不准离婚的案件,对于当事人基于《婚姻法》第46条提出的损害赔偿请求,不予支持。在婚姻关系存续期间,当事人不起诉离婚而单独依据该条规定提起损害赔偿请求的,人民法院不予受理。

在离婚诉讼中,无过错方当事人应在什么时间提出损害赔偿?

根据《婚姻法司法解释(一)》第30条规定,人民法院受理离婚案件时,应当将《婚姻法》第46条等规定中当事人的有关权利义务,书面告知当事人。在适用《婚姻法》第46条时,应当区分以下不同情况:

(1)符合《婚姻法》第46条规定的无过错方作为原告基于本条规定向人民法院提起损害赔偿请求的,必须在离婚诉讼的同时提出。

(2)符合《婚姻法》第46条规定的无过错方作为被告的离婚诉讼案件,

如果被告不同意离婚也不基于本条规定提起损害赔偿请求的,可以在离婚后 1 年内就此单独提起诉讼。

(3)无过错方作为被告的离婚诉讼案件,一审时被告未基于《婚姻法》第 46 条规定提出损害赔偿请求,二审期间提出的,人民法院应当进行调解,调解不成的,告知当事人在离婚后 1 年内另行起诉。

在什么情况下,无过错方离婚当事人将丧失损害赔偿请求权?

根据《婚姻法司法解释(二)》第 27 条规定,当事人在婚姻登记机关办理离婚登记手续后,以《婚姻法》第 46 条规定为由向人民法院提出损害赔偿请求的,人民法院应当受理。但当事人在协议离婚时已经明确表示放弃该项请求,或者在办理离婚登记手续 1 年后提出的,不予支持。

二、遗 产 继 承

(一) 遗产继承及种类

公民死亡时可继承的遗产包括哪些?

《继承法》第 3 条规定,遗产是公民死亡时遗留的个人合法财产,包括:(1)公民的收入;(2)公民的房屋、储蓄和生活用品;(3)公民的林木、牲畜和家禽;(4)公民的文物、图书资料;(5)法律允许公民所有的生产资料;(6)公民的著作权、专利权中的财产权利;(7)公民的其他合法财产。本法第 4 条规定,个人承包应得的个人收益,依照本法规定继承。个人承包,依照法律允许由继承人继续承包的,按照承包合同办理。根据《最高人民法院关于贯彻执行〈中华人民共和国继承法〉若干问题的意见》(以下简称《继承法司法解释》)第 3 条规定,公民可继承的其他合法财产包括有价证券和履行标的为财物的债权等。第 4 条规定,承包人死亡时尚未取得承包收益的,可把死者生前对承包所投入的资金和所付出的劳动及其增值和孳息,由发包单位或者接续承包合同的人合理折价、补偿,其价额作为遗产。从上述规定可知,继承人对公民死亡时遗留的合法个人财产享有继承权。

遗产继承从什么时间开始？

《继承法》第2条规定,继承从被继承人死亡时开始。《继承法司法解释》第2条进一步明确规定,继承从被继承人生理死亡或被宣告死亡时开始。失踪人被宣告死亡的,以法院判决中确定的失踪人的死亡日期,为继承开始的时间。

什么是法定继承？被继承人立有遗嘱或遗赠扶养协议的,如何确定继承人？

根据《继承法》的规定,继承分为法定继承和遗嘱继承,此外,被继承人还可以通过遗赠扶养协议来处理自己的遗产。法定继承,是指继承开始后,按照本法规定的继承顺序确定继承人,并按照本法确定的继承原则确定继承人的继承份额。遗嘱继承,是指根据公民生前所立遗嘱确定继承人及其所继承的财产份额。遗赠扶养协议,是受扶养的公民和扶养人之间关于扶养人承担受扶养人的生养死葬的义务,受扶养人将财产遗赠给扶养人的协议。《继承法》第5条规定,继承开始后,按照法定继承办理;有遗嘱的,按照遗嘱继承或者遗赠办理;有遗赠扶养协议的,按照协议办理。本法第16条第1款规定,公民可以依照本法规定立遗嘱处分个人财产,并可以指定遗嘱执行人。据此,公民生前未立遗嘱或遗赠及遗赠扶养协议的情况下,其遗产应当按照法定顺序及其分割原则进行遗产分割。但是,公民生前立有遗嘱或订立遗赠扶养协议且依法生效的,则应当按照遗嘱或者遗赠扶养协议确定继承人及处分遗产。

继承人有什么行为的,丧失继承权？

《继承法》第7条规定,继承人有下列行为之一的,丧失继承权:(1)故意杀害被继承人的;(2)为争夺遗产而杀害其他继承人的;(3)遗弃被继承人的,或者虐待被继承人情节严重的;(4)伪造、篡改或者销毁遗嘱,情节严重的。根据《继承法司法解释》第10条规定,继承人虐待被继承人情节是否严重,可以从实施虐待行为的时间、手段、后果和社会影响等方面认定。虐待被继承人情节严重的,不论是否追究刑事责任,均可确认其丧失继承权。根据本解释第11条规定,继承人故意杀害被继承人的,不论是既遂还是未遂,均应确认其丧失继承权。根据本解释第12条规定,继承人有《继承法》第7条第（1）项或第（2）项所列之行为，而被继承人以遗嘱将遗产指定由该继承人继承的，可确认遗嘱无效，并按《继承法》第7条的规定处理。

（二）法定继承

遗产的法定继承顺序如何确定？

《继承法》第10条规定，遗产按照下列顺序继承：第一顺序：配偶、子女、父母。第二顺序：兄弟姐妹、祖父母、外祖父母。继承开始后，由第一顺序继承人继承，第二顺序继承人不继承。没有第一顺序继承人继承的，由第二顺序继承人继承。本法所说的子女，包括婚生子女、非婚生子女、养子女和有扶养关系的继子女。本法所说的父母，包括生父母、养父母和有扶养关系的继父母。本法所说的兄弟姐妹，包括同父母的兄弟姐妹、同父异母或者同母异父的兄弟姐妹、养兄弟姐妹、有扶养关系的继兄弟姐妹。可见，继承开始后，不存在第一顺序继承人的，由第二顺序继承人享有继承遗产的权利。

丧偶儿媳对公婆或丧偶女婿对岳父岳母的遗产有继承权吗？

根据《继承法》第10条规定，儿媳对公、婆，女婿对岳父、岳母的遗产没有继承权。但是，根据本法第12条规定，丧偶儿媳对公、婆，丧偶女婿对岳父、岳母，尽了主要赡养义务的，作为第一顺序继承人。根据《继承法司法解释》第30条规定，对被继承人生活提供了主要经济来源，或在劳务等方面给予了主要扶助的，应当认定其尽了主要赡养义务或主要扶养义务。

女儿结婚出嫁后，对父母的遗产没有继承权吗？

《继承法》第9条规定，继承权男女平等。据此，女儿无论是否结婚，无论是初婚还是再婚，作为第一顺序继承人与儿子享有平等的继承权。除具有《继承法》规定的法定丧失继承权的行为外，其继承权不得被剥夺。

无行为能力人和限制行为能力人如何行使继承权、受遗赠权？

《继承法》第6条规定，无行为能力人的继承权、受遗赠权，由他的法定代理人代为行使。限制行为能力人的继承权、受遗赠权，由他的法定代理人代为行使，或者征得法定代理人同意后行使。根据《继承法司法解释》第7条规定，不满6周岁的儿童、精神病患者，应当认定其为无行为能力人。已满6周岁,不满18周岁的未成年人,应当认定其为限制行为能力人。本司法解释第8条规定,法定代理人代理被代理人行使继承权、受遗赠权,不得损害被代理人的利益。可见,法定代理人一般不能以被代理人的名义放弃继承权、受遗赠权,明显损害被代理人利益的,应认定其代理行为无效。

被继承人的子女先于被继承人死亡的,被继承人的遗产由谁继承?

《继承法》第11条规定,被继承人的子女先于被继承人死亡的,由被继承人的子女的晚辈直系血亲代位继承。代位继承人一般只能继承他的父亲或者母亲有权继承的遗产份额。本条规定了代位继承制度,适用代位继承应符合下列条件:(1)作为继承人的人先于被继承人死亡。(2)继承人与被继承人之间是子女与父母关系,即代位继承中的被继承人是继承人的父母,而继承人是被继承人的子女。(3)继承人未丧失继承权。《继承法司法解释》第28条规定,继承人丧失继承权的,其晚辈直系血亲不得代位继承。如该代位继承人缺乏劳动能力又没有生活来源,或对被继承人尽赡养义务较多的,可适当分给遗产。(4)代位人为继承人(即被代位人)的晚辈直系血亲和法律上的拟制血亲。

《继承法司法解释》第25条规定,被继承人的孙子女、外孙子女、曾孙子女、外曾孙子女都可以代位继承,代位继承人不受辈数的限制。本司法解释第26条规定,被继承人的养子女、已形成扶养关系的继子女的生子女可代位继承;被继承人亲生子女的养子女可代位继承;被继承人养子女的养子女可代位继承;与被继承人已形成扶养关系的继子女的养子女也可以代位继承。因此,父亲先于祖父母、母亲先于外祖父母死亡的,其子女可以代位父亲、母亲继承祖父母、外祖父母的遗产。

丧偶儿媳或丧偶女婿再婚的,其子女能否代位继承?

根据《继承法》第12条规定,丧偶儿媳对公、婆,丧偶女婿对岳父、岳母,尽了主要赡养义务的,作为第一顺序继承人。根据《继承法司法解释》第29条规定,作为第一顺序继承人的丧偶儿媳、丧偶女婿,先于公婆或岳父母死亡的,无论其是否再婚,不影响其子女代位继承。

继承人丧失继承权的,其晚辈直系血亲能否代位继承?

《继承法司法解释》第28条规定,继承人丧失继承权的,其晚辈直系血亲不得代位继承。如该代位继承人缺乏劳动能力又没有生活来源,或对被继承人尽赡养义务较多的,可适当分给遗产。可见,继承人具有《继承法》第7条规定的行为之一丧失继承权的,其晚辈直系血亲不享有代位继承权。但是,该代位继承人具有下列情形之一的,才可适当分给遗产:(1)缺乏劳动能力又没有生活来源;(2)对被继承人尽赡养义务较多的。

分配遗产应当遵循的基本原则是什么?在分配遗产时哪些人可以多分?

《继承法》第13条规定,同一顺序继承人继承遗产的份额,一般应当均等。对生活有特殊困难的缺乏劳动能力的继承人,分配遗产时,应当予以照顾。对被继承人尽了主要扶养义务或者与被继承人共同生活的继承人,分配遗产时,可以多分。此外,根据《继承法司法解释》第27条规定,代位继承人缺乏劳动能力又没有生活来源,或者对被继承人尽过主要赡养义务的,分配遗产时,可以多分。可见,分配遗产应当遵循的基本原则是同一顺序继承人平均分配遗产,但是,继承人存在上述可以多分遗产的情形时有权多分。

有扶养能力和扶养条件而未尽扶养义务的继承人,能否分得遗产?

根据《继承法》第13条规定,同一顺序继承人继承遗产的份额,一般应当均等。但是,有扶养能力和扶养条件的继承人虽然与被继承人共同生活,但对需要扶养的被继承人不尽扶养义务,分配遗产时,可以少分或者不分。但根据《继承法司法解释》第33条规定,继承人有扶养能力和扶养条件,愿意尽扶养义务,但被继承人因有固定收入和劳动能力,明确表示不要求其扶养的,分配遗产时,一般不应因此而影响其继承份额。

在法定继承下,继承人以外的哪些人可以分得适当遗产?

根据《继承法》第14条规定,对继承人以外的依靠被继承人扶养的缺乏劳动能力又没有生活来源的人,或者继承人以外的对被继承人扶养较多的人,可以分配给他们适当的遗产。根据《继承法司法解释》第30条规定,对被继承人生活提供了主要经济来源,或在劳务等方面给予了主要扶助的,应当认定其尽了主要赡养义务或主要扶养义务。根据本解释第31条规定,依继承法第14条规定可以分给适当遗产的人,分给他们遗产时,按具体情况可多于或少于继承人。

养子女能否继承生父母的遗产？

根据《收养法》第 23 条的规定,自收养关系成立之日起,养父母与养子女间的权利义务关系,适用法律关于父母子女关系的规定;养子女与生父母及其他近亲属间的权利义务关系,因收养关系的成立而消除。据此,自收养关系成立之日起,养子女与养父母之间即属于第一顺序的法定继承人,而与生父母之间则丧失了相互的法定继承资格。在养子女对生父母扶养较多的情况下,即属于《继承法》第 14 条规定的继承人以外的对被继承人扶养较多的人。对此,《继承法司法解释》第 19 条明确规定,被收养人对养父母尽了赡养义务,同时又对生父母扶养较多的,除可依继承法第 10 条的规定继承养父母的遗产外,还可依继承法第 14 条的规定分得生父母的适当的遗产。

（三）遗嘱继承

公民可以立遗嘱将个人财产赠给法定继承人以外的人吗？

根据《继承法》第 16 条第 2 款和第 3 款规定,公民通过立遗嘱处分个人财产时,可以立遗嘱将个人财产指定由法定继承人的一人或者数人继承,也可以立遗嘱将个人财产赠给国家、集体或者法定继承人以外的人。可见,遗嘱继承或遗赠是根据被继承人的生前个人意愿处理遗产的方式。被继承人可以立遗嘱指定法定继承第一顺序或第二顺序中的一人或者数人继承个人财产,也可以通过立遗嘱将个人财产赠与法定继承人以外的人或者国家、集体。

遗嘱在哪些情况下无效？

根据《继承法》第 17 条规定,遗嘱有公证遗嘱、自书遗嘱、代书遗嘱、录音遗嘱和遗嘱人在危急情况下的口头遗嘱等形式。根据《民法通则》的规定,遗嘱作为一种民事法律行为,不论采取何种形式,其应当具备以下要件,即:(1)遗嘱人立遗嘱时必须有行为能力;(2)遗嘱人的意思表示真实;(3)遗嘱内容不得违反法律、行政法规的强制性规定和社会公共利益。可见,无行为能力人所立的遗嘱,即使其本人后来有了行为能力的,仍属无效遗嘱。

遗嘱人立遗嘱时有行为能力,后来丧失了行为能力,不影响遗嘱的效力。受胁迫、欺诈等意思表示不真实的遗嘱无效,伪造的遗嘱无效;遗嘱被篡改的,篡改的内容无效。违反法律、行政法规的强制性规定和社会公共利益的遗嘱无效,遗嘱人以遗嘱处分了属于国家、集体或他人所有的财产,遗嘱的这部分,应认定无效。

遗嘱人立有数份遗嘱,内容相抵触的,应以哪份遗嘱为准?

《继承法》第20条第2款规定,立有数份遗嘱,内容相抵触的,以最后的遗嘱为准。据此,被继承人在不同时间立有数份遗嘱,其内容相互抵触的,以最后的遗嘱为准。如一份遗嘱将其唯一居住的房屋指定由其大儿子继承;第二份遗嘱又将同一房屋指定由其二儿子继承;第三份遗嘱再将该住房指定由其女儿继承,在这三份遗嘱内容相互抵触的情况下,应以最后的遗嘱为准,即其去世后其住房由其女儿继承。但是,若其三份遗嘱内容不同,且内容互不抵触的,如被继承人有三套房屋,先后立遗嘱将三套房屋分别指定由儿女三人分别继承的,则各份遗嘱都有效。

公证遗嘱由遗嘱人委托他人办理有效吗?

《中华人民共和国公证法》(以下简称《公证法》)第26条规定,自然人、法人或者其他组织可以委托他人办理公证,但遗嘱、生存、收养关系等应当由本人办理公证的除外。据此,公证遗嘱应当有立遗嘱人本人到公证机构亲自办理,不得委托他人代办,委托他人代办的公证遗嘱无效。

遗嘱人书写遗嘱内容但未签名的,遗嘱是否有效?

《继承法》第17条第2款规定,自书遗嘱由遗嘱人亲笔书写,签名,注明年、月、日。《继承法司法解释》第40条规定,公民在遗书中涉及死后个人财产处分的内容,确为死者真实意思的表示,有本人签名并注明了年、月、日,又无相反证据的,可按自书遗嘱对待。可见,遗嘱人仅书写了遗嘱内容,但未签名的或者由其他人代为签名的,或者将姓名签署在遗嘱内容正文之前,即遗嘱内容书写于姓名之后的,都可以认定遗嘱无效。

遗嘱由他人代书时,遗嘱人不签名的,遗嘱是否有效?

《继承法》第17条第3款规定,代书遗嘱应当有两个以上见证人在场见证,由其中一人代书,注明年、月、日,并由代书人、其他见证人和遗嘱人签名。可见,遗嘱由他人代书的,仅有两个以上的见证人在遗嘱上签名而遗嘱人未签名的,遗嘱无效。

代书遗嘱仅有一个见证人见证并由其代书和遗嘱人签名的,是否有效?

《继承法》第17条第3款规定,代书遗嘱应当有两个以上见证人在场见证,由其中一人代书,注明年、月、日,并由代书人、其他见证人和遗嘱人签名。可见,遗嘱仅有一个见证人代书和见证,并由该名见证人和遗嘱人在遗嘱上签名的,遗嘱无效。

遗嘱人通过录音形式立遗嘱仅有一人见证的,是否有效?

根据《继承法》第17条第4款规定,遗嘱人可以通过录音形式立遗嘱,但应当有两个以上见证人在场见证。只有一个见证人在场见证的录音遗嘱无效。

遗嘱人在什么情况下所立口头形式的遗嘱有效?

《继承法》第17条第5款规定,遗嘱人在危急情况下,可以立口头遗嘱。口头遗嘱应当有两个以上见证人在场见证。危急情况解除后,遗嘱人能够用书面或者录音形式立遗嘱的,所立的口头遗嘱无效。这里的"危急情况",主要是指遗嘱人的生命处于危险和急迫状况,无法通过书面或者录音方式订立遗嘱的情况。遗嘱人只有在危急情况下所立口头遗嘱,且有两个以上见证人在场见证的,方为有效。危急情况解除后,遗嘱人能够用书面或者录音形式立遗嘱的,所立的口头遗嘱无效。

哪些人不能作为代书遗嘱、录音遗嘱和口头遗嘱的见证人?

根据《继承法》的规定,遗嘱人在通过代书、录音和口头形式立遗嘱时,应当有两个以上的见证人在场见证。但是,见证人应当具有完全民事行为能力,且与遗嘱人无利害关系。对此,《继承法》第18条规定,下列人员不能作为遗嘱见证人:(1)无行为能力人、限制行为能力人;(2)继承人、受遗赠人;(3)与继承人、受遗赠人有利害关系的人。《继承法司法解释》第36条进一步明确规定,继承人、受遗赠人的债权人、债务人,共同经营的合伙人,也应当视为与继承人、受遗赠人有利害关系,不能作为遗嘱的见证人。

公证遗嘱与其他形式的遗嘱内容抵触的,应如何确定遗嘱的效力?

《继承法司法解释》第42条规定,遗嘱人以不同形式立有数份内容相抵触的遗嘱,其中有公证遗嘱的,以最后所立公证遗嘱为准;没有公证遗嘱的,以最后所立的遗嘱为准。可见,遗嘱人立有公证遗嘱、自书遗嘱、代书遗嘱、录音遗嘱和口头遗嘱,且遗嘱内容抵触的,公证形式的遗嘱的效力高于其他形式的遗嘱的效力;公证遗嘱与其他形式的遗嘱内容抵触的,应当以公证遗嘱为准;遗嘱人立有两份以上的公证遗嘱,且内容抵触的,应当以最后所立公证遗嘱为准。

遗嘱应对怎样的继承人保留必要的遗产份额?

《继承法》第19条规定,遗嘱应当对缺乏劳动能力又没有生活来源的继承人保留必要的遗产份额。《继承法司法解释》第37条进一步明确规定,遗嘱人未保留缺乏劳动能力又没有生活来源的继承人的遗产份额,遗产处理时,应当为该继承人留下必要的遗产,所剩余的部分,才可参照遗嘱确定的分配原则处理。继承人是否缺乏劳动能力又没有生活来源,应按遗嘱生效时该继承人的具体情况确定。

遗嘱人能否撤销、变更自己所立的遗嘱?

《继承法》第20条第1款规定,遗嘱人可以撤销、变更自己所立的遗嘱。这里的"撤销",是指遗嘱人通过自由行使撤销权使所立的遗嘱归于无效;这里的"变更",是指改变所立遗嘱的内容,使新的遗嘱内容代替原先所立遗嘱的内容。但是,根据上述本条第3款规定,自书、代书、录音、口头遗嘱,不得撤销、变更公证遗嘱。《继承法司法解释》第39条进一步明确规定,遗嘱人生前的行为与遗嘱的意思表示相反,而使遗嘱处分的财产在继承开始前灭失、部分灭失或所有权转移、部分转移的,遗嘱视为被撤销或部分被撤销。

遗赠扶养协议与遗嘱抵触的,应如何处理?

《继承法》第5条规定,继承开始后,按照法定继承办理;有遗嘱的,按照遗嘱继承或者遗赠办理;有遗赠扶养协议的,按照协议办理。《继承法司法解释》第5条进一步明确规定,被继承人生前与他人订有遗赠扶养协议,同时又立有遗嘱的,继承开始后,如果遗赠扶养协议与遗嘱没有抵触,遗产分别按协议和遗嘱处理;如果有抵触,按协议处理,与协议抵触的遗嘱全部或部分无效。可见,遗赠扶养协议作为遗产处理方式较遗嘱具有优先适用性,遗赠扶养协议内容与遗嘱内容有抵触的,应当按照遗赠扶养协议的规定执行,与遗赠扶养协议所抵触的遗嘱内容归于无效(即与遗赠扶养协议部分抵触的,抵触的那部分遗嘱内容无效;全部抵触的,遗嘱全部内容无效)。

附义务的遗嘱继承或遗赠,继承人或受遗赠人不履行所附义务的,会导致什么后果?

《继承法》第21条规定,遗嘱继承或者遗赠附有义务的,继承人或者受遗赠人应当履行义务。没有正当理由不履行义务的,经有关单位或者个人请求,人民法院可以取消他接受遗产的权利。《继承法司法解释》第43条规定,附义务的遗嘱继承或遗赠,如义务能够履行,而继承人、受遗赠人无正当理由不履行,经受益人或其他继承人请求,人民法院可以取消他接受附义务那部分遗产的权利,由提出请求的继承人或受益人负责按遗嘱人的意愿履行义务,接受遗产。

(四) 遗产的处理

继承人放弃继承应当在什么时间作出表示?

《继承法》第25条第1款规定,继承开始后,继承人放弃继承的,应当在遗产处理前,作出放弃继承的表示。没有表示的,视为接受继承。可见,无论是法定继承人还是遗嘱继承人,其放弃继承的意思表示,应当在遗产处理前作出;遗产处理前未作出放弃继承意思表示的,视为其接受继承。

继承人放弃继承的表示能否以口头方式作出?

根据《继承法司法解释》第47条至第49条规定,继承人放弃继承应当以书面形式向其他继承人表示。用口头方式表示放弃继承,本人承认或有其他充分证据证明的,也应当认定其有效。在诉讼中,继承人向人民法院以口头方式表示放弃继承的,要制作笔录,由放弃继承的人签名。继承人放弃继承的意思表示,应当在继承开始后、遗产分割前作出。遗产分割后表示放弃的不再是继承权,而是所有权。

遗产处理后,继承人对放弃的继承还能翻悔吗?

根据《继承法司法解释》第50条规定,遗产处理前或在诉讼进行中,继承人对放弃继承翻悔的,由人民法院根据其提出的具体理由,决定是否承认。遗产处理后,继承人对放弃继承翻悔的,不予承认。据此,放弃遗产继承的继承人如翻悔,应当在遗产处理前翻悔,否则,其继承权将不予承认。

受遗赠人在法定期限内未作出接受遗赠表示的,会导致什么后果?

《继承法》第 25 条第 2 款规定,受遗赠人应当在知道受遗赠后 2 个月内,作出接受或者放弃受遗赠的表示。到期没有表示的,视为放弃受遗赠。可见,受遗赠人作出接受遗赠的法定期间为其知道受遗赠后的 2 个月,在该法定期间内没有明确表示接受遗赠的,其接受遗赠的权利丧失。

继承人或受遗赠人在遗产分割前死亡的,其继承权能否转移给其继承人?

《继承法司法解释》第 52 条规定,继承开始后,继承人没有表示放弃继承,并于遗产分割前死亡的,其继承遗产的权利转移给他的合法继承人。本司法解释第 53 条规定,继承开始后,受遗赠人表示接受遗赠,并于遗产分割前死亡的,其接受遗赠的权利转移给他的继承人。

遗产分割时,是否应为胎儿保留遗产继承份额?

《继承法》第 28 条规定,遗产分割时,应当保留胎儿的继承份额。胎儿出生时是死体的,保留的份额按照法定继承办理。根据《继承法司法解释》第 45 条规定,应当为胎儿保留的遗产份额没有保留的,应从继承人所继承的遗产中扣回。为胎儿保留的遗产份额,如胎儿出生后死亡的,由其继承人继承;如胎儿出生时就是死体的,由被继承人的继承人继承。

夫妻一方死亡的,如何确定其遗产?

根据《婚姻法》和《继承法》的有关规定,夫妻一方死亡的,其遗产包括以下两部分:(1)其个人财产可以作为遗产由继承人继承,个人财产包括实行夫妻约定财产制下的夫妻双方约定归其所有的个人财产以及依法归其所有的个人财产;实行法定财产制时的婚前个人财产和婚后个人财产。(2)夫妻在婚姻关系存续期间所得的共同所有的财产,除有约定的以外,如果分割遗产,应当先将共同所有的财产的一半分出为配偶所有,其余的一半为被继承人的遗产。

在涉及遗嘱继承或遗赠中,哪些遗产应按照法定继承办理?

《继承法》第 27 条规定,有下列情形之一的,遗产中的有关部分按照法定继承办理:(1)遗嘱继承人放弃继承或者受遗赠人放弃受遗赠的;(2)遗嘱继承人丧失继承权的;(3)遗嘱继承人、受遗赠人先于遗嘱人死亡的;(4)遗嘱无效部分所涉及的遗产;(5)遗嘱未处分的遗产。

遗赠扶养协议当事人无正当理由不履行协议的,将导致什么后果?

《继承法》第31条第1款规定,公民可以与扶养人签订遗赠扶养协议。按照协议,扶养人承担该公民生养死葬的义务,享有受遗赠的权利。根据这一规定,在遗赠扶养协议中扶养人的义务从协议生效时起履行,而其权利自被扶养人死亡时才能得以实现。遗赠扶养协议一经签订,双方就要切实履行协议所约定的义务。扶养人应当按照协议的约定履行扶养义务,而被扶养人不得对自己的财产作出不利于扶养人的处分。《继承法司法解释》第56条进一步明确规定,扶养人与公民订有遗赠扶养协议,扶养人无正当理由不履行,致协议解除的,不能享有受遗赠的权利,其支付的供养费用一般不予补偿;遗赠人无正当理由不履行,致协议解除的,则应偿还扶养人已支付的供养费用。

继承人是否有义务偿还被继承人所负的个人债务?

《继承法》第33条规定,继承遗产应当清偿被继承人依法应当缴纳的税款和债务,缴纳税款和清偿债务以他的遗产实际价值为限。超过遗产实际价值部分,继承人自愿偿还的不在此限。继承人放弃继承的,对被继承人依法应当缴纳的税款和债务可以不负偿还责任。本法第34条规定,执行遗赠不得妨碍清偿遗赠人依法应当缴纳的税款和债务。《继承法司法解释》第62条进一步明确规定,遗产已被分割而未清偿债务时,如有法定继承又有遗嘱继承和遗赠的,首先由法定继承人用其所得遗产清偿债务;不足清偿时,剩余的债务由遗嘱继承人和受遗赠人按比例用所得遗产偿还;如果只有遗嘱继承和遗赠的,由遗嘱继承人和受遗赠人按比例用所得遗产偿还。

无人继承又无人受遗赠的遗产,应如何处理?

根据《继承法》第32条规定,无人继承又无人受遗赠的遗产,归国家所有;死者生前是集体所有制组织成员的,归所在集体所有制组织所有。

继承人应在继承开始之日起多少年内就继承权纠纷提起诉讼?

《继承法》第8条规定,继承权纠纷提起诉讼的期限为2年,自继承人知道或者应当知道其权利被侵犯之日起计算。

　　根据《继承法司法解释》第15条至第17条的规定,在诉讼时效期间内,因不可抗拒的事由致继承人无法主张继承权利的,人民法院可按中止诉讼时效处理。继承人在知道自己的权利受到侵犯之日起的2年之内,其遗产继承权纠纷确在人民调解委员会进行调解期间,可按中止诉讼时效处理。继承人因遗产继承纠纷向人民法院提起诉讼,诉讼时效即为中断。可见,继承权纠纷的诉讼时效为2年,并适用诉讼时效中止和中断的规定。

　　但是,根据《继承法》第8条和《继承法司法解释》第18条规定,继承权纠纷提起诉讼自继承开始之日起不超过20年。自继承开始之日起的第18年至第20年期间内,继承人才知道自己的权利被侵犯的,其提起诉讼的权利,应当在继承开始之日起的20年之内行使,超过20年的,不得再行提起诉讼。

第二部分　未成年人的财产权与人身权保护

一、家 庭 保 护

在什么情况下，未成年人可由父母以外的人或组织作为监护人？

《民法总则》第27条第1款规定，父母是未成年子女的监护人。本条第2款规定，未成年人的父母已经死亡或者没有监护能力的，由下列有监护能力的人按顺序担任监护人：（1）祖父母、外祖父母；（2）兄、姐；（3）其他愿意担任监护人的个人或者组织，但是须经未成年人住所地的居民委员会、村民委员会或者民政部门同意。本法第29条规定，被监护人的父母担任监护人的，可以通过遗嘱指定监护人。本法第30条规定，依法具有监护资格的人之间可以协议确定监护人。协议确定监护人应当尊重被监护人的真实意愿。本法第31条第1款规定，对监护人的确定有争议的，由被监护人住所地的居民委员会、村民委员会或者民政部门指定监护人，有关当事人对指定不服的，可以向人民法院申请指定监护人；有关当事人也可以直接向人民法院申请指定监护人。本条第2款规定，居民委员会、村民委员会、民政部门或者人民法院应当尊重被监护人的真实意愿，按照最有利于被监护人的原则在依法具有监护资格的人中指定监护人。本条第3款规定，依照本条第1款规定指定监护人前，被监护人的人身权利、财产权利以及其他合法权益处于无人保护状态的，由被监护人住所地的居民委员会、村民委员会、法律规定的有关组织或者民政部门担任临时监护人。本条第4款规定，监护人被指定后，不得擅自变更；擅自变更的，不免除被指定的监护人的责任。本法第32条规定，没有依法具有监护资格的人的，监护人由民政部门担任，也可以由具备履行监护职责条件的被监护人住所地的居民委员会、村民委员会担任。（注：上述规定在吸收《民法通则》第16条规定内容的基础上，对监护人制度进行了细化和完善。《民法通则》第16条第1款规定，未成年人的父母是未成年人的监护人。该条第2款规定，未成年人的父母已经死亡或者没有监护能力的，由下列人员中有监护能力的人担任监护人：（1）祖父母、外祖父母；（2）兄、姐；（3）关系密切的其他亲属、朋友愿意承担监护责任，经未成年人的父、母的所在单位或者未成年人住所地的居民委员会、村民委员会同意的。该条第3款规定，对担任监护人有争议的，由未成年人的父、母的所在单位或者未成年人住所地的居民委员会、村民委员会在近亲属中指定。对指定不服提起诉讼的，由人民法院裁决。该条第4款规定，没有第1款、第2款规定的监护人的，由未成年人的父、母的所在单位或者未成年人住所地的居民委员会、村民委员会或者民政部门担任监护人。）

监护人对未成年人主要履行哪些监护职责？

《民法总则》第34条第1款规定，监护人的职责是代理被监护人实施民事法律行为，保护被监护人的人身权利、财产权利以及其他合法权益等。（注：上述规定来源于《民法通则》第18条第1款的规定，并作了相应修改。《民法通则》第18条第1款规定：监护人应当履行监护职责，保护被监护人的人身、财产及其他合法权益，除为被监护人的利益外，不得处理被监护人的财产。）据此，监护人负有保护被监护人的身体健康；照顾被监护人的生活；管理和保护被监护人的财产；代理被监护人进行民事活动；对被监护人进行管理和教育；在被监护人合法权益受到侵害或者与人发生争议时，代理其进行诉讼等监护职责。

父母或者其他监护人应怎样引导未成年人健康成长？

《中华人民共和国未成年人保护法》（以下简称《未成年人保护法》）第11条规定，父母或者其他监护人应当关注未成年人的生理、心理状况和行为习惯，以健康的思想、良好的品行和适当的方法教育和影响未成年人，引导未成年人进行有益身心健康的活动，预防和制止未成年人吸烟、酗酒、流浪、沉迷网络以及赌博、吸毒、卖淫等行为。

父母或者其他监护人可以使接受义务教育的未成年人辍学吗？

《未成年人保护法》第 13 条明确规定，父母或者其他监护人应当尊重未成年人受教育的权利，必须使适龄未成年人依法入学接受并完成义务教育，不得使接受义务教育的未成年人辍学。

父母或者其他监护人可以让不满 16 周岁的未成年人单独居住吗？

《中华人民共和国预防未成年人犯罪法》（以下简称《预防未成年人犯罪法》）第 19 条和第 20 条规定，未成年人的父母或者其他监护人，不得让不满 16 周岁的未成年人脱离监护单独居住。未成年人的父母或者其他监护人对未成年人不得放任不管，不得迫使其离家出走，放弃监护职责。未成年人离家出走的，其父母或者其他监护人应当及时查找，或者向公安机关请求帮助。

在作出与未成年人权益有关的决定时，父母可以不听取本人意见吗？

《未成年人保护法》第 14 条规定，父母或者其他监护人应当根据未成年人的年龄和智力发展状况，在作出与未成年人权益有关的决定时告知其本人，并听取他们的意见。据此，未成年人对于其父母作出的与其权益有关的决定，享有与其年龄和智力发展状况相适应的知情权，父母在作出与未成年人权益有关的决定时应当告知其本人，并应当听取他们的意见。

未成年人由父姓改为母姓的，父亲可以拒绝承担抚养义务吗？

根据《婚姻法》有关规定，子女可以随父姓，也可以随母姓。父母对未成年或不能独立生活的子女有承担生活费用、学习费用和医疗费用的义务。无论是父母婚姻关系存续期间还是父母离婚后，未成年子女既有随父姓的权利又有随母姓的权利，父亲不得因未成年子女由父姓改为母姓而拒绝承担抚养义务。

父母或者其他监护人不得对未成年人实施哪些侵害行为？

《未成年人保护法》第 10 条规定，父母或者其他监护人应当创造良好、和睦的家庭环境，依法履行对未成年人的监护职责和抚养义务。禁止对未成年人实施家庭暴力，禁止虐待、遗弃未成年人，禁止溺婴和其他残害婴儿的行为，不得歧视女性未成年人或者有残疾的未成年人。

夫妻离婚后,与子女共同生活的一方能否取消另一方的监护权?

《预防未成年人犯罪法》第 21 条规定,未成年人的父母离异的,离异双方对子女都有教育的义务,任何一方都不得因离异而不履行教育子女的义务。《民法通则意见》第 21 条规定,夫妻离婚后,与子女共同生活的一方无权取消对方对该子女的监护权,但是,未与该子女共同生活的一方,对该子女有犯罪行为、虐待行为或者对该子女明显不利的,人民法院认为可以取消的除外。可见,夫妻离婚后,未与该子女共同生活的一方对子女的监护权受法律保护,与子女共同生活的一方无权取消。但是,未与该子女共同生活的一方,对该子女有犯罪行为、虐待行为或者因其有赌博、酗酒等不良生活习惯或者有违法犯罪行为等对该子女身心健康、人身安全和成长有明显不利的情形的,与子女共同生活的一方可以依法起诉,请求人民法院取消其对该子女的监护权。

监护人可以任意处理未成年人的财产吗?

作为无民事行为能力人、限制民事行为能力人的未成年人通过继承遗产、接受遗赠或者赠与以及接受奖励及报酬等可以拥有自己的合法财产。《民法总则》第 35 条第 1 款规定,监护人应当按照最有利于被监护人的原则履行监护职责。监护人除为维护被监护人利益外,不得处分被监护人的财产。本条第 2 款规定,未成年人的监护人履行监护职责,在作出与被监护人利益有关的决定时,应当根据被监护人的年龄和智力状况,尊重被监护人的真实意愿。(注:上述第 1 款规定来源于《民法通则》第 18 条第 1 款,并作了修改和完善。《民法通则》第 18 条第 1 款规定,监护人应当履行监护职责,保护被监护人的人身、财产及其他合法权益,除为被监护人的利益外,不得处理被监护人的财产。)可见,监护人除为被监护人的利益外,不得任意处理被监护人的财产,更不得为了自己的利益处理被监护人的财产。

监护人不履行监护职责给被监护人造成财产损失的,是否负赔偿责任?

《民法总则》第 34 条第 2 款规定,监护人依法履行监护职责产生的权利,受法律保护。本条第 3 款规定,监护人不履行监护职责或者侵害被监护人合法权益的,应当承担法律责任。(注:上述第 2 款规定与《民法通则》第 18 条第 2 款规定完全相同;第 3 款与《民法通则》第 18 条第 3 款规定中第 1

句的前半句相同。《民法通则》第18条第2款规定,监护人依法履行监护的权利,受法律保护。本条第3款规定,监护人不履行监护职责或者侵害被监护人的合法权益的,应当承担责任;给被监护人造成财产损失的,应当赔偿损失。人民法院可以根据有关人员或者有关单位的申请,撤销监护人的资格。)可见,监护人不履行监护职责或者侵害被监护人的合法权益,给被监护人造成财产损失的,应当承担赔偿责任。

接受委托代他人照看未成年人的,什么情况下应承担赔偿责任?

《未成年人保护法》第16条规定,父母因外出务工或者其他原因不能履行对未成年人监护职责的,应当委托有监护能力的其他成年人代为监护。《民法通则意见》第22条规定,监护人可以将监护职责部分或者全部委托给他人。因被监护人的侵权行为需要承担民事责任的,应当由监护人承担,但另有约定的除外;被委托人确有过错的,负连带责任。可见,在委托人和被委托人未作约定的情况下,被监护人为侵权行为时,接受监护人委托照看未成年人的人不承担民事责任;在委托人和被委托人另有约定的情况下,应当按照约定承担民事责任;因被委托人确有过错,致使被监护人侵害他人的,被委托人与监护人承担连带责任。

父母或者其他监护人可以允许或者迫使未成年人结婚或为其订立婚约吗?

《未成年人保护法》第15条规定,父母或者其他监护人不得允许或者迫使未成年人结婚,不得为未成年人订立婚约。

二、社 会 保 护

未成年人能否独立进行民事活动?

《民法总则》第17条规定,18周岁以上的自然人为成年人。不满18周岁的自然人为未成年人。本法第18条规定,成年人为完全民事行为能力人,可以独立实施民事法律行为。16周岁以上的未成年人,以自己的劳动收入为主要生活来源的,视为完全民事行为能力人。(注:上述规定与《民法通则》第11条的规定内容一致,只是在文字表述上作了修改。)《民法总则》第19条规定,8周岁以上的未成年人为限制民事行为能力人,实施民事法律行为由其法定代理人代理或者经其法定代理人同意、追认,但是可以独立实施纯获利益的民事法律行为或者与其年龄、智力相适应的民事法律行为。(注:上述规定将限制民事行为能力人的最低年龄由《民法通则》第12条第1款规定的10周岁降低到了8周岁,其余内容一致,只是文字表述有所不同。)《民法总则》第20条规定,不满8周岁的未成年人为无民事行为能力人,由其法定代理人代理实施民事法律行为。(注:上述规定将无民事行为能力人的最高年龄由《民法通则》第12条第2款规定的10周岁降低到了8周岁,其余内容、文字表述完全一样。)《民法总则》第23条规定,无民事行为能力人、限制民事行为能力人的监护人是其法定代理人。(注:上述规定与《民法通则》第14条的规定内容与文字表述完全一样。)可见,作为无民事行为能力人的未成年人事实民事法律行为由其法定代理人(即父母或依法确定的其他监护人)代理;作为限制民事行为能力人的未成年人一般不能独立实施民事法律行为,其只能独立进行一些与其年龄、智力相适应的民事法律行为以及纯获利益的民事法律行为,实施其他民事法律行为应当由其法定代理人代理或者经其法定代理人事前同意或者事后追认。

未成年人是否有接受奖励、赠与、报酬的权利?

《民法总则》第19条规定,8周岁以上的未成年人为限制民事行为能力人,实施民事法律行为由其法定代理人代理或者经其法定代理人同意、追认,但是可以独立实施纯获利益的民事法律行为或者与其年龄、智力相适应的民事法律行为。(注:上述规定将限制民事行为能力人的最低年龄由《民法通则》第12条第1款规定的10周岁降低到了8周岁,其余内容一致,只是文字表述有所不同。)在司法实践中,无民事行为能力人、限制民事行为能力人接受奖励、赠与、报酬一般认定为纯获利益的民事法律行为,他人不得以行为人无民事行为能力、限制民事行为能力为由,主张以上行为无效。作为无民事行为能力人、限制民事行为能力人的未成年人有权独自接受奖励、赠与、报酬,无需取得其法定代理人(即父母或依法确定的其他监护人)的事前允许或者事后追认。

未成年人的绘画、文学创作和发明专利受法律保护吗？

《未成年人保护法》第46条规定，国家依法保护未成年人的智力成果和荣誉权不受侵犯。据此，未成年人对自己创作的绘画、文学创作等享有著作人身权和财产权，即享有署名权、修改权、保护作品完整权及获得报酬权、转让权等。未成年人对自己的发明创造，享有专利申请权及专利权。

哪些教育科技文化场所和设施应当对未成年人免费或者优惠开放？

《未成年人保护法》第30条规定，爱国主义教育基地、图书馆、青少年宫、儿童活动中心应当对未成年人免费开放；博物馆、纪念馆、科技馆、展览馆、美术馆、文化馆以及影剧院、体育场馆、动物园、公园等场所，应当按照有关规定对未成年人免费或者优惠开放。本法第31条规定，县级以上人民政府及其教育行政部门应当采取措施，鼓励和支持中小学校在节假日期间将文化体育设施对未成年人免费或者优惠开放。社区中的公益性互联网上网服务设施，应当对未成年人免费或者优惠开放，为未成年人提供安全、健康的上网服务。

他人不得制作或者向未成年人出售、出租或者传播哪些出版物、音像制品和网络信息？

《未成年人保护法》第34条规定，禁止任何组织、个人制作或者向未成年人出售、出租或者以其他方式传播淫秽、暴力、凶杀、恐怖、赌博等毒害未成年人的图书、报刊、音像制品、电子出版物以及网络信息等。《预防未成年人犯罪法》第30条进一步明确规定，以未成年人为对象的出版物，不得含有诱发未成年人违法犯罪的内容，不得含有渲染暴力、色情、赌博、恐怖活动等危害未成年人身心健康的内容。本法第31条规定，任何单位和个人不得向未成年人出售、出租含有诱发未成年人违法犯罪以及渲染暴力、色情、赌博、恐怖活动等危害未成年人身心健康内容的读物、音像制品或者电子出版物。任何单位和个人不得利用通讯、计算机网络等方式提供前款规定的危害未成年人身心健康的内容及其信息。本法第32条第1款规定，广播、电影、电视、戏剧节目，不得有渲染暴力、色情、赌博、恐怖活动等危害未成年人身心健康的内容。

生产、销售用于未成年人的食品、药品、玩具、用具和游乐设施等,应当符合什么要求?

《未成年人保护法》第 35 条规定,生产、销售用于未成年人的食品、药品、玩具、用具和游乐设施等,应当符合国家标准或者行业标准,不得有害于未成年人的安全和健康;需要标明注意事项的,应当在显著位置标明。

营业性歌舞娱乐场所、互联网营业场所能否向未成年人开放?

《未成年人保护法》第 36 条规定,中小学校园周边不得设置营业性歌舞娱乐场所、互联网上网服务营业场所等不适宜未成年人活动的场所。营业性歌舞娱乐场所、互联网上网服务营业场所等不适宜未成年人活动的场所,不得允许未成年人进入,经营者应当在显著位置设置未成年人禁入标志;对难以判明是否已成年的,应当要求其出示身份证件。本法第 66 条规定,在中小学校园周边设置营业性歌舞娱乐场所、互联网上网服务营业场所等不适宜未成年人活动的场所的,由主管部门予以关闭,依法给予行政处罚。营业性歌舞娱乐场所、互联网上网服务营业场所等不适宜未成年人活动的场所允许未成年人进入,或者没有在显著位置设置未成年人禁入标志的,由主管部门责令改正,依法给予行政处罚。

经营者能否向未成年人出售烟酒?

《未成年人保护法》第 37 条规定,禁止向未成年人出售烟酒,经营者应当在显著位置设置不向未成年人出售烟酒的标志;对难以判明是否已成年的,应当要求其出示身份证件。任何人不得在中小学校、幼儿园、托儿所的教室、寝室、活动室和其他未成年人集中活动的场所吸烟、饮酒。本法第 67 条规定,向未成年人出售烟酒,或者没有在显著位置设置不向未成年人出售烟酒标志的,由主管部门责令改正,依法给予行政处罚。

他人能否披露未成年人的个人隐私及开拆、查阅未成年人的信件、日记、电子邮件?

隐私权是自然人享有的私人生活安宁与私人信息、秘密依法受到保护,不被他人非法侵扰、知悉、散布或公开并利用的一种人格权利。任何公民都享有个人隐私不被他人侵犯的权利,尤其是未成年人正处于发育成长阶段,其心理接受能力和承受能力较弱,其个人隐私理应受到更加严格的保护。

因此,《未成年人保护法》第 39 条规定,任何组织或者个人不得披露未成年人的个人隐私。对未成年人的信件、日记、电子邮件,任何组织或者个人不得隐匿、毁弃;除因追查犯罪的需要,由公安机关或者人民检察院依法进行检查,或者对无行为能力的未成年人的信件、日记、电子邮件由其父母或者其他监护人代为开拆、查阅外,任何组织或者个人不得开拆、查阅。

政府部门如何对流浪乞讨、孤儿及生活无着的未成年人实施救助?

《未成年人保护法》第 43 条规定,县级以上人民政府及其民政部门应当根据需要设立救助场所,对流浪乞讨等生活无着未成年人实施救助,承担临时监护责任;公安部门或者其他有关部门应当护送流浪乞讨或者离家出走的未成年人到救助场所,由救助场所予以救助和妥善照顾,并及时通知其父母或者其他监护人领回。对孤儿、无法查明其父母或者其他监护人的以及其他生活无着的未成年人,由民政部门设立的儿童福利机构收留抚养。未成年人救助机构、儿童福利机构及其工作人员应当依法履行职责,不得虐待、歧视未成年人;不得在办理收留抚养工作中牟取利益。

对侵犯未成年人合法权益的行为,哪些组织和个人可以检举和控告?

《未成年人保护法》第 6 条规定,保护未成年人,是国家机关、武装力量、政党、社会团体、企业事业组织、城乡基层群众性自治组织、未成年人的监护人和其他成年公民的共同责任。对侵犯未成年人合法权益的行为,任何组织和个人都有权予以劝阻、制止或者向有关部门提出检举或者控告。国家、社会、学校和家庭应当教育和帮助未成年人维护自己的合法权益,增强自我保护的意识和能力,增强社会责任感。

哪些单位、机构及其工作人员发现未成年人遭受家庭暴力的,应当及时向公安机关报案?

《中华人民共和国反家庭暴力法》(以下简称《反家庭暴力法》)第 14 条规定,学校、幼儿园、医疗机构、居民委员会、村民委员会、社会工作服务机构、救助管理机构、福利机构及其工作人员在工作中发现无民事行为能力人、限制民事行为能力人遭受或者疑似遭受家庭暴力的,应当及时向公安机关报案。公安机关应当对报案人的信息予以保密。

公安机关接到未成年人遭受家庭暴力的报案后应如何处置？

《反家庭暴力法》第 15 条规定，公安机关接到家庭暴力报案后应当及时出警，制止家庭暴力，按照有关规定调查取证，协助受害人就医、鉴定伤情。无民事行为能力人、限制民事行为能力人因家庭暴力身体受到严重伤害、面临人身安全威胁或者处于无人照料等危险状态的，公安机关应当通知并协助民政部门将其安置到临时庇护场所、救助管理机构或者福利机构。本法第 16 条规定，家庭暴力情节较轻，依法不给予治安管理处罚的，由公安机关对加害人给予批评教育或者出具告诫书。告诫书应当包括加害人的身份信息、家庭暴力的事实陈述、禁止加害人实施家庭暴力等内容。本法第 17 条规定，公安机关应当将告诫书送交加害人、受害人，并通知居民委员会、村民委员会。居民委员会、村民委员会、公安派出所应当对收到告诫书的加害人、受害人进行查访，监督加害人不再实施家庭暴力。

对遭受家庭暴力的未成年人，哪些机关、单位、组织和个人可以代为申请人身安全保护令？

人身安全保护令，是人民法院依申请对实施家庭暴力的被申请人依法采取的禁止实施家庭暴力、保护被申请人或者遭受家庭暴力的无民事行为能力人、限制民事行为能力人的司法救济措施。根据《反家庭暴力法》第 29 条规定，人身安全保护令可以包括下列措施：禁止被申请人实施家庭暴力；禁止被申请人骚扰、跟踪、接触申请人及其相关近亲属；责令被申请人迁出申请人住所；保护申请人人身安全的其他措施。

《反家庭暴力法》第 23 条规定，当事人因遭受家庭暴力或者面临家庭暴力的现实危险，向人民法院申请人身安全保护令的，人民法院应当受理。当事人是无民事行为能力人、限制民事行为能力人，或者因受到强制、威吓等原因无法申请人身安全保护令的，其近亲属、公安机关、妇女联合会、居民委员会、村民委员会、救助管理机构可以代为申请。可见，对遭受家庭暴力或者面临家庭暴力的现实危险的未成年人，其近亲属以及公安机关、妇女联合会、居民委员会、村民委员会、救助管理机构可以代为申请。根据本法第 25 条规定，申请人身安全保护令应当向有管辖权的人民法院（即申请人或者被申请人居住地、家庭暴力发生地的基层人民法院）提出。本法第 28 条规定,人民法院受理申请后,应当在 72 小时内作出人身安全保护令或者驳回申请;情况紧急的,应当在 24 小时内作出。本法第 32 条规定,人民法院作出人身安全保护令后,应当送达申请人、被申请人、公安机关以及居民委员会、村民委员会等有关组织。人身安全保护令由人民法院执行,公安机关以及居民委员会、村民委员会等应当协助执行。

在什么情形下,人民法院可以依法撤销监护人对未成年人的监护资格?

《反家庭暴力法》第 21 条规定,监护人实施家庭暴力严重侵害被监护人合法权益的,人民法院可以根据被监护人的近亲属、居民委员会、村民委员会、县级人民政府民政部门等有关人员或者单位的申请,依法撤销其监护人资格,另行指定监护人。被撤销监护人资格的加害人,应当继续负担相应的赡养、扶养、抚养费用。

三、学 校 保 护

父母或其他监护人可以不让适龄儿童入学接受义务教育吗?

根据《中华人民共和国义务教育法》(以下简称《义务教育法》)第 4 条和第 5 条的规定,适龄儿童、少年依法享有平等接受义务教育的权利,并履行接受义务教育的义务。适龄儿童、少年的父母或者其他法定监护人应当依法保证其按时入学接受并完成义务教育。对此,《义务教育法》第 11 条进一步明确规定,凡年满 6 周岁的儿童,其父母或者其他法定监护人应当送其入学接受并完成义务教育;条件不具备的地区的儿童,可以推迟到 7 周岁。适龄儿童、少年因身体状况需要延缓入学或者休学的,其父母或者其他法定监护人应当提出申请,由当地乡镇人民政府或者县级人民政府教育行政部门批准。本法第 58 条规定,适龄儿童、少年的父母或者其他法定监护人无正当理由未依照本法规定送适龄儿童、少年入学接受义务教育的,由当地乡镇人民政府或者县级人民政府教育行政部门给予批评教育,责令限期改正。可见,除适龄儿童、少年因身体状况需要延缓入学或者休学外,适龄儿童、少年的父母或者其他法定监护人必须送适龄儿童、少年入学接受义务教育。

学校能否通过考试对适龄儿童、少年择优录取?

《义务教育法》第12条第1款规定,适龄儿童、少年免试入学。地方各级人民政府应当保障适龄儿童、少年在户籍所在地学校就近入学。据此,学校不能通过考试对适龄儿童、少年择优录取。

适龄儿童、少年能否在非户籍所在地接受义务教育?

《义务教育法》第5条规定,各级人民政府及其有关部门应当履行本法规定的各项职责,保障适龄儿童、少年接受义务教育的权利。本法第12条第2款规定,父母或者其他法定监护人在非户籍所在地工作或者居住的适龄儿童、少年,在其父母或者其他法定监护人工作或者居住地接受义务教育的,当地人民政府应当为其提供平等接受义务教育的条件。具体办法由省、自治区、直辖市规定。县级人民政府教育行政部门对本行政区域内的军人子女接受义务教育予以保障。据此,父母或者其他法定监护人在非户籍所在地工作或者居住的适龄儿童、少年,有权在其父母或者其他法定监护人工作或者居住地接受义务教育。

接受义务教育的儿童、少年需要交纳学杂费吗?

根据《义务教育法》第2条规定,国家实行包括小学和初中在内的9年义务教育制度。义务教育是国家统一实施的所有适龄儿童、少年必须接受的教育,是国家必须予以保障的公益性事业。实施义务教育,不收学费、杂费。国家建立义务教育经费保障机制,保证义务教育制度实施。根据本法第44条规定,各级人民政府对家庭经济困难的适龄儿童、少年免费提供教科书并补助寄宿生生活费。

流动人口中的儿童、少年在当地接受教育,应交纳赞助费吗?

根据《义务教育法》第4条的规定,凡具有中华人民共和国国籍的适龄儿童、少年,不分性别、民族、种族、家庭财产状况、宗教信仰等,依法享有平等接受义务教育的权利。《未成年人保护法》第28条规定,各级人民政府应当保障未成年人受教育的权利,并采取措施保障家庭经济困难的、残疾的和流动人口中的未成年人等接受义务教育。据此,接受义务教育是未成年人所享有的法定权利,流动人口中的儿童、少年其平等接受义务教育的权利也理应得到保障,任何人和组织无权剥夺,无论是城市还是农村流动人口中的儿童、少年接受义务教育,学校无权向其父母收取入学赞助费。

地方人民政府应采取何种措施以保障特殊儿童、少年接受义务教育?

根据《义务教育法》第 19 条规定,县级以上地方人民政府根据需要设置相应的实施特殊教育的学校(班),对视力残疾、听力语言残疾和智力残疾的适龄儿童、少年实施义务教育。特殊教育学校(班)应当具备适应残疾儿童、少年学习、康复、生活特点的场所和设施。普通学校应当接收具有接受普通教育能力的残疾适龄儿童、少年随班就读,并为其学习、康复提供帮助。

违法犯罪的未成年人是否有权接受义务教育?

《中华人民共和国教育法》(以下简称《教育法》)第 39 条规定,国家、社会、家庭、学校及其他教育机构应当为有违法犯罪行为的未成年人接受教育创造条件。对此,《义务教育法》第 21 条规定,对未完成义务教育的未成年犯和被采取强制性教育措施的未成年人应当进行义务教育,所需经费由人民政府予以保障。

教育部门和学校能否设置重点学校和重点班级?

根据《义务教育法》第 22 条规定,县级以上人民政府及其教育行政部门应当促进学校均衡发展,缩小学校之间办学条件的差距,不得将学校分为重点学校和非重点学校。学校不得分设重点班和非重点班。县级以上人民政府及其教育行政部门不得以任何名义改变或者变相改变公办学校的性质。

学校能否向学生乱收费和推销辅导用书?

《义务教育法》第 25 条规定,学校不得违反国家规定收取费用,不得以向学生推销或者变相推销商品、服务等方式谋取利益。本法第 56 条规定,学校违反国家规定收取费用的,由县级人民政府教育行政部门责令退还所收费用;对直接负责的主管人员和其他直接责任人员依法给予处分。学校以向学生推销或者变相推销商品、服务等方式谋取利益的,由县级人民政府教育行政部门给予通报批评;有违法所得的,没收违法所得;对直接负责的主管人员和其他直接责任人员依法给予处分。因此,学校不可以向学生乱收费和推销辅导用书和其他商品。

学业成绩优异的小学生能提前升级吗？

根据《小学管理规程》第 14 条规定，小学对学业成绩优异，提前达到更高年级学力程度的学生，可准其提前升入相应年级学习，同时报教育主管部门备案。因此，对于符合上述规定的小学生可以提前升级。

对违反学校管理制度的小学生和初中生能开除吗？

《义务教育法》第 27 条规定，对违反学校管理制度的学生，学校应当予以批评教育，不得开除。

教师在教育教学中应怎样正确对待学生？

根据《义务教育法》第 29 条规定，教师在教育教学中应当平等对待学生，关注学生的个体差异，因材施教，促进学生的充分发展。教师应当尊重学生的人格，不得歧视学生，不得对学生实施体罚、变相体罚或者其他侮辱人格尊严的行为，不得侵犯学生合法权益。

学校应当根据未成年学生身心发展的特点，进行哪些指导、辅导和教育？

《未成年人保护法》第 19 条规定，学校应当根据未成年学生身心发展的特点，对他们进行社会生活指导、心理健康辅导和青春期教育。

学校和未成年人的监护人应当教育未成年人不得有哪些不良行为？

《预防未成年人犯罪法》第 14 条规定，未成年人的父母或者其他监护人和学校应当教育未成年人不得有下列不良行为：(1)旷课、夜不归宿；(2)携带管制刀具；(3)打架斗殴、辱骂他人；(4)强行向他人索要财物；(5)偷窃、故意毁坏财物；(6)参与赌博或者变相赌博；(7)观看、收听色情、淫秽的音像制品、读物等；(8)进入法律、法规规定未成年人不适宜进入的营业性歌舞厅等场所；(9)其他严重违背社会公德的不良行为。此外，根据本法第 15 条规定，未成年人的父母或者其他监护人和学校应当教育未成年人不得吸烟、酗酒。

学校、幼儿园、托儿所的教职员工可以体罚未成年人吗？

《未成年人保护法》第 21 条规定，学校、幼儿园、托儿所的教职员工应当尊重未成年人的人格尊严，不得对未成年人实施体罚、变相体罚或者其他侮辱人格尊严的行为。本法第 63 条第 2 款规定，学校、幼儿园、托儿所教职员工对未成年人实施体罚、变相体罚或者其他侮辱人格行为的,由其所在单位或者上级机关责令改正;情节严重的,依法给予处分。根据《中华人民共和国刑法》(以下简称《刑法》)有关规定,学校、幼儿园、托儿所的教职员工侮辱未成年人的人格,情节严重或者造成严重后果的,或者体罚未成年人致人重伤、死亡的,应依法承担刑事责任。

学校应当怎样对待品行有缺点、学习有困难的学生?

《未成年人保护法》第 18 条规定,学校应当尊重未成年学生受教育的权利,关心、爱护学生,对品行有缺点、学习有困难的学生,应当耐心教育、帮助,不得歧视,不得违反法律和国家规定开除未成年学生。

学校能否不顾未成年学生的睡眠,搞疲劳"战术",加重其学习负担?

《未成年人保护法》第 20 条规定,学校应当与未成年学生的父母或者其他监护人互相配合,保证未成年学生的睡眠、娱乐和体育锻炼时间,不得加重其学习负担。据此,学校不得为了提高未成年学生的学习成绩,不顾及青少年的成长规律,占用其正常的睡眠、娱乐和体育锻炼时间,加重其学习负担。

学校、幼儿园、托儿所应当采取哪些措施,保障未成年人的人身安全和健康成长?

《未成年人保护法》第 22 条规定,学校、幼儿园、托儿所应当建立安全制度,加强对未成年人的安全教育,采取措施保障未成年人的人身安全。学校、幼儿园、托儿所不得在危及未成年人人身安全、健康的校舍和其他设施、场所中进行教育教学活动。学校、幼儿园安排未成年人参加集会、文化娱乐、社会实践等集体活动,应当有利于未成年人的健康成长,防止发生人身安全事故。本法第 23 条规定,教育行政等部门和学校、幼儿园、托儿所应当根据需要,制定应对各种灾害、传染性疾病、食物中毒、意外伤害等突发事件的预案,配备相应设施并进行必要的演练,增强未成年人的自我保护意识和能力。

学校对于旷课和夜不归宿的寄宿学生应采取哪些措施?

根据《预防未成年人犯罪法》第 16 条规定,中小学生旷课的,学校应当及时与其父母或者其他监护人取得联系。未成年人擅自外出夜不归宿的,其所在的寄宿制学校应当及时查找,或者向公安机关请求帮助。收留夜不归宿的未成年人的,应当征得其父母或者其他监护人的同意,或者在 24 小时内及时通知其父母或者其他监护人、所在学校或者及时向公安机关报告。

学校发现未成年人学生组织或者参加实施不良行为的团伙或者被教唆、胁迫、引诱违法犯罪的,应如何处理?

根据《预防未成年人犯罪法》第 17 条规定,学校发现未成年人学生组织或者参加实施不良行为的团伙的,应当及时予以制止。发现该团伙有违法犯罪行为的,应当向公安机关报告。根据本法第 18 条规定,学校发现有人教唆、胁迫、引诱未成年人违法犯罪的,应当向公安机关报告。公安机关接到报告后,应当及时依法查处,对未成年人人身安全受到威胁的,应当及时采取有效措施,保护其人身安全。

四、学生人身损害责任承担

幼儿、少年在幼儿园、学校受到伤害的,幼儿园、学校是否承担责任?

《中华人民共和国侵权责任法》(以下简称《侵权责任法》)第 40 条明确规定,无民事行为能力人或者限制民事行为能力人在幼儿园、学校或者其他教育机构学习、生活期间,受到幼儿园、学校或者其他教育机构以外的人员人身损害的,由侵权人承担侵权责任;幼儿园、学校或者其他教育机构未尽到管理职责的,承担相应的补充责任。可见,幼儿园与家长签订的"第三人致幼儿伤害的,幼儿园免责"条款与上述法律精神相冲突,属于无效条款。

住宿学生夜不归宿,在校外发生人身损害的,家长能否要求学校负责?

《侵权责任法》第 40 条规定,无民事行为能力人或者限制民事行为能力人在幼儿园、学校或者其他教育机构学习、生活期间,受到幼儿园、学校或者其他教育机构以外的人员人身损害的,由侵权人承担侵权责任;幼儿园、学校或者其他教育机构未尽到管理职责的,承担相应的补充责任。根据上述规定,在学校未尽到管理义务致使在校住宿的未成年人学生夜不归宿,受到学校以外的人员人身损害的,由侵权人承担侵权责任,学校不承担侵权责任。但因学校存在未尽到相应管理义务的主观过错时,学校应当承担相应的补充赔偿责任。

幼儿和学生在幼儿园、学校受到人身损害的,幼儿园、学校是否应承担责任?

《侵权责任法》第38条规定,无民事行为能力人在幼儿园、学校或者其他教育机构学习、生活期间受到人身损害的,幼儿园、学校或者其他教育机构应当承担责任,但能够证明尽到教育、管理职责的,不承担责任。本法第39条规定,限制民事行为能力人在学校或者其他教育机构学习、生活期间受到人身损害,学校或者其他教育机构未尽到教育、管理职责的,应当承担责任。

教师体罚或侮辱学生致使学生受伤、自杀的,学校是否承担责任?

根据《学生伤害事故处理办法》第9条第9项规定,学校教师或者其他工作人员体罚或者变相体罚学生,或者在履行职责过程中违反工作要求、操作规程、职业道德或者其他有关规定,造成的学生伤害事故,学校应当依法承担相应的责任。因此,教师和学校工作人员在履行职务行为及对学生进行教育管理过程中致学生人身伤害的,或者因教师在教育学生过程中使用言词不当,进行人身攻击或者侮辱学生人格致使学生自杀的,应当视为学校有过错,对此造成的后果应当由学校承担责任。但是,根据《学生伤害事故处理办法》第14条规定,因学校教师或者其他工作人员与其职务无关的个人行为,或者因学生、教师及其他个人故意实施的违法犯罪行为,造成学生人身损害的,由致害人依法承担相应的责任。

学校的教学试验设备发生爆炸造成学生受伤的,学校是否应承担责任?

根据《学生伤害事故处理办法》第5条规定,学校应当按照规定,建立健全安全制度,采取相应的管理措施,预防和消除教育教学环境中存在的安全隐患。根据本办法第9条第1项规定,因学校的校舍、场地、其他公共设施,以及学校提供给学生使用的学具、教育教学和生活设施、设备不符合国家规定的标准,或者有明显不安全因素,造成的学生伤害事故,学校应当依法承担相应的责任。

学校组织学生参加校外活动造成学生伤害事故的,学校是否应承担责任?

根据《学生伤害事故处理办法》第9条第1项、第6项和第7项规定,学校组织学生参加教育教学活动或者校外活动,未对学生进行相应的安全教育,并未在可预见的范围内采取必要的安全措施,造成的学生伤害事故,学校应承担相应的责任。学校违反有关规定,组织或者安排未成年学生从事不宜未成年人参加的劳动、体育运动或者其他活动,造成的学生伤害事故,学校应当依法承担相应的责任。学生有特异体质或者特定疾病,不宜参加某种教育教学活动,学校知道或者应当知道,但未予以必要的注意,造成的学生伤害事故,学校应当依法承担相应的责任。

患有不适宜担任教学工作的疾病的教师造成学生伤害的,学校是否应承担责任?

根据有关规定,慢性传染病、精神病患者,不得从事教学工作。《学生伤害事故处理办法》第 9 条第 5 项规定,学校知道教师或者其他工作人员患有不适宜担任教育教学工作的疾病,但未采取必要措施,造成的学生伤害事故的,学校应当依法承担相应的责任。

学生在校期间突发疾病,在哪些情形下学校不承担责任?

《学生伤害事故处理办法》第 9 条第 8 项规定,因学生在校期间突发疾病或者受到伤害,学校发现,但未根据实际情况及时采取相应措施,导致不良后果加重的,学校应当依法就加重部分承担相应的责任。根据本办法第 10 条第 3 项和第 4 项规定,学生或者其监护人知道学生有特异体质,或者患有特定疾病,但未告知学校的;未成年学生的身体状况有异常情况,监护人知道或者已被学校告知,但监护人未履行相应监护职责的,学校不承担责任。

未成年学生擅自离校期间受到事故伤害的,学校是否应承担相应责任?

根据《学生伤害事故处理办法》第 9 条第 11 项规定,对未成年学生擅自离校等与学生人身安全直接相关的信息,学校发现或者知道,但未及时告知未成年学生的监护人,导致未成年学生因脱离监护人的保护而发生伤害的,学校应当依法承担相应的责任。

在哪些情形下造成的学生伤害事故,学校不承担法律责任?

《学生伤害事故处理办法》第 12 条规定,因下列情形之一造成的学生伤害事故,学校已履行了相应职责,行为并无不当的,无法律责任:(1)地震、雷击、台风、洪水等不可抗的自然因素造成的;(2)来自学校外部的突发性、偶发性侵害造成的;(3)学生有特异体质、特定疾病或者异常心理状态,学校不知道或者难于知道的;(4)学生自杀、自伤的;(5)在对抗性或者具有风险性的体育竞赛活动中发生意外伤害的;(6)其他意外因素造成的。

《学生伤害事故处理办法》第13条规定,下列情形下发生的造成学生人身损害后果的事故,学校行为并无不当的,不承担事故责任;事故责任应当按有关法律法规或者其他有关规定认定:(1)在学生自行上学、放学、返校、离校途中发生的;(2)在学生自行外出或者擅自离校期间发生的;(3)在放学后、节假日或者假期等学校工作时间以外,学生自行滞留学校或者自行到校发生的;(4)其他在学校管理职责范围外发生的。

发生学生伤害事故,学校应如何处理?

根据《学生伤害事故处理办法》第15条至第17条规定,发生学生伤害事故,学校应当及时救助受伤害学生,并应当及时告知未成年学生的监护人;有条件的,应当采取紧急救援等方式救助。发生学生伤害事故,情形严重的,学校应当及时向主管教育行政部门及有关部门报告;属于重大伤亡事故的,教育行政部门应当按照有关规定及时向同级人民政府和上一级教育行政部门报告。学校的主管教育行政部门应学校要求或者认为必要,可以指导、协助学校进行事故的处理工作,尽快恢复学校正常的教育教学秩序。

第三部分　财产权及其利用与保护

一、物　权

（一）建筑物区分所有权

业主对所购买的商品房建筑区划内的哪些部分享有专有所有权?

业主就是商品房买受人即购买人,包括商品房所有人和与开发商已经订立商品房买卖合同、已经合法占有建筑物专有部分,但尚未依法办理所有权登记的人。根据《最高人民法院关于审理建筑物区分所有权纠纷案件具体应用法律若干问题的解释》第2条规定,建筑区划内符合下列条件的房屋,以及车位、摊位等特定空间,应当认定为《物权法》上所称的专有部分:(1)具有构造上的独立性,能够明确区分;(2)具有利用上的独立性,可以排他使用;(3)能够登记成为特定业主所有权的客体。规划上专属于特定房屋,且建设单位销售时已经根据规划列入该特定房屋买卖合同中的露台等,应当认定为物权法上所称专有部分的组成部分。这里所称房屋,包括整栋建筑物。根据《中华人民共和国物权法》(以下简称《物权法》)的规定,业主对建筑物专有部分享有专有所有权,即业主对所购住宅、经营性用房等建筑物专有部分享有的独自占有、使用、收益和处分的权利,可以自主行使。

建筑区划内的道路、绿地、公共场所、公用设施是否属于业主共有?

《物权法》第73条规定,建筑区划内的道路,属于业主共有,但属于城镇公共道路的除外。建筑区划内的绿地,属于业主共有,但属于城镇公共绿地或者明示属于个人的除外。建筑区划内的其他公共场所、公用设施和物业服务用房,属于业主共有。可见,除了属于城镇公共道路和属于城镇公共绿地或者明示属于个人的绿地外,建筑区划内的道路、建筑区划内的绿地和建筑区划内的其他公共场所、公用设施和物业服务用房,既不属于开发商和建设单位,也不属于物业管理企业,而是属于建筑区划内的业主共有。

建筑区划内用于停放汽车的车位、车库属于建设单位还是业主所有?

《物权法》第74条第1款规定,建筑区划内,规划用于停放汽车的车位、车库应当首先满足业主的需要。本条第2款规定,建筑区划内,规划用于停放汽车的车位、车库的归属,由当事人通过出售、附赠或者出租等方式约定。本条第3款规定,占用业主共有的道路或者其他场地用于停放汽车的车位,属于业主共有。《最高人民法院关于审理建筑物区分所有权纠纷案件具体应用法律若干问题的解释》第5条规定,建设单位按照配置比例将车位、车库,以出售、附赠或者出租等方式处分给业主的,应当认定其行为符合《物权法》第74条第1款有关"应当首先满足业主的需要"的规定。前述所称配置比例是指规划确定的建筑区划内规划用于停放汽车的车位、车库与房屋套数的比例。本解释第6条规定,建筑区划内在规划用于停放汽车的车位之外,占用业主共有道路或者其他场地增设的车位,应当认定为《物权法》第74条第3款所称的车位。

除了法律法规规定的共有部分外,建筑区划内的哪些部分也属于共有部分?

根据《最高人民法院关于审理建筑物区分所有权纠纷案件具体应用法律若干问题的解释》第3条规定,除法律、行政法规规定的共有部分外,建筑区划内的以下部分,也应当认定为物权法上所称的共有部分:(1)建筑物的基础、承重结构、外墙、屋顶等基本结构部分,通道、楼梯、大堂等公共通行部分,消防、公共照明等附属设施、设备,避难层、设备层或者设备间等结构部分;(2)其他不属于业主专有部分,也不属于市政公用部分或者其他权利人所有的场所及设施等。建筑区划内的土地,依法由业主共同享有建设用地使用权,但属于业主专有的整栋建筑物的规划占地或者城镇公共道路、绿地占地除外。

业主在对其所购买的商品房行使权利时应注意什么?

根据《物权法》第70条规定,业主对建筑物内的住宅、经营性用房等专有部分享有所有权,业主对其建筑物专有部分享有占有、使用、收益和处分的权利。这里的所谓占有,是指业主对建筑物内的住宅、经营性用房等的实际控制和持有;所谓使用,是指业主根据所购商品房的自然性能或用途进行利用,包括业主和其家人居住或者出租以及利用房屋从事经营性活动等;所谓收益,是指业主作为房屋所有人收取租金;所谓处分,是指业主作为房屋所有人可以对其房屋出卖、赠与、出租、抵押等。但是,根据《物权法》第71条规定,业主行使权利不得危及建筑物的安全,不得损害其他业主的合法权益。

业主对商品房建筑物的共有部分,如何行使共有所有权?

根据《物权法》第70条规定,业主对建筑物内的住宅、经营性用房等专有部分享有所有权,对专有部分以外的共有部分享有共有和共同管理的权利。本法第72条规定,业主对建筑物专有部分以外的共有部分,享有权利,承担义务;不得以放弃权利不履行义务。业主转让建筑物内的住宅、经营性用房,其对共有部分享有的共有和共同管理的权利一并转让。

业主基于建筑物的专有部分的特定使用功能无偿利用屋顶、外墙面是否构成侵权?

根据《物权法》第70条规定,业主对建筑物专有部分以外的共有部分享有共有和共同管理的权利,不得独自占有和使用,否则即构成侵权。但是,根据《最高人民法院关于审理建筑物区分所有权纠纷案件具体应用法律若干问题的解释》第4条规定,业主基于对住宅、经营性用房等专有部分特定使用功能的合理需要,无偿利用屋顶以及与其专有部分相对应的外墙面等共有部分的,不应认定为侵权。但违反法律、法规、管理规约,损害他人合法权益的除外。可见,业主无偿利用屋顶以及与其专有部分相对应的外墙面等共有部分,必须是基于对住宅、经营性用房等专有部分特定使用功能的合理需要,且不违反法律、法规、业主管理规约及损害他人合法权益,否则,应当认定为侵权。

业主所交纳的购房维修基金应如何使用？

《物权法》第79条规定，建筑物及其附属设施的维修资金，属于业主共有。经业主共同决定，可以用于电梯、水箱等共有部分的维修。维修资金的筹集、使用情况应当公布。可见，业主购买商品房、经济适用房时所交纳的维修基金既不属于物业管理企业所有、也不属于业主委员会所有，而是属于业主共同所有，应依法经业主共同决定使用，业主对维修基金的使用享有监督权和知情权。

建筑物及其附属设施的费用分摊、收益分配如何确定？

根据《物权法》第80条规定，建筑物及其附属设施的费用分摊、收益分配等事项，有约定的，按照约定；没有约定或者约定不明确的，按照业主专有部分占建筑物总面积的比例确定。根据《最高人民法院关于审理建筑物区分所有权纠纷案件具体应用法律若干问题的解释》第8条规定，上述规定的专有部分面积和建筑物总面积，可以按照下列方法认定：（1）专有部分面积，按照不动产登记簿记载的面积计算；尚未进行物权登记的，暂按测绘机构的实测面积计算；尚未进行实测的，暂按房屋买卖合同记载的面积计算；（2）建筑物总面积，按照前项的统计总和计算。

业主未经有利害关系的其他业主同意可以将住宅作为企业办公住所吗？

《物权法》第77条规定，业主不得违反法律、法规以及管理规约，将住宅改变为经营性用房。业主将住宅改变为经营性用房的，除遵守法律、法规以及管理规约外，应当经有利害关系的业主同意。根据《最高人民法院关于审理建筑物区分所有权纠纷案件具体应用法律若干问题的解释》第11条规定，业主将住宅改变为经营性用房，本栋建筑物内的其他业主，应当认定为《物权法》第77条所称"有利害关系的业主"。建筑区划内，本栋建筑物之外的业主，主张与自己有利害关系的，应证明其房屋价值、生活质量受到或者可能受到不利影响。可见，法律、法规和业主大会制定的管理规约，禁止将住宅改变为经营性用房的，业主不得将住宅改变为经营性用房。法律、法规和业主大会制定的管理规约，未禁止将住宅改变为经营性用房的，业主将住宅作为公司住所和经营性用房的，应当经有利害关系的全体业主即本栋建筑物内的其他业主同意,未经该住宅所在的本栋建筑物内的其他业主同意,不得将其作为企业住所和经营性用房。

未经有利害关系的其他业主同意将住宅改变为经营性用房的,业主应承担什么责任?

根据《最高人民法院关于审理建筑物区分所有权纠纷案件具体应用法律若干问题的解释》第10条规定,业主将住宅改变为经营性用房,未按照《物权法》第77条的规定经有利害关系的业主同意,有利害关系的业主请求排除妨害、消除危险、恢复原状或者赔偿损失的,人民法院应予支持。将住宅改变为经营性用房的业主以多数有利害关系的业主同意其行为进行抗辩的,人民法院不予支持。可见,业主未经有利害关系的全体业主同意将住宅改变为经营性用房的,有利害关系且不同意其将住宅改变为经营性用房的业主,可以依法起诉,请求人民法院判令其承担排除妨害、消除危险、恢复原状或者赔偿损失等责任。

建设单位擅自占用业主共有部分进行经营性活动的,应承担什么民事责任?

根据《最高人民法院关于审理建筑物区分所有权纠纷案件具体应用法律若干问题的解释》第14条规定,建设单位或者其他行为人擅自占用、处分业主共有部分、改变其使用功能或者进行经营性活动,权利人请求排除妨害、恢复原状、确认处分行为无效或者赔偿损失的,人民法院应予支持。属于前款所称擅自进行经营性活动的情形,权利人请求行为人将扣除合理成本之后的收益用于补充专项维修资金或者业主共同决定的其他用途的,人民法院应予支持。行为人对成本的支出及其合理性承担举证责任。

业主对侵害自己合法权益的哪些违法违规行为,可以提起起诉?

《物权法》第83条第1款规定,业主应当遵守法律、法规以及管理规约。业主大会和业主委员会,对任意弃置垃圾、排放污染物或者噪声、违反规定饲养动物、违章搭建、侵占通道、拒付物业费等损害他人合法权益的行为,有权依照法律、法规以及管理规约,要求行为人停止侵害、消除危险、排除妨害、赔偿损失。本条第2款规定,业主对侵害自己合法权益的行为,可以依法向人民法院提起诉讼。《最高人民法院关于审理建筑物区分所有权纠纷案件具体应用法律若干问题的解释》第 15 条规定,业主或者其他行为人违反法律、法规、国家相关强制性标准、管理规约,或者违反业主大会、业主委员会依法作出的决定,实施下列行为的,可以认定为《物权法》第 83 条第 2 款所称的其他"损害他人合法权益的行为":(1)损害房屋承重结构,损害或者违章使用电力、燃气、消防设施,在建筑物内放置危险、放射性物品等危及建筑物安全或者妨碍建筑物正常使用;(2)违反规定破坏、改变建筑物外墙面的形状、颜色等损害建筑物外观;(3)违反规定进行房屋装饰装修;(4)违章加建、改建,侵占、挖掘公共通道、道路、场地或者其他共有部分。根据上述规定,业主或者其他行为人违反法律、法规、国家相关强制性标准、管理规约,或者违反业主大会、业主委员会依法作出的决定实施上述行为,其合法权益受到侵害的业主,可以依法提起诉讼,要求行为人停止侵害、消除危险、排除妨害、赔偿损失等民事责任。

(二) 业主大会与业主委员会

业主在物业管理活动中,享有哪些权利?

物业管理,是指业主通过选聘物业服务企业,由业主和物业服务企业按照物业服务合同约定,对房屋及配套的设施设备和相关场地进行维修、养护、管理,维护物业管理区域内的环境卫生和相关秩序的活动。根据国务院制定和颁布实施的《物业管理条例》第 2 条和第 6 条的规定,房屋的所有权人为业主。业主在物业管理活动中,享有下列权利:(1)按照物业服务合同的约定,接受物业服务企业提供的服务;(2)提议召开业主大会会议,并就物业管理的有关事项提出建议;(3)提出制定和修改管理规约、业主大会议事规则的建议;(4)参加业主大会会议,行使投票权;(5)选举业主委员会成员,并享有被选举权;(6)监督业主委员会的工作;(7)监督物业服务企业履行物业服务合同;(8)对物业共用部位、共用设施设备和相关场地使用情况享有知情权和监督权;(9)监督物业共用部位、共用设施设备专项维修资金(以下简称专项维修资金)的管理和使用;(10)法律、法规规定的其他权利。

业主在物业管理活动中,履行哪些义务?

根据《物业管理条例》第 7 条规定,业主在物业管理活动中,履行下列义务:(1)遵守管理规约、业主大会议事规则;(2)遵守物业管理区域内物业共用部位和共用设施设备的使用、公共秩序和环境卫生的维护等方面的规章制度;(3)执行业主大会的决定和业主大会授权业主委员会作出的决定;(4)按照国家有关规定交纳专项维修资金;(5)按时交纳物业服务费用;(6)法律、法规规定的其他义务。

业主大会由哪些业主组成?其主要职能是什么?

根据《物业管理条例》第 8 条和第 9 条规定,物业管理区域内全体业主组成业主大会。业主大会应当代表和维护物业管理区域内全体业主在物业管理活动中的合法权益。一个物业管理区域成立一个业主大会。物业管理区域的划分应当考虑物业的共用设施设备、建筑物规模、社区建设等因素。具体办法由省、自治区、直辖市制定。

业主委员会及其组成人员能否由物业公司或者街道办事处指定?

根据《物业管理条例》第 10 条规定,同一个物业管理区域内的业主,应当在物业所在地的区、县人民政府房地产行政主管部门或者街道办事处、乡镇人民政府的指导下成立业主大会,并选举产生业主委员会。但是,只有一个业主的,或者业主人数较少且经全体业主一致同意,决定不成立业主大会的,由业主共同履行业主大会、业主委员会职责。根据本条例第 11 条规定,业主委员会或者更换业主委员会成员由业主共同决定。根据本条例第 16 条规定,业主委员会应当自选举产生之日起 30 日内,向物业所在地的区、县人民政府房地产行政主管部门和街道办事处、乡镇人民政府备案。业主委员会委员应当由热心公益事业、责任心强、具有一定组织能力的业主担任。业主委员会主任、副主任在业主委员会成员中推选产生。

在物业管理活动中,哪些事项由业主共同决定?

《物权法》第 76 条第 1 款规定,下列事项由业主共同决定:(1)制定和修改业主大会议事规则;(2)制定和修改建筑物及其附属设施的管理规约;(3)选举业主委员会或者更换业主委员会成员;(4)选聘和解聘物业服务企业或者其他管理人;(5)筹集和使用建筑物及其附属设施的维修资金;(6)改建、重建建筑物及其附属设施;(7)有关共有和共同管理权利的其他重大事项。根据《最高人民法院关于审理建筑物区分所有权纠纷案件具体应用法律若干问题的解释》第 7 条规定,改变共有部分的用途、利用共有部分从事经营性活动、处分共有部分,以及业主大会依法决定或者管理规约依法确定应由业主共同决定的事项,应当认定为《物权法》第 76 条第 1 款第(7)项规定的有关共有和共同管理权利的"其他重大事项"。

业主大会或业主委员会的决定不按照议事规则作出的,对业主是否具有约束力?

根据《物权法》第 76 条第 2 款规定,决定本条第 1 款第 5 项和第 6 项规定的事项,即筹集和使用建筑物及其附属设施的维修资金;改建、重建建筑物及其附属设施,应当经专有部分占建筑物总面积 2/3 以上的业主且占总人数 2/3 以上的业主同意。决定本条第 1 款规定的其他事项,即制定和修改业主大会议事规则;制定和修改建筑物及其附属设施的管理规约;选举业主委员会或者更换业主委员会成员;选聘和解聘物业服务企业或者其他管理人;有关共有和共同管理权利的其他重大事项,应当经专有部分占建筑物总面积过半数的业主且占总人数过半数的业主同意。根据《最高人民法院关于审理建筑物区分所有权纠纷案件具体应用法律若干问题的解释》第 7 条规定,改变共有部分的用途、利用共有部分从事经营性活动、处分共有部分,以及业主大会依法决定或者管理规约依法确定应由业主共同决定的事项,应当认定为《物权法》第 76 条第 1 款第(7)项规定的有关共有和共同管理权利的"其他重大事项"。可见,业主大会或者业主委员会的决定,符合上述议事规则作出的,对业主具有约束力。不符合上述议事规则作出的,对业主不具有约束力。

业主大会或者业主委员会作出的决定侵害业主合法权益的,受到侵害的业主怎么办?

根据《物权法》第 78 条与《物业管理条例》第 12 条第 2 款规定,业主大会或者业主委员会的决定,对业主具有约束力。业主大会或者业主委员会作出的决定侵害业主合法权益的,受侵害的业主可以请求人民法院予以撤销。据此,业主大会或者业主委员会作出的决定侵害业主合法权益的,受侵害的业主可以在法定期间内请求人民法院撤销,该决定依法撤销后自始不生效力。

业主对业主大会或者业主委员会作出的侵害自己合法权益的决定,应在多长时间内申请撤销?

根据《最高人民法院关于审理建筑物区分所有权纠纷案件具体应用法律若干问题的解释》第 12 条规定,业主以业主大会或者业主委员会作出的决定侵害其合法权益或者违反了法律规定的程序为由,依据《物权法》第 78 条第 2 款的规定请求人民法院撤销该决定的,应当在知道或者应当知道业主大会或者业主委员会作出决定之日起 1 年内行使。具有撤销权的业主在上述规定的撤销期间不行使撤销权,或者知道撤销事由后明确表示或者以自己的行为放弃撤销权的,业主大会或者业主委员会作出的决定对业主具有约束力。

业主大会会议应在什么情形下召开?其召开前应在何时通知全体业主?

根据《物业管理条例》第 13 条规定,业主大会会议分为定期会议和临时会议。业主大会定期会议应当按照业主大会议事规则的规定召开。经20%以上的业主提议,业主委员会应当组织召开业主大会临时会议。

根据《物业管理条例》第 14 条规定,召开业主大会会议,应当于会议召开 15 日以前通知全体业主。住宅小区的业主大会会议,应当同时告知相关的居民委员会。业主委员会应当做好业主大会会议记录。

业主委员会应履行哪些职责?

根据《物业管理条例》第 15 条规定,业主委员会是业主大会的执行机构,执行业主大会的决定事项,并履行下列职责:(1)召集业主大会会议,报告物业管理的实施情况;(2)代表业主与业主大会选聘的物业服务企业签订物业服务合同;(3)及时了解业主、物业使用人的意见和建议,监督和协助物业服务企业履行物业服务合同;(4)监督管理规约的实施;(5)业主大会赋予的其他职责。

(三) 物业管理服务

在办理物业承接验收手续时,建设单位应当向物业服务企业移交哪些资料?

根据《物业管理条例》第 29 条规定,在办理物业承接验收手续时,建设单位应当向物业服务企业移交下列资料：(1)竣工总平面图,单体建筑、结构、设备竣工图,配套设施、地下管网工程竣工图等竣工验收资料;(2)设施设备的安装、使用和维护保养等技术资料;(3)物业质量保修文件和物业使用说明文件;(4)物业管理所必需的其他资料。物业服务企业应当在前期物业服务合同终止时将上述资料移交给业主委员会。

业主委员会或物业管理企业应向业主公开哪些情况和资料？

《最高人民法院关于审理建筑物区分所有权纠纷案件具体应用法律若干问题的解释》第13条规定,业主请求公布、查阅下列应当向业主公开的情况和资料的,人民法院应予支持:(1)建筑物及其附属设施的维修资金的筹集、使用情况;(2)管理规约、业主大会议事规则,以及业主大会或者业主委员会的决定及会议记录;(3)物业服务合同、共有部分的使用和收益情况;(4)建筑区划内规划用于停放汽车的车位、车库的处分情况;(5)其他应当向业主公开的情况和资料。可见,业主委员会或物业管理企业应向业主公开上述情况和资料。

建设单位与选聘的物业服务企业签订的前期物业服务合同是否有效？

根据《物业管理条例》第21条和第25条的规定,在业主、业主大会选聘物业服务企业之前,建设单位选聘物业服务企业的,应当签订书面的前期物业服务合同。建设单位与物业买受人即业主签订的买卖合同应当包含前期物业服务合同约定的内容。但是,建设单位与选聘的物业服务企业签订的前期物业服务合同,约定的内容不得侵害业主或者未来业主的切身利益,其所约定的前期物业服务合同期限对业主不具有约束力,期限未满、业主委员会与物业服务企业签订的物业服务合同生效的,前期物业服务合同终止。

业主委员会能否与未经业主大会选聘的物业服务企业订立物业服务合同？

根据《物业管理条例》第35条规定,业主委员会应当与业主大会选聘的物业服务企业订立书面的物业服务合同。物业服务合同应当对物业管理事项、服务质量、服务费用、双方的权利义务、专项维修资金的管理与使用、物业管理用房、合同期限、违约责任等内容进行约定。可见,业主委员会不能与未经业主大会选聘的物业服务企业订立物业服务合同。

物业服务合同条款及物业服务委托合同在什么情形下无效？

根据《最高人民法院关于审理物业服务纠纷案件具体应用法律若干问题的解释》第2条规定，物业服务委托合同和物业服务合同条款具有以下情形的，应当认定无效：(1)物业服务企业将物业服务区域内的全部物业服务业务一并委托他人而签订的委托合同；(2)物业服务合同中免除物业服务企业责任、加重业主委员会或者业主责任、排除业主委员会或者业主主要权利的条款。前款所称物业服务合同包括前期物业服务合同。据此，符合上述情形之一，业主委员会或者业主请求确认合同或者合同相关条款无效的，人民法院应予支持。

在物业服务合同中物业服务企业和业主主要履行哪些义务？

根据《物业管理条例》第36条规定，物业服务企业应当按照物业服务合同的约定，提供相应的服务。物业服务企业未能履行物业服务合同的约定，导致业主人身、财产安全受到损害的，应当依法承担相应的法律责任。

根据《物业管理条例》第15条第1款规定，业主应当按照物业服务合同的约定按时足额交纳物业服务费用或者物业服务资金。业主违反物业服务合同约定逾期不交纳服务费用或者物业服务资金的，业主委员会应当督促其限期交纳；逾期仍不交纳的，物业管理企业可以依法追缴。

房屋承租人拒不缴纳物业服务费的，物业服务企业能否要求业主缴纳？

《物业管理条例》第42条规定，业主应当根据物业服务合同的约定交纳物业服务费用。业主与物业使用人约定由物业使用人交纳物业服务费用的，从其约定，业主负连带交纳责任。可见，房屋承租人、借用人未按照其与业主的约定缴纳物业服务费的，物业服务企业既有权要求业主缴纳，也有权要求承租人、借用人缴纳。对此，《最高人民法院关于审理物业服务纠纷案件具体应用法律若干问题的解释》第7条明确规定，业主与物业的承租人、借用人或者其他物业使用人约定由物业使用人交纳物业费，物业服务企业请求业主承担连带责任的，人民法院应予支持。

业主能否以未享受或者无需接受物业服务为由，拒不交纳物业费？

《最高人民法院关于审理物业服务纠纷案件具体应用法律若干问题的解释》第6条规定，经书面催交，业主无正当理由拒绝交纳或者在催告的合理期限内仍未交纳物业费,物业服务企业请求业主支付物业费的,人民法院应予支持。物业服务企业已经按照合同约定以及相关规定提供服务,业主仅以未享受或者无需接受相关物业服务为抗辩理由的,人民法院不予支持。据此,业主有证据证明物业服务企业未按照合同约定以及相关规定提供物业服务的,物业服务企业无权收取物业费。

物业服务企业可以擅自将物业管理用房作为职工住房吗?

根据《物业管理条例》第 30 条和第 38 条规定,建设单位应当按照规定在物业管理区域内配置必要的物业管理用房。物业管理用房的所有权依法属于业主。未经业主大会同意,物业服务企业不得改变物业管理用房的用途。据此,物业服务企业未经业主大会同意,不得将物业管理用房用作职工住房。

物业服务企业可以擅自扩大收费范围、提高收费标准吗?

根据《最高人民法院关于审理物业服务纠纷案件具体应用法律若干问题的解释》第 5 条规定,物业服务企业违反物业服务合同约定或者法律、法规、部门规章规定,擅自扩大收费范围、提高收费标准或者重复收费,业主以违规收费为由提出抗辩的,人民法院应予支持。业主请求物业服务企业退还其已收取的违规费用的,人民法院应予支持。可见,物业服务企业不得擅自扩大收费范围和提高收费标准。

在哪些情况下,业主委员会可与物业服务企业解除物业服务合同?

物业管理企业在物业服务中应当遵守国家的价格法律法规,严格履行物业服务合同,为业主提供质价相符的服务。根据《中华人民共和国合同法》(以下简称《合同法》)第 94 条规定,有下列情形之一的,可以解除物业服务合同:(1)因不可抗力致使不能实现物业服务合同目的。这里所谓的不可抗力,是指不能预见、不能避免并不能克服的客观情况,主要包括地震、水灾等自然灾害和罢工、社会动乱等。(2)物业服务企业预期违约,即在物业服务合同履行期限届满之前,物业管理企业明确表示或者以自己的行为表明不履行主要义务。(3)物业服务企业迟延履行主要义务,经催告后在合理期限内仍未履行。(4)物业管理企业迟延履行义务或者有其他违约行为致使不能实现合同目的。(5)法律规定的其他情形。具有上述情形之一的,经业主大会决定,业主委员会应与物业服务企业解除物业服务合同。

物业服务合同解除或终止后,物业服务企业应履行哪些义务?

根据《物业管理条例》第 39 条和其他有关规定,物业服务合同终止、解除后,业主委员会或者业主大会有权要求物业服务企业退出物业服务区域、移交物业服务用房以及物业管理服务所必需的相关资料及费用。对此,《最高人民法院关于审理物业服务纠纷案件具体应用法律若干问题的解释》第 9 条规定,物业服务合同的权利义务终止后,业主请求物业服务企业退还已经预收,但尚未提供物业服务期间的物业费的,人民法院应予支持。本解释第 10 条规定,物业服务合同的权利义务终止后,业主委员会请求物业服务企业退出物业服务区域、移交物业服务用房和相关设施,以及物业服务所必需的相关资料和由其代管的专项维修资金的,人民法院应予支持。物业服务企业拒绝退出、移交,并以存在事实上的物业服务关系为由,请求业主支付物业服务合同权利义务终止后的物业费的,人民法院不予支持。

(四) 房屋征收补偿

房屋征收部门能否将房屋征收与补偿的具体工作委托有关单位实施?

根据《国有土地上房屋征收与补偿条例》第 4 条第 1 款和第 2 款规定,市、县级人民政府负责本行政区域的房屋征收与补偿工作。市、县级人民政府确定的房屋征收部门(以下称房屋征收部门)组织实施本行政区域的房屋征收与补偿工作。根据本条例第 5 条规定,房屋征收部门可以委托房屋征收实施单位,承担房屋征收与补偿的具体工作。房屋征收实施单位不得以营利为目的。房屋征收部门对房屋征收实施单位在委托范围内实施的房屋征收与补偿行为负责监督,并对其行为后果承担法律责任。

在哪些情形下,由市、县级人民政府对国有土地上房屋作出征收决定?

《国有土地上房屋征收与补偿条例》第 2 条规定,为了公共利益的需要,征收国有土地上单位、个人的房屋,应当对被征收房屋所有权人(以下称被征收人)给予公平补偿。可见,国有土地上的房屋是指国有土地上单位和个人拥有所有权的房屋,主要包括单位和个人购买的城镇商品房、经济适用房和拥有产权的其他房屋。本条例第 8 条规定,为了保障国家安全、促进国民经济和社会发展等公共利益的需要,有下列情形之一,确需征收房屋的,由市、县级人民政府作出房屋征收决定:(1)国防和外交的需要;(2)由政府组织实施的能源、交通、水利等基础设施建设的需要;(2)由政府组织实施的科技、教育、文化、卫生、体育、环境和资源保护、防灾减灾、文物保护、社会福利、市政公用等公共事业的需要;(4)由政府组织实施的保障性安居工程建设的需要;(5)由政府依照城乡规划法有关规定组织实施的对危房集中、基础设施落后等地段进行旧城区改建的需要;(6)法律、行政法规规定的其他公共利益的需要。

制定和公布国有土地上房屋征收补偿方案应遵循什么程序?

根据《国有土地上房屋征收与补偿条例》第 10 条规定,房屋征收部门拟定征收补偿方案,报市、县级人民政府。市、县级人民政府应当组织有关部门对征收补偿方案进行论证并予以公布,征求公众意见。征求意见期限不得少于 30 日。本条例第 11 条规定,市、县级人民政府应当将征求意见情况和根据公众意见修改的情况及时公布。因旧城区改建需要征收房屋,多数被征收人认为征收补偿方案不符合本条例规定的,市、县级人民政府应当组织由被征收人和公众代表参加的听证会,并根据听证会情况修改方案。本条例第 12 条规定,市、县级人民政府作出房屋征收决定前,应当按照有关规定进行社会稳定风险评估;房屋征收决定涉及被征收人数量较多的,应当经政府常务会议讨论决定。作出房屋征收决定前,征收补偿费用应当足额到位、专户存储、专款专用。

被征收人对市、县级人民政府公布的房屋征收补偿方案不服的,该怎么办?

根据《国有土地上房屋征收与补偿条例》第 13 条第 1 款规定,市、县级人民政府作出房屋征收决定后应当及时公告。公告应当载明征收补偿方案和行政复议、行政诉讼权利等事项。本条例第 14 条规定,被征收人对市、县级人民政府作出的房屋征收决定不服的,可以依法申请行政复议,也可以依法提起行政诉讼。据此,房屋被征收人对市、县人民政府公告的征收补偿方案不服的,既可以根据《中华人民共和国行政复议法》的有关规定,向作出房屋征收决定的市或县人民政府的上一级地方人民政府申请行政复议,也可以依法向人民法院提起行政诉讼。

房屋征收部门应当对房屋征收范围内房屋的哪些情况组织调查登记？

被征收房屋的权属、区位、用途、建筑面积等情况是确定补偿标准和补偿数额的主要依据。《国有土地上房屋征收与补偿条例》第15条明确规定，房屋征收部门应当对房屋征收范围内房屋的权属、区位、用途、建筑面积等情况组织调查登记，被征收人应当予以配合。调查结果应当在房屋征收范围内向被征收人公布。

在房屋征收范围确定后，被拆迁人不得进行哪些行为？

根据《国有土地上房屋征收与补偿条例》第16条第1款规定，房屋征收范围确定后，被征收人不得在房屋征收范围内实施新建、扩建、改建房屋和改变房屋用途等不当增加补偿费用的行为；违反规定实施的，将导致不予补偿的后果。

作出房屋征收决定的市、县级人民政府对被征收人给予的补偿包括哪些？

根据《国有土地上房屋征收与补偿条例》第17条第1款规定，作出房屋征收决定的市、县级人民政府对被征收人给予的补偿包括：(1)被征收房屋价值的补偿；(2)因征收房屋造成的搬迁、临时安置的补偿；(3)因征收房屋造成的停产停业损失的补偿。此外，根据本条第2款规定，市、县级人民政府应当制定补助和奖励办法，对被征收人给予补助和奖励。

对被征收房屋价值的补偿应以何时类似房地产的市场价格确定？

《国有土地上房屋征收与补偿条例》第19条第1款规定，对被征收房屋价值的补偿，不得低于房屋征收决定公告之日被征收房屋类似房地产的市场价格。被征收房屋的价值，由具有相应资质的房地产价格评估机构按照房屋征收评估办法评估确定。《国有土地上房屋征收评估办法》第10条明确规定，被征收房屋价值评估时点为房屋征收决定公告之日。用于产权调换房屋价值评估时点应当与被征收房屋价值评估时点一致。本办法第11条规定，被征收房屋价值是指被征收房屋及其占用范围内的土地使用权在正常交易情况下，由熟悉情况的交易双方以公平交易方式在评估时点自愿进行交易的金额，但不考虑被征收房屋租赁、抵押、查封等因素的影响。

前款所述不考虑租赁因素的影响,是指评估被征收房屋无租约限制的价值;不考虑抵押、查封因素的影响,是指评估价值中不扣除被征收房屋已抵押担保的债权数额、拖欠的建设工程价款和其他法定优先受偿款。根据本办法第30条规定,被征收房屋的类似房地产是指与被征收房屋的区位、用途、权利性质、档次、新旧程度、规模、建筑结构等相同或者相似的房地产。被征收房屋类似房地产的市场价格是指被征收房屋的类似房地产在评估时点的平均交易价格。确定被征收房屋类似房地产的市场价格,应当剔除偶然的和不正常的因素。

被征收人可以选定房地产价格评估机构吗?

《国有土地上房屋征收与补偿条例》第20条第1款规定,房地产价格评估机构由被征收人协商选定;协商不成的,通过多数决定、随机选定等方式确定,具体办法由省、自治区、直辖市制定。《国有土地上房屋征收评估办法》第4条进一步规定,房地产价格评估机构由被征收人在规定时间内协商选定;在规定时间内协商不成的,由房屋征收部门通过组织被征收人按照少数服从多数的原则投票决定,或者采取摇号、抽签等随机方式确定。具体办法由省、自治区、直辖市制定。可见,被征收的房屋分属多家单位和个人的,由被征收人在规定时间内协商选定房地产价格评估机构;在规定时间内协商不成的,由房屋征收部门通过组织被征收人按照少数服从多数的原则投票决定,或者采取摇号、抽签等随机方式确定。

被征收人可以选择哪种拆迁补偿方式?

《国有土地上房屋征收与补偿条例》第21条第1款规定,被征收人可以选择货币补偿,也可以选择房屋产权调换。可见,对被拆迁人的房屋价值补偿有货币补偿和房屋产权调换两种,在这两种拆迁补偿方式中被拆迁人可以根据自己的实际情况、具体需求和自己的愿望任选其中的一种作为其被拆迁房屋的价值补偿。被拆迁人选择货币补偿的,应当按照《国有土地上房屋征收与补偿条例》第19条第1款的规定确定被征收房屋的价值。本条例第21条第2款规定,被征收人选择房屋产权调换的,市、县级人民政府应当提供用于产权调换的房屋,并与被征收人计算、结清被征收房屋价值与用于产权调换房屋价值的差价。

因旧城区改建征收个人住宅,被征收人能否选择在改建地段进行房屋产权调换?

《国有土地上房屋征收与补偿条例》第 21 条第 3 款规定,因旧城区改建征收个人住宅,被征收人选择在改建地段进行房屋产权调换的,作出房屋征收决定的市、县级人民政府应当提供改建地段或者就近地段的房屋。

对因征收房屋造成的搬迁、临时安置的补偿具体包括哪些?

《国有土地上房屋征收与补偿条例》第 22 条规定,因征收房屋造成搬迁的,房屋征收部门应当向被征收人支付搬迁费;选择房屋产权调换的,产权调换房屋交付前,房屋征收部门应当向被征收人支付临时安置费或者提供周转用房。

对因征收房屋造成停产停业损失的补偿如何确定?

《国有土地上房屋征收与补偿条例》第 23 条规定,对因征收房屋造成停产停业损失的补偿,根据房屋被征收前的效益、停产停业期限等因素确定。具体办法由省、自治区、直辖市制定。

房屋征收部门与被征收人所订立的补偿协议主要包括哪些事项?

《国有土地上房屋征收与补偿条例》第 25 条规定,房屋征收部门与被征收人依照本条例的规定,就补偿方式、补偿金额和支付期限、用于产权调换房屋的地点和面积、搬迁费、临时安置费或者周转用房、停产停业损失、搬迁期限、过渡方式和过渡期限等事项,订立补偿协议。补偿协议订立后,一方当事人不履行补偿协议约定的义务的,另一方当事人可以依法提起诉讼。

补偿协议不能达成的,作出房屋征收决定的市、县级人民政府能否作出补偿决定?

《国有土地上房屋征收与补偿条例》第 26 条第 1 款和第 2 款规定,房屋征收部门与被征收人在征收补偿方案确定的签约期限内达不成补偿协议,或者被征收房屋所有权人不明确的,由房屋征收部门报请作出房屋征收决定的市、县级人民政府依照本条例的规定,按照征收补偿方案作出补偿决定,并在房屋征收范围内予以公告。补偿决定应当公平,包括本条例第 25 条第 1 款规定的有关补偿协议的事项。

被征收人对市、县级人民政府作出的补偿决定不服的,该怎么办?

《国有土地上房屋征收与补偿条例》第 26 条第 3 款规定,被征收人对补偿决定不服的,可以依法申请行政复议,也可以依法提起行政诉讼。据此,房屋征收部门与被征收人在征收补偿方案确定的签约期限内达不成补偿协议的情况下,作出房屋征收决定的市、县级人民政府有权按照征收补偿方案作出补偿决定并予以公告,被征收人对补偿决定不服的,可以向作出该补偿决定的市、县级人民政府的上一级人民政府依法申请行政复议,也可以依法向人民法院提起行政诉讼。

实施房屋征收能否先搬迁、后补偿? 被拆迁人应当在何时完成搬迁?

根据《国有土地上房屋征收与补偿条例》第 27 条第 1 款规定,实施房屋征收应当先补偿、后搬迁。不得先搬迁、后补偿。根据本条第 2 款规定,作出房屋征收决定的市、县级人民政府对被征收人给予补偿后,被征收人应当在补偿协议约定或者补偿决定确定的搬迁期限内完成搬迁。

建设单位能否参与搬迁活动和采取暴力或强制手段迫使被征收人搬迁?

《国有土地上房屋征收与补偿条例》第 27 条第 2 款规定,任何单位和个人不得采取暴力、威胁或者违反规定中断供水、供热、供气、供电和道路通行等非法方式迫使被征收人搬迁。禁止建设单位参与搬迁活动。可见,建设单位作为被征收土地的使用人不得参与搬迁活动,其不得采取暴力、威胁或者非法手段迫使被征收人搬迁,也不得要求任何单位和个人采取暴力、威胁或者违反规定中断供水、供热、供气、供电和道路通行等非法方式迫使被征收人搬迁。

在什么情况下,作出房屋征收决定的市、县级人民政府可以依法申请强制执行补偿决定?

根据《国有土地上房屋征收与补偿条例》第 28 条第 1 款规定,被征收人在法定期限内不申请行政复议或者不提起行政诉讼,在补偿决定规定的期限内又不搬迁的,由作出房屋征收决定的市、县级人民政府依法申请人民法院强制执行。

二、债　权

（一）买卖合同

1. 买卖合同的订立

当事人之间进行货物买卖可以通过哪些形式订立合同？

买卖合同，又称为货物买卖合同，是出卖人转移货物的所有权于买受人，买受人支付价款的合同。根据《合同法》第 10 条规定，当事人订立合同，有书面形式、口头形式和其他形式。有关法律、行政法规规定采用书面形式签订合同的，采用书面形式，而不得采用口头形式；即使法律、行政法规没有明文规定，而当事人约定采用书面形式的，也应当采用书面形式。除了商品房销售合同、委托拍卖等特别买卖外，对于一般货物买卖，法律并无要求采取书面形式订立的特殊规定，因此，当事人可以自主选择采取书面形式、口头形式还是其他形式。

口头形式是指当事人只用语言为意思表示订立合同，而不用文字书面表达协议内容的合同形式。双方当事人以口头形式就合同内容取得一致意见达成的协议，即为口头合同。口头合同可以由当事人面谈订立，也可以通过打电话交谈等方式订立。书面形式，是指以文字有形地表现当事人所载合同内容的形式。用书面文字表述当事人双方经过协商一致而签订的协议，即为书面合同。当事人双方在订立合同时确定合同主要内容、明确相互权利义务关系的合同书或者往来信件、电报、电传、传真以及对合同内容所作的书面文字或者图表说明等，都是书面合同的表现形式。除了口头和书面形式的合同外，其他有公证等合同形式。

哪些物品不得擅自进行买卖？

《合同法》第 132 条第 2 款规定，出卖的标的物，法律、行政法规禁止或者限制转让的标的物，依照其规定。据此，首先，当事人不得买卖有关法律、行政法规明确禁止转让的物品。《中华人民共和国刑法》（以下简称《刑法》）明确禁止买卖枪支、弹药、爆炸物、核材料，禁止出售、购买伪造的货币、毒品、淫秽物品和其他禁止流通之物。擅自买卖这些物品就属于违法行为,所签订的买卖合同无效,对违法者应当依法追究法律责任(包括行政责任和刑事责任)。其次,对于法律、行政法规明文限制转让的物品不得擅自出卖,如有关行政法规规定药品、非药品类易制毒化学品、烟花爆竹等实行限制经营,经营这些物品应当依法取得行政许可,否则非法出卖应当承担法律责任。

当事人之间订立的买卖合同一般什么时间成立?

《合同法》第 13 条规定,当事人订立合同,采取要约、承诺方式。本法第 25 条规定,承诺生效时合同成立。可见,合同的订立一般经过要约和承诺两个阶段。要约是希望和他人订立合同的意思表示,该意思表示应当符合下列规定:内容具体确定;表明经受要约人承诺,要约人即受该意思表示约束。对一项买或者卖的要约而言,首先,一般应具体说明货物(即标的物)的名称和价格;其次,要约被受要约人接受,要约人愿意接受要约的约束。承诺是受要约人同意要约的意思表示。合同是从合同当事人之间的交涉开始,经要约、承诺,即告成立。根据本法第 26 条规定,承诺通知到达要约人时生效。承诺不需要通知的,根据交易习惯或者要约的要求作出承诺的行为时生效。可见,承诺生效时即承诺通知到达要约人时合同成立;承诺不需要通知的,根据交易习惯或者要约的要求作出承诺的行为时合同成立。

当事人采用合同书形式订立合同的,合同自何时成立?

根据《合同法》第 32 条和第 33 条规定,当事人采用合同书形式订立合同的,自双方当事人签字或者盖章时合同成立;签字或者盖章不在同一时间的,最后签字或者盖章时合同成立。当事人采用信件、数据电文等形式订立合同,在合同成立之前签订确认书的,签订确认书时合同成立。当事人在其订立的合同书、确认书上签字或者盖章,是交易成交的标志,合同自签字或者盖章时成立。如果双方当事人达成了一致协议,但既不在该合同书上签字或者盖章,又未采取实际履行行为的,该合同应视为不成立。合同一经成立,对合同各方当事人均具有约束力。从合同成立时起,各方当事人均需要对其他合同当事人承担合同义务,除了法律明确规定合同当事人有权行使撤回权或者撤销权外,任何一方不得撤回或者撤销合同。已经成立的合同,只要具备合同的生效要件,即合同主体合格,意思表示真实,内容合法,任何一方只要不履行合同义务或者履行合同义务不符合约定,即构成违约,就应当向非违约方承担违约责任。

经营者声明货物降价销售,他人前去购买时缺货的,是否构成违约?

《合同法》第 15 条规定,要约邀请是希望他人向自己发出要约的意思表示。寄送的价目表、拍卖公告、招标公告、招股说明书、商业广告等为要约邀请;商业广告的内容符合要约规定的,视为要约。根据《合同法》第 14 条规定,要约是希望和他人订立合同的意思表示,该意思表示应当符合下列规定:内容具体确定;表明经受要约人承诺,要约人即受该意思表示约束。要约邀请对于要约邀请的发出人不具有约束力,而要约则具有约束力,即要约经被要约人承诺双方就成立合同。

一般情况下,经营者向他人寄送或者向公众发布的广告为要约邀请。但是,商业广告的内容具体确定,即包含出售货物的品牌、具体型号、标明价格或者允诺的降价幅度或数额,且注明该广告有效期内保证按允诺提供商品的,那么,经营者所寄送或者发布的广告即属于要约,经营者在该广告所注明的有效期内就应当受该要约的约束。当他人在该广告所注明的有效期内前去购买广告中所提供的商品的,经营者负有按照要约提供的义务,如果缺货对该购买人来讲即构成违约,经营者应当依法承担违约责任。但是,经营者寄送或者发布的商业广告仅仅提供供货信息和仅表明邀请广告受众前往购买的,或者在广告中标明优惠数量有限、售完为止的,则经营者寄送和发布的商业广告不属于要约而是要约邀请。要约邀请对要约邀请的发布人不具有约束力,他人前往购买缺货的,发布或寄送商业广告的经营者不构成违约。

当事人不履行有效承诺,是否构成违约?

根据《合同法》第 21 条规定,承诺是受要约人同意要约的意思表示,即受要约人接到要约后,向要约人作出的表示完全同意或者接受要约的意思表示。受要约人对要约表示承诺时,他就成为承诺人。根据《合同法》规定,承诺对要约的内容作出非实质性变更的,除要约人及时表示反对或者要约表明承诺不得对要约的内容作出任何变更的以外,该承诺有效,合同的内容以承诺的内容为准。根据《合同法》第26条规定,以通知作出承诺表示的,自该通知到达受要约人时承诺生效。承诺不需要通知的,根据交易习惯或者要约的要求作出承诺的行为时生效。承诺的法律意义在于承诺通知到达受要约人时,即承诺生效时合同成立。对于已经成立的合同,只要符合合同的有效要件,即主体适格、意思表示真实、内容合法就为有效合同,当事人就应当切实履行合同,否则构成违约。

一方假借订立合同恶意进行磋商,给对方造成的损失,是否应当赔偿?

《合同法》第42条规定,当事人在订立合同过程中有下列情形之一,给对方造成损失的,应当承担损害赔偿责任:(1)假借订立合同,恶意进行磋商;(2)故意隐瞒与订立合同有关的重要实事或者提供虚假情况;(3)有其他违背诚实信用原则的行为。当事人在订立合同过程中违背诚实信用原则,假借订立合同,恶意进行磋商,故意隐瞒与订立合同有关的重要实事或者提供虚假情况,或者有其他违背诚实信用原则的行为,从而导致合同不能订立并因此给对方造成损失的,应当承担损害赔偿责任,这在合同法理论上被称为缔约过失责任。缔约过失责任不同于违约责任,缔约过失责任的赔偿范围一般限于在缔约过程中给善意相对人所造成的实际损失,而不包括合同缔结后因履约所可能获得的预期利益。

因缔约落空丧失与他人订约机会的一方当事人,能否要求对方赔偿损失?

缔约落空,是指当事人虽具有缔约行为(包括要约、反要约等讨价还价),但最终因双方当事人对合同的内容未达成一致,导致合同在有关谈判当事人之间没有订立合同的事实状态。缔约落空又称缔约失败,它与缔约过失有着本质的区别:当事人在订立合同中所应承担的缔约过失责任,是指当事人在订立合同过程中因违背诚实信用原则造成对方损失时依法所负的赔偿责任。在缔约落空的情况下,也会导致当事人所要订立的合同没有成立,但是双方当事人都不会因此承担缔约过失责任。尽管当事人都可能付出一定的缔约代价(包括时间与金钱方面的代价,甚至因此丧失其他缔约机会),但双方当事人在主观上都具有缔约的真诚愿望,对缔约洽谈可能造成的损失双方也都有合理的预期而不具有损害对方的故意,即不具有假借订立合同、恶意进行磋商,故意隐瞒与订立合同有关的重要实事或者提供虚假情况和其他违背诚实信用原则的行为,以及利用订立合同以获取和侵害他人商业秘密的行为。在缔约落空的情况下,造成的损失一般由各方当事人各自承担。

2. 买卖合同的效力

合同生效须具备哪些要件?

合同的生效要件,是指使已经成立的合同发生完全的法律效力所应当具备的法律条件。合同的生效要件和成立要件是不同的,具备了成立要件,合同将宣告成立。但已经成立的合同必须符合一定的生效要件,才能产生合同效力。根据《民法通则》和《合同法》的有关规定,合同生效的一般要件是:

(1)合同主体适格。作为合同当事人的主体可以是自然人、法人,也可以是不具有法人资格的其他组织。作为合同当事人的主体必须适格,即必须具有相应的民事权利能力和民事行为能力。根据《民法通则》的规定,作为订立合同的民事主体的自然人必须是年满 18 周岁的公民或者 16 周岁以上不满 18 周岁,但以自己的劳动收入为主要生活来源、智力发育正常的公民。10 周岁以上的未成年人和不能完全辨认自己行为的精神病人是限制民事行为能力人,他们只能实施某些与其年龄、智力相适应的民事活动。10 周岁以下的未成年人和不能控制自己行为的精神病人是无民事行为能力人,他们的行为只能由其法定代理人进行。

(2)当事人的意思表示必须真实。在订立合同时,意思表示真实,是指当事人订立合同的内心意愿与其外部表示的意思一致。订立合同时,只有当事人意思表示真实,该合同才有效。通过要约与承诺方式当事人就合同的主要条款达成一致即合同已经成立,但是一旦这种合意不是当事人的真实意思,而是因重大误解订立合同或者在订立合同时显失公平的,或者一方是以欺诈、胁迫或者乘人之危,使对方在违背真实意思的情况下订立的合同,那么合同就有可能被依法撤销,被撤销的合同将自始对当事人不具有法律约束力。

(3)合同的内容必须合法。合同内容合法,是指订立的合同各项条款不违反法律的强制性规定,这是合同生效的根本条件。所谓强制性规定,是指必须由当事人遵守,不得通过其协商加以改变的规定,即这些规定不具有任意性。合同内容合法主要包括以下两个方面的含义:第一,在有法律、行政法规规定的情况下,合同内容不得违反现行有关法律、行政法规的规定;第二,在没有法律、行政法规规定的情况下,合同内容不得违反国家利益和社会公共利益。合同的实质内容违背法律、行政法规的强制性规定或者违反国家利益和社会公共利益的,将导致合同无效。

需要指出的是,上述要件是合同生效的一般要件。除上述外,还可有其他生效要件,如法律、行政法规规定的特殊生效要件或当事人约定的生效条件。此时,除了合同生效的一般要件外,还须具有法律、行政法规规定的特殊生效要件或当事人约定的生效要件成就时,合同才能生效。合同生效与合同成立是两个完全不同的概念。对于已经成立的合同,如果不符合法律、行政法规规定的生效要件或者当事人依法约定的生效条件,仍然不能产生合同效力,对于未依法生效的合同,各方当事人没有履行的义务。

未成年人或精神病人所订立的合同是否有效?

《合同法》第9条规定,当事人订立合同,应当具有相应的民事权利能力和民事行为能力。根据《民法通则》的规定,18周岁以上,智力发育正常的公民,以及16周岁以上不满18周岁,但以自己的劳动收入为主要生活来源、智力发育正常的公民,为完全民事行为能力人,其完全可以依法订立合同和独立进行民事活动。10周岁以下的未成年人和完全不能辨认自己行为的精神病人为无民事行为能力人,不能进行民事活动,其订立的合同无效。

根据《民法通则》的规定,18周岁以下,10周岁以上的未成年人与不能完全辨认自己行为的精神病人,为限制民事行为能力人。《合同法》第47条规定,限制民事行为能力人订立的合同,经法定代理人追认后,该合同有效,但纯获利益的合同或者与其年龄、智力、精神健康状况相适应而订立的合同,不必经法定代理人追认。相对人可以催告法定代理人在1个月内予以追认。法定代理人未作表示的,视为拒绝追认。合同被追认之前,善意相对人有撤销的权利。撤销应当以通知的方式作出。可见,限制民事行为能力人所订立的纯获利益的合同或者与其年龄、智力、精神健康状况相适应而订立的合同为有效合同,不必经法定代理人追认。在其他情况下,限制民事行为能力人订立的合同,经法定代理人追认后,该合同有效。

但是,就买卖合同而言,无论是作为买受人还是出卖人,需要向对方支付货款或者交付货物,不属于纯获利益的合同,因此,对于限制行为能力人订立的标的额较大,与其年龄、智力、精神健康状况不相适应的买卖合同,须经其法定代理人追认,否则无效。但一般情况下,限制行为能力人以其零花钱购买的学习用品、零食以及年龄较大的未成年人(如初中生、不满18周岁的高中生)购买衣物及其他必需的生活用品等无需其法定代理人追认即有效。

无权代理人以被代理人名义订立的合同是否有效?

无代理权人以被代理人名义订立的合同,主要包括无代理权人通过冒充代理人、超越被代理人的授权范围或者代理权终止后以被代理人名义订立合同。《合同法》第48条第1款规定,行为人没有代理权、超越代理权或者代理权终止后以被代理人名义订立的合同,未经被代理人追认,对被代理人不发生效力,由行为人承担责任。可见,此类合同的效力处于待定状态,不是当然无效。无权代理人以被代理人名义订立的合同,只有经过被代理人事后追认,才产生法律效力即对被代理人有效,即:被代理人既要接受该合同设立的民事权利,又要承担该合同设立的民事义务。反之,不为被代理人追认的,该代理行为无效,由无权代理人自己承担责任。追认,是指被代理人对行为人无权代订的合同在事后予以承认的一种单方意思表示。经过追认,从而使原来的无权代理变成了有权代理。追认具有溯及既往的效力,也就是说,一旦追认,因无权代理所订立的合同从合同成立时开始即对被代理人产生法律效力。相对人可以催告被代理人在1个月内予以追认;被代理人未作表示的,视为拒绝追认。对于被代理人未予追认的合同,相对人无权要求被代理人履行,因行为人不履行合同或者因行为人骗取货物或者货款因此给对方造成的损失,应当由行为人赔偿。

一方采取欺诈手段与对方订立合同的,受害方能否要求撤销或变更?

《民法通则意见》第68条规定,一方当事人故意告知对方虚假情况,或者故意隐瞒真实情况,诱使对方当事人作出错误意思表示的,可以认定为欺诈行为。根据上述规定,合同欺诈的构成要件具有如下几点:(1)欺诈方具有欺诈的故意。所谓欺诈的故意,是指欺诈的一方明知自己告知或者展示给对方的情况是虚假的,且故意使被欺诈人陷入错误认识。欺诈只能由故意构成。(2)欺诈方实施欺诈行为。(3)被欺诈的一方因欺诈而陷入认识错误,认为欺诈人的意思表示是真实的。根据《合同法》第54条第2款和第3款规定,一方以欺诈手段,使对方在违背真实意思的情况下订立的合同,受害方有权请求人民法院或者仲裁机构变更或者撤销。当事人请求变更的,人民法院或者仲裁机构不得撤销。

一方采取胁迫手段与对方订立的合同,受害方能否要求撤销或变更?

采取胁迫手段订立的合同,是指以将来要发生的损害或以直接施加损害相威胁,使对方产生恐惧并因此而订立合同。在现实生活中,以胁迫手段订立合同具有各种各样的表现形式,诸如揭露他人隐私、个人秘密、公开他人商业秘密、技术诀窍和经营信息或者利用自身的恶劣品质威胁他人等方式,迫使他人与己订立合同。胁迫他人订立合同的目的就是为了获取不正当的合同利益。以胁迫手段订立的合同,应符合如下几个要件:(1)主观上,胁迫人具有胁迫的故意。(2)客观上,胁迫者在订立合同时向对方实施了胁迫行为。(3)受胁迫者因胁迫而订立了合同。根据《合同法》第54条第2款和第3款规定,一方以胁迫手段,使对方在违背真实意思的情况下订立的合同,受害方有权请求人民法院或者仲裁机构变更或者撤销。当事人请求变更的,人民法院或者仲裁机构不得撤销。

卖方因标错价格造成损失的,能否以"重大误解"为由撤销或变更合同?

根据《民法通则意见》第71条规定,行为人(表意人)对行为的性质、对方当事人、标的物的品种、质量、规格和数量、价款或者报酬等发生错误认识,使行为的后果与自己的意思相悖,并造成较大损失的,可以认定为重大误解。根据《合同法》第54条第1款的规定,因重大误解而订立的合同,可以变更或者撤销。重大误解会给表意人造成一定的损失,法律正是从保护意思表示不真实的表意人的利益出发,才允许其请求人民法院或仲裁机构撤销或变更合同。重大误解由以下要件构成:(1)必须是表意人(即作出意思表示的一方当事人)在订约时因为发生错误认识而作出了意思表示。(2)必须是对合同的内容发生了重大误解。对合同的内容发生认识上的错误,主要是指对合同主要条款如标的物的品种、质量、规格和数量、价款等发生认识上的错误。(3)误解是由表意人自己的过错造成的,而不是因为受到对方的欺诈、胁迫或不正当影响造成的。在通常情况下,都是由表意人自己的过失行为造成的,即由其不注意、不谨慎造成的。(4)误解直接影响到当事人所应享受的权利和承担的义务,有可能对表意人造成较大损失。根据上述分析,货物出卖人或其工作人员因工作失误造成标价错误并造成较大损失的,可以请求人民法院或仲裁机构撤销或变更合同。

购买古玩、字画误将赝品视为真品的,买方能否请求撤销或者变更合同?

根据《合同法》的规定,因重大误解订立的合同将导致被撤销,被撤销的合同将自始无效。在一般情况下重大误解,是指与订立合同相关的错误必须是严重的,具体而言,在合同订立时一个通情达理的人处在与错误方相同的情况下,如果他已知道了事实真相,他将根本不订立合同,或者将只会按实质不同的条款订立合同,那么就可以认为错误是严重的;或者另一方当事人知道或理应知道表意人的错误,但却有悖于公平交易的合理商业标准,使发生错误的表意人一直处于错误状态之中。但是,如果错误与某事实相关联,而发生错误的表意人已经意识到了对于该事实发生错误的风险,或者根据具体情况这种风险应由发生错误的表意人一方承担,那么,错误方就不能以发生重大误解为由行使撤销权。

如甲有一件祖传瓷器,乙认为该瓷器是明朝官窑瓷器,遂以这类瓷器的公平价格购买,后发现该瓷器为民国初年仿制的赝品。乙购买该瓷器时对发生错误的风险已设想到,即乙"认为"该瓷器是明朝瓷器这一事实已经暗含了某种风险即该瓷器有可能是赝品。在此情形下,乙无权以重大误解为由请求人民法院或仲裁机构变更或者撤销他与甲的该瓷器买卖合同。但是,如果甲在出卖祖传瓷器时,向乙保证该瓷器为明朝官窑瓷器,并以该类瓷器的市场价格出卖,乙购买后经鉴定为民国初年仿制的赝品的,乙可以购买的瓷器不具有甲所保证的质量品质为由与甲解除合同。如果甲在出卖祖传瓷器时明知为民国初年仿制的赝品,而通过伪造鉴定书等手段欺骗乙购买,乙购买后经鉴定得知为赝品的,乙可以甲存在欺诈为由请求人民法院或仲裁机构变更或者撤销他与甲订立的该瓷器买卖合同。

具有撤销权的当事人应在什么期限内行使撤销权?

根据《合同法》第 54 条规定,因重大误解订立的合同和显失公平的合同,当事人一方有权请求人民法院或者仲裁机构变更或者撤销;一方以欺诈、胁迫的手段或者乘人之危,使对方在违背真实意思的情况下订立的合同,受损害方有权请求人民法院或者仲裁机构变更或者撤销。根据本法第 55 条规定,具有撤销权的当事人自知道或者应当知道撤销事由之日起 1 年内行使撤销权。具有撤销权的当事人在上述时间内不行使撤销权或者具有撤销权的当事人知道撤销事由后明确表示或者以自己的行为放弃撤销权的,其撤销权消灭。

当事人行使合同撤销权会导致什么法律后果?

《合同法》第 56 条规定,被撤销的合同自始没有法律约束力。根据本法第 58 条规定,合同被撤销后,因该合同取得的财产,应当予以返还;不能返还或者没有必要返还的,应当折价补偿。有过错的一方应当赔偿对方因此所受到的损失,双方都有过错的,应当各自承担相应的责任。

合同无效的情形下,有过错方当事人应承担什么民事责任?

根据《合同法》第 52 条规定,有下列情形之一的,合同无效:(1)一方以欺诈、胁迫的手段订立合同,损害国家利益;(2)恶意串通,损害国家、集体或者第三人利益;(3)以合法形式掩盖非法目的;(4)损害社会公共利益;(5)违反法律、行政法规的强制性规定。根据本法第 58 条规定,合同无效,因该合同取得的财产,应当予以返还;不能返还或者没有必要返还的,应当折价补偿。有过错的一方应当赔偿对方因此所受到的损失,双方都有过错的,应当各自承担相应的责任。本法第 59 条规定,当事人恶意串通,损害国家、集体或者第三人利益的,因此取得的财产收归国家所有或者返还集体、第三人。

无处分权人出卖他人物品的,所有权人是否有权追回?

根据《合同法》第 51 条和第 132 条第 1 款规定,出卖人必须是出卖物的所有人,或者是有权处分出卖物的人。出卖的标的物,应当属于出卖人所有或者出卖人有权处分。据此,出卖人对出卖的标的物没有所有权或处分权的,在出卖前须先取得标的物的所有权或处分权。未经所有人或有权处分人同意买卖标的物的,须事后经有权处分人的追认。在出卖人对出卖物不具有所有权亦未取得处分权的情况下,其出卖行为能否对所有权人具有约束力,《物权法》所确立的受让人的善意取得制度解决了这一问题。

根据《物权法》第 106 条规定,无处分权人将不动产或者动产转让给受让人的,所有权人有权追回;除法律另有规定外,符合下列情形的,受让人取得该不动产或者动产的所有权:(1)受让人受让该不动产或者动产时是善意的;(2)以合理的价格转让;(3)转让的不动产或者动产依照法律规定应当登记的已经登记,不需要登记的已经交付给受让人。受让人依照前款规定取得不动产或者动产的所有权的,原所有权人无权向善意取得人即受让人追回被无处分权人出卖的物品;但有权向无处分权人请求赔偿损失。可见,受让人具有下列情形之一的,所有权人有权追回:第三人于受让时具有主观恶意的,即明知出让人为非所有人或无权处分人的;以明显低于合理的价格受让的;转让的不动产或者动产依照法律规定应当登记而尚未登记的,不需要登记而尚未交付给受让人的。

3. 买卖合同的履行

出卖人能提前或者逾期向买受人交付货物吗?

《合同法》第 138 条规定,出卖人应当按照约定的期限交付标的物。约定交付期间的,出卖人可以在该交付期间内的任何时间交付。本法第 140 条规定,标的物在订立合同之前已为买受人占有的,合同生效的时间为交付时间。根据合同变更的有关规定,出卖人如果要改变合同约定的交货期限,应当事先与买受人达成变更协议,并按照该协议执行。根据上述规定,出卖人未在合同规定的履行期限内交付,即提前交付和迟延(逾期)交付的,则构成违约。其后果为:(1)出卖人提前交付标的物而没有征得买受人同意的,买受人有权拒收。买受人因出卖人提前交付而拒收的,视为出卖人没有交付。特别是在买卖双方为异地、通过运输交付的情况下,买受人对出卖人提前交付的货物需要保管的,出卖人必须向买受人支付保管费用。(2)出卖人在合同约定期限内未交付出卖物的,则构成迟延交付,应当承担迟延交付的责任,即买受人有权依法解除合同并要求出卖人依法承担违约责任等。

合同对货物交付期限没有约定或约定不明确的,如何确定履行期限?

《合同法》第139条规定,当事人没有约定标的物的交付期限或者约定不明确的,适用本法第61条、第62条第4项的规定。据此,当事人未约定标的物的交付期限或者约定不明确的,应当分别情况按照下列办法处理:(1)当事人双方可就货物期限达成补充协议。(2)当事人就交付期限不能达成协议的,应按照合同有关条款或者交易习惯确定出卖人的交付期限。(3)买卖双方当事人就交付期限不能通过协商达成协议,按照合同有关条款的内容或者交易习惯又不能确定的,出卖人可以随时向买受人交货,买受人也可以随时要求出卖人交货,但必须给对方必要的准备时间。根据《合同法司法解释(二)》第7条规定,这里的"交易习惯",是指在交易行为当地或者某一领域、某一行业通常采用并为交易对方订立合同时所知道或者应当知道的做法以及当事人双方经常使用的习惯做法,且这种做法不违反法律、行政法规强制性规定。

合同对货物交付地点没有约定或约定不明确的,如何确定履行地点?

根据《合同法》第141条第1款规定,出卖人应当在合同约定的地点或者法律规定的地点交付货物。当事人对交付地点没有约定或者约定不明确,应当首先依照本法第61条的规定确定,即买卖合同生效后,当事人双方对交付地点达成补充协议;达成协议的,出卖人应当按照该协议确定的地点履行;当事人不能达成补充协议的,应按照合同有关条款或者交易习惯确定交货地点。当事人根据上述规定不能就交付地点达成协议,按照合同有关条款或者交易习惯又不能确定的,根据《合同法》第141条第2款规定,出卖人在下列规定的地点履行:(1)标的物需要运输的,出卖人应当将标的物交付给第一承运人以运交给买受人;(2)标的物不需要运输,出卖人和买受人订立合同时知道标的物在某一地点的,出卖人应当在该地点交付标的物;不知道标的物在某一地点的,应当在出卖人订立合同时的营业地交付标的物。

合同对货物的质量要求未约定或者约定不明确的,如何确定履行标准?

根据《合同法》第153条规定,出卖人应当按照约定的质量要求交付标的物。出卖人提供有关标的物质量说明的,交付的标的物应当符合该说明的质量要求。根据《合同法》第154条和第62条第1项的规定,买卖双方当事人对标的物的质量要求没有在买卖合同中约定或者约定不明确的,在合同生效后,双方当事人就质量要求可以协议补充;不能达成补充协议的,按照合同有关条款或者交易习惯确定。按照上述规定仍不能确定质量要求的,按照国家标准、行业标准履行;没有国家标准、行业标准的,按照通常标准或者符合合同目的的特定标准履行。

合同对货物包装方式未约定或者约定不明确的,如何处理?

根据《合同法》第156条规定,出卖人应当按照约定的包装方式交付标的物。对包装方式没有约定或者约定不明确,依照本法第61条的规定确定,即双方当事人就包装方式可以协议补充;不能达成补充协议的,按照合同有关条款或者交易习惯确定。当事人按上述的办法不能确定包装方式的,出卖人应按下列方法包装:如果有通用的包装方式,出卖人则应当按照该通用的方式对标的物进行包装;没有通用的包装方式的,出卖人应当采取足以保护标的物的包装方式。出卖人负责包装、但包装方式不符合合同约定或者法律规定的,应当依法承担违约责任。

合同对价款没有约定或者约定不明确的,如何确定履行价款?

根据《合同法》第159条规定,双方当事人在买卖合同中明确约定货物价款数额的,买受人应当按约定的价款数额向出卖人支付货款。买卖合同对货物价款数额没有约定或者约定不明的,应当按照本法第61条、第62条第2项的规定确定应当履行的价款。即:合同生效后,当事人可以就价款签订协议补充;不能达成补充协议的,按照合同有关条款或者交易习惯确定。按照上述规定,仍不能确定价款的,按照订立合同时履行地的市场价格履行;依法应当执行政府定价或者政府指导价的,按照规定履行。

执行政府定价或者政府指导价的合同,价格调整时,如何履行?

根据《合同法》第63条规定,执行政府定价或者政府指导价的,在合同约定的交付期限内政府价格调整时,按照交付时的价格计价。逾期交付标的物的,遇价格上涨时,按照原价格执行;价格下降时,按照新价格执行。逾期提取标的物或者逾期付款的,遇价格上涨时,按照新价格执行;价格下降时,按照原价格执行。

买受人对出卖人多交的货物,应怎样处理?

根据《合同法》第162条规定,出卖人多交标的物的,买受人可以接收或者拒绝接收多交的部分。买受人接收多交部分的,应按照合同的价格支付价款;买受人拒绝接收多交部分的,应当及时通知出卖人。

合同对价款支付地点没有约定或约定不明确的,如何确定价款支付地点?

根据《合同法》第160条规定,买受人应当按照约定的地点支付价款。对支付地点没有约定或者约定不明,依照本法第61条的规定确定。即:合同生效后,当事人可以就价款签订协议补充;不能达成补充协议的,按照合同有关条款或者交易习惯确定。按照上述规定仍不能确定价款的,按照下列方式确定:买受人应当在出卖人的营业地支付,但约定支付价款以交付标的物或者交付提取标的物单证为条件的,在交付标的物或者交付提取标的物单证的所在地支付。

合同对货款支付期限没有约定或约定不明确的,应在何时支付货款?

根据《合同法》第161条规定,双方当事人在买卖合同中明确约定货款支付期限的,买受人应当在约定的期间内向出卖人支付货款。对支付时间没有约定或者约定不明确,依照本法第61条的规定确定。即:合同生效后,当事人可以就价款签订协议补充;不能达成补充协议的,按照合同有关条款或者交易习惯确定。按照上述规定仍不能确定的,买受人应当在收到标的物或者提取标的物单证的同时支付。买受人在合同约定或者上述确定的时间内没有支付价款的,则构成迟延付款,应当依照合同约定或者法律规定承担违约责任,向出卖人支付违约金、逾期付款部分的利息等。出卖人因此而解除合同的,买受人应承担解除合同的责任。

买受人在检验期过后发现货物质量与数量不符合约定的,出卖人是否承担违约责任?

《合同法》第 158 条第 1 款规定,当事人约定检验期间的,买受人应当在检验期间内将标的物的数量或者质量不符合约定的情形通知出卖人。买受人怠于通知的,视为标的物的数量或者质量符合约定。据此,买受人未在约定的检验期内对货物进行检验,或者在检验期内检验发现货物的数量或者质量不符合约定,但未在检验期内通知出卖人的,以及检验期过后发现货物的质量或者数量不符合约定的,应当视为出卖人交付的货物的数量或质量符合约定。因此,买受人无权就货物的质量或者数量不符合约定要求出卖人承担违约责任。但是,根据本条第 3 款规定,出卖人知道或者应当知道提供的货物不符合约定的,买受人不受前款规定的通知时间的限制,买受人有权就货物的质量或者数量不符合约定要求出卖人承担违约责任。

合同中没有约定货物检验期,买受人验货后发现质量不符合约定的,出卖人是否承担违约责任?

《合同法》第 158 条第 2 款规定,当事人没有约定检验期的,买受人应当在发现或者应当发现标的物的数量或者质量不符合约定的合理期限内通知出卖人。买受人在合理期间内未通知或者自标的物收到之日起 2 年内未通知出卖人的,视为标的物的数量或者质量符合约定,但对标的物有质量保证期的,适用质量保证期,不适用该 2 年的规定。根据本条第 3 款规定,出卖人知道或者应当知道提供的标的物不符合约定的,买受人不受前款规定的通知时间的限制。

在买卖合同中货物所有权自何时由出卖人转移给买受人?

《合同法》第 133 条对买卖合同标的物(即出卖物)的转移时间作了如下规定:标的物的所有权自标的物交付时起转移,但法律另有规定或者当事人另有约定的除外。本法在第 134 条又进一步对当事人约定转移所有权保留作了明确规定,即:当事人可以在买卖合同约定买受人未履行支付价款或者其他义务的,标的物的所有权属于出卖人。

根据上述规定,买卖合同标的物的所有权转移的时间按以下几种情况确定:(1)在法律没有特别规定或者当事人没有另行约定买卖标的物转移时间的情况下,出卖人交付标的物的时间就是该物所有权转移的时间,即自该时间起标的物所有权由出卖人转移给买受人。(2)有关法律对标的物所有权转移时间有特别规定的,标的物自法律规定的时间转移。《合同法》第140条规定,标的物在订立合同之前已为买受人占有的,以合同生效的时间为交付时间。(3)买卖双方当事人对标的物所有权转移时间有特别约定的,标的物的所有权自该特别约定的时间转移。需要指出的是,当事人对标的物所有权转移时间的约定,不得违背"法律规定"的转移规定,否则该约定无效。

在买卖合同履行中货物毁损、灭失的风险应由哪一方承担?

标的物风险承担,是指当事人对标的物转移过程中因发生不可归责于任何一方的原因而受到的损失的负担。标的物风险转移的时间,是指标的物风险承担由出卖人转移给买受人的时间。根据《合同法》第142条规定,标的物风险一般情况下自交付时转移。标的物毁损、灭失的风险,在交付之前由出卖人承担,交付之后由买受人承担,但法律另有规定或者当事人另有约定的除外。从本条规定看出,一般情况下,交付标的物之时也就是标的物风险转移之时。

因买受人的原因致使货物逾期交付的,货物毁损、灭失的风险由谁承担?

根据《合同法》第143条规定,因买受人的原因致使标的物不能按照约定的期限交付的,买受人应当自违反约定之日起承担标的物毁损、灭失的风险。在这种情况下,标的物风险不是从实际交付之时转移,而是从双方约定交付之日起由出卖人转移给买受人。

出卖交由承运人运输的在途货物,货物毁损、灭失的风险由谁承担?

根据《合同法》第144条规定,出卖人出卖交由承运人运输的在途标的物,除当事人另有约定的以外,毁损、灭失的风险自合同成立时起由买受人承担。即:标的物毁损、灭失的风险在合同成立前由出卖人承担,合同成立后由买受人承担;当事人对出卖交由承运人运输在途标的物风险有特别约定的,按约定的时间转移标的物风险。根据《合同法》第145条规定,当事人未约定交付地点或者约定不明确,依照本法第141条第2款第1项的规定标的物需要运输的,出卖人将标的物交付给第一承运人后,标的物毁损、灭失的风险由买受人承担。在此种情况下,标的物毁损、灭失的风险自交付给第一承运人时转移,即:在交付给第一承运人之前由出卖人承担,交付第一承运人后由买受人承担。

买受人不按约定地点接受货物的,货物毁损、灭失的风险由谁承担?

根据《合同法》第146条规定,出卖人按照约定将货物置于交付地点,或者在双方没有约定交付地点或者约定不明确的情况下,货物不需要运输,出卖人和买受人订立合同时知道标的物在某一地点的,出卖人应当在该地点交付标的物;不知道标的物在某一地点的,应当在出卖人订立合同时的营业地交付标的物。根据上述规定,出卖人将货物置于交付地点,买受人违反约定没有接收的,标的物毁损、灭失的风险由买受人承担。在上述情况下,拒收的标的物风险自买受人拒收时起发生转移,即:标的物风险在买受人拒收之前由出卖人承担,拒收之后由买受人承担。

因出卖物有质量瑕疵被买受人拒收的,货物毁损、灭失的风险由谁承担?

根据《合同法》第148条规定,标的物质量不符合质量要求,致使不能实现合同目的的,买受人可以拒绝接受标的物或者解除合同。买受人拒绝接受标的物或者解除合同的,由于标的物并没有交付,所以,标的物毁损、灭失的风险由出卖人承担。

4. 买卖合同的解除

合同当事人在什么情形下可以解除合同?

根据《合同法》第93条规定,买卖合同当事人协商一致,可以解除合同。买卖合同当事人在合同中约定一方可以解除合同的条件的,解除合同的条件成就时,解除权人可以解除合同。根据本法第94条规定,有下列情形之一的,当事人可以解除合同:(1)因不可抗力致使不能实现合同目的;(2)在履行期限届满之前,出卖人明确表示或者以自己的行为表明不按约定交付标的物或者不能转移标的物所有权的,买受人明确表示或者以自己的行为表明不按约定支付价款或者接受标的物的;(3)出卖人不按约定期限交付标的物和转移标的物所有权,或者买受人不按约定期限支付价款,经对方当事人催告后在合理期限内仍未履行的;(4)买卖合同当事人一方迟延履行合同义务或者有其他违约行为致使不能实现合同目的;(5)法律规定的其他情形。

合同当事人应当在什么期限内行使解除权?

解除权行使期限,是指享有解除权的当事人解除合同的有效期间。它分为三种:法定期限、约定期限和合理期限。根据《合同法》第95条规定,有法定或者约定期限的,解除权人在该期限内行使的,解除有效即合同关系消灭;期限届满不行使的,解除权人则丧失解除权。当事人逾期行使解除权的,该行为无效。合理期限是指在事先没有法定和约定的期限情况下,当事人在事后按照具体情况所确定的一个合理的期间。这一期限要根据催告的方式、双方当事人之间的距离、交易习惯以及合同的性质等具体情况来定。在没有法定和约定解除权行使期限的情况下,当法律规定或者约定的解除情形出现时,解除权人在经对方催告后在合理期限内未行使的,则丧失解除权,即解除权消灭。

当事人解除双方之间的合同应履行什么程序?

根据《合同法》第96条规定,无论是法定解除还是约定条件的解除,一方当事人在行使解除权解除合同关系时应遵循以下程序:

(1)解除权的行使应遵守合同解除的条件,即符合法律规定或者当事人约定的条件。只有在出现了法律规定或者当事人在合同中事先约定的情况时,一方才可以行使解除权,而不必征得对方同意。行使解除权的这种方式,可以称之为单方解除。

(2)应当通知对方。在当事人享有法定或者约定解除权的情况下,当事人单方面行使解除权的,虽然不需要征得对方当事人的同意,但必须将解除合同的意思表示直接通知对方,该通知到达对方时方发生解除合同的效力,合同随之解除。解除权人不通知对方的,不得解除合同,合同仍然有效。

(3)解除权的行使必须及时,即应当在解除权行使的期限内或者在合理的期限内及时主张解除合同,如果超过该期限不行使解除权,则丧失解除权,合同继续有效。

(4)法律、行政法规规定了特别程序的,即法律、行政法规规定解除合同应当办理批准、登记等手续的,当事人必须按照规定办理这些手续。

(5)一方当事人解除合同而对方有异议的,可依约定向合同仲裁机构提出申请仲裁或者依法向人民法院起诉,由其确认解除合同的效力。

标的物的主物或从物不符合约定的,买卖合同能否解除?

买卖合同生效后,因标的物不符合约定而解除合同的现象时常发生,此时就涉及到该解除的效力是否及于从物或者主物的问题。对此,《合同法》第164条规定,因标的物的主物不符合约定而解除合同的,解除合同的效力及于从物。因标的物的从物不符合约定被解除的,解除的效力不及于主物。

标的物为数物,其中一物不符合约定的,买卖合同能否解除?

根据《合同法》第165条规定,标的物为数物,其中一物不符合约定的,买受人可以就该物解除,但该物与他物分离使标的物的价值显受损害的,当事人可以就数物解除合同。从这一规定看出,在数物买卖合同中,应分别以下情况解除合同:(1)数物分离不损害或者不明显损害买卖标的物价值的,其中一物不符合约定的,买受人可以仅就该物解除合同。(2)一物与他物分离使标的物的价值显受损害的,当事人可以就数物同时解除合同。

分批交付标的物的,其中一批标的物交付不符合约定,买卖合同如何解除?

分批交付标的物的买卖又称为分期供货买卖,是指出卖人按照约定,将应交付的标的物总数在一定期限内分成数批次定期或者不定期地分别交付给买受人,由买受人按约定付清价款的买卖。

《合同法》第166条规定,在当事人约定分批交付标的物的买卖中,因出卖人交付的标的物不合约定而导致合同解除的,其解除情况如下:(1)分批交付标的物的,出卖人对其中一批标的物不交付或者交付不符合约定,致使该批标的物不能实现合同目的的,买受人可以就该批标的物解除。(2)出卖人不交付其中一批标的物或者交付不符合约定,致使今后其他各批标的物的交付不能实现合同目的的,买受人可以就该批以及今后其他各批标的物解除。(3)买受人如果就其中一批标的物解除,该批标的物与其他各批标的物相互依存的,可以就已经交付和未交付的各批标的物解除。

分期付款的买受人未按约定支付的价款达到何种程度时,出卖人可以解除合同?

分期付款买卖,是指出卖人按照约定将标的物交付给买受人,由买受人按照约定将其应付的标的物的总价款在一定期限内分批支付给出卖人。在分期付款买卖中,买受人应当按期支付到期价款,否则,当买受人未支付的到期价款达到一定程度时,出卖人有权解除合同。对此,《合同法》第167条规定,分期付款的买受人未支付到期价款的金额达到全部价款的五分之一的,出卖人可以要求买受人支付全部价款或者解除合同。出卖人解除合同的,可以向买受人要求支付该标的物的使用费。

5.违约责任

买卖合同当事人承担违约责任的方式主要有哪些?

违约责任,是指当事人一方或者双方不履行合同义务或者履行合同义务不符合约定而依法应承担的民事法律责任。所谓不履行合同义务,就是拒绝履行,即当事人明确表示或默示表示不履行合同规定的主要义务,且该拒绝履行不具有正当理由。在买卖合同中对买受人来讲,不履行主要是指在履行期间拒不支付货款和拒不接受货物;对于出卖人来讲,不履行主要是指在履行期间拒不交付货物或转移货物所有权。所谓履行合同义务不符合约定,是指当事人不按照合同规定的标的的质量、数量、履行期限、履行地点和履行方式履行,即履行存在瑕疵。

根据《合同法》第107条规定,当事人一方不履行合同义务或者履行合同义务不符合约定的,应当承担继续履行、采取补救措施或者赔偿损失等违约责任。根据本法第109条和第110条的规定,买受人未支付价款的,出卖人有权要求其支付价款;出卖人不交付货物或者交付货物不符合约定的,买受人有权要求其继续履行,但有下列情形之一的除外:法律上或者事实上不能履行;债务的标的不适于强制履行或者履行费用过高;债权人在合理期限内未要求履行。根据本法第112条规定,当事人一方不履行合同义务或者履行合同义务不符合约定的,在履行义务或者采取补救措施后,对方还有其他损失的,应当赔偿损失。

出卖人交付的标的物不符合质量要求的,应承担什么违约责任?

《合同法》第 155 条规定,出卖人交付的标的物不符合质量要求的,买受人可以依照本法第 111 条的规定要求承担违约责任。根据《合同法》第 111 条规定,质量不符合约定的,应当按照当事人的约定承担违约责任。对违约责任没有约定或者约定不明确,依照本法第 61 条的规定确定,即:可就违约责任达成补充协议;达成补充协议的,债务人按该协议约定的形式承担违约责任;当事人不能达成补充协议的,应按照合同有关条款或者交易习惯确定债务人的违约责任形式。按照上述方法仍不能确定的,受损害方根据标的的性质以及损失的大小,可以合理选择要求对方承担修理、更换、重作、退货、减少价款或者报酬等违约责任。

一方违约给对方造成损失的,其承担的损失赔偿额如何确定?

《合同法》第 113 条第 1 款规定,当事人一方不履行合同义务或者履行合同义务不符合约定,给对方造成损失的,损失赔偿额应当相当于因违约所造成的损失,包括合同履行后可以获得的利益,但不得超过违反合同一方订立合同时预见到或者应当预见到的因违反合同可能造成的损失。在此,违约方赔偿的损失包括对方当事人因违约所遭受的积极损失和可得利益的损失。所谓积极损失,是指现有财产的减损、灭失和有关费用的支出。所谓可得利益,是指合同在适当履行以后可以实现和取得的财产利益。所谓可得利益的损失,是指违约行为的发生导致非违约方丧失了合同如期履行时所能够得到的预期利益。对于积极损失,无论多少,违约方都必须赔偿。而对于可得利益的损失赔偿,应依法在一个合理的范围内确定赔偿额。但对可得利益损失的赔偿连同积极损失的赔偿,不得超过违反合同一方订立合同时预见到或者应当预见到的因违反合同可能给对方造成的损失。

在合同中约定的违约金低于或过分高于造成的损失的,应如何处理?

《合同法》第 114 条第 1 款规定,当事人可以约定一方违约时应当根据违约情况向对方支付一定数额的违约金,也可以约定因违约产生的损失赔偿额的计算方法。本条第 2 款规定,约定的违约金低于造成的损失的,当事人可以请求人民法院或者仲裁机构予以增加;约定的违约金过分高于造成的损失的,当事人可以请求人民法院或者仲裁机构予以适当减少。由此可以看出,违约金不仅不得与损害赔偿同时作为违约责任加以适用,而且,约定的违约金应当与违约所造成的损失相当。但是,由于违约金具有事先约定性,因而其与违约所造成的损失相比可能或高或低,这时,约定的违约金低于造成的损失的,非违约方当事人可以请求人民法院或者仲裁机构予以增加;约定的违约金过分高于造成的损失的,违约方当事人可以请求人民法院或者仲裁机构予以适当减少。

《合同法司法解释(二)》第28条规定,当事人依照合同法第114条第2款的规定,请求人民法院增加违约金的,增加后的违约金数额以不超过实际损失额为限。增加违约金以后,当事人又请求对方赔偿损失的,人民法院不予支持。根据本解释第29条规定,当事人主张约定的违约金过高请求予以适当减少的,人民法院应当以实际损失为基础,兼顾合同的履行情况、当事人的过错程度以及预期利益等综合因素,根据公平原则和诚实信用原则予以衡量,并作出裁决。当事人约定的违约金超过造成损失的30%的,一般可以认定为《合同法》第114条第2款规定的"过分高于造成的损失"。

在合同中约定的定金数额,能否超过主合同标的额的20%?

定金,是指合同当事人为了确保合同的成立、生效或合同的履行,依据法律规定或者当事人双方的约定,由当事人一方在合同订立时或订立后履行前,按合同标的额的一定比例预先给付对方当事人的金钱。《合同法》第115条规定,当事人可以依照《中华人民共和国担保法》(以下简称《担保法》)约定一方向对方给付定金作为债权的担保。债务人履行债务后,定金应当抵作价款或者收回。给付定金的一方不履行约定的债务的,无权要求返还定金;收受定金的一方不履行约定的债务的,应当双倍返还定金。《担保法》第91条规定,定金的数额由当事人约定,但不得超过主合同标的额的20%。可见,双方当事人约定的定金数额不得超过主合同标的额的20%,超过部分不能作为定金适用。

在合同中同时约定违约金与定金的,违约方如何承担违约责任?

《合同法》第116条规定,当事人既约定违约金,又约定定金的,一方违约时,对方可以选择适用违约金或者定金条款。据此,非违约方当事人通常会作出对自己有利的选择。在当事人约定的违约金高于双倍定金的情况下,对非违约方来讲,选择适用违约金条款一般来说更为有利。但是,由于约定违约金对于违约损失一般具有补偿的性质,在选择适用违约金条款时,非违约方对自己的损失事实及损失的数额主张负有举证责任,如果无法证明其诉讼请求和主张,其获得的赔偿不一定比适用定金条款有利。

一方违约后,因对方未采取适当措施致使扩大的损失应由谁承担?

《合同法》第119条规定,当事人一方违约后,对方应当采取适当措施防止损失的扩大;没有采取适当措施致使损失扩大的,不得就扩大的损失要求赔偿。当事人因防止损失扩大而支出的合理费用,由违约方承担。

6.汽车买卖

汽车买卖合同的主要内容有哪些?

根据《合同法》第12条和第131条的规定,汽车买卖合同的内容应当包括以下条款:

(1)汽车买卖双方当事人的名称或姓名和住所。当事人为自然人的其姓名为经户籍登记管理机关核准登记的正式用名,住所为其长期生活和活动的居所;法人、其他组织的名称,应为依法登记注册的名称,住所为其主要办事机构所在地。

(2)车辆的基本情况,包括车辆名称、车种、规格、型号、花色等。如果买方一次购买卖方不同种类或型号的车辆,双方应当分别写明每一种类车辆的基本情况。对于车辆内部的主要部件如发动机、底盘等或配件、附件,需要时也应当写明名称、品种、型号、规格、等级、花色等内容。

(3)车辆的数量,即买卖的车辆数目,以"辆"为计量单位。一次买卖不同种类车辆的,应分别载明每一种车辆的数量。必要时还应当在合同中明确随车的附件、配件的名称及数量。

(4)车辆的质量要求,即车辆本身应达到的技术标准。对于车辆质量要求和技术标准,有国家强制性标准、行业强制性标准的,应当按照国家强制性标准、行业强制性标准签订。买卖的车辆是已使用的旧车,也应当符合一定的技术要求,国家明令淘汰或达到报废年限或行程的汽车不得买卖。没有国家、行业标准或者虽有国家、行业标准、但买方有特殊要求如对某些特定用途车或者车型有特殊要求的,应由双方当事人商定达到的技术要求。

卖方对其出售的车辆及其主要部件质量应当给予一定期限的保证,质量保证期也应在合同中载明;没有在合同中载明的,按国家或者有关行业规定的车辆质量保证期执行。当事人约定的质量保证期,不得低于国家标准或行业标准。

(5)车辆价款的数额及其支付时间、地点和方式。对于买卖的车辆价格,应由买卖双方协商确定。购车付款方式是采用一次性付清还是分期付款,是支票结算还是现金结算,可由双方商定。

(6)交付汽车的时间、地点和方式。由双方当事人协商确定。车辆需要经过长途运输交付买方的,卖方应当保证交付的汽车保持良好的外表与各部件处于良好状态。

(7)检验标准及方法。有国家或行业规定的标准及方法的,应当执行国家或行业标准及方法。没有国家和行业标准及方法的,由买卖当事人双方约定。对检收的期间也应当在合同中订明。

(8)违约责任,即一方或双方违反合同规定时应当承担的违约责任,可以在合同中订明,但这种约定不得违反法律规定的责任方式及范围。

买受人在签订汽车买卖合同时应注意哪些事项?

汽车买卖特别是家用小汽车买卖的标的额一般较大,动辄十几万元、几十万元,甚至上百万元,汽车买受人在购车时应注意下列事项:

(1)所购汽车必须是依法可以转让的车辆,其所有权在法律上是可转移的。凡是国家禁止流通的汽车如报废汽车、非法拼装的汽车以及走私汽车,不可购买。司法机关、行政机关扣押、查封、罚没的汽车,其原车主无权出卖。因此买受人在购车时应当对所购汽车是否属于上述状况进行了解,否则汽车买卖合同无效。

(2)在汽车买卖中卖方应对其所卖汽车拥有所有权或处分权。对于出售的共有汽车必须经其他共有人同意,对于未经其他共有人同意的,将有可能引发汽车买卖合同的效力纠纷。买受人在购买汽车特别是在购买二手车时,应特别注意所购汽车是否已设定了抵押,是否属于卖方无权处分的汽车,如租赁的他人汽车。否则,容易引起纠纷和带来麻烦,甚至因此上当受骗,遭受损失。

（3）购车合同的内容应当明确、具体、全面，不容含糊。具体来讲，除了购车数量、质量条款外，一些容易忽视而又往往影响到买卖双方权益的条款应当在合同中订明：如交车时间、交车地点是由卖方送货还是由买方自提，提货或送货的费用由哪方承担，需要对汽车部件进行包装的包装方式，汽车的所有权转移时间，以及汽车风险转移的时间等。这些内容欠缺时尽管能够依据《合同法》的有关规定加以确定，但是买受人在购车时最好与卖方在合同中订明，这样可以减少麻烦和纠纷，有利于合同的顺利履行。如果在购车时卖方所提供的是格式合同，买受人在购车前应当对该格式合同逐条阅读，仔细审视是否有免除出卖方义务和限制买受人权利的不合理内容，如有发现应当拒绝接受。

在汽车买卖履行中容易出现哪些争议？

在汽车买卖中容易出现下列问题，对此，买受人应当特别注意：

（1）因交付期限引起的争议。根据《合同法》第 138 条和第 139 条规定，卖方应当在合同约定或法律规定的期限内向买方交付汽车。但是，往往由于双方在合同中没有约定或者约定不明确，从而对交付期限引起争议。当出现这种情况时，买卖双方应就该期限达成协议，按照协议执行；如果双方当事人对此不能达成协议，而按合同的有关条款或者交易习惯仍不能确定的，买方可以随时要求卖方交付汽车，但应给卖方必要的准备时间。卖方提前交付和逾期交付的，都构成违约。卖方提前交付汽车买方有权拒绝，从异地通过运输交付给买方汽车的，并需买方保管的，卖方应当向买方支付保管费。出卖人逾期交付汽车影响买方使用的，应承担违约责任。

（2）因交付地点引起的争议。根据《合同法》第 145 条规定，汽车出卖人应当按合同约定的地点交付汽车，出卖人要改变合同约定的交车地点，应当事先征得买车人的同意，否则应按合同约定地点交付。如果在汽车买卖合同中没有约定或者约定不明确，而又达不成协议，且按合同的条款或者交易习惯仍不能确定交付地点的，出卖人应当按照下列地点履行：汽车需要运输的，出卖人应当将汽车交付给第一承运人以运交给买受人；不需要运输的，双方在订立买卖合同时知道汽车在某一地点的，出卖人应当在该地点交付汽车。双方在订立合同时不知道汽车在何地的，应当在订立合同时的出卖人的营业地交付汽车。卖方不按上述地点交付或买方对卖方在上述地点交付的汽车拒不接受的,应承担违约责任。

(3)因质量引起的争议。根据《合同法》第 153 条和第 168 条规定,卖方应当按照约定的质量要求交付汽车。卖方提供有关汽车质量说明的,交付的汽车应当符合该说明的质量要求。买方凭汽车样品购买汽车时,卖方交付的汽车应当与样品及其说明的质量相同。如果买卖双方对汽车质量没有约定或者约定不明,而根据合同条款或者交易习惯仍不能确定的,应当按照国家标准、行业标准履行;没有国家标准、行业标准的,应当按照通常标准或者符合合同约定的特定标准履行。因汽车质量不符合质量要求,致使不能实现合同目的的,买方可以拒绝接受或者解除合同。

(4)因汽车存在权利瑕疵而引起的争议。根据《合同法》第 150 条规定,卖方对交付的汽车,负有保证第三人不得向买方主张权利的义务,但法律另有规定的除外。在现实汽车买卖中,卖方交付给买方的汽车存在以下权利瑕疵时就会引争议:第三人就卖方卖出的汽车主张所有权、处分权或者继承权等;第三人对汽车主张担保物权进而依法处分该车;第三人对汽车主张优先购买权或租赁权等。当上述情况在汽车买卖合同成立时存在、且合同成立后也未消除,而买方在合同成立时对此并不知情的,卖方对这种不能将汽车的所有权完全转移给买方的权利瑕疵,应当承担以下责任:支付违约金或承担损害赔偿;买方支付了定金的,还应当向买方双倍返还定金;买方提出解除合同的应当解除合同,买方要求卖方继续履行的,卖方应当继续履行,无法继续履行的可以解除合同,并依法承担违约责任。

汽车买受人初次申领机动车号牌、行驶证的,应提交哪些证明和凭证?

《中华人民共和国道路交通安全法》第 8 条规定,国家对机动车实行登记制度。机动车经公安机关交通管理部门登记后,方可上道路行驶。尚未登记的机动车,需要临时上道路行驶的,应当取得临时通行牌证。《道路交通安全法实施条例》第 5 条规定,初次申领机动车号牌、行驶证的,应当向机动车所有人住所地的公安机关交通管理部门申请注册登记。申请机动车注册登记,应当交验机动车,并提交以下证明、凭证:(1)机动车所有人的身份证明;(2)购车发票等机动车来历证明;(3)机动车整车出厂合格证明或者进口机动车进口凭证;(4)车辆购置税完税证明或者免税凭证;(5)机动车第三者责任强制保险凭证;(6)法律、行政法规规定应当在机动车注册登记时提交的其他证明、凭证。不属于国务院机动车产品主管部门规定免予安全技术检验的车型的,还应当提供机动车安全技术检验合格证明。

二手车买受人办理汽车所有权登记,应提交哪些证明和凭证?

《道路交通安全法实施条例》第 7 条规定,已注册登记的机动车所有权发生转移的,应当及时办理转移登记。申请机动车转移登记,当事人应当向登记该机动车的公安机关交通管理部门交验机动车,并提交以下证明、凭证:(1)当事人的身份证明;(2)机动车所有权转移的证明、凭证;(3)机动车登记证书;(4)机动车行驶证。

保留车辆所有权的出卖人对买受人因交通事故造成的他人财产损失是否承担赔偿责任?

根据《最高人民法院关于购买人使用分期付款购买的车辆从事运输因交通事故造成他人财产损失保留车辆所有权的出卖方不应承担民事责任的批复》(法释〔2000〕38 号)规定,采取分期付款方式购车,出卖方在购买方付清全部车款前保留车辆所有权的,购买方以自己名义与他人订立货物运输合同并使用该车运输时,因交通事故造成他人财产损失的,出卖方不承担民事责任。

7. 凭样品买卖

凭样品买卖的当事人可以不用封存样品吗?

凭样品买卖,是指出卖人交付给买受人的标的物的质量、品格、外观等以样品为标准的买卖。所谓样品,又称货样,是指当事人选定用于决定买卖标的物的质量是否符合当事人的约定标准的物品。凭样品买卖的特殊性就表现在以样品来确定标的物的质量标准。因此,为了保证出卖人交付的物品与样品必须具有同一品质,《合同法》第 168 条规定,凭样品买卖的当事人应当封存样品,并可以对样品质量予以说明。

出卖人交付的货物与样品不一致的,是否应承担违约责任?

凭样品买卖的根本特征在于出卖人交付的物品与样品必须具有同一品质。《合同法》第 168 条规定,出卖人交付的标的物应当与样品及其说明的质量相同。据此,出卖人交付的货物与样品及其说明的质量不相同的,将构成违约,应当依法承担违约责任。

买受人不知道样品有隐蔽瑕疵的,出卖人可以按样品交付货物吗?

《合同法》第 169 条规定,凭样品买卖的买受人不知道样品有隐蔽瑕疵的,即使交付的标的物与样品相同,出卖人交付的标的物的质量仍然应当符合同种物的通常标准。据此,凭样品买卖的买受人知道样品有瑕疵的,出卖人交付的货物可以与样品相同;买受人不知道样品有隐蔽瑕疵的,出卖人交付的标的物可以与样品相同,但是,出卖人交付的货物的质量应当符合同种物的通常标准。

8. 试用买卖

当事人对试用期间没有约定的,试用期间如何确定?

根据《合同法》第 170 条规定,试用买卖的当事人可以约定标的物的试用期间。对试用期间没有约定或者约定不明确,依照本法第 61 条的规定确定,即:当事人可就试用期间达成补充协议,达成协议的,按该协议确定试用期间。双方达不成补充协议的,应按照合同有关条款或者交易习惯确定试用期间。依照上述规定的办法仍不能确定的,由出卖人确定试用期间。

试用期间届满买受人未返还试用品的,就应当购买试用品吗?

《合同法》第 171 条规定,试用买卖的买受人在试用期内可以购买标的物,也可以拒绝购买。试用期间届满,买受人对是否购买标的物未作表示的,视为购买。据此,试用期间届满,试用买卖的买受人未返还试用品的,买受人以其行为标明双方之间的试用买卖合同成立。试用买卖合同成立后,买受人依法负有购买和支付试用品价款的义务。

9. 委托拍卖

拍卖具有哪些特点?

根据《中华人民共和国拍卖法》(以下简称《拍卖法》)第 3 条规定,物品拍卖是指以公开竞价的形式,将特定物品转让给最高应价者的买卖方式。这里所说的“特定物品”并非仅仅指具有特殊性质或者特殊用途的特种物,而是指用于拍卖的某种物品,这种物品因拍卖而被特定化,具有不可替代性。拍卖主要具有下列特点:

（1）对物品拥有所有权或者处分权的卖方当事人公开出售其物品。所谓公开，是指卖方当事人通过一定方式向社会公布其出卖物的情况和其他有关出卖的事项，以便人们了解和参加购买活动。拍卖包括委托拍卖与自己拍卖，委托拍卖是出卖人委托拍卖人进行的拍卖。依《拍卖法》的规定，受委托进行拍卖的拍卖人只能是依法设立的从事拍卖活动的企业法人。

（2）必须是多个应买人公开竞价购买，最后由出价最高者为买受人。这是拍卖与一般买卖的根本区别所在。在拍卖中，是由各个应买人之间相互公开竞价，而不是由应买人与出卖人讨价还价。

（3）委托拍卖是按照法定程序进行的。根据《拍卖法》的规定，委托拍卖主要经过拍卖委托、公告和展示、实施和成交四个阶段。

委托人能否委托拍卖其没有所有权或者处分权的物品？

《拍卖法》第6条规定，拍卖标的应当是委托人所有或者依法可以处分的物品或者财产权利。本法第7条规定，法律、行政法规禁止买卖的物品或者财产权利，不得作为拍卖标的。本法第58条规定，委托人违反本法第6条的规定，委托拍卖其没有所有权或者依法不得处分的物品或者财产权利的，应当依法承担责任。拍卖人明知委托人对拍卖的物品或者财产权利没有所有权或者依法不得处分的，应当承担连带责任。

委托人或拍卖人对拍卖标的的瑕疵，是否承担瑕疵担保责任？

根据《拍卖法》第18条和第27条规定，拍卖人有权要求委托人说明拍卖标的的来源和瑕疵。拍卖人应当向竞买人说明拍卖标的的瑕疵。委托人应当向拍卖人说明拍卖标的的来源和瑕疵。根据本法第61条规定，拍卖人、委托人违反上述规定，未说明拍卖标的的瑕疵，给买受人造成损害的，应当承担赔偿责任；拍卖人、委托人在拍卖前声明不能保证拍卖标的的真伪或者品质的，不承担瑕疵担保责任。

因未说明拍卖标的的瑕疵，给买受人造成损害的，由谁负责赔偿？

根据《拍卖法》第18条和第27条规定，拍卖人负有向竞买人说明拍卖标的的瑕疵的义务，委托人负有向拍卖人说明拍卖标的的来源和瑕疵的义务。本法第35条规定，竞买人有权了解拍卖标的的瑕疵，有权查验拍卖标的和查阅有关拍卖资料。根据本法第61条规定，拍卖人、委托人未履行上述义务,未说明拍卖标的的瑕疵,给买受人造成损害的,买受人有权向拍卖人要求赔偿;属于委托人责任的,拍卖人有权向委托人追偿。因拍卖标的存在瑕疵未声明的,请求赔偿的诉讼时效期间为1年,自当事人知道或者应当知道权利受到损害之日起计算。

买受人拍得标的物后未按约定支付价款的,会导致什么后果?

《拍卖法》第39条规定,买受人应当按照约定支付拍卖标的的价款,未按照约定支付价款的,应当承担违约责任,或者由拍卖人征得委托人的同意,将拍卖标的再行拍卖。拍卖标的再行拍卖的,原买受人应当支付第一次拍卖中本人及委托人应当支付的佣金。再行拍卖的价款低于原拍卖价款的,原买受人应当补足差额。

拍卖成交的,拍卖人按什么标准向委托人和买受人收取佣金?

根据《拍卖法》第56条规定,委托人、买受人可以与拍卖人约定佣金的比例。委托人、买受人与拍卖人约定佣金比例的,拍卖人应当按照约定比例收取佣金;委托人、买受人与拍卖人对佣金比例未作约定,拍卖成交的,拍卖人可以向委托人、买受人各收取不超过拍卖成交价5%的佣金。收取佣金的比例按照同拍卖成交价成反比的原则确定。根据本法第66条规定,违反上述关于佣金比例的规定收取佣金的,拍卖人应当将超收部分返还委托人、买受人。物价管理部门可以对拍卖人处拍卖佣金1倍以上5倍以下的罚款。

(二) 房屋买卖合同

1. 房屋买卖合同的订立

开发商未取得土地使用权证书和未通过竣工验收的,能否出售商品房?

商品房现售,是指房地产开发企业将竣工验收合格的商品房出售并转移房屋所有权于买受人,并由买受人支付房价款的行为。根据建设部颁发实施的《商品房销售管理办法》第7条规定,商品房现售,应当符合以下条件:(1)现售商品房的房地产开发企业应当具有企业法人营业执照和房地产开发企业资质证书;(2)取得土地使用权证书或者使用土地的批准文件;(3)持有建设工程规划许可证和施工许可证;(4)已通过竣工验收;(5)拆迁安置已经落实；(6)供水、供电、供热、燃气、通讯等配套基础设施具备交付使用条件，其他配套基础设施和公共设施具备交付使用条件或者已确定施工进度和交付日期；(7)物业管理方案已经落实。可见，开发商所售商品房未取得土地使用权证书和未通过竣工验收的，不符合商品房现售条件，不得出售，否则应承担相应的法律责任。

开发商未取得土地使用权证书和施工许可证的，能否预售商品房？

商品房预售，是指房地产开发企业将正在建设中的商品房预先出售给买受人，并由买受人支付定金或者商品房价款的行为。根据建设部颁发实施的《城市商品房预售管理办法》第 5 条规定，商品房预售应当符合下列条件：(1)已交付全部土地使用权出让金，取得土地使用权证书；(2)持有建设工程规划许可证和施工许可证；(3)按提供预售的商品房计算，投入开发建设的资金达到工程建设总投资的 25%以上，并已经确定施工进度和竣工交付日期。本办法第 6 条规定，商品房预售实行许可制度。开发企业进行商品房预售，应当向房地产管理部门申请预售许可，取得《商品房预售许可证》。未取得《商品房预售许可证》的，不得进行商品房预售。

房屋买受人借用他人身份证件购买房屋有什么风险？

在房屋买卖中除了以购买的房屋进行赠与外，买受人应当以自己的名义和凭自己的身份证件购买房屋，只有以自己的身份证件购买才能依法取得房屋所有权。根据《物权法》和有关法律规定，房屋等不动产的所有权的设立以登记为要件，依法登记的房地产权利受法律保护。作为不动产的房屋，其所有权的设立经依法登记发生效力。因此，在借用他人身份证件购买房屋的情况下，只能以他人名义进行房屋所有权登记，在房屋所有权登记生效后，被依法登记的名义购买人将被视为房屋所有权人，而作为出资者的真正购买人将承担无法取得房屋所有权和处分权的风险。

购买产权归单位所有和农村集体开发的房屋有什么风险？

房屋产权证书是房屋所有权人依法享有房屋所有权、使用权和处分权的凭证，购买没有房屋产权证书的人出卖的房屋，往往会导致房屋买卖合同的无效或被撤销。买受人如果购买政府部门或事业单位开发销售的无产权证的房屋以及产权归农村集体所有的房屋，往往因其无出售房屋的资格和无法取得房屋产权证书,使买受人购买的房屋无法进行房屋产权登记,从而使买受人的房屋产权一直处于未定状态,也无法转手出卖。特别是对那些由农村集体开发销售的房屋(即所谓的"小产权房"),因为不具备商品房的出售条件,在目前条件下被视为违法建筑,非其集体成员的买受人购买居住后随时有被依法处理的风险。

买受人购买已经设定抵押的房屋有什么风险?

《物权法》第179条规定,为担保债务的履行,债务人或者第三人不转移财产的占有,将该财产抵押给债权人的,债务人不履行到期债务或者发生当事人约定的实现抵押权的情形,债权人有权就该财产优先受偿。据此,买受人所购商品房为开发商向银行贷款已经设定抵押的,或者所购的二手房屋为出卖人已经设定抵押的,那么,房地产开发商或者房屋出卖人作为债务人因不履行到期债务而发生实现抵押权的情形,抵押权人可以抵押房屋折价或者以拍卖、变卖该抵押房屋所得的价款优先受偿。可见,房屋买受人购买已经设定抵押权的房屋就可能承担被房屋出卖人的债权人即抵押权人依法处分的风险。

出卖人未取得商品房预售许可证明就出卖商品房的,是否有效?

《最高人民法院关于审理商品房买卖合同纠纷案件适用法律若干问题的解释》第2条规定,出卖人未取得商品房预售许可证明,与买受人订立的商品房预售合同,应当认定无效,但是在起诉前取得商品房预售许可证明的,可以认定有效。

房屋出卖人在取得房屋产权证前,所订立的房屋买卖合同是否有效?

根据《中华人民共和国城市房地产管理法》(以下简称《城市房地产管理法》)第37条第6项规定,未依法登记领取权属证书的房地产不得转让。这里所谓房地产转让,是指房地产权利人通过买卖、赠与或者其他合法方式将其房地产转移给他人的行为。《城市房地产管理法》系行政管理性法律,本法第37条作出这样的规定主要是为了确保房地产交易的安全,防止权属不清的房地产进入市场交易或者非法进行房地产交易而损害被转让人和房地产真正所有人的合法权益。在性质上本条规定属于管理型的禁止性规定,而非效力型的禁止性规定,而对于合同效力发生影响的是效力型的禁止性规定,即违反法律、行政法规强制性规定的合同无效。也就是说,管理型禁止性规定,其立法宗旨在于规范房屋交易中的行政管理行为,并不在于阻却交易双方所订立的房屋买卖合同的效力,故司法实践中不能仅以违反此项规定为由确定房屋买卖合同无效。在现实生活中,个别房屋出卖人在所售房屋地段的房价上涨的情况下,为了达到拒不履行合同、规避违约责任和另行高价出售房屋的目的,往往以所售房屋尚未依法登记领取权属证书为由主张所订立的房屋买卖合同无效,但基于上述理由,以及出卖人的行为有违合同订立和履行的诚信原则,其主张不能成立。

商品房买卖合同应当采用什么形式并包括哪些主要内容?

《商品房销售管理办法》第16条规定,商品房销售时,房地产开发企业和买受人应当订立书面商品房买卖合同。商品房买卖合同应当明确以下主要内容:(1)当事人名称或者姓名和住所;(2)商品房基本状况;(3)商品房的销售方式;(4)商品房价款的确定方式及总价款、付款方式、付款时间;(5)交付使用条件及日期;(6)装饰、设备标准承诺;(7)供水、供电、供热、燃气、通讯、道路、绿化等配套基础设施和公共设施的交付承诺和有关权益、责任;(8)公共配套建筑的产权归属;(9)面积差异的处理方式;(10)办理产权登记有关事宜;(11)解决争议的方法;(12)违约责任;(13)双方约定的其他事项。

商品房买卖合同中订立的房屋价格高于预售价格的,是否有效?

双方当事人所签订的商品房认购书或者预售合同是对未来双方订立合同的意愿所达成的一致,一般不涉及未来订立房屋买卖合同的价款、履行时间和违约责任等主要条款。《最高人民法院关于审理商品房买卖合同纠纷案件适用法律若干问题的解释》第5条规定,商品房的认购、订购、预订等协议具备《商品房销售管理办法》第16条规定的商品房买卖合同的主要内容,并且出卖人已经按照约定收受购房款的,该协议应当认定为商品房买卖合同。可见,在未来正式订立商品房买卖合同时未经双方一致同意则不能变更,因此,开发商单方抬高具有商品房买卖合同性质的认购书或者预售合同约定的价格的,将构成违约,并应依法承担违约责任。

房屋出卖人收取定金后双方未能订立合同的,定金是否应予返还?

根据《担保法》的有关规定和《最高人民法院关于审理商品房买卖合同纠纷案件适用法律若干问题的解释》第4条规定,出卖人通过认购、订购、预订等方式向买受人收受定金作为订立商品房买卖合同担保的,如果因当事人一方原因未能订立商品房买卖合同,应当按照法律关于定金的规定处理:给付定金的一方不履行约定的债务的,无权要求返还定金;收受定金的一方不履行约定的债务的,应当双倍返还定金。但是,届时因双方对未来要订立的商品房买卖合同的主要条款不能达成一致,即因不可归责于当事人一方的事由,导致商品房买卖合同未能订立的,出卖人应当将定金返还买受人。

当事人能否以商品房预售合同未办理登记手续为由,请求确认合同无效?

《最高人民法院关于审理商品房买卖合同纠纷案件适用法律若干问题的解释》第6条规定,当事人以商品房预售合同未按照法律、行政法规规定办理登记备案手续为由,请求确认合同无效的,不予支持。当事人约定以办理登记备案手续为商品房预售合同生效条件的,从其约定,但当事人一方已经履行主要义务,对方接受的除外。可见,向房地产管理部门办理登记并不是商品房预售合同的生效要件,但是,根据合同法的一般原理,当事人约定采取特定形式订立合同,未采取特定形式的,所订立的合同无效;但当事人一方已经履行主要义务,对方接受的,当事人则不能因未采取特定形式主张合同无效。

出卖人将已出卖的商品房又抵押给第三人导致合同不能履行的,应承担什么法律责任?

房屋出卖人出于向银行贷款等原因,将已经出卖的商品房进行抵押的,将可能导致银行处分作为抵押财产的商品房以清偿借款,从而导致商品房买卖合同不能履行。对此,根据最高人民法院《关于审理商品房买卖合同纠纷案件适用法律若干问题的解释》第8条规定,商品房买卖合同订立后,出卖人未告知买受人又将该房屋抵押给第三人,导致商品房买卖合同目的不能实现即买受人无法得到购买房屋的,买受人可以请求解除合同、返还已付购房款及利息、赔偿损失,并可以请求出卖人承担不超过已付购房款1倍的赔偿责任。

妻子凭丈夫的身份证复印件订立的房屋买卖合同,丈夫能否主张合同无效?

《婚姻法司法解释(一)》第17条规定,夫或妻在处理夫妻共同财产上的权利是平等的,因日常生活需要而处理夫妻共同财产的,任何一方均有权决定;夫或妻非因日常生活需要对夫妻共同财产作出重要处理决定的,夫妻双方应当平等协商,取得一致意见,他人有理由相信其为夫妻双方共同意思表示的,另一方不得以不同意或不知道为由对抗善意第三人。根据上述规定可知,夫妻一方购买商品房不属于因日常生活需要而处理的夫妻共同财产,必须由双方共同决定。但是,如果他人有理由相信其为夫妻双方共同意思表示的,夫妻中的另一方不得以不同意或不知道为由对抗善意第三人。这里的关键是如何认定使他人相信的"理由"。根据我国的现行法律及司法解释,还不能得出夫妻关系或者一方持有另一方的身份证复印件是使人相信夫妻一方有权代理另一方买卖房屋的适当"理由"。夫妻一方未持有对方的授权购房或售房书、身份证原件及结婚证书原件的情况下,仅凭一方持有另一方身份证复印件订立的房屋买卖合同,夫妻另一方可以主张无效。在房屋买卖合同认定无效的情况下,因夫妻一方订立合同存在过失,因此给房屋买卖合同相对人造成损失的,应当承担相应的缔约过失责任。

夫妻一方未经另一方同意出卖共同房屋的,是否有效?

《物权法》第95条规定,共同共有人对共有的不动产或者动产共同享有所有权。根据本法第97条规定,处分共同共有的不动产或者动产的,应当经全体共同共有人同意,但共有人之间另有约定的除外。根据上述规定,在夫妻关系存续期间,夫妻未协商取得一致意见和未征得夫妻双方同意的情况下,夫妻一方无权擅自处分作为夫妻共有财产的房屋,任何一方擅自出卖作为夫妻共同财产的房屋的行为应当认定为无效。

商品房出卖人将出卖的房屋又出卖给第三人的,应承担什么法律责任?

根据《合同法司法解释(二)》第15条规定,出卖人就同一标的物订立多重买卖合同,合同均不具有《合同法》第52条规定的无效情形,买受人因不能按照合同约定取得标的物所有权,请求追究出卖人违约责任的,人民法院应予支持。根据《最高人民法院关于审理商品房买卖合同纠纷案件适用法律若干问题的解释》第8条规定,商品房买卖合同订立后,出卖人又将该房屋出卖给第三人,导致商品房买卖合同目的不能实现即买受人无法得到购买房屋的,买受人可以请求解除合同、返还已付购房款及利息、赔偿损失,并可以请求出卖人承担不超过已付购房款1倍的赔偿责任。

订立合同时商品房出卖人有哪些欺诈行为的,买受人有权要求双倍返还购房款?

《最高人民法院关于审理商品房买卖合同纠纷案件适用法律若干问题的解释》第9条规定,出卖人订立商品房买卖合同时,具有下列情形之一,导致合同无效或者被撤销、解除的,买受人可以请求返还已付购房款及利息、赔偿损失,并可以请求出卖人承担不超过已付购房款1倍的赔偿责任:(1)故意隐瞒没有取得商品房预售许可证明的事实或者提供虚假商品房预售许可证明;(2)故意隐瞒所售房屋已经抵押的事实;(3)故意隐瞒所售房屋已经出卖给第三人或者为拆迁补偿安置房屋的事实。可见,出卖人订立商品房买卖合同时,具有上述规定的欺诈行为的,买受人不仅有权要求双倍返还购房款,还有权要求出卖人支付已付购房款的利息,赔偿因购房所支出的必要费用等损失。

商品房与销售宣传资料中的说明不符的,开发商是否应承担违约责任?

根据《最高人民法院关于审理商品房买卖合同纠纷案件适用法律若干问题的解释》第3条规定,商品房的销售广告和宣传资料为要约邀请,但是出卖人就商品房开发规划范围内的房屋及相关设施所作的说明和允诺具体确定,并对商品房买卖合同的订立以及房屋价格的确定有重大影响的,应当视为要约。该说明和允诺即使未载入商品房买卖合同,亦应当视为合同内容,当事人违反的,应当承担违约责任。可见,商品房的销售广告和宣传资料为要约邀请,买受人购买的商品房的外部环境的描述与开发商在销售广告和宣传资料中的说明不符的,一般不承担违约责任。但是,出卖人就商品房开发规划范围内的房屋户型、层高、朝向及相关设施,如停车场、花园景观、健身器材、赠与地下室、车库等所作的说明和允诺具体确定,并对商品房买卖合同的订立以及房屋价格的确定有重大影响的,应当视为要约。该说明和允诺即使未载入商品房买卖合同,亦应视为合同内容,开发商违反的,应当承担违约责任。

当事人签订买卖房屋合同时,申请预告登记对买受人有什么好处?

《物权法》第20条规定,当事人签订买卖房屋或者其他不动产物权的协议,为保障将来实现物权,按照约定可以向登记机构申请预告登记。预告登记后,未经预告登记的权利人同意,处分该不动产的,不发生物权效力。预告登记后,债权消灭或者自能够进行不动产登记之日起3个月内未申请登记的,预告登记失效。根据国土资源部《不动产登记暂行条例实施细则》(国土资源部令第63号)规定,商品房预售的;以预购商品房设定抵押权的;不动产买卖、抵押的,当事人可以按照约定申请预告登记。预告登记生效期间,未经预告登记的权利人书面同意,处分该房屋权利申请登记的,房屋登记机构应当不予办理。预告登记后,债权未消灭且自能够进行相应的房屋登记之日起3个月内,当事人申请房屋登记的,房屋登记机构应当按照预告登记事项办理相应的登记。可见,签订买卖房屋合同时,当事人申请预告登记后,未经预告登记的权利人即买受人同意,出卖人另行出卖该房屋,或者将该房屋赠与他人或者设立抵押的,不发生物权效力,从而可以保障买受人将来取得对所购房屋的所有权。

2. 房屋买卖合同的履行

商品房出卖人向买受人交付的房屋应符合什么质量要求?

《合同法》第153条规定,出卖人应当按照约定的质量要求交付标的物。出卖人提供有关标的物质量说明的,交付的标的物应当符合该说明的质量要求。建设部《商品房销售管理办法》(建设部令第88号)第31条规定,房地产开发企业销售商品房时设置样板房的,应当说明实际交付的商品房质量、设备及装修与样板房是否一致,未作说明的,实际交付的商品房应当与样板房一致。根据《合同法》第154条规定,商品房买卖合同当事人对房屋的质量要求没有约定或者约定不明确的,商品房出卖人交付的房屋应当符合国家颁布的住宅设计和住宅质量标准或者行业标准。

商品房出卖人向买受人交付房屋时,应同时交付哪些证书?

根据建设部《商品住宅实行住宅质量保证书和住宅使用说明书制度的

规定》(建房〔1998〕第 102 号)第 3 条规定,房地产开发企业在向用户交付销售的新建商品住宅时,必须提供《住宅质量保证书》和《住宅使用说明书》。《住宅质量保证书》可以作为商品房购销合同的补充规定。本《规定》第 10 条规定,《住宅质量保证书》和《住宅使用说明书》应在住宅交付用户的同时提供给用户。

开发商提供的《住宅使用说明书》应包括哪些事项?

根据《商品住宅实行住宅质量保证书和住宅使用说明书制度的规定》第 8 条规定,《住宅使用说明书》应当对住宅的结构、性能和各部位(部件)的类型、性能、标准等作出说明,并提出使用注意事项,一般应当包含以下内容:(1)开发单位、设计单位、施工单位,委托监理的应注明监理单位;(2)结构类型;(3)装修、装饰注意事项;(4)上水、下水、电、燃气、热气、通讯、消防等设施配置的说明;(5)有关设备、设施安装预留位置的说明和安装注意事项;(6)门、窗类型,使用注意事项;(7)配电负荷;(8)陌生墙、保温墙、防水层、阳台等部位注意事项的说明;(9)其他需说明的问题。本《规定》第 9 条规定,住宅中配置的设备、设施,生产厂家另有使用说明书的,应附于《住宅使用说明书》中。本《规定》第 12 条规定,房地产开发企业在《住宅使用说明书》中对住户合理使用住宅应有提示。因用户使用不当或擅自改动结构、设备位置和不当装修等造成的质量问题,开发企业不承担保修责任;因住户使用不当或擅自改结构,造成房屋质量受损或者其他用户损失,由责任人承担相应责任。

买受人对开发商所交付的房屋验收时应注意哪些事项?

根据《商品住宅实行住宅质量保证书和住宅使用说明书制度的规定》第 7 条规定,房地产开发企业向用户交付商品住宅时,应当交付验收手续,并由用户对住宅设备、设施的正常运行签字认可。用户验收后自行添置、改动的设施、设备,由用户自行承担维修责任。可见,商品房买受人即用户对出卖人所交付的房屋验收后签字认可,是对商品房出卖人按照合同规定履行交付房屋义务的确认,也是买受人的一项重要权利,对此买受人应当慎重行使。经过验收,买受人发现墙面、厨房和卫生间地面、地下室、管道破裂、渗漏、堵塞;墙面、屋顶抹灰层脱落、地面空鼓开裂、大面积起砂、门窗翘裂、五金件损坏;电、燃气、热气、通讯、消防等设施不具有相应的配置或者不能正常使用的,应当在房屋交接验收单上注明存在的问题,并有权拒绝接收房屋。开发商所交付的房屋违反《住宅质量保证书》和商品房买卖合同所约定的质量标准和质量要求的,可以要求开发商承担违约责任。

商品房出卖人交付使用的房屋面积与合同约定面积不符的,如何处理?

根据《合同法》的有关规定,在房屋买卖合同中,出卖人应当按照房屋买卖合同所约定的房屋面积向买受人交付房屋,出卖人如果要增加或者减少交付的房屋面积,必须事先同买受人达成协议;未征得买受人同意,出卖人不得擅自变更所交付的房屋面积,但是出卖人交付的房屋面积允许有一定的误差。

《最高人民法院关于审理商品房买卖合同纠纷案件适用法律若干问题的解释》第14条规定,出卖人交付使用的房屋套内建筑面积或者建筑面积与商品房买卖合同约定面积不符,合同有约定的,按照约定处理;合同没有约定或者约定不明确的,按照以下原则处理:(1)面积误差比绝对值在3%以内(含3%),按照合同约定的价格据实结算,买受人请求解除合同的,不予支持。(2)面积误差比绝对值超出3%,买受人请求解除合同、返还已付购房款及利息的,应予支持。买受人同意继续履行合同,房屋实际面积大于合同约定面积的,面积误差比在3%以内(含3%)部分的房价款由买受人按照约定的价格补足,面积误差比超出3%部分的房价款由出卖人承担,所有权归买受人;房屋实际面积小于合同约定面积的,面积误差比在3%以内(含3%)部分的房价款及利息由出卖人返还买受人,面积误差比超过3%部分的房价款由出卖人双倍返还买受人。

一方迟延履行商品房买卖合同的,另一方应在多长期限内解除合同?

根据《合同法》的规定,出卖人应当在约定的期限内交付房屋,买受人应当在约定的期限内支付房款。根据《合同法》第94条的规定,当事人一方迟延履行主要债务,经催告后在合理期限内仍未履行,或者当事人一方迟延履行债务或者有其他违约行为致使不能实现合同目的,对方可以解除合同。根据最高人民法院《关于审理商品房买卖合同纠纷案件适用法律若干问题的解释》第15条规定,出卖人迟延交付房屋或者买受人迟延支付购房款,经催告后在 3 个月的合理期限内仍未履行,当事人一方请求解除合同的,应予支持,但当事人另有约定的除外。法律没有规定或者当事人没有约定,经对方当事人催告后,解除权行使的合理期限为 3 个月。对方当事人没有催告的,解除权应当在解除权发生之日起 1 年内行使;逾期不行使的,解除权消灭。

订立房屋买卖合同后一方明确表示不履行的,另一方能否解除合同?

根据《合同法》第 94 条第 2 项规定,在履行期限届满之前,当事人一方明确表示或者以自己的行为表明不履行主要债务的,另一方当事人可以解除合同。根据上述规定,一方当事人可以因另一方当事人的预期违约而解除合同。当事人一方预期不履行主要债务有两种表现方式:第一,明示方式,即在合同约定的履行期限届满之前,一方向对方当事人以书面或者口头形式,或者通过发送电子邮件明确表示不履行主要债务或者全部债务。这种方式的违约,称为明示毁约。第二,默示方式,即一方当事人在合同约定的履行期限届满之前,以某种行为方式表示其不履行主要债务。这种方式的违约,称为默示毁约。在一方当事人明示毁约或默示毁约的情况下,另一方当事人可以解除合同。据此,房屋买卖合同订立后,一方只要能够证明另一方具有预期违约行为就可以解除双方之间订立的房屋买卖合同。根据《合同法》第 108 条规定,一方预期违约的,对方可以在履行期限届满之前要求其承担违约责任。

房屋买卖合同对付款期限约定不明确的,买受人应在什么时间付款?

根据《合同法》第 161 条规定,买受人应当按照约定的时间支付价款。对支付时间没有约定或者约定不明确,应当依照本法第 61 条的规定确定付款时间。在房屋买卖合同中对付款期限约定不明确或者未约定付款期间的情形下,当事人不能就支付时间达成协议,按照合同有关条款或者交易习惯又不能确定的,买受人应当在收到标的物或者提取标的物单证的同时支付。买受人在合同约定或者上述规定的时间内没有支付价款的,则构成迟延付款,应当依照合同约定或者法律规定承担违约责任,向出卖人支付违约金、逾期付款部分的利息损失,出卖人因此而解除合同的,买受人应承担解除合同的责任。

房屋交付使用后,因地震等自然原因房屋毁损、灭失的风险,由哪一方承担?

房屋毁损、灭失的风险承担,是指当事人对标的物转移过程中因发生不可归责于任何一方的原因而受到的毁损、灭失的负担。《最高人民法院关于审理商品房买卖合同纠纷案件适用法律若干问题的解释》第 11 条规定,对房屋的转移占有,视为房屋的交付使用,但当事人另有约定的除外。可见,房屋毁损、灭失的风险,在交付使用前由出卖人承担,交付使用后由买受人承担;买受人接到出卖人的书面交房通知,无正当理由拒绝接收的,房屋毁损、灭失的风险自书面交房通知确定的交付使用之日起由买受人承担,但法律另有规定或者当事人另有约定的除外。

3. 违约责任

出卖人交付的商品房不符合国家规定的《住宅设计规范》的,是否应承担违约责任?

根据《合同法》的规定,在商品房买卖合同中,出卖人交付的房屋应当符合双方约定的质量要求。出卖人与买受人订立合同时,如果对标的物的质量没有特别约定,对质量要求不明确的,应当按照国家标准、行业标准履行;没有国家标准、行业标准的,按照通常标准或者符合合同目的的特定标准履行。因国家颁布的《住宅设计规范》属于强制性规范,开发商所出售的商品房应当符合国家有关住宅设计规范的规定。开发商所出售的商品房不符合《住宅设计规范》要求的,开发商的行为构成违约,应当承担违约责任。

因商品房存在质量问题严重影响正常居住使用的,出卖人应承担什么责任?

《最高人民法院关于审理商品房买卖合同纠纷案件适用法律若干问题的解释》第 12 条规定,因房屋主体结构质量不合格不能交付使用,或者房屋交付使用后,房屋主体结构质量经核验确属不合格,买受人请求解除合同和赔偿损失的,应予支持。本《解释》第 13 条规定,因房屋质量问题严重影响正常居住使用,买受人请求解除合同和赔偿损失的,应予支持。交付使用的房屋存在质量问题,在保修期内,出卖人应当承担修复责任;出卖人拒绝修复或者在合理期限内拖延修复的,买受人可以自行或者委托他人修复。修复费用及修复期间造成的其他损失由出卖人承担。

商品房出卖人逾期交付房屋权属证书的,是否应承担违约责任?

《最高人民法院关于审理商品房买卖合同纠纷案件适用法律若干问题的解释》第 18 条规定,由于出卖人的原因,买受人在下列期限届满未能取得房屋权属证书的,除当事人有特殊约定外,出卖人应当承担违约责任:(1)商品房买卖合同约定的办理房屋所有权登记的期限;(2)商品房买卖合同的标的物为尚未建成房屋的,自房屋交付使用之日起 90 日;(3)商品房买卖合同的标的物为已竣工房屋的,自合同订立之日起 90 日。合同没有约定违约金或者损失数额难以确定的,可以按照已付购房款总额,参照中国人民银行规定的金融机构计收逾期贷款利息的标准计算。

商品房买卖合同中约定的违约金过高或者低于造成的损失的,应如何处理?

《合同法》第 114 条第 2 款规定,约定的违约金低于造成的损失的,当事人可以请求人民法院或者仲裁机构予以增加;约定的违约金过分高于造成的损失的,当事人可以请求人民法院或者仲裁机构予以适当减少。根据《合同法司法解释(二)》第 29 条第 2 款规定,当事人约定的违约金超过造成损失的30%的,一般可以认定为"过分高于造成的损失"。因此,《最高人民法院关于审理商品房买卖合同纠纷案件适用法律若干问题的解释》第 16 条明确规定,当事人以约定的违约金过高为由请求减少的,应当以违约金超过造成的损失 30% 为标准适当减少;当事人以约定的违约金低于造成的损失为由请求增加的,应当以违约造成的损失确定违约金数额。

商品房买卖合同没有约定违约金数额或损失赔偿额计算方法的,如何确定违约金或损失赔偿额?

《合同法》第 114 条第 1 款规定,当事人可以约定一方违约时应当根据违约情况向对方支付一定数额的违约金,也可以约定因违约产生的损失赔偿额的计算方法。《最高人民法院关于审理商品房买卖合同纠纷案件适用法律若干问题的解释》第 17 条规定,商品房买卖合同没有约定违约金数额或者损失赔偿额计算方法,违约金数额或者损失赔偿额可以参照以下标准确定:逾期付款的,按照未付购房款总额,参照中国人民银行规定的金融机构计收逾期贷款利息的标准计算。逾期交付使用房屋的,按照逾期交付使用房屋期间有关主管部门公布或者有资格的房地产评估机构评定的同地段同类房屋租金标准确定。

(三) 房屋租赁合同

1. 房屋租赁合同的订立

租赁合同应当采用什么形式并包括哪些内容?

房屋租赁合同是房屋所有权人作为出租人将其房屋出租给承租人使用、收益,由房屋承租人向房屋出租人支付租金的合同。根据《合同法》第215条规定,租赁期限6个月以上的,应当采用书面形式;当事人未采用书面形式的,视为不定期租赁。根据《合同法》的有关规定,房屋租赁合同主要包括下列内容:出租人和承租人的名称或姓名、地址;租赁房屋所处街道或者小区位置、楼层和房号;租赁房屋的客厅、卧室间数和面积;租赁房屋的用途;房屋租赁期限;租金及其支付方式、期限;租赁房屋的维修;等等。

以未取得建设工程规划许可证的房屋订立的租赁合同是否有效?

《最高人民法院关于审理城镇房屋租赁合同纠纷案件具体应用法律若干问题的解释》第2条规定,出租人就未取得建设工程规划许可证或者未按照建设工程规划许可证的规定建设的房屋,与承租人订立的租赁合同无效。但在一审法庭辩论终结前取得建设工程规划许可证或者经主管部门批准建设的,人民法院应当认定有效。

以未按照批准内容建设的临时建筑订立的租赁合同是否有效?

《最高人民法院关于审理城镇房屋租赁合同纠纷案件具体应用法律若干问题的解释》第3条规定,出租人就未经批准或者未按照批准内容建设的临时建筑,与承租人订立的租赁合同无效。但在一审法庭辩论终结前经主管部门批准建设的,人民法院应当认定有效。租赁期限超过临时建筑的使用期限,超过部分无效。但在一审法庭辩论终结前经主管部门批准延长使用期限的,人民法院应当认定延长使用期限内的租赁期间有效。

当事人能否以房屋租赁合同未办理登记备案手续为由,主张合同无效?

《最高人民法院关于审理城镇房屋租赁合同纠纷案件具体应用法律若

干问题的解释》第 4 条规定,当事人以房屋租赁合同未按照法律、行政法规规定办理登记备案手续为由,请求确认合同无效的,人民法院不予支持。当事人约定以办理登记备案手续为房屋租赁合同生效条件的,从其约定。但当事人一方已经履行主要义务,对方接受的除外。可见,除当事人之间约定以办理登记备案手续为房屋租赁合同生效条件的外,当事人不能以房屋租赁合同未办理登记备案手续为由主张合同无效。当事人约定以办理登记备案手续为房屋租赁合同生效条件的,任何一方当事人都可以未办理登记备案手续为由主张无效。但是,在承租人已经向出租人交付约定的全部租金或者大部分租金,或者出租人已经向承租人交付房屋,而对方已经接受的情况下,任何一方当事人不得以未办理登记备案手续为由主张无效。

房屋租赁合同无效的,出租方能否要求另一方支付房屋占有使用费?

《最高人民法院关于审理城镇房屋租赁合同纠纷案件具体应用法律若干问题的解释》第 5 条第 1 款规定,房屋租赁合同无效,当事人请求参照合同约定的租金标准支付房屋占有使用费的,人民法院一般应予支持。据此,在房屋租赁合同无效的情况下,出租方有权要求另一方按照合同约定的租金标准支付房屋占有使用费。

承租人经出租人同意装饰装修的,租赁合同无效时对装饰装修物如何处理?

《最高人民法院关于审理城镇房屋租赁合同纠纷案件具体应用法律若干问题的解释》第 9 条规定,承租人经出租人同意装饰装修,租赁合同无效时,未形成附合的装饰装修物,出租人同意利用的,可折价归出租人所有;不同意利用的,可由承租人拆除。因拆除造成房屋毁损的,承租人应当恢复原状。已形成附合的装饰装修物,出租人同意利用的,可折价归出租人所有;不同意利用的,由双方各自按照导致合同无效的过错分担现值损失。

2. **房屋租赁合同的履行**

出租人就同一房屋订立的数份租赁合同均有效,承租人均主张履行合同的,怎么办?

根据《最高人民法院关于审理城镇房屋租赁合同纠纷案件具体应用法律若干问题的解释》第 6 条规定,出租人就同一房屋订立数份租赁合同,在合同均有效的情况下,承租人均主张履行合同的,人民法院按照下列顺序确定履行合同的承租人:(1)已经合法占有租赁房屋的;(2)已经办理登记备案手续的;(3)合同成立在先的。不能取得租赁房屋的承租人请求解除合同、赔偿损失的,依照合同法的有关规定处理。

租赁房屋不具有约定用途的,承租人能否要求减少租金和解除合同?

根据《合同法》第216条规定,出租人应当按照约定将租赁物交付承租人,并在租赁期间保持租赁物符合约定的用途。据此,租赁物在交付时须符合约定的用途,具有品质完整的使用价值,才能保证承租人在正常使用下不出问题,达到承租目的;在整个租赁期间,应保持租赁物合乎约定的用途。这是由承租人的承租目的和租赁合同的持续性特点所决定的。在房屋租赁合同中,如租赁房屋有使承租人不能进行正常使用、收益的瑕疵,出租人应承担责任,承租人可解除合同或请求减少租金。

房屋租赁合同未明确约定租金支付期限的,怎样确定租金支付时间?

根据《合同法》第226条规定,承租人应当按照约定的期限支付租金。对支付期限没有约定或者约定不明确的,双方当事人可以协议补充;不能达成补充协议的,按照合同有关条款或者交易习惯确定。依照上述办法仍不能确定,租赁期间不满1年的,应当在租赁期间届满时支付;租赁期间1年以上的,应当在每届满1年时支付,剩余期间不满1年的,应当在租赁期间届满时支付。本法第227条规定,承租人无正当理由未支付或者迟延支付租金的,出租人可以要求承租人在合理期限内支付。承租人逾期不支付的,出租人可以解除合同。

在哪些情况下,房屋出租人应当减少或者免除租金?

房屋承租人应当按照约定的期限、数额、方式、地点向出租人支付租金。但是,根据《合同法》第221条、第228条和第231条规定,在下列情况下,房屋出租人应当减少或者免除承租人的租金:(1)因维修租赁房屋而影响承租人使用的,应当相应减少租金或者延长租期;(2)因第三人主张权利,影响承租人对租赁物使用、收益的,承租人可以要求减少租金或者不支付租金;(3)因不可归责于承租人的事由,致使租赁物部分或者全部毁损、灭失的,承租人可以要求减少租金或者不支付租金。

租赁房屋及其内部设施、出租家具等损坏的,应由承租人维修吗?

根据《合同法》第216条和第220条规定,出租人在租赁存续期间内,负有使承租人对租赁物进行正常使用、收益的义务。在房屋租赁合同中,房屋出租人承担维修义务应符合以下条件:(1)有维修的必要,即租赁房屋需要修缮方能满足承租人依约定对租赁房屋进行使用、收益。(2)租赁物因可归责于出租人的事由,或因其他不可归责于承租人的事由,如不可抗力而致租赁房屋发生损毁的。(3)在租赁期间承租人履行了房屋维修通知义务。租赁房屋由承租人使用期间,当需要维修的事项发生时,出租人在不知情的情况下,承租人应及时通知出租人。承租人应通知而未通知的,出租人不负修缮租赁房屋的义务。(4)当事人无另外的约定。在租赁合同中,当事人可以通过约定排除出租人的维修义务。因此,在承租人正常使用租赁房屋及其内部设施、出租家具的情况下发生损坏的,出租人负有维修义务。但在房屋租赁合同中当事人约定租赁房屋及其内部设施由承租人负责维修的,房屋出租人则不负有维修的义务。

租赁房屋及其内部设施等损坏,出租人未履行维修义务的,应承担什么法律责任?

根据《合同法》第221条规定,承租人在租赁物需要维修时可以要求出租人在合理期限内维修。出租人未履行维修义务的,承租人可以自行维修,维修费用由出租人负担。因维修租赁物影响承租人使用的,应当相应减少租金或者延长租期。

承租人不当使用租赁房屋及其内部设施的,应承担什么法律责任?

根据《合同法》规定,承租人享有对租赁物占有、使用、收益的权利的同时,也负有按照约定的方法使用租赁物的义务。根据本法第217条规定,如果合同对租赁物的用途和使用方法没有约定或约定不明确,则当事人双方可以以补充协议的方式来确定其使用方法;不能达成协议的,按照合同有关条款或交易习惯确定。若根据上述方法仍不能确定,就应当按照租赁物的性质使用。如租用的写字间可以作为办公室或营业地,但不能用作厨房。

根据《合同法》第218条规定,承租人按照约定的方法或者租赁物的性质使用租赁物,致使租赁物受到损耗的,不承担损害赔偿责任。根据本法第

219 条规定,承租人不依约定的方法或租赁物的性质而使用租赁物时,属于对合同的不适当履行,出租人可请求承租人停止其违反义务的行为。若承租人未按约定的方法或租赁物的性质使用租赁物,致使租赁物及其内部设施受到损坏的,出租人有权解除房屋租赁合同并有权要求承租人赔偿损失。

承租人擅自变动房屋建筑主体和承重结构或者扩建的,会导致什么后果?

根据《最高人民法院关于审理城镇房屋租赁合同纠纷案件具体应用法律若干问题的解释》第 7 条规定,承租人擅自变动房屋建筑主体和承重结构或者扩建的,出租人可以要求承租人在合理期限内恢复原状;在出租人要求的合理期限内仍不予恢复原状的,出租人有权解除合同并要求赔偿损失。

承租人对租赁房屋及其内部家具进行维护的费用,应由谁承担?

根据《合同法》第 220 条规定,出租人应当履行租赁物的维修义务,但当事人另有约定的除外。一般情况下,出租人作为租赁物的所有者和租金的享有者,有义务承担对租赁物的维修责任。作为房屋承租人虽对房屋及其内部设施、家具的损坏不具有维修义务,但是,承租人依法负有维护的义务。维护义务与维修义务是不同的。承租人的维护义务主要是指,在租赁物未发生损坏和能够正常使用的情况下,承租人对租赁物进行的必要护理和保养,以保持租赁物的良好使用性能;而出租人所承担的对租赁物的维修义务则是指,在租赁物发生损坏而影响承租人的正常使用的情况下,出租人对租赁物进行维修并使其具有租赁合同所约定的使用性能或者应当具有的使用性能。因此,在房屋租赁合同中,承租人对租赁房屋进行保洁以及对租赁房屋内的家具进行必要维护所花费的相关费用,应由承租人承担。

承租人因对房屋及其内部家具管理不善造成毁损、灭失的,是否应当赔偿?

《合同法》第 222 条规定,承租人应当妥善保管租赁物,因保管不善造成租赁物毁损、灭失的,应当承担损害赔偿责任。据此,房屋承租人对租赁房屋负有按照约定的方式或者租赁房屋的品质及其内部设施所要求的方法管理、保管的义务。因房屋承租人对租赁房屋管理不善造成租赁房屋及其内部设施、家具毁损、灭失的,承租人应承担损害赔偿责任。

承租人在哪些情形下应向房屋出租人履行通知义务？

根据《合同法》的有关规定,房屋承租人在下列情况下对出租人负有通知义务:(1)租赁房屋需要维修的。出租人对租赁房屋负有维修义务和承担房屋的瑕疵担保责任,在出现出租人应维修租赁房屋或者租赁房屋有危险须预防发生时,承租人应当及时通知出租人。(2)第三人就租赁房屋主张权利。根据《合同法》第 228 条第 2 款规定,第三人对租赁房屋主张权利的,承租人应当及时通知出租人。(3)其他应当通知的事由。如,租赁房屋因不可抗力损毁、灭失或因第三人的侵害受损等,承租人也应及时通知出租人。

租赁房屋出现质量问题,承租人既不通知出租人又不采取措施的,是否应承担法律责任？

当租赁房屋出现质量问题影响正常租用时,承租人应及时通知出租人,并采取积极措施防止损坏的蔓延或损失的扩大。如果租赁房屋及其内部设施、家具等出现质量问题或发生故障来不及要求出租人维修的,承租人就应尽其所能对租赁房屋先行维修,维修的费用由承租人先垫支,之后可向出租人追偿或者在租金里扣除。如果因为维修义务是出租人承担,就对租赁物坐视不管,则承租人就违反了善良管理人的义务。根据《合同法》第 222 条规定,承租人应当妥善保管租赁物,因保管不善造成租赁物毁损、灭失的,应当承担损害赔偿责任。但是,因不可抗力的原因,如洪水、地震造成租赁房屋毁损、灭失的;承租人虽尽到了保管义务,但因不可归责于承租人的事由造成租赁房屋或其他租赁物毁损、灭失的;以及因出租人不履行维修义务而造成租赁物毁损、灭失的,承租人不承担损害赔偿责任。

承租人未经出租人同意对房屋进行装修的,合同终止时能否要求返还装修费用？

《合同法》第 223 条规定,承租人经出租人同意,可以对租赁物进行改善或者增设他物。承租人未经出租人同意,对租赁物进行改善或者增设他物的,出租人可以要求承租人恢复原状或者赔偿损失。所谓改善,是指对租赁物的性能进行改良,提高使用价值。所谓增设他物,是指在原有的租赁物上又添加另外的物等。承租人改善租赁物或在租赁物上增设他物的,尽管会改善租赁物的性能,甚至会提高其使用价值,但因承租人对租赁物没有处分权,因此须经出租人同意。《最高人民法院关于审理城镇房屋租赁合同纠纷案件具体应用法律若干问题的解释》第13条规定,承租人未经出租人同意装饰装修或者扩建发生的费用,由承租人负担。出租人请求承租人恢复原状或者赔偿损失的,人民法院应予支持。可见,若未经出租人同意,出租人不仅不负返还承租人因改善或增设他物所支出的费用,在租赁合同期满后承租人还负有对租赁物恢复原状的义务。若不能恢复原状,造成损失的,承租人还需要向出租人赔偿相应的损失。

承租人经出租人同意装饰装修,合同终止时对装饰装修物如何处理?

《最高人民法院关于审理城镇房屋租赁合同纠纷案件具体应用法律若干问题的解释》第10条规定,承租人经出租人同意装饰装修,租赁期间届满或者合同解除时,除当事人另有约定外,未形成附合的装饰装修物,可由承租人拆除。因拆除造成房屋毁损的,承租人应当恢复原状。本《解释》第11条规定,承租人经出租人同意装饰装修,合同解除时,双方对已形成附合的装饰装修物的处理没有约定的,人民法院按照下列情形分别处理:(1)因出租人违约导致合同解除,承租人请求出租人赔偿剩余租赁期内装饰装修残值损失的,应予支持;(2)因承租人违约导致合同解除,承租人请求出租人赔偿剩余租赁期内装饰装修残值损失的,不予支持。但出租人同意利用的,应在利用价值范围内予以适当补偿;(3)因双方违约导致合同解除,剩余租赁期内的装饰装修残值损失,由双方根据各自的过错承担相应的责任;(4)因不可归责于双方的事由导致合同解除的,剩余租赁期内的装饰装修残值损失,由双方按照公平原则分担。法律另有规定的,适用其规定。

承租人经出租人同意扩建,但双方对扩建费用的承担没有约定的,应如何处理?

《最高人民法院关于审理城镇房屋租赁合同纠纷案件具体应用法律若干问题的解释》第14条规定,承租人经出租人同意扩建,但双方对扩建费用的处理没有约定的,人民法院按照下列情形分别处理:(1)办理合法建设手续的,扩建造价费用由出租人负担;(2)未办理合法建设手续的,扩建造价费用由双方按照过错分担。

房屋出租人同意转租,次承租人拒不交付租金的,出租人能否要求承租人支付?

转租是指承租人将租赁物转让给第三人使用、收益,承租人与第三人形成新的租赁关系,但承租人与出租人的租赁关系仍然存在的一种交易形式。第三人又称为次承租人。在出租人同意转租的情况下,当事人之间产生如下法律后果:(1)出租人与承租人间的关系不因转租而受影响,继续有效,承租人仍然应向出租人承担支付租金、在租赁期间届满时返还房屋的义务。因次承租人行为造成房屋及其内部设施、家具等损失的,承租人应当对出租人负赔偿损失的责任。(2)虽次承租人与出租人之间没有合同关系,次承租人可以根据与承租人的约定直接向出租人支付租金。(3)在租赁合同终止或者被解除时,承租人与次承租人之间的租赁关系也随之终止或解除。根据上述分析可知,次承租人拒不向出租人或承租人交付租金的,承租人应当按照约定向出租人交付租金。

承租人未经出租人同意转租租赁房屋,出租人未提出异议的,转租是否有效?

房屋转租,是指承租人将租赁房屋有偿地再转移给第三人使用、收益。根据《最高人民法院关于审理城镇房屋租赁合同纠纷案件具体应用法律若干问题的解释》第 15 条规定,承租人经出租人同意将租赁房屋转租给第三人时,转租期限超过承租人剩余租赁期限的,人民法院应当认定超过部分的约定无效。但出租人与承租人另有约定的除外。本《解释》第 16 条第 1 款规定,出租人知道或者应当知道承租人转租,但在 6 个月内未提出异议,其以承租人未经同意为由请求解除合同或者认定转租合同无效的,人民法院不予支持。由于第三人即次承租人的行为对出租人有着直接的利害关系,所以转租须经出租人同意。承租人未经出租人同意转租的,转租一般无效。在转租无效的情况下,出租人可以解除合同并可要求承租人交付因转租所得收益。但是,对于事前未经出租人同意,事后出租人知道或者应当知道承租人转租,但在 6 个月内未提出异议的,视为经出租人同意的转租,在此情况下出租人不得以未同意转租为由,主张转租无效。

3. 房屋租赁合同的解除

承租人拖欠租金时,次承租人支付欠付租金和违约金的,出租人能否解除合同?

根据《最高人民法院关于审理城镇房屋租赁合同纠纷案件具体应用法律若干问题的解释》第 17 条规定,因承租人拖欠租金,出租人请求解除合同时,次承租人请求代承租人支付欠付的租金和违约金以抗辩出租人合同解除权的,人民法院应予支持。但转租合同无效的除外。次承租人代为支付的租金和违约金超出其应付的租金数额,可以折抵租金或者向承租人追偿。可见,在转租有效的情况下,因承租人拖欠租金,出租人请求解除合同时,次承租人代承租人支付欠付租金和违约金的,出租人无权解除租赁合同。

租赁房屋毁损、灭失的,承租人在什么情况下有权拒付租金或解除合同?

《合同法》第 231 条规定,因不可归责于承租人的事由,致使租赁物部分或者全部毁损、灭失的,承租人可以要求减少租金或者不支付租金;因租赁物部分或者全部毁损、灭失,致使不能实现合同目的的,承租人可以解除合同。

房屋租赁期间出租人出卖房屋的,房屋承租人享有优先购买权吗?

根据《合同法》第 230 条规定,承租人的优先购买权,是指在房屋租赁合同届满前出租人出卖租赁房屋的,应当在出卖之前的合理期限内通知承租人,承租人在同等条件下享有购买该房屋的优先权。房屋出卖时,承租人的优先购买权包括以下两方面的内容:(1)出租人出卖租赁房屋的前提条件,即应当在出卖之前的合理期限内通知承租人;(2)在同等条件下,承租人享有优先购买权。所谓同等条件,主要是指价位同等以及房款支付期限和支付方式同等。《最高人民法院关于审理城镇房屋租赁合同纠纷案件具体应用法律若干问题的解释》第 22 条规定,出租人与抵押权人协议折价、变卖租赁房屋偿还债务,应当在合理期限内通知承租人。承租人请求以同等条件优先购买房屋的,人民法院应予支持。

在哪些情形下,房屋承租人主张优先购买权的,人民法院不予支持?

《最高人民法院关于审理城镇房屋租赁合同纠纷案件具体应用法律若

干问题的解释》第23条规定,出租人委托拍卖人拍卖租赁房屋,应当在拍卖5日前通知承租人。承租人未参加拍卖的,人民法院应当认定承租人放弃优先购买权。本《解释》第24条规定,具有下列情形之一,承租人主张优先购买房屋的,人民法院不予支持:(1)房屋共有人行使优先购买权的;(2)出租人将房屋出卖给近亲属,包括配偶、父母、子女、兄弟姐妹、祖父母、外祖父母、孙子女、外孙子女的;(3)出租人履行通知义务后,承租人在15日内未明确表示购买的;(4)第三人善意购买租赁房屋并已经办理登记手续的。

租赁期间租赁房屋发生所有权变动的,承租人有权要求继续履行原租赁合同吗?

在出租人出卖租赁房屋时,若承租人不行使优先购买权,或者租赁房屋因赠与、继承或其他原因发生所有权转移时,根据《合同法》第229条规定,不影响原租赁合同的效力。可见,在租赁关系存续期间,出租人将租赁房屋卖给或因其他原因转移给第三人的,原租赁合同对该房屋新的所有权人即第三人仍然有效。该第三人不能因该房屋的所有权已发生转移,主张任意解除或终止原租赁合同的继续履行。《最高人民法院关于审理城镇房屋租赁合同纠纷案件具体应用法律若干问题的解释》第20条规定,租赁房屋在租赁期间发生所有权变动,承租人请求房屋受让人继续履行原租赁合同的,人民法院应予支持。但租赁房屋具有下列情形或者当事人另有约定的除外:(1)房屋在出租前已设立抵押权,因抵押权人实现抵押权发生所有权变动的;(2)房屋在出租前已被人民法院依法查封的。

租赁期间房屋承租人死亡的,出租人能否终止合同或者提高租金?

根据《合同法》第234条规定,承租人在房屋租赁期间死亡的,与其生前共同居住的人可以按照原租赁合同租赁该房屋。可见,在房屋租赁合同中,当承租人死亡后,如承租人生前与他人共同居住该租赁房屋的,原租赁合同并不当然终止,与其生前共同居住的人仍居住原租赁房屋的,出租人不得以承租人已经死亡而终止租赁合同,也不能提高租金。对此,《最高人民法院关于审理城镇房屋租赁合同纠纷案件具体应用法律若干问题的解释》第19条进一步规定,承租人租赁房屋用于以个体工商户或者个人合伙方式从事经营活动,承租人在租赁期间死亡、宣告失踪或者宣告死亡,其共同经营人或者其他合伙人请求按照原租赁合同租赁该房屋的，人民法院应予支持。

房屋租赁合同终止时，房屋承租人如何履行返还租赁房屋的义务？

根据《合同法》的有关规定，承租人通过租赁取得了租赁物的使用、收益权，但并未取得租赁物的最终所有权和处分权，因此，承租人于租赁关系终止时，负有向出租人返还租赁物的义务。租赁合同的终止有以下情况：一般情况下是因租赁期限届满而终止；其次是因出现租赁合同解除的法定事由时，因当事人一方行使解除权而终止；再者是租赁合同因当事人的协商解除而终止。但不论何种情况，在租赁关系终止时，只要租赁物存在，承租人就应返还租赁物；只有租赁物不存在时，承租人才不负返还义务。但因承租人的原因造成租赁物灭失的，承租人应负赔偿责任；若租赁物非因承租人的原因灭失的，则承租人不负赔偿责任。《合同法》第 235 条规定，租赁期间届满，承租人应当返还租赁物；返还的租赁物应当符合按照合同约定或者租赁物的性质使用后的状态。因此，房屋租赁合同终止后，承租人应当按照合同约定或者租赁物的性质使用后的状态及时返还租赁房屋，否则应负违约责任。

租赁期间届满，承租人继续使用租赁房屋，原租赁合同是否继续有效？

《合同法》第 236 条规定，租赁期间届满，承租人继续使用租赁物，出租人没有提出异议的，原租赁合同继续有效，但租赁期限为不定期。据此，租赁期间届满，承租人继续使用租赁房屋，出租人没有对原租赁合同约定的租金、支付方式等合同内容提出异议或者没有提出终止原租赁合同的，原房屋租赁合同对双方继续有效，但租赁期限为不定期，出租人或者承租人都可以根据自己的情况随时终止合同。

（四）住宅室内装修合同

住宅室内装饰装修合同应包括哪些内容？

根据《合同法》的规定，一般民用住宅的装饰装修合同具有承揽合同的性质，装饰装修企业一般处于承揽人的地位，负有按照装修人的要求完成工作，交付工作成果的义务；而业主即装修人一般处于定作人的地位，对于装饰装修企业交付的装饰装修成果负有验收和给付报酬的义务。业主与装饰装修企业可以签订住宅室内装饰装修书面合同,明确双方的权利和义务。根据《合同法》有关规定,住宅室内装饰装修合同作为承揽合同的一种,其包括下列主要内容:(1)委托人和被委托人的姓名或者单位名称、住所地址、联系电话;(2)装饰装修房屋的数量、质量,即住宅室内装饰装修的房屋间数、建筑面积,装饰装修的项目、方式、规格、质量要求;(3)装饰装修材料的提供;(4)装饰装修期限,包括装饰装修工程的开工、竣工时间以及装修人支付报酬的时间;(5)装饰装修验收标准和方法等;(6)装饰装修工程保修的内容、期限;(7)违约责任及解决纠纷的途径;(8)双方认为需要明确的其他条款。

装饰装修企业能否将承揽的主要工作交由第三人完成?

根据《合同法》承揽合同的有关规定,装饰装修企业作为承揽人应当以自己的设备、技术和劳动完成主要工作,但当事人另有约定的,装饰装修企业也可以将其承揽的主要工作交由第三人完成。装饰装修企业将其承揽的主要工作交由第三人完成的,应当就该第三人完成的工作成果向业主负责;未经业主同意的,业主也可以解除合同。根据本法第254条规定,装饰装修企业可以将其承揽的辅助工作交由第三人完成。装饰装修企业将其承揽的辅助工作交由第三人完成的,应当就该第三人完成的工作成果向业主负责。

装饰装修所需要的材料应由哪一方提供?

根据《合同法》承揽合同的有关规定,业主委托装饰装修企业进行住宅装饰装修时,应当在装饰装修合同中明确规定装饰装修材料由哪一方提供。装饰装修合同中约定装饰装修企业提供材料的,装饰装修企业应当按照约定选用材料,并接受业主检验。装饰装修合同约定业主提供材料的,业主应当按照约定提供材料。装饰装修企业对业主提供的材料应当及时检验,发现不符合约定时,应当及时通知业主更换、补齐或者采取其他补救措施。装饰装修企业不得擅自更换业主提供的材料,不得更换不需要装饰装修的室内物件。

业主提供的图纸或者提出的技术要求不合理的,是否应承担法律责任?

根据《合同法》承揽合同的有关规定,装饰装修企业发现业主提供的图纸或者技术要求不合理的,应当及时通知业主。因业主得到通知后拒绝答复或者怠于答复等原因造成装饰装修企业损失包括误工损失、返工损失以及材料损失等,业主对此应当向装饰装修企业承担赔偿责任。

装饰装修工作的中途,业主可以变更装修要求吗?

根据《合同法》承揽合同的有关规定,装饰装修工作的中途,业主不得随意变更装饰装修工作的要求。业主中途变更装饰装修工作的要求,造成装饰装修企业损失的,应当赔偿损失。

业主不履行协助义务的,装饰装修企业可以解除合同吗?

根据《合同法》承揽合同的有关规定,装饰装修工作需要业主协助的,业主有协助的义务。业主不履行协助义务致使装饰装修工作不能完成的,装饰装修企业可以催告业主在合理期限内履行义务,并可以顺延履行期限;业主逾期不履行的,装饰装修企业可以解除合同。

装饰装修企业在工作期间,业主能随时对工作进度、质量进行检查吗?

根据《合同法》承揽合同的有关规定,装饰装修企业在工作期间,应当接受业主必要的监督检验。业主在不妨碍正常作业的情况下,可以随时对装饰装修企业的工作进度、装饰装修质量进行检查。

装饰装修合同对支付报酬的期限约定不明确的,业主应在何时支付?

根据《合同法》承揽合同的有关规定,业主应当按照约定的期限支付报酬。对支付报酬的期限没有约定或者约定不明确,可以协议补充;不能达成补充协议的,按照合同有关条款或者交易习惯确定。依照上述规定仍不能确定的,定作人应当在承揽人交付工作成果时支付;工作成果部分交付的,定作人应当相应支付。

因业主原因致使装饰装修工作中途停建、缓建的,业主应承担什么法律责任?

根据《合同法》承揽合同的有关规定,业主未按照约定的时间和要求提供装饰装修材料、装修费用,影响装饰装修企业施工的,装饰装修企业可以顺延装饰装修工期,并有权要求赔偿停工、窝工等损失。因业主的原因致使施工中途停建、缓建的,业主应当采取措施弥补或者减少损失、赔偿装饰装修企业因此造成的停工、窝工等损失。

住宅装饰装修不符合质量要求的,业主该怎么办?

根据《合同法》承揽合同的有关规定,装饰装修企业交付的工作成果不符合质量要求的,业主可以要求其承担修理、重作、减少报酬、赔偿损失等违约责任。因装饰装修企业的原因致使装饰装修工程质量不符合约定的,业主有权要求装饰装修企业在合理期限内无偿修理或者返工、改装。经过修理或者返工、改装后,造成逾期交付的,装饰装修企业应当承担违约责任。

装饰装修工作成果造成毁损、灭失的,业主能否要求装饰装修企业赔偿?

根据《合同法》承揽合同的有关规定,装饰装修企业应当妥善保管业主提供的材料以及完成的工作成果,因保管不善造成毁损、灭失的,应当承担损害赔偿责任。而装饰装修企业尽到了妥善保管义务,由于第三人原因或者业主提供的材料自身原因造成毁损、灭失的,装饰装修企业不负损害赔偿责任。

住宅装饰装修后空气质量不符合国家有关标准的,装饰装修企业是否应承担责任?

根据《住宅室内装饰装修管理办法》第 29 条规定,业主委托企业对住宅室内进行装饰装修的,装饰装修工程竣工后,空气质量应当符合国家有关标准。装修人可以委托有资格的检测单位对空气质量进行检测。检测不合格的,装饰装修企业应当返工,并由责任人承担相应损失。

住宅装饰装修的保修期限如何确定?

《住宅室内装饰装修管理办法》第 32 条规定,在正常使用条件下,住宅室内装饰装修工程的最低保修期限为 2 年,有防水要求的厨房、卫生间和外墙面的防渗漏为 5 年。保修期自住宅室内装饰装修工程竣工验收合格之日起计算。据此,上述规定的期限可以作为约定"保修期限"的参考。但是,作为行政部门规章,其规定不具有强制性。室内装饰装修合同约定保修期限的,应当依双方约定的保修期限为准。

装饰装修造成业主人身和财产损害的,装饰装修企业是否承担赔偿责任?

根据《合同法》承揽合同的有关规定,因装饰装修企业的原因致使装饰装修的住宅工程在合理使用期限内造成业主人身和财产损害的,装饰装修企业应当承担损害赔偿责任。但是,造成业主人身和财产损害并不是装饰装修企业的原因造成的,或者是装饰装修企业的原因造成但已超过合理使用期限的,装饰装修企业不承担损害赔偿责任。

装饰装修活动造成相邻住宅的管道毁坏的,业主应承担什么法律责任?

根据《住宅室内装饰装修管理办法》第 33 条规定,因住宅室内装饰装修活动造成相邻住宅的管道堵塞、渗漏水、停水停电、物品毁坏等,业主应当负责修复和赔偿;属于装饰装修企业责任的,业主可以向装饰装修企业追偿。业主擅自拆改供暖、燃气管道和设施造成损失的,由业主负责赔偿。

业主与装饰装修企业解除合同,是否受一定条件的限制?

根据《合同法》承揽合同的有关规定,业主与装饰装修企业可以随时解除合同,并不受任何条件的限制。但是,业主与装饰装修企业解除合同,因此给装饰装修企业造成损失的,应当赔偿损失。

(五)借款合同

1. 民间借贷

民间借贷合同以书面形式订立,有什么好处?

民间借贷,是指自然人、法人、其他组织之间及其相互之间进行资金融通的行为。根据《合同法》第 197 条第 1 款的规定,借款人与金融机构之间订立借款合同应当采用书面形式,但自然人之间借款可以采用口头形式,也可以采取书面形式。现实民间借贷中,借款人和贷款人之间,往往基于亲朋好友和熟人之间的信任和碍于情面而采取口头形式。但是,由于口头形式不着笔墨,一旦借款人记忆有误或故意否定借款事实,贷款人将因无法证明真实的借款数额或借款事实的存在而陷于被动,并有可能造成无法挽回的损失。书面合同和有关借款的其他书面凭证如借条、借据等,在借款纠纷发生时是证明借款事实的最直接和最关键的证据,因此,民间借贷最好采取书面形式,贷款人也应注意保存由借款人签收的借条、借据等书面借款凭证。

民间借贷合同中约定的"高利贷"条款受法律保护吗?

利率是借款合同的核心条款之一,也是最容易引起纠纷的部分。在有偿的民间借贷合同中,为了防止贷款人发放高利贷,扰乱国家正常的金融秩序,加重借款人的负担,《合同法》对民间借款利率作出了限制性规定。根据本法第 211 条的规定,自然人之间的借款合同约定支付利息的,借款的利率不得违反国家有关限制借款利率的规定。对此,《最高人民法院关于审理民间借贷案件适用法律若干问题的规定》第 26 条明确规定,借贷双方约定的利率未超过年利率 24%,出借人请求借款人按照约定的利率支付利息的,人民法院应予支持。借贷双方约定的利率超过年利率 36%,超过部分的利息约定无效。借款人请求出借人返还已支付的超过年利率 36%部分的利息的,人民法院应予支持。据此,借贷双方约定的利率未超过年利率24%的,借款人负有按照约定标准向贷款人支付全部利息的义务。借贷双方约定的利率超过年利率 36%就构成“高利贷”,超过年利率 36%部分的利息约定无效,即不受法律保护。即使借款人自愿按照约定标准支付了全部利息,但基于合同无效,借款人也有权要求贷款人返还超过年利率 36%部分的利息。对于借贷双方约定的年利率在 24%—36%之间的,在这一利率范围内所确定的利息属于自然债务,在借款人不予支付的情况下,贷款人无权要求支付,债权人如果提起诉讼请求人民法院予以保护,也将不会得到人民法院的支持。但是,对于在上述利率范围内所确定的利息,借款人自愿履行后翻悔,通过提起诉讼要求贷款人返还的,也同样不会得到人民法院的支持。

民间借款未约定支付利息的,贷款人能否要求支付利息?

自然人之间的借款合同既可以是无偿的,也可以是有偿的。在现实生活中,自然人之间的借款合同通常是当事人之间基于相互信任或友情而订立的,通常对借款利息不作约定。根据《合同法》第 211 条规定,自然人之间的借款合同除明确约定支付利息的外,对支付利息没有约定或约定不明确的,视为不支付利息即为无偿借款,在此情形下作为贷款人的自然人无权要求借款人支付利息。但是,自双方约定的借款期限届满借款人仍未归还借款的,贷款人有权要求借款人支付自约定的借款期限届满之日至实际还款之日期间的利息。

民间借款未约定借款期限的,贷款人可在什么期间要求还款?

根据《合同法》第 206 条规定,借款人应当按照约定的期限返还借款。对借款期限没有约定或者约定不明确的,可以协议补充;不能达成补充协议的,按照合同有关条款或者交易习惯确定。依照上述规定仍不能确定的,借款人可以随时返还;贷款人可以催告借款人在合理期限内返还。借款人在贷款人给予的合理的宽限期内未返还的,贷款人可以要求借款人承担逾期还款的利息。

借条中仅注明借款日期而未注明年份的,贷款人会承担什么风险?

根据《合同法》的规定,借款人应当按照约定的还款期限还款。根据《民法通则》的规定,向人民法院请求保护民事权利的诉讼时效期间为 2 年,法律另有规定的除外。诉讼时效期间从当事人知道或者应当知道其权利被侵害之日起计算。除了具有法定发生中断事由需要重新计算和具有法定发生中止事由需要继续计算外,权利人在其权利受到侵害时应当在上述规定的诉讼时效期间提起诉讼,超过诉讼时效的将丧失胜诉权,即其权利将依法不予保护。因此,民间借贷合同或者借条中仅仅注明月、日而未注明年份的,属于合同订立的日期不明确。在此情形下,双方对订立合同的具体年份不能一致确认且事后又不能达成一致,而根据合同的有关内容或者交易习惯仍不能确定的,那么,对于诉讼时效计算的开始时间就会存在不确定性,那么,贷款人的诉讼主张就有可能因被判定超过 2 年的诉讼时效期间而得不到法院的支持而丧失胜诉权,从而将承担不能追回贷款的法律风险。

借款人在未收到借款时向贷款人出具借条或还款后未收回借条的,存在什么风险?

借款合同书或者借据、借条是当事人之间存在借贷关系的书证。书证的思想内容一般具有确定性,而作为书证内容的物质载体可以有多种表现形式。其中,内容确定、形式完备的书证原件是当事人赖以提出诉讼请求或者反驳对方诉讼请求的具有直接证明力的事实依据。因此,借款人不可以在未收到借款的情况下向贷款人出具借条;偿还借款后也应当向贷款人要回借款时出具的原借条,否则,将有可能作为借款事实依然存在或者借款人仍未归还借款的依据。在出具借条的一方不能证明双方当事人之间从未发生借贷关系或者已经偿还借款,而借条持有人凭该借条提起诉讼要求还款的情况下,借条出具人将有可能承担向借条持有人还款或者重复还款的风险。

民间借款的贷款人未按约定交付借款的,是否应当承担违约责任?

根据《合同法》第210条规定,自然人之间的借款合同,自贷款人提供借款时生效。可见,民间借款合同是实践合同。因此,在民间借款合同中,除了要具备当事人之间的意思表示一致、双方当事人都应当具备民事行为能力、合同内容合法等生效要件外,贷款人还必须交付借款,否则,该借款合同对双方当事人不具有约束力。在双方当事人仅就借款意思表示达成一致,贷款人没有实际交付贷款之前,并不产生相应的权利义务关系和法律效力,借款人无权要求贷款人履行交付借款的义务。也就是说,双方签订借款合同后,因贷款人拒绝交付借款,借款人提起诉讼要求作为自然人的贷款人承担继续履行合同等违约责任的,人民法院将不予支持。但借款方因信赖贷款方能够履行贷款义务且作出相应的经济安排,而最终由于贷款人的失信不予交付借款所因此造成的直接损失,借款人可以要求贷款人赔偿即承担缔约过失责任。

通过受托人借款,委托人届时拒绝还款的,贷款人能要求受托人还款吗?

《合同法》第403条第2款规定,受托人因委托人的原因对第三人不履行义务,受托人应当向第三人披露委托人,第三人因此可以选择受托人或者委托人作为相对人主张其权利,但第三人不得变更选定的相对人。可见,受托人以自己的名义,在委托人的授权范围内向贷款人借款,借款期限届满委托人拒不履行还款义务的,受托人应当向贷款人披露委托人,贷款人在受托人向其披露委托人后,既可以选择受托人偿还借款,也可以选择委托人偿还借款。但是,一旦作出选择后就不能再变更选定的还款人,贷款人只能要求选定的还款人还款。

借款人未履行还款义务的,贷款人可要求保证人偿还借款吗?

根据《担保法》的规定,保证是指保证人和债权人约定,当债务人不履行债务时,保证人按照约定履行债务或者承担责任的行为。保证分为一般保证和连带责任保证。当事人在保证合同中约定债务人不能履行债务时，由保证人承担保证责任的，为一般保证。一般保证的保证人在主合同纠纷未经审判或者仲裁，并就债务人财产依法强制执行仍不能履行债务前，对债权人可以拒绝承担保证责任。当事人在保证合同中约定保证人与债务人对债务承担连带责任的，为连带责任保证。连带责任保证的债务人在主合同规定的债务履行期届满没有履行债务的，债权人可以要求债务人履行债务，也可以要求保证人在其保证范围内承担保证责任。因此，在借贷合同中订立保证条款或另行订立保证合同的，借款人在合同约定的还款期限未履行还款义务的，贷款人可以根据保证合同的性质要求一般保证的保证人承担一般保证责任，或者要求连带责任保证的保证人承担连带保证责任。

具有同居关系的男女之间的金钱往来，能否按借款要求对方偿还？

根据《合同法》的有关规定，民间借款是自然人之间一方向另一方借款，借款人到期向贷款人归还借款的行为，包括支付利息的有偿借款或者不支付利息的无偿借款。自然人之间的金钱往来凡是有证据（包括借款合同、借据、欠条、录音录像或者证人等）能够证明为借贷关系，或者收受对方金钱的一方承认为借款的，应当按民间借款处理，即收受金钱的一方负有还款义务。但是，在排除当事人之间存在正常的商业往来或非法交易以及行贿受贿等违法犯罪等金钱往来外，没有证据证明双方之间存在借贷关系的，自然人之间（包括具有同居关系的男女之间）的金钱往来，一般应当按赠与处理，即一方给予对方金钱后，除依法可以撤销的，一般无权要求收受金钱方偿还。

当事人能否主张民间借贷合同自合同成立时生效？

《合同法》第210条规定，自然人之间的借款合同，自贷款人提供借款时生效。《最高人民法院关于审理民间借贷案件适用法律若干问题的规定》（法释〔2015〕18号）第9条规定，具有下列情形之一，可以视为具备合同法第210条关于自然人之间借款合同的生效要件：（1）以现金支付的，自借款人收到借款时；（2）以银行转账、网上电子汇款或者通过网络贷款平台等形式支付的，自资金到达借款人账户时；（3）以票据交付的，自借款人依法取得票据权利时；（4）出借人将特定资金账户支配权授权给借款人的，自借款人取得对该账户实际支配权时;(5)出借人以与借款人约定的其他方式提供借款并实际履行完成时。但是,根据上述司法解释第10条规定,除自然人之间的借款合同外,当事人主张民间借贷合同自合同成立时生效的,人民法院应予支持,但当事人另有约定或者法律、行政法规另有规定的除外。可见,除当事人另有约定或者法律、行政法规另有规定外,自然人之间的借款合同之外的其他民间借贷合同,包括自然人和法人或其他组织之间的借贷合同、法人和法人之间的借贷合同、法人和其他组织之间的借贷合同自合同成立时生效,而自然人之间的借款合同具有本《解释》上述情形之一的,则自然人之间的借款合同生效。

当事人凭持有的没有载明债权人的债权凭证起诉,人民法院是否受理?

《最高人民法院关于审理民间借贷案件适用法律若干问题的规定》(法释〔2015〕18号)第2条规定,出借人向人民法院起诉时,应当提供借据、收据、欠条等债权凭证以及其他能够证明借贷法律关系存在的证据。当事人持有的借据、收据、欠条等债权凭证没有载明债权人,持有债权凭证的当事人提起民间借贷诉讼的,人民法院应予受理。被告对原告的债权人资格提出有事实依据的抗辩,人民法院经审理认为原告不具有债权人资格的,裁定驳回起诉。可见,当事人凭持有的没有载明债权人姓名或名称的借据、收据、欠条等债权凭证向法院起诉,法院应当受理。但在被告依法举证原告不具有债权人资格的,作为原告的当事人其诉讼请求将依法被法院驳回。

2. 个人住房贷款

借款人为购买房屋向银行申请贷款,应具备哪些条件?

根据《中国人民银行个人住房贷款管理办法》(银发〔1998〕190号,以下简称《个人住房贷款管理办法》)的有关规定,借款人应当是具有完全民事行为能力的自然人。借款人向银行申请贷款,应当具备以下条件:(1)有城镇常住户口或有效居留身份;(2)有稳定的职业和收入;(3)信用良好,有按期偿还贷款本息的能力;(4)有贷款人认可的资产作抵押或质押,或有符合规定条件、具备代偿能力的单位或个人作为偿还贷款本息并承担连带责任的保证人;(5)有购买住房的合同或协议;(6)所购住房价格基本符合贷款人或其委托的房地产估价机构评估价值;(7)不享受购房补贴的,以不低

于所购住房全部价款的 30% 作为购房首期付款；享受购房补贴的，以个人
承担部分的 30% 作为购房首期付款；（8）贷款人规定的其他条件。

借款人向银行申请贷款时应提供哪些资料？

根据《个人住房贷款管理办法》第 6 条规定，借款人应向贷款人提供下
列资料：（1）身份证件（指居民身份证、户口簿和其他有效居留证件）；（2）
有关借款人家庭稳定的经济收入的证明；（3）符合规定的购买住房合同意
向书、协议或其他批准文件；（4）抵押物或质物清单、权属证明以及有处分
权人同意抵押或质押的证明；有权部门出具的抵押物估价证明；保证人同意
提供担保的书面文件和保证人资信证明；（5）申请住房公积金贷款的，需持
有住房公积金管理部门出具的证明；（6）贷款人要求提供的其他文件或资
料。本《办法》第 7 条规定，借款人应直接向贷款人提出借款申请。贷款人
自收到贷款申请及符合要求的资料之日起，应在 3 周内向借款人正式答复。
贷款人审查同意后，按照《贷款通则》的有关规定，向借款人发放住房贷款。

个人住房商业贷款的期限和贷款利率如何确定？

根据《个人住房贷款管理办法》第 10 条、第 11 条、第 12 条和第 14 条规
定，贷款人应根据实际情况，合理确定贷款期限，但最长不得超过 20 年。借
款人应与贷款银行制定还本付息计划，贷款期限在 1 年以内（含 1 年）的，
实行到期一次还本付息，利随本清；贷款期限在 1 年以上的，按月归还贷款
本息。用信贷资金发放的个人住房贷款利率按法定贷款利率（不含浮动）
减档执行。即贷款期限为 1 年期以下（含 1 年）的，执行半年以下（含半年）
法定贷款利率；期限为 1 年至 3 年（含 3 年）的，执行 6 个月至 1 年期（含 1
年）法定贷款利率；期限为 3 年至 5 年（含 5 年）的，执行 1 年至 3 年期（含 3
年）法定贷款利率；期限为 5 年至 10 年（含 10 年）的，执行 3 年至 5 年（含 5
年）法定贷款利率；期限为 10 年以上的，在 3 年至 5 年（含 5 年）法定贷款利
率基础上适当上浮，上浮幅度最高不得超过 5%。个人住房贷款期限在 1 年
以内（含 1 年）的，实行合同利率，遇法定利率调整，不分段计息；贷款期限
在 1 年以上的，遇法定利率调整，于下年初开始，按相应利率档次执行新的
利率规定。

个人住房公积金贷款的期限和贷款利率如何确定？

根据《个人住房贷款管理办法》第10条、第11条、第13条和第14条规定，贷款人应根据实际情况，合理确定贷款期限，但最长不得超过20年。用住房公积金发放的个人住房贷款利率在3个月整存整取存款利率基础上加点执行。贷款期限为1年至3年(含3年)的，加1.8个百分点；期限为3年至5年(含5年)的，加2.16个百分点；期限为5年至10年(含10年)的，加2.34个百分点；期限为10年至15年(含15年)的，加2.88个百分点；期限为15年至20年(含20年)的，加3.42个百分点。个人住房贷款期限在1年以内(含1年)的，实行合同利率，遇法定利率调整，不分段计息；贷款期限在1年以上的，遇法定利率调整，于下年初开始，按相应利率档次执行新的利率规定。

借款人怎样办理个人住房抵押登记手续？

抵押贷款，指贷款人按法定抵押方式以借款人或第三人的财产作为抵押物发放的贷款。贷款人与抵押人签订抵押合同后，双方应依照有关法律规定办理抵押物登记。抵押合同自抵押物登记之日起生效，至借款人还清全部贷款本息时终止。以住房抵押的，应分别情况办理以下登记手续：

(1)以期房抵押的，贷款人和抵押人应持依法生效的预购房屋合同到期房坐落地的房地产登记机关办理抵押登记备案手续；同时由售房单位提供担保，待该期房竣工交付后，持《房屋所有权证》办理正式抵押登记。

(2)以现房抵押的，贷款人和抵押人应持《房屋所有权证》到房产所在地的房地产登记机关办理抵押登记，取得《房屋他项权证》；如售房单位未办妥《房屋所有权证》，贷款人和抵押人应持依法生效的《房屋买卖合同》办理抵押登记备案手续，待售房单位办妥该抵押物的《房屋所有权证》后，再据以办理正式抵押登记手续。

借款人还清全部贷款本息后即抵押合同终止后，当事人应按合同约定解除抵押关系。以房地产作为抵押物的，解除抵押关系时，应到原登记部门办理抵押注销登记手续。

住房抵押借款人对所购房屋办理保险时，应注意哪些事项？

根据《个人住房贷款管理办法》第25条和第26条规定，以房地产作为抵押的,借款人需在合同签订前办理房屋保险或委托贷款人代办有关保险手续。保险合同应明确贷款人为该项保险的第一受益人;保险期不得短于申请借款期限;投保金额不得低于借款的全部本息额;保险所需全部费用由抵押人负担。抵押期内,借款人不得以任何理由中断或撤销保险;在保险期内,如发生保险责任范围以外的因借款人过错的毁损,由借款人负全部责任。借款人提前还清全部借款的,个人住房抵押贷款房屋保险合同也应依法终止,借款人可携带保险单正本和提前还清贷款证明,到保险公司办理保险费部分退还手续。

房屋抵押人未经抵押权人同意的,能否出售所购房屋?

《物权法》第191条规定,抵押期间,抵押人经抵押权人同意转让抵押财产的,应当将转让所得的价款向抵押权人提前清偿债务或者提存。转让的价款超过债权数额的部分归抵押人所有,不足部分由债务人清偿。抵押期间,抵押人未经抵押权人同意,不得转让抵押财产,但受让人代为清偿债务消灭抵押权的除外。可见,房屋抵押期间,抵押人在未经抵押权人即银行同意的情况下出卖作为贷款抵押物房屋的,只要二手房购买人代抵押人即房屋出卖人向银行还清全部借款的,作为抵押权人的银行应当同意当事人之间的二手房买卖。

房屋抵押人不能按照借款合同偿还借款的,贷款银行可采取什么措施?

根据《物权法》第195条规定,债务人不履行到期债务或者发生当事人约定的实现抵押权的情形,抵押权人可以与抵押人协议以抵押财产折价或者以拍卖、变卖该抵押财产所得的价款优先受偿。抵押权人与抵押人未就抵押权实现方式达成协议的,抵押权人可以请求人民法院拍卖、变卖抵押财产。抵押财产折价或者变卖的,应当参照市场价格。本法第198条规定,抵押财产折价或者拍卖、变卖后,其价款超过债权数额的部分归抵押人所有,不足部分由债务人清偿。可见,作为借款人的房屋买受人,在以所购房屋作抵押向银行借款的情况下,不能按照借款合同的约定履行还款义务的,贷款银行即抵押权人可以按照《物权法》的有关规定对抵押房屋进行处分,并以处分该抵押房屋所得价款优先受偿。

开发商未按约定交付房屋的,买受人能否拒绝向银行还款?

在商品房买卖贷款按揭的情形下,在购房人与银行签订按揭合同之后,购房人将取得银行的全部贷款,并由购房人一次性支付房地产开发商,由此,购房人对商品房出卖人的房款得以清偿。由此,购房人成为贷款银行的债务人,购房人以所购房屋向银行抵押并承担以支付利息为代价每月向银行偿还贷款的义务。在房屋抵押贷款合同生效后,开发商未按约定时间、质量标准、面积等交付房屋的,房屋买受人可以按照商品房买卖合同的约定要求开发商承担违约责任,但不能以此拒绝向银行还款。当然,双方因此解除房屋买卖合同的,房屋购买人与贷款银行所订立的房屋抵押贷款合同作为主合同房屋买卖合同的从合同,也没有独立存在的意义,其也应当随着主合同的解除而解除,从而房屋买受人也不再承担还款义务。

(六) 赠与合同

未成年人未经父母同意或者追认,能否将贵重物品赠与他人?

根据《民法通则》的规定,10周岁以下的未成年人和完全不能辨认自己行为的精神病人为无民事行为能力人,不能进行民事活动,其将家庭财产或者其使用的物品赠与他人的行为无效。根据《民法通则》的规定,18周岁以下16周岁以上的不能以其劳动收入作为生活来源的未成年人以及其他10周岁以上的未成年人与不能完全辨认自己行为的精神病人为限制民事行为能力人。根据《合同法》第47条规定,限制民事行为能力人订立的与其年龄、智力、精神健康状况相适应的合同有效。除此之外,限制民事行为能力人未经作为监护人和法定代理人的父母同意订立的合同,或者限制民事行为能力人订立的合同,未经作为监护人和法定代理人的父母同意或者追认的,为无效合同。可见,10周岁以下的无民事行为能力人赠与他人贵重物品的行为无效。10周岁以上的作为限制民事行为能力人的未成年人将贵重物品赠与他人,经其父母同意或者事后追认的,赠与行为有效;否则,未经父母同意或者事后追认的,其赠与他人贵重物品的行为无效。在此情形下,作为监护人和法定代理人的父母有权要求受赠人将接受的贵重物品予以返还。

未成年人接受赠与后,赠与人能否将赠与的财物要回?

《民法通则》第12条规定,10周岁以上的未成年人是限制民事行为能力人,可以进行与他的年龄、智力相适应的民事活动;其他民事活动由他的法定代理人代理,或者征得他的法定代理人的同意。不满10周岁的未成年人是无民事行为能力人,由他的法定代理人代理民事活动。最高人民法院《关于贯彻执行〈中华人民共和国民法通则〉若干问题的意见(试行)》(以下简称《民通意见》)第6条规定,无民事行为能力人、限制民事行为能力人接受奖励、赠与、报酬,他人不得以行为人无民事行为能力、限制民事行为能力为由,主张以上行为无效。根据《合同法》第47条规定,限制民事行为能力人订立的纯获利益的合同不必经法定代理人追认。赠与人将财物赠与未成年人的行为,属于未成年人纯获利益的合同,赠与人将赠与财物交付未成年人后,不得主张无效。除依法撤销赠与外,不得将赠与财物要回。

未将赠与财产交付受赠人的,赠与人是否应当承担违约责任?

《合同法》第186条规定,赠与人在赠与财产的权利转移之前可以撤销赠与。具有救灾、扶贫等社会公益、道德义务性质的赠与合同或者经过公证的赠与合同,不适用前款规定。根据上述规定,赠与人与受赠人就赠与达成一致的,赠与合同成立,赠与合同成立但财产权利未发生转移的,赠与人可以撤销赠与;但具有救灾、扶贫等社会公益、道德义务性质的赠与合同或者经过公证的赠与合同不得撤销。赠与合同具有实践性,除了具有救灾、扶贫等社会公益、道德义务性质的赠与合同或者经过公证的赠与合同外,一般是以赠与财产权利的转移为合同生效的标志,财产权利未发生转移的赠与合同不生效。对于未依法生效的赠与合同,赠与人拒绝履行合同的,赠与人不承担违约责任。

未办理房屋产权过户登记的赠与房屋,受赠人有权要求交付吗?

《合同法》第187条规定,赠与的财产依法需要办理登记等手续的,应当办理有关手续。房屋作为不动产,根据《物权法》第9条规定,其物权的设立、变更、转让和消灭,经依法登记,发生效力;未经登记,不发生效力。因此,赠与人将房屋赠与他人应当依法办理房屋产权过户登记,才能产生赠与的效力,未依法办理房屋过户登记手续的,赠与合同不发生效力,受赠人无权要求赠与人交付房屋及其所有权。但是,对于房屋赠与经过公证机关公证的,受赠人有权要求赠与人办理房屋产权过户登记和移交房屋占有权。

以结婚作为赠与条件的,双方未结婚的,赠与人能否要求返还赠与财产?

结婚作为一种具有人身性质的民事法律行为,以双方自愿作为结婚的根本条件,任何一方或者他人都不得强迫,也不得买卖婚姻。但作为自愿结婚的双方为了增进感情和增加互信、防止婚后离异,有的通过婚前财产约定将一方的财产赠与对方,或者将一方婚前购买的房屋登记到对方名下,这有利于结婚后双方离婚时的财产分割及确定财产归属。但是,双方未结婚的,如何确定上述财产的归属,双方往往存在分歧。受赠人或者通过过户登记取得财产权利的一方,往往主张自己是取得财产权利的受赠人,而另一方则认为赠与不能成立,要求对方将赠与财产予以归还。

根据《合同法》的规定,当事人对合同的效力可以约定附条件。附生效条件的合同,自条件成就时生效。据此,以结婚作为赠与条件,双方当事人未履行登记结婚手续的,双方之间的赠与不能生效。它是以该男女结合为夫妻才产生约束力的,不可能因婚前财产交付或婚前财产约定而产生一般赠与的效果。在该男女之间不能依法结为夫妻的情况下,因赠与条件没有成就,该赠与合同不会生效,一方取得的对方财产应当予以返还。但是,有证据证明双方是作为一般朋友关系进行赠与的,一方赠与另一方的财产一般无权要求返还。

双方约定将保持情人关系作为赠与条件的,该赠与约定是否有效?

《民法通则》第7条规定,民事活动应当尊重社会公德,不得损害社会公共利益,扰乱社会经济秩序。《合同法》第7条也明确规定,当事人订立、履行合同,应当遵守法律、行政法规,尊重社会公德,不得扰乱社会经济秩序,损害社会公共利益。上述规定被称为从事民事活动包括订立和履行合同应当遵循的"公序良俗"原则。根据该原则,在现实生活中,为了保持情人关系,男女两性之间通过口头或者书面约定,将一方向另一方赠与一定价值的货币或者能够用货币价值衡量的房屋、其他贵重礼物等作为交换条件的,属于违背"公序良俗"的行为,该赠与约定应当认定为无效。因此,表示接受赠与的一方在对方未按照赠与约定交付赠与财产的情况下,提起诉讼要求对方交付赠与财产的,将不会得到法院的支持。

夫妻中的一方擅自将共同财产赠与他人的,赠与行为是否有效?

《物权法》第95条规定,共同共有人对共有的不动产或者动产共同享有所有权。根据本法第97条规定,处分共同共有的不动产或者动产的,应当经全体共同共有人同意,但共有人之间另有约定的除外。根据《婚姻法》第17条第2款的规定,夫妻对共同财产有平等的处理权。《最高人民法院关于适用〈婚姻法〉若干问题的解释(一)》第17条规定,《婚姻法》第17条关于"夫或妻对夫妻共同所有的财产,有平等的处理权"的规定,应当理解为:(1)夫或妻在处理夫妻共同财产上的权利是平等的。因日常生活需要而处理夫妻共同财产的,任何一方均有权决定。(2)夫或妻非因日常生活需要对夫妻共同财产做重要处理决定,夫妻双方应当平等协商,取得一致意见。他人有理由相信其为夫妻双方共同意思表示的,另一方不得以不同意或不知道为由对抗善意第三人。根据上述规定,在夫妻关系存续期间,夫妻未协商取得一致意见和未征得夫妻双方同意的情况下,夫妻一方无权擅自处分夫妻共有财产,任何一方擅自赠与和处分夫妻共同财产的行为一般应当认定为无效。

债务人为逃避债务,能否将房屋或其他财产赠与他人?

根据《合同法》第74条规定,因债务人放弃其到期债权或者无偿转让财产,对债权人造成损害的,债权人可以请求人民法院撤销债务人的行为。撤销权的行使范围以债权人的债权为限。债权人行使撤销权的必要费用,由债务人负担。本法第75条规定,撤销权自债权人知道或者应当知道撤销事由之日起1年内行使。自债务人的行为发生之日起5年内没有行使撤销权的,该撤销权消灭。可见,债务人为逃避债务,将到期债权或者将房屋等不动产和其他动产无偿赠与他人,致使债权人的到期债权不能实现或者使生效法律裁决书不能执行的,属于债务人的恶意处分行为,债权人可以依法行使撤销权。自人民法院裁定撤销之日开始,债务人的赠与、转让等恶意处分行为无效。但债务人放弃其到期债权或者无偿转让财产后,仍有足额财产且能够用于履行其债务的,即债务人放弃其到期债权或者无偿转让财产,对债权人未造成损害的,债权人无权请求人民法院撤销债务人的财产处分行为。

订立了具有救灾等公益性质的赠与合同,赠与人可以不履行吗?

《合同法》第 186 条规定,赠与人在赠与财产的权利转移之前可以撤销赠与。具有救灾、扶贫等社会公益、道德义务性质的赠与合同或者经过公证的赠与合同,不适用前款规定。可见,赠与人订立了具有救灾、扶贫等社会公益、道德义务性质的赠与合同,不得撤销赠与,在其不交付赠与财物的情况下,受赠人有权要求其履行交付义务。

赠与的财产有瑕疵的,赠与人是否应承担责任?

《合同法》第 191 条第 1 款规定,赠与的财产有瑕疵的,赠与人不承担责任。附义务的赠与,赠与的财产有瑕疵的,赠与人在附义务的限度内承担与出卖人相同的责任。赠与财产有瑕疵,是指赠与财产不符合赠与合同约定的质量标准;在赠与合同对赠与财产的质量标准没有约定或者约定不明确的情况下,不具备产品应当具备的使用性能、不符合以产品说明、实物样品等方式表明的质量状况和用途等。附义务的赠与,是指受赠人对赠与人或第三人承担一定的给付义务的赠与,受赠人所承担的这一义务是赠与合同的一部分,受赠人不接受该义务的,赠与人可能就不会进行赠与。可见,赠与的财产有瑕疵的,赠与人不承担修理、更换、重作、退货等民事法律责任。附义务的赠与,赠与的财产有瑕疵的,赠与人在附义务的限度内承担修理、更换、重作、退货等与出卖人相同的责任,采取上述补救措施后,受赠人还有其他损失的,应当在附义务的限度内赔偿损失。

赠与财产因存在瑕疵造成受赠人损失的,赠与人是否不用赔偿?

《合同法》第 191 条规定,赠与的财产有瑕疵的,赠与人不承担责任。附义务的赠与,赠与的财产有瑕疵的,赠与人在附义务的限度内承担与出卖人相同的责任。赠与人故意不告知瑕疵或者保证无瑕疵,造成受赠人损失的,应当承担损害赔偿责任。据此,赠与人明知赠与财产不符合赠与合同约定的质量标准;不具备产品应当具备的使用性能;不符合以产品说明、实物样品等方式表明的质量状况和用途以及明知赠与财产存在其他安全隐患而故意不告知受赠人;或者保证赠与财产无瑕疵或无安全隐患的,财产赠与后给受赠人造成其他财产损失或者人身损害的,赠与人应当承担赔偿责任。赠与人将赠与财产的瑕疵告知受赠人的,因赠与财产存在的瑕疵造成受赠人损失的,受赠人无权要求赠与人赔偿。

受赠人有哪些侵害赠与人或其近亲属行为的,赠与人可以撤销赠与?

赠与一般是基于赠与人与受赠人之间的友情、亲情以及扶助弱者等因素进行的,尽管受赠人无需支付赠与财产的对价,但是,受赠人应当尊重赠与人的感情并不得侵害赠与人及其亲属。对此,根据《合同法》第 192 条第 1 项规定,受赠人严重侵害赠与人或者赠与人的近亲属的,赠与人可以撤销赠与。如故意或者过失侵害造成赠与人或者赠与人的近亲属严重人身伤害的;或者造谣、诽谤赠与人或者赠与人的近亲属并造成严重精神伤害的,赠与人可以撤销赠与。赠与人的撤销权,自知道或者应当知道撤销原因之日起 1 年内行使。《合同法》第 194 条规定,撤销权人撤销赠与的,可以向受赠人要求返还赠与的财产。在现实生活中,受赠人接受的赠与为不动产即房屋或者动产等实物的,应当返还实物;不能返还实物的;应当按照返还时应当保持的状况的价值进行补偿。

受赠人对赠与人有扶养义务而不履行的,赠与人能否要求返还赠与财产?

根据《合同法》第 192 条第 2 项规定,受赠人对赠与人有扶养义务而不履行的,赠与人可以撤销赠与。可见,对赠与人具有扶养义务的子女、孙子女、外孙子女等晚辈接受赠与财产后,不履行扶养义务的;或者在附有扶养义务的赠与中,受赠人接受赠与财产后而拒绝履行扶养义务的,赠与人自知道或者应当知道撤销原因之日起 1 年内可以行使撤销权,要求受赠人返还赠与的财产。

受赠人不履行赠与合同约定的义务的,赠与人能否撤销赠与?

根据《合同法》第 192 条第 3 项规定,受赠人不履行赠与合同约定的义务,赠与人可以撤销赠与。可见,尽管赠与合同是一种无偿合同,受赠人无需向赠与人支付对价,但是,可以附义务。赠与附义务的,受赠人应当按照约定履行义务。如赠与人赠与某甲 10 万元学费;但同时约定某甲应当将每学期的学习成绩如实告知赠与人。再如,赠与人赠与某乙一套生活住宅,但

同时约定某乙每年 12 月底应将该套住宅的租金全部交付赠与人。在上述
附有约定义务的赠与合同中,受赠人接受赠与后如不履行赠与合同约定的
义务,如在某甲不按约定如实履行告知每学期的学习成绩的义务,或者某乙
每年 12 月底不履行将出租住宅的租金全部交付的义务的情况下,赠与人有
权自知道或者应当知道撤销原因之日起 1 年内撤销赠与,并有权要求受赠
人返还赠与的财产。

赠与人的继承人或者法定代理人在什么情况下可以撤销赠与?

《合同法》第 193 条规定,因受赠人的违法行为致使赠与人死亡或者丧
失民事行为能力的,赠与人的继承人或者法定代理人可以撤销赠与。赠与
人的继承人或者法定代理人的撤销权,自知道或者应当知道撤销原因之日
起 6 个月内行使。在上述期间未行使撤销权的,撤销权消灭。

赠与人的经济状况显著恶化时,可以不再履行赠与义务吗?

《合同法》第 195 条规定,赠与人的经济状况显著恶化,严重影响其生
产经营或者家庭生活的,可以不再履行赠与义务。根据上述规定,对于具有
救灾、扶贫等社会公益、道德义务性质的赠与合同或者经过公证的赠与合
同,赠与人尚未交付赠与财产及未转移财产权利的,或者分期分批交付赠与
财产尚未履行完毕的,作为赠与人的公司、企业、其他组织或公民个人的经
济状况显著恶化,严重影响其生产经营或者家庭生活的,可以不再履行赠与
义务。而对于经济状况虽有所恶化,但尚未严重影响其生产经营或者家庭
生活的赠与人,对其负有的赠与义务一般应当继续履行。

(七) 旅游服务合同

在旅游活动中旅游者主要享有哪些权利?

根据《中华人民共和国旅游法》(以下简称《旅游法》)第 9 条至第 12 条
的规定,在旅游活动中旅游者主要享有以下权利:

(1)自主选择权,是指旅游者根据自己的需求,按照自己的意愿选择自
己需要的旅游产品和服务,并决定是否购买旅游产品或者接受服务的权利。

(2)拒绝强制交易权,即旅游者有权拒绝旅游经营者的强制交易行为。
所谓强制交易行为,是指旅游经营者违背旅游者的意愿,强制或者限定旅游

者购买其指定的旅游产品、商品或者服务的行为。

（3）知情权，即旅游者有权知悉其购买的旅游产品和服务的真实情况。旅游经营者应当向旅游者提供其旅游产品和服务的真实情况，而不得提供虚假情况或者作误导性陈述，也不得故意遗漏相关情况。

（4）合同履行请求权，即旅游者有权要求旅游经营者按照约定提供产品和服务。根据《合同法》的有关规定，依法成立且生效的合同，对当事人具有法律约束力。当事人应当按照约定全面履行自己的义务，不得擅自变更或者解除合同；当事人一方不履行合同义务或者履行合同义务不符合约定的，应当承担继续履行、采取补救措施或者赔偿损失等违约责任。

（5）受尊重权，即旅游者的人格尊严、民族风俗习惯和宗教信仰应当得到尊重。作为旅游者的公民，其人格尊严受法律保护，禁止用侮辱、诽谤等方式损害其名誉；不得以民族风俗习惯和宗教信仰不同受到贬损、歧视和受到不平等待遇；更不得以民族风俗习惯和宗教信仰不同而遭受侮辱甚至人身攻击。

（6）特殊群体的旅游者依法享受便利和优惠权，即残疾人、老年人、未成年人等旅游者在旅游活动中依照法律、法规和有关规定享受便利和优惠。

（7）请求救助和保护权，即旅游者在人身、财产安全遇有危险时，有请求救助和保护的权利。旅游者在行使请求救助和保护的权利时，可以向旅游经营者、当地政府和相关机构请求救助和保护。中国出境旅游者在境外陷于困境时，有权请求我国驻当地机构在其职责范围内给予协助和保护。

（8）依法获得赔偿权，即旅游者人身、财产受到侵害的，有依法获得赔偿的权利。

在旅游活动中旅游者主要负有哪些义务？

根据《旅游法》第13条至第16条及相关规定，在旅游活动中旅游者主要负有以下义务：

（1）遵守公序良俗和文明旅游的义务，即旅游者在旅游活动中应当遵守社会公共秩序和社会公德，尊重当地的风俗习惯、文化传统和宗教信仰，爱护旅游资源，保护生态环境，遵守旅游文明行为规范。

（2）不得损害他人合法权益和干扰他人旅游活动的义务，即旅游者在旅游活动中或者在解决纠纷时,不得损害当地居民的合法权益,不得干扰他人的旅游活动,不得损害旅游经营者和旅游从业人员的合法权益。

（3）如实告知个人健康信息和予以配合的义务,即旅游者购买、接受旅游服务时,应当向旅游经营者如实告知与旅游活动相关的个人健康信息,遵守旅游活动中的安全警示规定;旅游者对国家应对重大突发事件暂时限制旅游活动的措施以及有关部门、机构或者旅游经营者采取的安全防范和应急处置措施,应当予以配合。旅游者违反安全警示规定,或者对国家应对重大突发事件暂时限制旅游活动的措施、安全防范和应急处置措施不予配合的,依法承担相应责任。

（4）出境或入境旅游者不得非法滞留和不得擅自分团、脱团的义务,即出境旅游者不得在境外非法滞留,随团出境的旅游者不得擅自分团、脱团;入境旅游者不得在境内非法滞留,随团入境的旅游者不得擅自分团、脱团。

（5）按照约定或者依法支付旅游费用的义务,即在旅游活动中旅游者应当按照与旅游经营者的约定或者按照国家或者有关部门的规定的数额或标准支付相关费用。

旅游经营者对旅游者所负的安全保障义务具体表现在哪些方面?

根据《旅游法》第 79 条规定,旅游经营者(包括旅行社、旅游饭店、旅游汽车和游船公司、旅游购物商店、旅游娱乐场所和其他经营旅游业务的相关单位)对旅游者所负的安全保障义务具体表现在以下方面:（1）旅游经营者应当严格执行安全生产管理和消防安全管理的法律、法规和国家标准、行业标准,具备相应的安全生产条件,制定旅游者安全保护制度和应急预案。（2）旅游经营者应当对直接为旅游者提供服务的从业人员开展经常性应急救助技能培训,对提供的产品和服务进行安全检验、监测和评估,采取必要措施防止危害发生。（3）旅游经营者组织接待老年人、未成年人、残疾人等旅游者,应当采取相应的安全保障措施。

旅游经营者对旅游活动中的哪些事项,负有向旅游者作出明示说明或者警示的义务?

根据《旅游法》第 80 条规定,旅游经营者应当就可能危及旅游者人身、财产安全的事项向旅游者作出说明或者警示。具体来说,旅游经营者应当

就旅游活动中的下列事项,以明示的方式事先向旅游者作出说明或者警示:
(1)正确使用相关设施、设备的方法;(2)必要的安全防范和应急措施;(3)
未向旅游者开放的经营、服务场所和设施、设备;(4)不适宜参加相关活动
的群体;(5)可能危及旅游者人身、财产安全的其他情形。

突发事件或者旅游安全事故发生后,旅游经营者应当履行哪些义务?

根据《旅游法》第81条的规定,突发事件或者旅游安全事故发生后,旅
游经营者应当履行以下义务:(1)立即采取必要的救助和处置措施。(2)及
时报告旅游行政管理部门,在境外发生的,还应当及时报告中华人民共和国
驻该国使领馆、相关驻外机构、当地警方。(3)对旅游者作出妥善安排。

什么是旅游服务合同? 其主要包括哪些种类?

旅游服务合同是旅行社提供旅游服务,旅游者支付旅游费用的合同。
在旅游服务合同中,旅行社是指依法登记设立的招徕、组织、接待旅游者并
为其提供旅游服务的一方当事人。旅游者则是接受旅行社提供的旅游服务
并支付旅游费用的一方当事人。这里的"旅游服务"包括安排旅程及提供
交通、餐饮、住宿、导游及其他有关服务。《旅游法》第57条规定,旅行社组
织和安排旅游活动,应当与旅游者订立合同。

根据《旅游法》的规定,旅游服务合同主要包括包价旅游合同和旅游代
办合同两种。所谓包价旅游合同,就是指传统意义上的组团合同,是旅行社
提供有关旅行的全部服务(包括吃、住、行、游、购、娱等旅游服务),游客支
付费用的旅游合同。所谓旅游代办合同,也称委托旅游合同或者中间人承
办的旅行合同,是目前旅游者与旅行社签订的包价旅游合同之外的另一种
常见的旅游合同。实践中,旅游者委托旅行社代办部分与旅游有关的服务,
如代订机票、车票、客房,代办出境、入境和签证手续,代办旅游保险等事项,
即属于旅游者与旅行社之间签订的这类合同就是旅游代办合同。

包价旅游合同采取口头形式订立一定无效吗?

根据《旅游法》第58条第1款规定,包价旅游合同应当采用书面形式。
根据《合同法》第10条第2款规定,法律、行政法规规定采用书面形式的,应
当采用书面形式。由于旅游活动涉及的环节比较多,在不同环节的旅游服
务内容及其要求不尽相同,因此,为了便于明确各个环节各方的权利义务与

责任,防范纠纷的发生,旅行社与旅游者订立包价旅游合同应当遵循《旅游法》的规定采用书面形式,不宜采用口头形式或者其他形式。旅游者与旅行社采用口头形式而未采用书面形式订立包价旅游合同的,包价旅游合同不能成立,其对双方当事人不具有约束力。但是,根据《合同法》第36条规定,法律、行政法规规定采用书面形式订立合同,当事人未采用书面形式但一方已经履行主要义务,对方接受的,该合同成立。可见,在包价旅游合同的双方采取口头形式订立包价旅游合同,旅游者已支付了旅游费用,且该费用被合同的另一方当事人即旅行社接受的,双方的包价旅游合同成立,接受了旅游者支付的旅行费用的旅行社不得以双方未签订书面包价旅游合同为由主张合同无效。

包价旅游合同包括哪些内容? 签约时旅行社应向旅游者说明哪些事项?

根据《旅游法》第58条第1款规定,包价旅游合同包括下列内容:

(1)旅行社、旅游者的基本信息。主要包括旅行社的名称及其经营范围、地址、联系电话和旅行社业务经营许可证编号;旅行社经办人的姓名、联系电话;旅游者的姓名、地址、联系方式,等等。当事人的名称或者姓名和地址是确定当事人主体资格、地域管辖的重要依据,因此,包价旅游合同中应当将旅行社、旅游者的基本信息准确、完整地载明。

(2)旅游行程安排。行程安排主要包括旅游行程的客运方式、出发地、途经地和目的地,线路行程时间和食宿安排。这是包价旅游合同的最核心条款之一,它是旅游者享有权利和旅行社履行义务的主要依据。因此,旅游服务合同应当明确、具体的载明旅游行程安排。

(3)旅游团成团的最低人数。旅游团的最低成团人数直接关系到旅游团能否组团成功,旅行社招徕旅游者组团旅游因未达到约定人数不能出团的,组团社可以解除合同。但是,境内旅游应当至少提前7日通知旅游者,出境旅游应当至少提前30日通知旅游者。因未达到约定人数不能出团的,组团社经征得旅游者书面同意,可以委托其他旅行社履行合同。组团社对旅游者承担责任,受委托的旅行社对组团社承担责任。经旅游者同意,旅行社也可以延期出团或者改变其他线路出团。旅游者不同意的,可以解除合同。因未达到约定的成团人数解除合同的,组团社应当向旅游者退还已收取的全部费用。因此,当事人在旅游服务合同中应当明确约定旅游团成团的最低人数。

(4)交通、住宿、餐饮等旅游服务安排和标准。具体包括:交通服务安排及其标准,包括明确交通工具及档次等级、出发时间以及是否需中转等信息;住宿服务安排及其标准,应当明确住宿饭店的名称、地点、星级;酒店如未评星则直接写明酒店名称,不可使用"准四星""四星待评"等模糊用语;非星级饭店应当注明是否有空调、热水、独立卫生间等相关服务设施;用餐(早餐和正餐)服务安排及其标准,应当明确用餐次数、地点、标准。

(5)游览、娱乐等项目的具体内容和时间。主要包括:旅行社统一安排的游览项目的具体内容及时间,应当明确旅游景区点和游览项目名称等,以及各景区点停留的最少时间;需要旅游者另行付费的游览项目及价格;旅行社安排的购物场所的名称,停留时间,以及行程安排的娱乐活动的时间、地点和项目内容。

(6)自由活动时间安排。这里的"自由活动时间",是指旅游行程单中旅行社统一安排的游览、娱乐、购物等项目之外的旅游者可以自主决定和自由活动的时间。

(7)旅游费用及其交纳的期限和方式。旅游费用是指旅游者支付给旅行社的各项旅游服务费用,一般包括:交通费;住宿费;餐费;景区景点的门票费;行程中安排的其他项目费用;导游服务费和旅行社(含旅游目的地地接旅行社)的其他服务费用。旅游费用一般不包括以下费用:旅游者投保的个人旅游保险费用;合同约定需要旅游者另行付费项目的费用;合同未约定由旅行社支付的费用;行程中发生的应当由旅游者个人承担的其他费用。包价旅游合同必须约定旅游费用,包括币种(以人民币支付还是以外币支付)、交付期限、交付方式(一次性交付还是分期交付)、结算方式(以现金结算还是转账结算)等。

(8)违约责任和解决纠纷的方式。在旅游服务合同中,当事人的违约责任主要是指一方不履行合同义务和履行合同义务不符合约定应当承担的责任。违约责任承担方式主要包括继续履行、采取补救措施或者赔偿损失等。旅游者与旅行社可以约定的解决纠纷的方式有以下几种：①双方协商解决；②向消费者协会、旅游投诉受理机构或者有关调解组织申请调解解决；③根据与旅游经营者达成的仲裁协议提请仲裁机构仲裁；④向人民法院提起诉讼。

（9）法律、法规规定和双方约定的其他事项。《旅行社条例》中规定，旅游合同中应当载明签约地点和日期，以及旅游服务监督、投诉电话等。上述事项，既可以保证旅游合同的顺利实施，也可以及时对旅行社的违约行为进行监督，应当在旅游合同中作出明确约定。此外，转团安排、意外险购买提示、各种安全须知、其他温馨提示等，通常也在合同签订时一并在合同中或者合同附件中告知游客。

根据《旅游法》第58条第2款规定，订立包价旅游合同时，旅行社应当向旅游者详细说明本条第1款第2项至第8项所载内容。包价旅游合同一般是由旅行社提供的为了重复使用而预先拟定的合同条款，旅游合同约定不明确或者当事人对格式条款的理解发生争议的，应当按照通常理解予以解释；对格式条款有两种以上解释的，应当作出有利于旅游者的解释；格式条款和非格式条款不一致的，应当采用非格式条款。

旅游行程单主要载明哪些事项？旅行社可以不向旅游者提供旅游行程单吗？

旅游行程单简称行程单或者行程表，是旅行社提供给游客的写明某个旅游线路的日程安排、服务标准、注意事项的一份文件。旅游行程单主要对以下内容作出明确说明：（1）本次旅游行程的出发地、途经地、目的地，线路行程时间和具体安排（按自然日计算，含乘飞机、车、船等在途时间，不足24小时以1日计）；（2）旅游目的地地接旅行社的名称、地址、联系人和联系电话；（3）交通服务安排及其标准（明确交通工具及档次等级、出发时间以及是否需中转等信息）；（4）住宿服务安排及其标准（明确住宿饭店的名称、地点、星级，非星级饭店应当注明是否有空调、热水、独立卫生间等相关服务设施）；（5）用餐（早餐和正餐）服务安排及其标准（明确用餐次数、地点、标准）；（6）旅行社统一安排的游览项目的具体内容及时间（明确旅游线路内容包括景区点及游览项目名称等，景区点停留的最少时间）；（7）自由活动的时间和次数;(8)购物安排(列明购物场所名称、停留的最多时间及主要商品等内容);(9)行程安排的娱乐活动(明确娱乐活动的时间、地点和项目内容);(10)另行付费项目(如有安排,旅行社应当在签约时向旅游者提供《另行付费项目表》,列明另行付费项目的价格、参加该另行付费项目的交通费和导游服务费等,由旅游者自愿选择并签字确认后作为旅游合同的组成部分;另行付费项目应当以不影响原计划行程为原则)。

《旅游法》第59条规定,旅行社应当在旅游行程开始前向旅游者提供旅游行程单。旅游行程单是包价旅游合同的组成部分。可见,旅游行程单是旅行者了解旅行安排的行动指南,是旅游合同的必备附件,经双方签字或者盖章确认后,作为旅游合同的组成部分。因此,在订立包价旅游合同时旅行社应当主动向旅游者提供旅游行程单,旅游者要求旅行社提供旅游行程单的,旅行社不得拒绝提供。

旅行社可以委托其他旅行社与旅游者订立包价旅游合同吗?

《旅游法》第60条第1款规定,旅行社委托其他旅行社代理销售包价旅游产品并与旅游者订立包价旅游合同的,应当在包价旅游合同中载明委托社和代理社的基本信息。可见,旅行社可以委托其他旅行社与旅游者代订包价旅游合同。《民法通则》第63条第2款规定,代理人在代理权限内,以被代理人的名义实施民事法律行为。被代理人对代理人的代理行为,承担民事责任。据此,代理社在委托社的委托事项范围内与旅游者订立包价旅游合同的,其法律后果由委托社承担;代理社没有代理权、超越代理权或者代理权终止后的行为,只有经过委托社的追认,委托社才承担民事责任。未经追认的行为,由代理社承担民事责任。委托社知道代理社以委托社名义与旅游者订立合同而不作否认表示的,视为同意,代理社的代理后果应当由委托社承担。

旅行社可以将包价旅游合同中的接待业务委托给地接社履行吗?

地接社是指接受委托社委托,在目的地接待旅游者的旅行社。《旅游法》第60条第2款规定,旅行社依照本法规定将包价旅游合同中的接待业务委托给地接社履行的,应当在包价旅游合同中载明地接社的基本信息。可见,旅行社可以依法将包价旅游合同中的接待业务委托给地接社履行。

但是,地接社履行接待业务,应当按照包价旅游合同和其与委托社订立的委托合同的约定向旅游者提供接待服务。地接社提供的接待业务达不到包价旅游合同约定标准,或者包价旅游合同未作约定的情况下达不到通常接待标准的,旅行社应当依法向旅游者承担违约责任。因地接社原因造成旅行社对旅游者违约的,由此给委托社造成的损失,委托社可以向地接社要求赔偿。

旅行社委托订立包价旅游合同或将其中的接待业务委托给地接社履行的,合同中应当载明哪些事项？

《旅游法》第 60 条第 1 款和第 2 款规定,旅行社委托其他旅行社代理销售包价旅游产品并与旅游者订立包价旅游合同的,应当在包价旅游合同中载明委托社和代理社的基本信息。旅行社依照本法规定将包价旅游合同中的接待业务委托给地接社履行的,应当在包价旅游合同中载明地接社的基本信息。可见,委托其他旅行社代理销售包价旅游产品并与旅游者订立包价旅游合同,作为委托社其与旅游者是包价旅游合同的双方当事人,订立包价旅游合同时,应当在合同中载明委托社和代理社的名称、住所、法定代理人和联系方式等基本信息。旅行社依法将包价旅游合同中的接待业务委托给地接社履行的,也应当在包价旅游合同中载明地接社的名称、住所、法定代理人和联系方式等基本信息。此外,根据《旅游法》第 60 条第 3 款规定,安排导游为旅游者提供服务的,应当在包价旅游合同中载明导游服务费用。

订立和履行包价旅游合同时旅行社应当向旅游者告知和提示哪些事项？

《旅游法》第 62 条规定,订立包价旅游合同时,旅行社应当向旅游者告知下列事项:(1)旅游者不适合参加旅游活动的情形;(2)旅游活动中的安全注意事项;(3)旅行社依法可以减免责任的信息;(4)旅游者应当注意的旅游目的地相关法律、法规和风俗习惯、宗教禁忌,依照中国法律不宜参加的活动等;(5)法律、法规规定的其他应当告知的事项。在包价旅游合同履行中,遇有前款规定事项的,旅行社也应当告知旅游者。根据本法第 61 条规定,旅行社应当提示参加团队旅游的旅游者按照规定投保人身意外伤害保险。

旅行社将包价旅游合同中的接待业务委托给地接社履行的,应履行什么手续?

《旅游法》第 69 条第 1 款规定,旅行社应当按照包价旅游合同的约定履行义务,不得擅自变更旅游行程安排。根据本条第 2 款规定,经旅游者同意,旅行社将包价旅游合同中的接待业务委托给其他具有相应资质的地接社履行的,应当与地接社订立书面委托合同,约定双方的权利和义务,向地接社提供与旅游者订立的包价旅游合同的副本,并向地接社支付不低于接待和服务成本的费用。地接社应当按照包价旅游合同和委托合同提供服务。

包价旅游合同订立后,因旅游者请求变更旅游行程安排而增加或减少的费用如何承担?

旅行社组织和安排旅游活动,应当与旅游者签订旅游合同。在旅游合同签订过程中,旅行社可以根据旅游者的具体要求安排旅游行程,制作并向旅游者提供旅游行程单。旅游者独立成团的可以根据团队的需要定制并修改某条线路的行程单。旅行社应当向旅游者提供带团号的旅游行程单,经双方签字或者盖章确认后,作为旅游合同的组成部分。旅行社应当按照旅游行程单确定的内容安排旅游行程。旅游过程中,旅游者根据自身的需要以及客观情况的变化可能希望变更旅游行程安排。例如,某考察团根据考察任务的实际需要,要求变更行程线路、游览的项目及时间。又如,旅游者发现某旅游城市非常适宜购物,请求旅行社将某次游览活动变更为购物安排。旅游者请求变更行程安排的,应当与旅行社协商,取得旅行社的同意。根据《旅游法》第 73 条规定,旅行社根据旅游者的具体要求安排旅游行程,与旅游者订立包价旅游合同的,旅游者请求变更旅游行程安排,因此增加的费用由旅游者承担,减少的费用退还旅游者。

组团旅游时旅行社能否因未达到约定的出团人数解除合同?

根据商业惯例,组团旅游时旅游团应当达到一定的人数。这是因为,当旅游团的人数达到一定规模后,旅行社可以从铁路、航空、宾馆饭店、景区等服务单位得到相应的优惠,从而为旅行社带来一定的经营利益,这是旅行社收益的重要来源。从维护旅行社合法收益的角度考虑,《旅游法》第 63 条第 1 款规定,旅行社招徕旅游者组团旅游,因未达到约定人数不能出团的,组团社可以解除合同。但是,境内旅游应当至少提前 7 日通知旅游者,出境旅游应当至少提前 30 日通知旅游者。根据本条第 3 款规定,因未达到约定的成团人数解除合同的,组团社应当向旅游者退还已收取的全部费用。

因不能出团组团社委托其他旅行社履行合同的,组团社和受托社的责任如何划分?

《旅游法》第 63 条第 2 款规定,因未达到约定人数不能出团的,组团社经征得旅游者书面同意,可以委托其他旅行社履行合同。组团社对旅游者承担责任,受委托的旅行社对组团社承担责任。旅游者不同意的,可以解除合同。可见,因未达到旅游服务合同中约定的出团人数或者因其他原因不能出团的,在征得旅游者的书面同意后,组团社可以委托其他旅行社代为履行其与旅游者订立的旅游服务合同。旅游者不同意的,可以与组团社解除旅游服务合同,组团社应当向旅游者退还已收取的全部费用。但是,组团社委托其他旅行社代为履行合同的,不得因此降低各项旅游服务标准,或者减少合同约定的服务项目等,否则,由此构成违约的,组团社应当向旅游者承担违约责任。组团社因此所遭受的损失,可以要求受托社赔偿。

旅游行程开始前,旅游者可以将包价旅游合同转让给第三人吗?

《旅游法》第 64 条规定,旅游行程开始前,旅游者可以将包价旅游合同中自身的权利义务转让给第三人,旅行社没有正当理由的不得拒绝,因此增加的费用由旅游者和第三人承担。《最高人民法院关于审理旅游纠纷案件适用法律若干问题的规定》第 11 条也明确规定,除合同性质不宜转让或者合同另有约定之外,在旅游行程开始前的合理期间内,旅游者将其在旅游合同中的权利义务转让给第三人,请求确认转让合同效力的,人民法院应予支持。因前款所述原因,旅游经营者请求旅游者、第三人给付增加的费用或者旅游者请求旅游经营者退还减少的费用的,人民法院应予支持。可见,旅游行程开始前,旅游者无论因自身状况不适或者受经济条件或者时间安排等限制决定退出包价旅游合同的,可以将包价旅游合同中自身的权利义务转让给第三人,由第三人替代与旅行社订立合同的原旅游者作为包价旅游合同的一方当事人。但是,除包价旅游合同规定旅游者不得转让包价旅游合同或者根据包价旅游合同的性质不宜转让外,旅行社没有其他正当理由的不得拒绝旅游者转让包价旅游合同。包价旅游合同转让后,作为包价旅游合同转让方完全退出合同,而包价旅游合同受让方作为当事人享有包价旅游合同的权利和履行包价旅游合同的义务。因包价旅游合同转让给旅行社增加的费用由作为转让人的原旅游者和作为受让人的第三人承担。

旅游行程结束前旅游者解除合同的,应承担什么责任?

《旅游法》第65条规定,旅游行程结束前,旅游者解除合同的,组团社应当在扣除必要的费用后,将余款退还旅游者。据此,在旅游合同中,旅游者在旅游行程结束前可以任意解除合同,即在旅游者既不具有法定解除情形而又未与旅行社协商并经其同意解除的情况下,旅行者可以解除合同,这是旅游合同解除的独特之处。根据上述规定,旅游者解除旅游合同的,其不负有继续履行、支付赔偿金、赔偿旅行社损失的责任,但是,任意解除合同的旅游者负有承担旅行社为其支付的必要费用的义务,如旅游开始前旅行社为预订机票、办理护照签证等所需费用,旅游过程中旅行社为其支付的交通、住宿、餐饮、参观游览等费用,属于必要的费用。组团社在旅游者向其支付的旅游费用中扣除应当由旅游者承担的有关必要费用后,应当将余款退还旅游者。

旅游者有何种情形之一的,旅行社可以解除合同?

《旅游法》第66条第1款规定了旅行社的法定解除权,即旅游者有下列情形之一的,旅行社可以解除合同:

(1)患有传染病等疾病,可能危害其他旅游者健康和安全的。根据国家有关规定,我国传染病分为甲、乙、丙三类:甲类传染病是指鼠疫、霍乱;乙类传染病包括传染性非典型肺炎、艾滋病、病毒性肝炎、肺结核、伤寒等二十几种;丙类传染病包括流行性感冒、流行性腮腺炎、风疹、手足口病等十几种。上述以外的其他传染病,根据其暴发、流行情况和危害程度,需要列入乙类、丙类传染病的,由国务院卫生行政部门决定并予以公布。旅游者患有上述传染病,可能危害其他旅游者健康和安全的,旅行社可以解除合同。旅游者患有其他疾病,虽不具有传染性,但对其他旅游者的健康和安全可能造成危害的,旅行社也可以解除合同。

（2）携带危害公共安全的物品且不同意交有关部门处理的。这里所称的"危害公共安全的物品"主要包括枪支、弹药、管制刀具或者爆炸性、易燃性、放射性、毒害性、腐蚀性物品等。旅游者携带上述危害公共安全的物品且不同意交有关部门处理的,旅行社为了确保其他旅游者的人身安全和旅游行程的顺利进行,有权解除合同。

（3）从事违法或者违反社会公德的活动的。旅游者在参加旅游活动过程中,应当遵守国家的法律法规以及旅游目的地国的法律法规,不在旅游行程中从事违法活动;遵守公共秩序和社会公德,尊重当地的民族风俗习惯、宗教禁忌;举止文明,不在景区建筑和文物古迹上乱刻乱画等。旅游者从事违法或者违反社会公德的活动的,旅行社有权解除合同。

（4）从事严重影响其他旅游者权益的活动,且不听劝阻、不能制止的。旅游者在旅游过程中从事严重影响其他旅游者权益的活动,旅行社经劝阻、制止无效的,可以解除合同。

（5）法律规定的其他情形。除上述规定的四种情形外,旅行社具备法律、行政法规规定的有权解除合同的情形的,可以解除合同。

组团社行使法定解除权与旅游者解除合同的,旅游者应当承担什么责任?

《旅游法》第66条第2款规定,因前款规定情形解除合同的,组团社应当在扣除必要的费用后,将余款退还旅游者;给旅行社造成损失的,旅游者应当依法承担赔偿责任。据此,旅游者具有《旅游法》第66条第1款规定的情形之一,导致组团社行使解除权与其解除合同的,旅游者应当向旅行社支付旅行社为其所支出的必要费用,包括交通、住宿、餐饮、参观游览、娱乐、办理护照签证等应当由旅游者支付的费用。旅行社从旅游者向其支付的旅游费中扣除费用后有剩余的,应当将余款退还旅游者;因行使法定解除权解除合同给旅行社造成损失的,旅游者应当依法承担赔偿责任。

非归因于旅行社、履行辅助人原因导致合同不能履行的,应如何处理?

非归因于旅行社及其履行辅助人原因导致旅游服务合同不能履行的情形,主要是指因不可抗力或者旅行社、履行辅助人主观上虽无过错,但仍不能避免的情形。不可抗力,是指不能预见、不能避免并不能克服的客观情况。

一般说来,以下情况通常被认为属于不可抗力:(1)地震、水灾、海啸、火山爆发等自然灾害;(2)战争;(3)罢工、骚乱等阻碍民事法律行为实施的社会异常事件。根据民事责任承担的主观过错理论,过错分为故意和过失两种。故意,是指行为人已经预见自己行为的后果,仍希望它发生或者听任它发生的主观心理状态;过失,则是行为人对自己的行为后果未尽到必要的合理注意义务。履行辅助人,是指与旅行社存在合作关系,协助其履行包价旅游合同义务,实际提供交通、游览、住宿、餐饮、娱乐等旅游服务的法人或者自然人。

根据《旅游法》第 67 条第 1 项规定,因不可抗力或者旅行社、履行辅助人已尽合理注意义务仍不能避免的事件,影响旅游行程,导致合同不能继续履行的,旅行社和旅游者均可以解除合同。合同不能完全履行的,旅行社经向旅游者作出说明,可以在合理范围内变更合同;旅游者不同意变更的,可以解除合同。根据本条第 2 项规定,合同解除的,组团社应当在扣除已向地接社或者履行辅助人支付且不可退还的费用后,将余款退还旅游者;合同变更的,因此增加的费用由旅游者承担,减少的费用退还旅游者。

旅行社对非归因于自身原因导致危及旅游者人身、财产安全的情事采取措施而支出的费用,应由何方承担?

根据《旅游法》的规定,旅行社对旅游者负有安全保障义务,对可能危及旅游者人身、财产安全的事项,应当向旅游者作出真实的说明和明确的警示,并采取合理必要措施防止危害发生。因不可抗力危及旅游者人身、财产权益安全的,旅行社应当采取合理必要的保护和救助措施。根据《旅游法》第 67 条第 3 项规定,因不可抗力或者旅行社、履行辅助人已尽合理注意义务仍不能避免的事件,危及旅游者人身、财产安全的,旅行社应当采取相应的安全措施,因此支出的费用,由旅行社与旅游者分担。

对非归因于旅行社原因造成旅游者滞留的,旅行社采取安置措施而增加的费用如何承担?

根据《旅游法》第 67 条第 4 项规定,因不可抗力或者旅行社、履行辅助人已尽合理注意义务仍不能避免的事件,造成旅游者滞留的,旅行社应当采取相应的安置措施。因此增加的食宿费用,由旅游者承担;增加的返程费用,由旅行社与旅游者分担。据此,对于因不可抗力或者旅行社、履行辅助人已尽合理注意义务仍不能避免的事件造成的旅游者滞留机场、车站、码头、旅游景区或者旅游途中,旅行社应当及时报告当地旅游行政管理部门,保证人员安全,并采取相应的安置措施,并为旅游者安排住宿和饮食等。滞留期间发生的费用可由旅行社先行垫付。回程后,因此增加的食宿费用,由旅游者承担;增加的返程费用,由旅行社与旅游者合理分担。

旅游行程中解除合同的,旅行社应对旅游者履行什么义务?

根据《旅游法》的规定,旅游服务合同的解除可分为协商解除、法定解除和任意解除。根据《旅游法》第68条规定,旅游行程中无论任何一方当事人以何种方式解除合同,旅行社都应当履行协助义务,协助旅游者返回出发地或者旅游者指定的合理地点。在合同解除地地理位置比较偏僻、寻找交通工具不方便的情况下,旅行社应当通过相关渠道为旅游者安排交通工具等协助旅游者返回出发地或者旅游者指定的合理地点。根据《旅游法》第68条规定,旅行社除了履行协助义务外,由于旅行社或者履行辅助人的原因导致合同解除的,返程费用由旅行社承担。

旅行社将包价旅游合同中的接待业务委托给地接社履行的,地接社能否提高收费标准或降低服务标准?

《旅游法》第69条规定,旅行社应当按照包价旅游合同的约定履行义务,不得擅自变更旅游行程安排。经旅游者同意,旅行社将包价旅游合同中的接待业务委托给其他具有相应资质的地接社履行的,应当与地接社订立书面委托合同,约定双方的权利和义务,向地接社提供与旅游者订立的包价旅游合同的副本,并向地接社支付不低于接待和服务成本的费用。地接社应当按照包价旅游合同和委托合同提供服务。可见,经旅游者同意,旅行社将包价旅游合同中的接待业务委托给其他具有相应资质的地接社履行的,地接社应当按照包价旅游合同和委托合同提供服务,其旅游服务收费不得高于包价旅游合同约定的标准,其提供的旅游服务亦不得低于包价旅游合同约定的标准。

旅行社不履行包价旅游合同义务或者履行合同义务不符合约定的,应承担什么责任?

根据《合同法》第107条规定,合同当事人一方不履行合同义务或者履行合同义务不符合约定的构成违约,应当承担违约责任。对此,《旅游法》第 70 条第 1 款明确规定,旅行社不履行包价旅游合同义务或者履行合同义务不符合约定的,应当依法承担以下违约责任:

(1)继续履行,即在旅行社拒绝履行包价旅游合同约定的义务的情况下,旅游者有权要求违约的旅行社按照约定继续履行合同约定的义务。

(2)采取补救措施,即旅行社不按照包价旅游合同约定适当履行合同义务的情况下,应当采取补救措施,以使其提供的旅游服务达到合同约定的标准或符合合同的要求。

(3)赔偿损失,即旅行社应当依照法律规定或者合同约定赔偿因其违约行为给旅游者所造成的损失。根据《合同法》的有关规定,损失赔偿额应当相当于因违约所造成的损失,包括合同履行后可以获得的利益,但不得超过违反合同一方订立合同时预见到或者应当预见到的因违反合同可能造成的损失。

(4)支付违约金,如双方当事人约定旅行社承担违约金责任的,作为违约方当事人的旅行社应当向旅游者支付违约金而不必赔偿损失。根据《合同法》第 114 条第 2 款规定,约定的违约金低于造成的损失的,当事人可以请求人民法院或者仲裁机构予以增加;约定的违约金过分高于造成的损失的,当事人可以请求人民法院或者仲裁机构予以适当减少。但根据本条第 3 款规定,当事人就迟延履行约定违约金的,违约方支付违约金后,还应当履行债务。

(5)支付赔偿金。旅行社具备履行条件,经旅游者要求仍拒绝履行合同,造成旅游者人身损害、滞留等严重后果的,旅游者还可以要求旅行社支付旅游费用 1 倍以上 3 倍以下的赔偿金。

在什么情形下,旅行社对旅游者的人身损害、财产损失不承担责任?

《旅游法》第 70 条第 2 款规定,由于旅游者自身原因导致包价旅游合同不能履行或者不能按照约定履行,或者造成旅游者人身损害、财产损失的,旅行社不承担责任。根据旅游服务合同履行的实际情况,这里"旅游者导致包价旅游合同不能履行或者不能按照约定履行"的自身原因,主要是指旅游者拒绝支付或者不按照合同约定支付旅游费用,拒绝乘坐旅行社按照合同约定提供的交通工具、拒不按照合同约定的旅游项目旅行等违约行为;这里"旅游者造成人身损害、财产损失"的自身原因,主要是指旅游者因故意或者过失造成自己或者同行的其他旅游者的人身损害、财产损失等行为;旅游者违反安全警示规定,或者对国家应对重大突发事件暂时限制旅游活动的措施、安全防范和应急处置措施不予配合的行为;出境旅游者在境外非法滞留,随团出境的旅游者擅自分团、脱团等行为;旅游者未按旅游经营者、旅游辅助服务者的要求提供与旅游活动相关的个人健康信息并履行如实告知义务,参加不适合自身条件的旅游活动,导致旅游过程中出现人身损害、财产损失的行为。根据《旅游法》第70条第2款规定,由于旅游者自身原因导致包价旅游合同不能履行或者不能按照约定履行的,旅行社不仅无需向旅游者承担违约责任,而且有权要求旅游者承担相应的赔偿责任。

在什么情形下,旅行社对旅游者在自行安排活动期间所遭受的人身损害、财产损失应承担责任?

旅游者自行安排活动期间,一般包括旅行社安排的在旅游行程中独立的自由活动期间、旅游者不参加旅游行程的活动期间以及旅游者经导游或者领队同意暂时离队的个人活动期间等。根据《旅游法》的规定,旅行社对旅游者负有人身、财产安全的保障义务。首先,旅行社对可能危及旅游者人身、财产安全的事项,应当向旅游者作出真实的说明和明确的提示。其次,旅游者在自行安排活动期间遭受人身损害、财产损失的,旅行社应当及时给予救助。对此,《旅游法》第70条第3款明确规定,在旅游者自行安排活动期间,旅行社未尽到安全提示、救助义务的,应当对旅游者的人身损害、财产损失承担相应责任。

由于地接社、履行辅助人的原因导致违约的,旅游者能否要求组团社承担责任?

根据《旅游法》的规定,旅行社与旅游者是合同的双方当事人,旅行社应当按照包价旅游合同的约定履行义务。旅行社依照本法规定将包价旅游合同中的接待业务委托给地接社履行的,地接社是接受组团社委托,在目的地接待旅游者的旅行社。履行辅助人是与旅行社存在合作关系,协助旅行社履行旅游合同义务,实际提供交通、游览、住宿、餐饮、娱乐等旅游服务的法人或者自然人。虽然地接社实际承担旅游接待任务,履行辅助人提供住宿、餐饮、交通等旅游服务,但他们都不是旅游合同的当事人。因此,《旅游法》第71条第1款明确规定,由于地接社、履行辅助人的原因导致违约的,由组团社承担责任;组团社承担责任后可以向地接社、履行辅助人追偿。

旅游者由于地接社、履行辅助人的原因造成人身损害、财产损失的,可以要求谁承担责任?

《旅游法》第71条第1款是对因地接社、履行辅助人的原因导致组团社违约而承担违约责任的规定,本条第2款则是由于地接社、履行辅助人原因对旅游者构成侵权而承担侵权责任的规定。本条第2款规定,由于地接社、履行辅助人的原因造成旅游者人身损害、财产损失的,旅游者可以要求地接社、履行辅助人承担赔偿责任,也可以要求组团社承担赔偿责任;组团社承担责任后可以向地接社、履行辅助人追偿。据此,地接社、履行辅助人对旅游者未尽到安全保障义务、危险告知义务或警示义务造成旅游者人身损害、财产损失的,或者因地接社、履行辅助人对旅游者故意或过失侵权造成旅游者人身损害、财产损失的,旅游者可以要求地接社、履行辅助人承担赔偿责任,也可以要求组团社承担赔偿责任。但是,根据上述规定,由于航空公司、铁路部门、长途客运公司等公共交通经营者的原因造成旅游者人身损害、财产损失的,由公共交通经营者依法承担赔偿责任,旅行社仅对旅游者向公共交通经营者索赔负有协助义务,旅游者无权要求组团社承担赔偿责任。

旅行社接受旅游者的委托处理委托事务给旅游者造成损失的,是否承担赔偿责任?

根据《合同法》的规定,旅行社接受旅游者的委托处理委托事务(包括旅行社为旅游者代订交通、住宿、餐饮、游览、娱乐等旅游服务)的,在旅游者和旅行社之间形成委托合同关系。委托合同既可以是有偿合同,又可以是无偿合同。根据本法第406条规定,对于有偿的委托合同,因受托人的过错(包括故意和过失)给委托人造成损失的,委托人都可以要求赔偿损失。对于无偿的委托合同,因受托人的故意或者重大过失给委托人造成损失的,委托人才可以要求赔偿损失。对此,《旅游法》第74条第1款也明确规定,旅行社接受旅游者的委托,为其代订交通、住宿、餐饮、游览、娱乐等旅游服务,收取代办费用的,应当亲自处理委托事务。因旅行社的过错给旅游者造成损失的,旅行社应当承担赔偿责任。据此,旅行社有偿为旅游者提供代订交通、住宿、餐饮、游览、娱乐等旅游服务的,作为受托人的旅行社给委托人造成损失的,其承担过错责任,作为委托人的旅游者可以要求赔偿损失。但根据《合同法》第406条规定,旅行社无偿为旅游者代办旅游服务给旅游者造成损失的,只有旅行社存在故意或重大过失的情况下,旅游者才可以要求其承担赔偿责任。否则,旅行社在一般过失和轻微过失的情况下给旅游者造成损失的,旅游者无权要求其承担赔偿责任。

住宿经营者不按照旅游服务合同为团队旅游者提供住宿服务的,应承担什么责任?

在旅游合同关系中,住宿经营者包括旅馆、饭店等,其受旅行社委托,向旅游者提供住宿、餐饮等方面的服务,属于履行辅助人。住宿经营者能够按照旅行社与旅游者在旅游服务合同约定服务项目和服务标准提供住宿服务,是旅游合同中的一项重要内容。对此,《旅游法》第75条明确规定,住宿经营者应当按照旅游服务合同的约定为团队旅游者提供住宿服务。住宿经营者未能按照旅游服务合同提供服务的,应当为旅游者提供不低于原定标准的住宿服务,因此增加的费用由住宿经营者承担;但由于不可抗力、政府因公共利益需要采取措施造成不能提供服务的,住宿经营者应当协助安排旅游者住宿。可见,住宿经营者在由于不可抗力、政府因公共利益需要采取措施造成不能提供服务依法免责的情况下,其仍然对旅游者负有协助义务,即其应当通过联系当地其他住宿经营者或者采取其他必要措施协助安排旅游者住宿。在住宿经营者依法免责和协助安排旅游者住宿的情况下,因此增加的住宿等必要费用应由旅游者承担。

旅行社为获取回扣安排旅游者购物或者另行付费旅游项目的,应承担什么责任?

根据《旅游法》第35条规定,旅行社不得以不合理的低价组织旅游活动,诱骗旅游者,并通过安排购物或者另行付费旅游项目获取回扣等不正当利益。旅行社组织、接待旅游者,不得指定具体购物场所,不得安排另行付费旅游项目。但是,经双方协商一致或者旅游者要求,且不影响其他旅游者行程安排的除外。发生违反上述规定情形的,旅游者有权在旅游行程结束后 30 日内,要求旅行社为其办理退货并先行垫付退货货款,或者退还另行付费旅游项目的费用。据此,旅行社拒不履行上述义务的,旅游者可以依法要求其承担赔偿责任。

景区、住宿经营者将其经营项目或场地交由他人经营,其对经营行为给旅游者造成的损害,是否承担责任?

根据《旅游法》第 54 条规定,景区、住宿经营者将其部分经营项目或者场地交由他人从事住宿、餐饮、购物、游览、娱乐、旅游交通等经营的,应当对实际经营者的经营行为给旅游者造成的损害承担连带责任。据此,景区、住宿经营者将其部分经营项目或者场地通过承包、出租、挂靠或者无偿转让等方式交由他人从事住宿、餐饮、购物、游览、娱乐、旅游交通等经营的,当实际经营者的经营行为因违反法定义务或者约定义务给旅游者造成人身、财产损害的,景区、住宿的经营者和实际经营者负有连带责任。

旅游者因人身、财产安全遇有危险而接受相关组织或者机构的救助后,是否承担有关费用?

根据《旅游法》第 82 条规定,旅游者在人身、财产安全遇有危险时,有权请求旅游经营者、当地政府和相关机构进行及时救助。中国出境旅游者在境外陷于困境时,有权请求中国驻当地机构在其职责范围内给予协助和保护。旅游者接受相关组织或者机构的救助后,应当支付应由个人承担的费用。

第四部分　消费者权益保护

一、消费者的权利

消费者有权要求经营者提供的商品和服务达到什么要求？

根据《消费者权益保护法》第 2 条规定,消费者是指为生活消费需要购买、使用商品或者接受服务的商品购买人、使用人或者服务接受者,其消费权益受《消费者权益保护法》及相关法律、法规的保护。根据本法第 3 条规定,经营者是指为消费者提供其生产、销售的商品或者提供服务的商品生产者、销售者和服务提供者,其经营行为受《消费者权益保护法》及相关法律、法规的约束。

《消费者权益保护法》第 7 条规定,消费者在购买、使用商品和接受服务时享有人身、财产安全不受损害的权利。消费者有权要求经营者提供的商品和服务,符合保障人身、财产安全的要求。据此,消费者有权要求经营者提供的商品和服务符合下列要求:(1)不存在危及人身、财产安全的不合理的危险,有保障人体健康和人身、财产安全的国家标准、行业标准的,应当符合该标准;(2)具备产品应当具备的使用性能,但是,对产品存在使用性能的瑕疵作出说明的除外;(3)符合在产品或者其包装上注明采用的产品标准,符合以产品说明、实物样品等方式表明的质量状况。

此外,本法第 16 条第 1 款和第 2 款进一步规定,经营者向消费者提供商品或者服务,应当依照本法和其他有关法律、法规的规定履行义务。经营者和消费者有约定的,应当按照约定履行义务,但双方的约定不得违背法律、法规的规定。

消费者购买商品或者接受服务时有权知悉商品或服务的哪些有关情况？

《消费者权益保护法》第 8 条规定,消费者享有知悉其购买、使用的商品或者接受的服务的真实情况的权利。消费者有权根据商品或者服务的不同情况,要求经营者提供商品的价格、产地、生产者、用途、性能、规格、等级、主要成份、生产日期、有效期限、检验合格证明、使用方法说明书、售后服务,或者服务的内容、规格、费用等有关情况。本法第 20 条第 2 款规定,经营者对消费者就其提供的商品或者服务的质量和使用方法等问题提出的询问,应当作出真实、明确的答复。可见,消费者享有知悉购买、使用的商品或者接受的服务的真实情况的权利,经营者负有作出真实、明确答复的义务。因此,消费者在购买商品或接受服务时,有权了解购买的商品的价格、产地、生产者、用途、性能、规格、等级、主要成份、生产日期、有效期限、使用方法、售后服务,或者服务的内容、规格、费用等有关情况,经营者故意隐瞒提供商品或服务的真实情况或拒绝回答的,将构成对消费者知情权的侵犯。

消费者对商品或服务经挑选后不满意的,可以拒绝购买或接受吗？

《消费者权益保护法》第 9 条规定,消费者享有自主选择商品或者服务的权利。消费者有权自主选择提供商品或者服务的经营者,自主选择商品品种或者服务方式,自主决定购买或者不购买任何一种商品、接受或者不接受任何一项服务。消费者在自主选择商品或者服务时,有权进行比较、鉴别和挑选。据此,消费者对经营者提供的有关商品或者服务经挑选后不满意的,有权拒绝购买或接受,经营者不得强迫消费者进行交易。

消费者购买商品或接受服务时索要购货凭证或服务单据,经营者有权拒绝吗？

购货凭证和服务单据,是指买卖活动完成和提供服务后,商品的销售者和服务的提供者向商品购买者和服务的接受者出具的有关商品价格、服务内容和收费数额等情况的书面凭证。购货凭证和服务单据的内容,一般包括商品的销售者和服务的提供者名称,商品或服务的名称、数量、价格以及销售商品或提供服务的日期等。当消费者因购买、使用商品或接受服务,其权益受到损害时,购货凭证和服务单据是证明经营者承担法律责任的一个重要依据。《消费者权益保护法》第22条规定,经营者提供商品或者服务,应当按照国家有关规定或者商业惯例向消费者出具发票等购货凭证或者服务单据;消费者索要发票等购货凭证或者服务单据的,经营者必须出具。据此,消费者在购买商品或接受服务时要求销售者或服务的提供者出具完整的、合格的和真实的凭证或单据的,经营者无权拒绝。即使在消费者不索要或者忘记索要的情况下,经营者也应积极主动地依法出具购货凭证或服务单据。

二、经营者的义务

经营者对可能危及人身、财产安全的商品和服务,应采取哪些措施?

《消费者权益保护法》第18条第1款规定,经营者应当保证其提供的商品或者服务符合保障人身、财产安全的要求。对可能危及人身、财产安全的商品和服务,应当向消费者作出真实的说明和明确的警示,并说明和标明正确使用商品或者接受服务的方法以及防止危害发生的方法。

经营者发现其提供的商品或者服务存在缺陷,有危及人身、财产安全危险的,应采取哪些措施?

商品或者服务存在缺陷,是指经营者提供的商品或服务存在危及人身、他人财产安全的不合理的危险;商品或服务有保障人体健康和人身、财产安全的国家标准、行业标准的,是指不符合该标准。根据《消费者权益保护法》第19条规定,经营者发现其提供的商品或者服务存在缺陷,有危及人身、财产安全危险的,应当立即向有关行政部门报告和告知消费者,并采取停止销售、警示、召回、无害化处理、销毁、停止生产或者服务等措施。采取召回措施的,经营者应当承担消费者因商品被召回支出的必要费用。

产品或者其包装上的标识应符合什么要求?

根据《中华人民共和国产品质量法》(以下简称《产品质量法》)第27条规定,产品或者其包装上的标识必须真实,并符合下列要求:(1)有产品质量检验合格证明。(2)有中文标明的产品名称、生产厂厂名和厂址。(3)根据产品的特点和使用要求,需要标明产品规格、等级、所含主要成份的名称和含量的,用中文相应予以标明;需要事先让消费者知晓的,应当在外包装上标明,或者预先向消费者提供有关资料。(4)限期使用的产品,应当在显著位置清晰地标明生产日期和安全使用期或者失效日期。(5)使用不当,容易造成产品本身损坏或者可能危及人身、财产安全的产品,应当有警示标志或者中文警示说明。裸装的食品和其他根据产品的特点难以附加标识的裸装产品,可以不附加产品标识。

经营者在经营活动中使用格式条款的,应当怎样履行对消费者的提醒和说明义务?

为了降低交易成本,提高签约速度,实践中一些经营者就将其交易过程中比较固定或者不容协商的条款事先拟定出来,作为与不同消费者进行同类交易时重复使用。这种由一方当事人预先拟定的交易条款,相对方对该拟定好的条款只能表示全部接受或者全部拒绝,而不容讨价还价的条款就是格式条款。经营者在经营活动中使用的格式条款由其一方拟定的特点,使得格式条款往往呈现出以下不足之处:作为格式条款拟定者的经营者可能利用自己的优势和强势地位将仅仅体现自己意志和加重消费者的义务、限制消费者的权利、减轻自己责任的内容载入格式条款;或者有意识地采用模糊用语,使其发挥模棱两可的作用,企图在发生争议时作出对自己有利的解释,等等。正是基于对格式条款弊端的考虑,《消费者权益保护法》第26条第1款明确规定,经营者在经营活动中使用格式条款的,应当以显著方式提请消费者注意商品或者服务的数量和质量、价款或者费用、履行期限和方式、安全注意事项和风险警示、售后服务、民事责任等与消费者有重大利害关系的内容,并按照消费者的要求予以说明。

经营者所作的"本店商品售出后概不退换"的店堂告示有效吗?

《消费者权益保护法》第26条第2款规定,经营者不得以格式条款、通知、声明、店堂告示等方式,作出排除或者限制消费者权利、减轻或者免除经营者责任、加重消费者责任等对消费者不公平、不合理的规定,不得利用格式条款并借助技术手段强制交易。格式条款、通知、声明、店堂告示等含有前款所列内容的,其内容无效。在经营者的经营活动中就格式合同本身而言,法律并不禁止。法律所禁止的是以格式合同作出有利于作为格式条款的制订者和提供者的经营者,而不利于消费者的一些不公平和不合理规定。经营者不得以格式条款、通知、声明和店堂告示等其他方式,违背消费者的意愿,把自己的意志强加给消费者。某些经营者以上述方式所宣称的"购买该商品后,出现质量问题由购买者自己负责","本店商品售出后概不退货"等,就属于"减轻、免除其损害消费者合法权益应当承担的民事责任"的情形。根据《消费者权益保护法》第 26 条第 3 款规定,格式合同、通知、声明和店堂告示等含有上述内容的,其内容无效,对消费者不具有约束力。

经营者能否以物品丢失为由,搜查消费者的身体及携带的物品?

《消费者权益保护法》第 27 条规定,经营者不得对消费者进行侮辱、诽谤,不得搜查消费者的身体及其携带的物品,不得侵犯消费者的人身自由。上述内容规定了经营者负有不得侵犯消费者人格权的义务。人格权即生命、健康权、名誉权、荣誉权、肖像权、人身自由权等,是法律赋予公民的重要权利,是神圣不可侵犯的。公民在以消费者的角色出现时,其人格权仍然受到《消费者权益保护法》的保护,经营者不得以消费者行使商品或服务的选择权,或者消费金额低等消费行为进行侮辱、诽谤。此外,根据我国法律规定,除国家有关机关依照法定程序,有权对消费者的人身及其携带的物品进行必要的搜查、检查外,其他任何单位和个人都无权进行。对于经营者以商品失窃等为借口,搜查消费者的身体和其携带物品的行为,是《消费者权益保护法》所不容许的。

采用网络、电视、电话、邮购等方式提供商品或者服务的经营者应向消费者提供哪些经营信息?

《消费者权益保护法》第 28 条规定,采用网络、电视、电话、邮购等方式提供商品或者服务的经营者,以及提供证券、保险、银行等金融服务的经营者,应当向消费者提供经营地址、联系方式、商品或者服务的数量和质量、价款或者费用、履行期限和方式、安全注意事项和风险警示、售后服务、民事责任等信息。

未经消费者同意,经营者可以收集、使用消费者个人信息或向其发送商业性信息吗?

《消费者权益保护法》第 29 条第 1 款规定,经营者收集、使用消费者个人信息,应当遵循合法、正当、必要的原则,明示收集、使用信息的目的、方式和范围,并经消费者同意。经营者收集、使用消费者个人信息,应当公开其收集、使用规则,不得违反法律、法规的规定和双方的约定收集、使用信息。本条第 3 款规定,经营者未经消费者同意或者请求,或者消费者明确表示拒绝的,不得向其发送商业性信息。可见,经营者收集、使用消费者个人信息,应当依法进行,并应取得消费者同意。未经消费者同意,经营者不得收集、使用消费者个人信息。经营者通过信件、电子邮件、手机短信等方式向消费者发送商业信息,也应当得到消费者的同意。未经消费者同意或者请求,或者消费者明确表示拒绝的,不得向其发送商业性信息。

经营者及其工作人员对收集的消费者个人信息能否泄露、出售或非法提供他人?

《消费者权益保护法》第 29 条第 2 款规定,经营者及其工作人员对收集的消费者个人信息必须严格保密,不得泄露、出售或者非法向他人提供。经营者应当采取技术措施和其他必要措施,确保信息安全,防止消费者个人信息泄露、丢失。在发生或者可能发生信息泄露、丢失的情况时,应当立即采取补救措施。据此,经营者及其工作人员对收集的消费者个人信息未采取保密措施导致泄露,或者随意发布,或者出售以及非法向他人提供,属于侵权行为。根据《民法通则》和《中华人民共和国侵权责任法》(以下简称《侵权责任法》)的有关规定,经营者及其工作人员构成侵犯消费者隐私权的,应当依法承担相应的法律责任。

经营者采用网络、电视、电话、邮购等方式销售商品,消费者在什么条件下有权无理由退货?

《消费者权益保护法》第 25 条规定,经营者采用网络、电视、电话、邮购等方式销售商品,消费者有权自收到商品之日起 7 日内退货,且无需说明理由,但下列商品除外:(1)消费者定作的;(2)鲜活易腐的;(3)在线下载或者消费者拆封的音像制品、计算机软件等数字化商品;(4)交付的报纸、期刊。除前款所列商品外,其他根据商品性质并经消费者在购买时确认不宜退货的商品,不适用无理由退货。消费者退货的商品应当完好。经营者应当自收到退回商品之日起 7 日内返还消费者支付的商品价款。退回商品的运费由消费者承担;经营者和消费者另有约定的,按照约定。据此,消费者通过网络、电视、电话、邮购等方式购买商品,其无理由退货应当满足以下条件:(1)应当自收到商品之日起7日内退货;(2)不得属于《消费者权益保护法》第25条所规定的不适用无理由退货的5类商品;(3)不属于经消费者在购买时确认不宜退货的其他商品(即上述5类商品之外的其他商品);(4)退货的商品应当完好,即未经消费者使用、损坏,商品本身完好。

零售商品经销者销售以重量结算的商品,最大允许误差是多少?

根据国家质量监督检验检疫总局、国家工商行政管理总局发布的《零售商品称重计量监督管理办法》第3条和第4条规定,零售商品经销者销售以重量结算的食品、金银饰品等商品时,必须使用合格的计量器具,其最大允许误差应当优于或等于所销售商品的负偏差。零售商品经销者使用称重计量器具当场称重商品,必须按照称重计量器具的实际示值结算,保证商品量计量合格。根据该《办法》规定,各类零售商品的负偏差如下(见表1、表2)。

表1

食品品种、价格档次	称重范围(m)	负偏差
粮食、蔬菜、水果或不高于6元/kg的食品	m≤1kg	20g
	1kg<m≤2kg	40g
	2kg<m≤4kg	80g
	4kg<m≤25kg	100g
肉、蛋、禽*、海(水)产品*、糕点、糖果、调味品或高于6元/kg,但不高于30元/kg的食品	m≤2.5kg	5g
	2.5kg<m≤10kg	10g
	10kg<m≤15kg	15g
干菜、山(海)珍品或高于30元/kg,但不高于100元/kg的食品	m≤1kg	2g
	1kg<m≤4kg	4g
	4kg<m≤6kg	6g
高于100元/kg的食品	m≤500g	1g
	500g<m≤2kg	2g
	2kg<m≤5kg	3g

＊注:活禽、活鱼、水发物除外。

表2

名称	称重范围(m)	负偏差
金饰品	m(每件)≤100g	0.01g
银饰品	m(每件)≤100g	0.1g

三、经营者的"三包"责任

经营者对其提供的商品或者服务所负的退货、更换、修理的"三包"责任依据是什么?

《消费者权益保护法》第24条规定,经营者提供的商品或者服务不符合质量要求的,消费者可以依照国家规定、当事人约定退货,或者要求经营者履行更换、修理等义务。没有国家规定和当事人约定的,消费者可以自收到商品之日起7日内退货;7日后符合法定解除合同条件的,消费者可以及时退货,不符合法定解除合同条件的,可以要求经营者履行更换、修理等义务。《产品质量法》第40条第1款也明确规定,售出的产品有下列情形之一的,销售者应当负责修理、更换、退货;给购买产品的消费者造成损失的,销售者应当赔偿损失:(1)不具备产品应当具备的使用性能而事先未作说明的;(2)不符合在产品或者其包装上注明采用的产品标准的;(3)不符合以产品说明、实物样品等方式表明的质量状况的。从上述规定可见,经营者对其提供的商品或服务负有"退货、更换、修理"责任即简称的"三包"责任,源自于产品或服务质量担保责任,是企业对自己所提供的产品或服务的性能、功效、用途和有效时间等质量要求的担保,达不到产品或服务质量要求的,所有的经营者都应当依法承担"三包"责任。

对"三包"责任有国家规定或当事人约定的,消费者应如何行使退货或更换、修理的权利?

根据《消费者权益保护法》第24条规定,经营者提供的商品或者服务不符合质量要求,对其"三包"责任有国家规定,或者没有国家规定但当事人(即消费者和经营者)作出约定的,消费者可以按照国家规定、当事人约定退货,经营者应当依法退还消费者支付的货款。消费者不要求退货、要求经营者将不符合质量要求的产品更换为符合质量要求的产品或者经过修理达到质量要求的,经营者应当履行更换或修理义务;对经营者的"三包"责任既没有国家规定也没有当事人约定的,消费者可以依法要求经营者履行退货或更换、修理义务。

对"三包"责任没有国家规定或当事人约定的,消费者只能要求更换、修理而不能要求退货吗?

根据《消费者权益保护法》第 24 条规定,经营者提供的商品不符合质量要求,对其"三包"责任没有国家规定和当事人约定的,消费者可以自收到商品之日起 7 日内退货;7 日后符合法定解除合同条件的,消费者可以及时退货,不符合法定解除合同条件的,可以要求经营者履行更换、修理等义务。可见,对于购买的商品的经营者所负的"三包"责任,没有国家规定而消费者和经营者亦未作约定的,对于不符合质量要求的商品,消费者自收到商品之日起 7 日内经营者应当无条件退货。超过上述规定的法定无条件退货期间,即消费者自收到商品之日起 7 日后,属于有条件退货,只有符合法定解除合同条件,且消费者及时办理退货手续的,经营者才负有退货义务。对于不符合法定解除合同条件的,消费者无权要求经营者退货,但可以要求经营者履行更换、修理等义务。这里所谓"法定解除合同条件",主要是指符合《合同法》第 94 条规定的情形。根据本条规定,有下列情形之一的,当事人可以解除合同:(1)因不可抗力致使不能实现合同目的;(2)在履行期限届满之前,当事人一方明确表示或者以自己的行为表明不履行主要债务;(3)当事人一方迟延履行主要债务,经催告后在合理期限内仍未履行;(4)当事人一方迟延履行债务或者有其他违约行为致使不能实现合同目的;(5)法律规定的其他情形。

国家有关部门发布的经营者实施"三包"责任的规定有哪些?

1995 年 10 月 31 日,国家经贸委、国家技术监督局、国家工商局、财政部联合发布了《部分商品修理更换退货责任规定》。根据该《规定》第 2 条规定,凡列入《实施三包的部分商品目录》(以下简称《目录》)中的商品都必须实行"三包"。该《目录》由国务院产品质量监督管理部门会同商业主管部门、工业主管部门共同制定和调整,由国务院产品质量监督管理部门发布。目前已经作为第一批列出目录、实行"三包"的产品共 18 种,包括自行车、电视机、家用录像机、摄像机、收录机(含音响)、电子琴(87 键以上)、家用电冰箱(含冰柜)、洗衣机、电风扇、吸尘器、家用空调器、吸排油烟机、燃气热水器、缝纫机、钟表(50 元以上)、摩托车(含残疾人三轮摩托车,其他三轮摩托车除外)。国家质量监督检验检疫总局、国家工商行政管理总局、信息产业部发布并于 2001 年 11 月 15 日起施行《固定电话机商品修理更换退货责任规定》、《移动电话机商品修理更换退货责任规定》;国家质量监督检验检疫总局、信息产业部发布并于 2002 年 9 月 1 日起施行《微型计算机商品修理更换退货责任规定》、《家用视听商品修理更换退货责任规定》;国家质量监督检验检疫总局 2013 年 1 月 15 日发布并于 2013 年 10 月 1 日起施行《家用汽车产品修理、更换、退货责任规定》;国家质量监督检验检疫总局发布并于 2011 年 3 月 1 日起施行《关于将平板电视机商品纳入〈部分商品修理更换退货责任规定〉调整范围的公告》。这样,除了上述实施"三包"的 18 种产品,又将固定电话机、移动电话机、微型计算机、家用视盘机、音频功率放大器和扬声器系统(音箱)、家用汽车、平板电视机等商品也都纳入了"三包"产品范围。凡列入实行"三包"的产品实行谁经销谁负责"三包"的原则,销售者与生产者、销售者与供货者、销售者与修理者之间订立的合同,不得免除国家规定的"三包"责任和义务。

生产者对实施"三包"的商品承担什么义务?

生产者(供货者和进口者视同生产者)对于《实施三包的部分商品目录》中所列产品和纳入"三包"的商品应当履行下列义务:

(1)出厂销售的商品应随机携带该型号的产品使用说明书、合格证和三包凭证;产品使用说明书应按国家标准 GB5296.1《消费品使用说明书总则》的规定编写;三包凭证应当符合商品三包凭证的要求。

(2)生产者自行设置或者指定具有维修资质的修理单位负责三包有效期的修理,并在商品携带的三包凭证上提供修理者单位的名称、地址、联系电话等;修理者名称、地址、联系电话撤销或者变更的,应当及时告知消费者;

（3）向修理者提供合格的、足够的维修配件，满足维修的需求；

（4）按有关修理代理合同或协议的约定，提供三包有效期内发生的修理费用；维修费用在产品流通的各个环节不得截留，应当最终全部支付给修理者；

（5）按照有关修理代理合同或者协议的约定，提供技术资料、技术培训等技术支持；

（6）妥善处理消费者投诉、查询并提供咨询服务。

销售者对实施"三包"的商品承担什么义务？

销售者对于《实施三包的部分商品目录》中所列产品和纳入"三包"的商品应当履行下列责任和义务：

（1）不能保证实施三包规定的，不得销售目录所列产品和其他纳入三包的商品；保证销售产品的质量；执行进货检查验收制度。

（2）产品出售时，应当符合以下要求：①开箱检验，正确调试，当面向消费者交验所购商品，保证商品符合产品使用说明明示的产品质量状况，核对商品商标、型号和编号；②介绍产品的基本性能，使用、维护和保养方法以及三包方式和修理者；③提供三包凭证、有效发货票、产品使用说明书；④三包凭证应当符合规定的有关商品三包凭证的要求，准确完整地填写，并加盖销售者印章；⑤有效发货票应当注明产品商标及型号、销售日期、销售者印章、金额等内容。

（3）不得销售不符合法定标识要求的、不符合使用说明书等明示的性能及功能的或者产品质量不合格的商品。销售微型计算机的销售者随销售的微型计算机商品一起赠送的微型计算机商品，应当负责三包；预装软件、随机销售和随机赠送的软件应当明示软件名称、版本、使用有效期、生产者名称；不得销售盗版软件；不得赠送盗版软件；销售软件时，应当验证软件介质的完好性。

（4）在三包有效期内，商品出现故障，销售者应当根据规定承担三包责任，不得故意拖延或无理拒绝；妥善处理消费者的查询、投诉，并提供服务。

修理者对实施"三包"的商品承担什么义务？

修理者对于《实施三包的部分商品目录》中所列产品和纳入"三包"的

商品应当履行下列责任和义务：

（1）承担修理服务业务，包括承担三包有效期内的免费修理业务和三包有效期外的收费修理业务；

（2）家用视听、微型计算机、固定电话机和移动手机等三包商品的修理者应当具有维修资质证书，维修人员应当具有执业资格，持证上岗；

（3）维护销售者、生产者的信誉，应使用新的、符合产品技术要求和质量标准要求的零配件；

（4）认真、如实、完整地填写维修记录，记录修理前故障情况、故障处理情况和修理后的质量状况，保证修理后的产品能够正常使用30日以上；

（5）向消费者当面试机、交验修理好的商品和维修记录；

（6）保持常用维修配件的储备量，确保维修工作及时进行，避免因零配件缺少而延误维修时间；

（7）按有关修理代理合同或协议的约定，保证修理费用和修理配件全部用于修理；

（8）接受销售者、生产者的监督和检查；

（9）承担因自身修理失误造成的责任和损失；

（10）妥善处理消费者的投诉，接受消费者有关产品修理质量的查询。

在什么情形下，经营者对于"三包"商品不实行"三包"？

对于国家规定实施三包的商品，在下列情形下不实行三包：（1）超过三包有效期的；（2）未按产品使用说明书要求使用、维护、保管而造成损坏的；（3）非承担三包的修理者拆动造成损坏的；（4）无三包凭证和有效发货票的；（5）三包凭证上的内容与商品实物标识不符或者涂改的；（6）因不可抗力造成损坏的。对于微型计算机商品，除上述情形外，具有下列情形之一的，亦不实行三包：（1）使用盗版软件造成损坏的；（2）使用过程中感染病毒造成损坏的；（3）无厂名、厂址、生产日期、产品合格证的。

消费者自直销企业的服务网点或其直销员处购买的直销产品，如何办理换货和退货？

根据《直销管理条例》第25条第2款规定，消费者自购买直销产品之日起30日内，产品未开封的，可以凭直销企业开具的发票或者售货凭证向直销企业及其分支机构、所在地的服务网点或者推销产品的直销员办理换货和退货;直销企业及其分支机构、所在地的服务网点和直销员应当自消费者提出换货或者退货要求之日起7日内,按照发票或者售货凭证标明的价款办理换货和退货。不属于上述规定情形,消费者要求换货和退货的,直销企业及其分支机构、所在地的服务网点和直销员应当依照有关法律法规的规定或者合同的约定,办理换货和退货。

四、消费争议解决

消费者在购买、使用商品或者接受服务时,其合法权益受到损害的,应向谁要求赔偿?

《消费者权益保护法》第40条第1款规定,消费者在购买、使用商品时,其合法权益受到损害的,可以向销售者要求赔偿。销售者赔偿后,属于生产者的责任或者属于向销售者提供商品的其他销售者的责任的,销售者有权向生产者或者其他销售者追偿。本条第3款规定,消费者在接受服务时,其合法权益受到损害的,可以向服务者要求赔偿。在现实消费中,消费者在购买商品或者接受服务时受到的损害,主要包括经营者提供的商品或者服务不合质量标准;少斤短两或数量不足;因经营者作虚假或者引人误解的宣传,诱导消费者上当受骗所遭受的损失;以及经营者对其经营场地未采取安全措施或者未尽到安全注意义务给消费者造成的人身损害等。根据上述规定,消费者在购买、使用商品时,其合法权益受到损害的,有权向销售者或者服务的提供者要求赔偿,销售者或者服务者不得以该责任属于产品责任、其他销售者的责任或者其他理由推卸自己的赔偿义务。销售者或服务者赔偿后,可以依法追偿,但不得以其追偿权未行使或者不能行使为由拖延或者拒绝其对消费者履行及时赔付的义务。

消费者因商品缺陷造成人身、财产损害的,可以向谁要求赔偿?

产品缺陷,是指产品存在危及人身、他人财产安全的不合理的危险;产品有保障人体健康和人身、财产安全的国家标准、行业标准的,是指不符合该标准。《消费者权益保护法》第40条第2款规定,消费者或者其他受害人因商品缺陷造成人身、财产损害的,可以向销售者要求赔偿,也可以向生产者要求赔偿。属于生产者责任的,销售者赔偿后,有权向生产者追偿。属于销售者责任的,生产者赔偿后,有权向销售者追偿。据此,消费者因所购买的商品存在缺陷,即存在危及人身、他人财产安全的不合理的危险,或者不符合保障人体健康和人身、财产安全的国家标准或者行业标准的,消费者可以基于自身的便利或者赔偿主体的赔偿责任能力或者其他考虑,自主选择销售者或者生产者负责赔偿。消费者选择销售者负责赔偿的,销售者不得以该责任属于产品责任应当由生产者赔偿为由推卸赔偿义务。消费者选择生产者负责赔偿的,生产者除非证明其依法免责外,亦不得以属于销售者的责任为由拒绝履行赔偿义务。

消费者因经营者利用虚假广告提供商品或者服务而受到损害的,可以向谁要求赔偿?

根据《中华人民共和国广告法》(以下简称《广告法》)第 28 条规定,广告以虚假或者引人误解的内容欺骗、误导消费者的,构成虚假广告。广告有下列情形之一的,为虚假广告:(1)商品或者服务不存在的;(2)商品的性能、功能、产地、用途、质量、规格、成分、价格、生产者、有效期限、销售状况、曾获荣誉等信息,或者服务的内容、提供者、形式、质量、价格、销售状况、曾获荣誉等信息,以及与商品或者服务有关的允诺等信息与实际情况不符,对购买行为有实质性影响的;(3)使用虚构、伪造或者无法验证的科研成果、统计资料、调查结果、文摘、引用语等信息作证明材料的;(4)虚构使用商品或者接受服务的效果的;(5)以虚假或者引人误解的内容欺骗、误导消费者的其他情形。

《消费者权益保护法》第 23 条第 2 款规定,经营者以广告、产品说明、实物样品或者其他方式表明商品或者服务的质量状况的,应当保证其提供的商品或者服务的实际质量与表明的质量状况相符。本法第 45 条第 1 款、第 2 款规定,消费者因经营者利用虚假广告或者其他虚假宣传方式提供商品或者服务,其合法权益受到损害的,可以向经营者要求赔偿。广告经营者、发布者发布虚假广告的,消费者可以请求行政主管部门予以惩处。广告经营者、发布者不能提供经营者的真实名称、地址和有效联系方式的,应当承担赔偿责任。广告经营者、发布者设计、制作、发布关系消费者生命健康的商品或者服务的虚假广告,造成消费者损害的,应当与提供该商品或者服务的经营者承担连带责任。据此,消费者因经营者利用虚假广告或者其他虚假宣传方式提供商品或者服务,其合法权益受到损害的,有权向经营者要求赔偿;广告经营者、发布者不能提供经营者的真实名称、地址和有效联系方式的,消费者有权向广告经营者、发布者要求承担赔偿责任;广告经营者、发布者设计、制作、发布关系消费者生命健康的商品或者服务的虚假广告,造成消费者损害的,消费者既可以向提供该商品或者服务的经营者要求赔偿,又可以向广告经营者、发布者要求赔偿。

消费者因虚假广告其合法权益受到损害,在什么情况下可以要求广告经营者、发布者先行赔偿?

《广告法》第56条第1款规定,违反本法规定,发布虚假广告,欺骗、误导消费者,使购买商品或者接受服务的消费者的合法权益受到损害的,由广告主依法承担民事责任。广告经营者、广告发布者不能提供广告主的真实名称、地址和有效联系方式的,消费者可以要求广告经营者、广告发布者先行赔偿。根据《广告法》第2条第2款、第3款和第4款规定,本法所称广告主,是指为推销商品或者服务,自行或者委托他人设计、制作、发布广告的自然人、法人或者其他组织。广告经营者,是指接受委托提供广告设计、制作、代理服务的自然人、法人或者其他组织。广告发布者,是指为广告主或者广告主委托的广告经营者发布广告的自然人、法人或者其他组织。根据上述规定,在购买商品或者接受服务时因虚假广告欺骗、误导,其合法权益受到损害的消费者,可以要求广告主(即《消费者权益保护法》意义上的经营者)承担民事责任。但广告经营者、广告发布者因故意隐瞒或者其他主客观原因不能提供广告主的真实名称、地址和有效联系方式,致使有可能影响消费者及时依法追究广告主即经营者承担民事责任的,因受到虚假广告欺诈、误导的消费者对因其购买商品或者接受服务所受到的损害,有权要求广告经营者、广告发布者先行赔偿。

消费者因虚假广告其合法权益受到损害,能否要求广告代言人与广告主承担连带责任?

根据《广告法》第2条第5款规定,本法所称广告代言人,是指广告主以外的,在广告中以自己的名义或者形象对商品、服务作推荐、证明的自然人、法人或者其他组织。《广告法》第56条第5款、第6款规定,关系消费者生命健康的商品或者服务的虚假广告,造成消费者损害的,其广告经营者、广告发布者、广告代言人应当与广告主承担连带责任。前款规定以外的商品或者服务的虚假广告,造成消费者损害的,其广告经营者、广告发布者、广告代言人,明知或者应知广告虚假仍设计、制作、代理、发布或者作推荐、证明的,应当与广告主承担连带责任。可见,消费者在购买关系到其生命健康的商品或者服务时,因虚假广告造成损害的,无论广告代言人对虚假广告是否明知,消费者都有权要求广告代言人与广告主承担连带责任,广告代言人不得以不知道或者不应当知道虚假广告为由请求免除其与广告主应承担的连带责任。消费者在购买除关系到其生命健康之外的商品或者服务时,因虚假广告造成损害的,只有在广告代言人明知或者应知广告虚假仍作推荐、证明的,消费者才可以要求广告代言人与广告主承担连带责任。否则,在广告代言人不明知或者不应知广告虚假的情况下而进行广告代言和作推荐、证明的,消费者无权要求广告代言人与广告主承担连带责任。

企业侵害了消费者合法权益后发生分立、合并的,消费者应向谁要求赔偿?

根据《消费者权益保护法》规定,消费者在购买、使用商品或接受服务时,其合法权益受到损害的,通常情况下,应向提供商品或服务的经营者要求赔偿损失。然而,现实情况复杂多变,作为经营者的企业侵害了消费者的合法权益后,可能会发生分立、合并等情况。所谓企业分立,是指从原企业分成几个独立的企业,原企业终止;或者是指从原企业抽出一部分人、财、物再组建一个或几个新企业,原企业仍然存在。企业合并是指两个以上的企业合并为一个新的企业,或将一个企业并入另一个企业。对此,《民法通则》明确规定,企业分立、合并后,它的权利和义务由变更后的法人享有和承担。对此,《消费者权益保护法》第41条进一步明确规定,消费者在购买、使用商品或者接受服务时,其合法权益受到损害,因原企业分立、合并的,可以向变更后承受其权利义务的企业要求赔偿。据此,消费者向变更后承受原企业权利义务的企业要求赔偿的,其不得以该消费者的损害发生于原企业为由而拒绝履行赔付义务。

使用他人营业执照的违法经营者造成消费者损害的,消费者应向谁要求赔偿?

营业执照是工商行政部门依法核发的,证明从事经营活动的法人、组织或个人具有合法经营权的凭证。依法取得经营权凭证的经营者,即为营业执照的持有人。根据我国企业登记管理法规的规定,营业执照只能由营业执照的持有人持有和使用,不能出租、出借或转让他人使用,否则即构成违法。《消费者权益保护法》第 42 条规定,使用他人营业执照的违法经营者提供商品或者服务,损害消费者合法权益的,消费者可以向其要求赔偿,也可以向营业执照的持有人要求赔偿。可见,对于出租、出借或转让营业执照让他人进行营业活动或者使用他人营业执照从事经营活动,给消费者造成损害的,营业执照持有人和违法经营者都负有赔偿责任。其合法权益受到损害的消费者,可以自由选择营业执照持有人或者违法经营者承担赔偿责任。

消费者在展销会、租赁柜台购买商品或接受服务受到损害的,展销会结束或者柜台租赁期满后可以要求谁赔偿?

经营者通过参加展销会或者到商场、购物中心租赁柜台开展经营是基本的营销方式,由此也就出现了一些在展销会、租赁柜台经营期间侵害消费者合法权益的行为。对此,《消费者权益保护法》第 43 条规定,消费者在展销会、租赁柜台购买商品或者接受服务,其合法权益受到损害的,可以向销售者或者服务者要求赔偿。展销会结束或者柜台租赁期满后,也可以向展销会的举办者、柜台的出租者要求赔偿。展销会的举办者、柜台的出租者赔偿后,有权向销售者或者服务者追偿。据此,在展销会结束或者因柜台租赁期满柜台租赁者退租后,消费者有权要求展销会的举办者、柜台的出租者赔偿,展销会的举办者或柜台出租者不得以由商品的销售者或者服务的提供者承担赔偿责任为由加以拒绝。

消费者明知商品存在瑕疵而购买的,对其损失能否要求经营者赔偿?

《消费者权益保护法》第 23 条第 1 款和第 2 款规定,经营者应当保证在正常使用商品或者接受服务的情况下,其提供的商品或者服务应当具有的质量、性能、用途和有效期限;但消费者在购买该商品或者接受该服务前已经知道其存在瑕疵,且存在该瑕疵不违反法律强制性规定的除外。经营者以广告、产品说明、实物样品或者其他方式表明商品或者服务的质量状况的,应当保证其提供的商品或者服务的实际质量与表明的质量状况相符。可见,经营者对其提供的商品承担瑕疵担保责任,但是消费者在购买该商品或者接受该服务前已经知道其存在瑕疵,即商品不具备产品应当具备的使用性能、不符合以产品说明、实物样品等方式表明的质量状况和用途以及超过有效期限,仍然购买的,消费者无权要求经营者承担瑕疵担保责任。对于因所购商品瑕疵所造成的损失,应当由消费者自己承担。但存在该瑕疵违反法律强制性规定的,经营者对所提供的商品或者服务的瑕疵担保责任不得以消费者的明知而免除。

消费者通过网络交易平台购买商品或者接受服务受到损害的,能否要求网络交易平台提供者赔偿或要求其与经营者或服务者承担连带责任?

《消费者权益保护法》第 44 条第 1 款规定,消费者通过网络交易平台购买商品或者接受服务,其合法权益受到损害的,可以向销售者或者服务者要求赔偿。网络交易平台提供者不能提供销售者或者服务者的真实名称、地址和有效联系方式的,消费者也可以向网络交易平台提供者要求赔偿;网络交易平台提供者作出更有利于消费者的承诺的,应当履行承诺。网络交易平台提供者赔偿后,有权向销售者或者服务者追偿。据此,网络交易平台提供者对利用其网络平台出售商品和提供服务的经营者的真实名称、地址和有效联系方式,负有向消费者提供的义务,消费者通过网络交易平台购买商品或者接受服务,其合法权益受到损害的,网络交易平台提供者不能提供销售者或者服务者的真实名称、地址和有效联系方式的,消费者有权向网络交易平台提供者要求赔偿。网络交易平台提供者对消费者利用其平台购买商品或者接受服务,作出更有利于消费者的承诺的,其负有履行承诺的义务。网络平台提供者不能履行其承诺的,消费者有权要求其承担相应的法律责任。

《消费者权益保护法》第 44 条第 2 款规定,网络交易平台提供者明知或者应知销售者或者服务者利用其平台侵害消费者合法权益,未采取必要措施的,依法与该销售者或者服务者承担连带责任。据此,网络交易平台提供者对其明知或者应知销售者或者服务者利用其平台侵害消费者合法权益的行为,负有采取必要措施加以制止或者取缔等义务,其明知或者应知利用其网络交易平台出售商品或提供服务的销售者或者服务者侵害消费者合法权益,未采取必要措施的,消费者有权依法要求其与该销售者或者服务者承担连带责任。

消费者和经营者发生消费者权益争议的,可以通过哪些途径解决?

根据《消费者权益保护法》第 39 条规定,消费者和经营者发生消费者权益争议的,可以通过下列途径解决:(1)与经营者协商和解。(2)请求消费者协会或者依法成立的其他调解组织调解。(3)向有关行政部门投诉。依法承担维护消费者权益的部门主要是工商行政管理部门,其他还有技术监督部门、食品卫生监督部门和进出口商品检验检疫部门等。(4)根据与经营者达成的仲裁协议提请仲裁机构仲裁。(5)向人民法院提起诉讼。在以上五种争议解决途径中,对于前三种消费者可以自愿选择。在消费者与经营者未订立仲裁协议或者订立的仲裁协议无效的情况下,可以直接向人民法院起诉,通过诉讼方式解决争议。在消费者与经营者达成的仲裁协议且仲裁协议有效的,其争议只能通过仲裁解决,而不得通过诉讼解决。

集中交易市场的开办者、柜台出租者对发生食品安全事故,是否承担法律责任?

《中华人民共和国食品安全法》(以下简称《食品安全法》)第 52 条第 1 款规定,集中交易市场的开办者、柜台出租者和展销会举办者,应当审查入场食品经营者的许可证,明确入场食品经营者的食品安全管理责任,定期对入场食品经营者的经营环境和条件进行检查,发现食品经营者有违反本法规定的行为的,应当及时制止并立即报告所在地县级工商行政管理部门或者食品药品监督管理部门。根据本条第 2 款规定,集中交易市场的开办者、柜台出租者和展销会举办者履行前款规定义务的,对本市场发生食品安全事故的,不承担连带责任;未履行前款规定义务的,应当承担连带责任。

五、民事责任承担

经营者提供商品或者服务有什么情形之一的,应当依法承担民事责任?

《消费者权益保护法》第48条规定,经营者提供商品或者服务有下列情形之一的,除本法另有规定外,应当依照其他有关法律、法规的规定,承担民事责任:(1)商品或者服务存在缺陷的;(2)不具备商品应当具备的使用性能而出售时未作说明的;(3)不符合在商品或者其包装上注明采用的商品标准的;(4)不符合商品说明、实物样品等方式表明的质量状况的;(5)生产国家明令淘汰的商品或者销售失效、变质的商品的;(6)销售的商品数量不足的;(7)服务的内容和费用违反约定的;(8)对消费者提出的修理、重作、更换、退货、补足商品数量、退还货款和服务费用或者赔偿损失的要求,故意拖延或者无理拒绝的;(9)法律、法规规定的其他损害消费者权益的情形。经营者对消费者未尽到安全保障义务,造成消费者损害的,应当承担侵权责任。

经营者提供商品或者服务,造成消费者或者其他受害人人身伤害的,应当赔偿的范围包括哪些?

根据《消费者权益保护法》第49条规定,经营者提供商品或者服务,造成消费者或者其他受害人人身伤害的,其应当赔偿的范围包括以下方面:

(1)医疗费、护理费、交通费等为治疗和康复支出的合理费用。根据《最高人民法院关于审理人身损害赔偿案件适用法律若干问题的解释》的规定,医疗费的赔偿数额包括实际发生的数额以及器官功能恢复训练所必要的康复费、适当的整容费以及其他后续治疗费。护理费根据护理人员的收入状况和护理人数、护理期限确定。交通费根据受害人及其必要的陪护人员因就医或者转院治疗实际发生的费用计算。

(2)因误工减少的收入。误工费根据受害人的误工时间和收入状况确定。受害人有固定收入的,误工费按照实际减少的收入计算。受害人无固定收入的,按照其最近三年的平均收入计算;受害人不能举证证明其最近三年的平均收入状况的,可以参照受诉法院所在地相同或者相近行业上一年度职工的平均工资计算。

（3）造成残疾的,还应当赔偿残疾生活辅助器具费和残疾赔偿金。残疾赔偿金根据受害人丧失劳动能力程度或者伤残等级,按照受诉法院所在地上一年度城镇居民人均可支配收入或者农村居民人均纯收入标准,自定残之日起按 20 年计算。但 60 周岁以上的,年龄每增加 1 岁减少 1 年;75 周岁以上的,按 5 年计算。残疾辅助器具费按照普通适用器具的合理费用标准计算。伤情有特殊需要的,可以参照辅助器具配制机构的意见确定相应的合理费用标准。

（4）造成死亡的,还应当赔偿丧葬费和死亡赔偿金。丧葬费按照受诉法院所在地上一年度职工月平均工资标准,以 6 个月总额计算。死亡赔偿金按照受诉法院所在地上一年度城镇居民人均可支配收入或者农村居民人均纯收入标准,按 20 年计算。但 60 周岁以上的,年龄每增加 1 岁减少 1 年;75 周岁以上的,按 5 年计算。

经营者侵犯消费者人格尊严或人身自由的,应承担什么民事责任？

《消费者权益保护法》第 50 条规定,经营者侵害消费者的人格尊严、侵犯消费者人身自由或者侵害消费者个人信息依法得到保护的权利的,应当停止侵害、恢复名誉、消除影响、赔礼道歉,并赔偿损失。

经营者具有侵害消费者或其他受害人人身权益行为的,受害人能否要求精神损害赔偿？

《消费者权益保护法》第 51 条规定,经营者有侮辱诽谤、搜查身体、侵犯人身自由等侵害消费者或者其他受害人人身权益的行为,造成严重精神损害的,受害人可以要求精神损害赔偿。据此,经营者对购买商品或接受服务的消费者或其他有关人员,以有损其人格尊严的言行侮辱,或者故意捏造并散布虚构的事实进行诽谤,或者以物品或其他财物丢失为由进行搜查身体,或者限制其人身自由等侵害人身权益行为,并造成严重精神损害的,受害人有权要求经营者承担精神损害赔偿。

经营者提供商品或者服务,造成消费者财产损害的,应当承担什么民事责任？

《消费者权益保护法》第 52 条规定,经营者提供商品或者服务,造成消费者财产损害的,应当依照法律规定或者当事人约定承担修理、重作、更换、退货、补足商品数量、退还货款和服务费用或者赔偿损失等民事责任。本法第 54 条规定,依法经有关行政部门认定为不合格的商品,消费者要求退货的,经营者应当负责退货。

经营者以预收款方式提供商品或者服务,未按照约定提供的,应当承担什么民事责任?

《消费者权益保护法》第 53 条规定,经营者以预收款方式提供商品或者服务的,应当按照约定提供。未按照约定提供的,应当按照消费者的要求履行约定或者退回预付款;并应当承担预付款的利息、消费者必须支付的合理费用。

经营者提供商品或者服务有欺诈行为的,应按什么标准向消费者赔偿?

根据国家工商行政管理局制定的《欺诈消费者行为处罚办法》第 3 条规定,经营者在向消费者提供商品中,有下列情形之一的,属于欺诈消费者行为:(1)销售掺杂、掺假,以假充真,以次充好的商品的;(2)采取虚假或者其他不正当手段使销售的商品分量不足的;(3)销售"处理品""残次品""等外品"等商品而谎称是正品的;(4)以虚假的"清仓价""甩卖价""最低价""优惠价"或者其他欺骗性价格表示销售商品的;(5)以虚假的商品说明、商品标准、实物样品等方式销售商品的;(6)不以自己的真实名称和标记销售商品的;(7)采取雇佣他人等方式进行欺骗性的销售诱导的;(8)作虚假的现场演示和说明的;(9)利用广播、电视、电影、报刊等大众传播媒介对商品作虚假宣传的;(10)骗取消费者预付款的;(11)利用邮购销售骗取价款而不提供或者不按照约定条件提供商品的;(12)以虚假"有奖销售""还本销售"等方式销售商品的;(13)以其他虚假或者不正当手段欺诈消费者的行为。

根据《欺诈消费者行为处罚办法》第 4 条规定,经营者在向消费者提供商品中,有下列情形之一,且不能证明自己确非欺骗、误导消费者而实施此种行为的,应当承担欺诈消费者行为的法律责任:(1)销售失效、变质商品的;(2)销售侵犯他人注册商标权的商品的;(3)销售伪造产地、伪造或者冒用他人的企业名称或者姓名的商品的;(4)销售伪造或者冒用他人商品特有的名称、包装、装潢的商品的;(5)销售伪造或者冒用认证标志、名优标志等质量标志的商品的。

根据《消费者权益保护法》第55条第1款规定,经营者提供商品或者服务有欺诈行为的,应当按照消费者的要求增加赔偿其受到的损失,增加赔偿的金额为消费者购买商品的价款的3倍或者接受服务的费用的3倍;增加赔偿的金额不足500元的,为500元。法律另有规定的,依照其规定。

经营者明知商品或者服务存在缺陷,仍然向消费者提供,造成消费者或者其他受害人死亡或者健康严重损害的,应承担什么民事责任?

《消费者权益保护法》第55条第2款规定,经营者明知商品或者服务存在缺陷,仍然向消费者提供,造成消费者或者其他受害人死亡或者健康严重损害的,受害人有权要求经营者依照本法第49条、第51条等法律规定赔偿损失,并有权要求所受损失2倍以下的惩罚性赔偿。据此,经营者明知商品或者服务存在缺陷,仍然向消费者提供,造成消费者或者其他受害人死亡或者健康严重损害的,受害人有权要求经营者赔偿医疗费、护理费、交通费等为治疗和康复支出的合理费用,以及因误工减少的收入。造成残疾的,还应当赔偿残疾生活辅助器具费和残疾赔偿金;有权要求精神损害赔偿;并有权要求所受损失2倍以下的惩罚性赔偿。造成死亡的,还应当赔偿丧葬费和死亡赔偿金。

第五部分　人身权与财产权侵权责任承担

一、责任构成与责任方式

侵权责任的归责原则有哪些？

侵权责任归责原则,即对侵权人的追责原则,是确定侵权人承担侵权损害赔偿责任的一般准则。公民所受到的人身权和财产权侵害从侵权责任归责原则上来看,主要包括他人的故意侵害、过失侵害和无过错侵害。故意侵害是指加害人明知会造成损害他人人身权和财产权的结果而追求或者放任这种结果的发生,如医生在手术中偷窃患者的人体器官,属于故意侵害而不是医疗损害;过失侵害是指加害人不具有主观故意而是疏忽或者过于自信或违章违规而导致了损害他人人身权和财产权的结果,如交通事故损害、医疗事故损害等。无过错侵害则是指责任人对受害人遭受的侵害虽不存在主观故意或者过失,但依法应当承担侵权责任的情形,如因产品缺陷等对消费者、使用者造成的人身、财产侵害等。

《侵权责任法》第6条和第7条明确规定了我国侵权责任的归责原则,即过错责任原则、过错推定责任原则和无过错责任原则。所谓过错责任原则,是指行为人因过错(包括故意和过失)侵害他人民事权益,应当承担侵权责任的归责原则。所谓过错推定责任原则,是指根据法律规定推定行为人有过错,行为人不能证明自己没有过错的,应当承担侵权责任的归责原则。所谓无过错责任原则,是指行为人损害他人民事权益,不论行为人有无过错,法律规定应当承担侵权责任的,行为人依照法律规定承担侵权责任的归责原则。

二人以上共同实施侵权行为,造成他人损害的,如何承担侵权责任?

《侵权责任法》第 8 条明确规定,二人以上共同实施侵权行为,造成他人损害的,应当承担连带责任。上述是关于共同侵权行为承担连带责任的规定。共同侵权行为,是指二人以上的行为人基于共同的故意或者过失,共同实施损害他人并造成他人损害结果的行为。所谓共同故意,主要表现为各个侵权人实施侵权行为时在主观上具有同谋或者意思联络。若各个侵权人在实施对被侵权人的侵害行为时不具有同谋或者意思联络,则不属于共同侵权行为,而是分别实施侵权行为。所谓共同过失,主要表现为各个侵权人对被侵权人实施侵权行为时主观上都未尽到必要的注意义务。《侵权责任法》第 13 条规定,法律规定承担连带责任的,被侵权人有权请求部分或者全部连带责任人承担责任。可见,在二人以上共同实施侵权行为的情况下,受害人有权要求任何一个侵权人或数个侵权人承担全部赔偿责任,而任何一个侵权人或者数个侵权人都有义务向受害人负全部赔偿责任;侵权人中的一人或数人承担了全部赔偿责任的,受害人再无权要求其他侵权人承担赔偿责任。

二人以上实施有危害他人的危险行为,其中一人或者数人的行为造成他人损害的,如何承担侵权责任?

《侵权责任法》第 10 条规定,二人以上实施危及他人人身、财产安全的行为,其中一人或者数人的行为造成他人损害,能够确定具体侵权人的,由侵权人承担责任;不能确定具体侵权人的,行为人承担连带责任。本条是关于共同实施危险行为(即共同危险行为)侵权责任承担的规定。根据上述规定,共同危险行为是指二人以上共同实施了有侵害他人的危险行为,其中一人或者数人的行为造成了损害他人的结果,但不能判明该损害结果为哪一人或者哪几人的行为所致。也可以说,在实施共同危险行为的情况下,每个实施危险行为的人都有可能是造成被侵权人损害后果的侵权人。根据上述规定,在二人以上实施共同危险行为且造成他人损害结果的情况下,能够确定具体侵权人的,由侵权人承担责任;不能确定具体侵权人的,行为人承担连带责任。可见,在二人以上实施侵权行为且造成他人损害结果时,若能够判明该损害结果为其中何人或者哪几人的行为所致,则应当由实施该侵权行为并造成被侵权人损害的人即具体侵权人承担责任；若不能够判明该损害结果为其中何人或者哪几人的行为所致，即不能确定具体侵权人的，被侵权人即受害人有权要求任何一个或者数个共同危险行为人承担全部赔偿责任，而任何一个或者数个共同危险行为人都有义务向受害人负全部赔偿责任；共同危险行为人中的一人或数人承担了全部赔偿责任的，受害人再无权要求其他共同危险行为人承担赔偿责任。

二人以上分别实施侵权行为造成同一损害的，如何承担侵权责任？

《侵权责任法》第 11 条规定，二人以上分别实施侵权行为造成同一损害，每个人的侵权行为都足以造成全部损害的，行为人承担连带责任。本条是关于叠加的共同侵权行为责任承担的规定。实施叠加的共同侵权行为人实施侵权行为是分别进行的，虽然这些分别实施的侵权行为造成了同一损害结果，而且他们主观上既不具有共同的故意，也没有共同的过失，但是每个人的侵权行为都足以造成全部损害，因此，每个侵权行为人都负有承担全部损害赔偿的义务。在此基础上，为了保证被侵权人的全部损害赔偿请求得到满足，法律规定行为人承担连带责任。法律规定叠加的侵权行为人对被侵权人承担连带责任的同时，本法第 12 条也明确规定了其各自应承担的责任划分，即二人以上分别实施侵权行为造成同一损害，能够确定责任大小的，各自承担相应的责任；难以确定责任大小的，平均承担赔偿责任。据此，对于实施叠加侵权行为的各个侵权人，能够确定其各自侵权行为对被侵权人的损害的具体责任的，应当按照其各自的责任大小承担赔偿责任；不能确定其各自侵权行为对被侵权人的损害的责任大小的，应当平均承担赔偿责任。

教唆、帮助他人实施侵权行为的，如何承担侵权责任？

教唆他人实施侵权行为，一般是指具有实施侵权行为意图的人，不亲自实施而是授意、劝说、怂恿即唆使他人对被侵权人实施侵权行为。可见，教唆人虽然没有亲自实施对他人的侵权行为，但其对被侵权人实施侵权行为的意图是由被教唆人实现和完成的，在主观上其与被教唆人具有共同的侵权故意，因此教唆人和被教唆人属于共同侵权人。帮助他人实施侵权行为，一般是指为他人实施侵权行为，提供条件、准备工具或者完成辅助性工作等。可见,帮助人和被帮助人不仅具有共同的侵权故意,而且共同实施了侵权行为,也属于共同侵权人。因此,《侵权责任法》第9条第1款明确规定,教唆、帮助他人实施侵权行为的,应当与行为人承担连带责任。

教唆、帮助无民事行为能力人、限制民事行为能力人实施侵权行为的,如何承担侵权责任?

《侵权责任法》第8条规定,2人以上共同实施侵权行为,造成他人损害的,应当承担连带责任。本法第9条第2款规定,教唆、帮助无民事行为能力人、限制民事行为能力人实施侵权行为的,应当承担侵权责任;该无民事行为能力人、限制民事行为能力人的监护人未尽到监护责任的,应当承担相应的责任。据此,教唆人、帮助人教唆、帮助无民事行为能力人、限制民事行为能力人实施侵权行为的,构成共同侵权,一般情况下教唆人、帮助人应当对与其教唆、帮助的无民事行为能力人、限制民事行为能力人的监护人承担连带责任。但是,无民事行为能力人、限制民事行为能力人的监护人尽到监护责任的,被教唆人、被帮助人的监护人不承担责任,全部侵权责任由教唆人、帮助人承担;被教唆、被帮助的无民事行为能力人、限制民事行为能力人的监护人未尽到监护责任的,应当在其过错程度所决定的监护责任范围内承担相应的责任,对于监护人应承担的该相应责任教唆人、帮助人应当承担连带责任,即被侵权人对全部侵权损害责任可以要求教唆人、帮助人承担;教唆人、帮助人承担全部侵权赔偿责任后可以对监护人应承担的相应赔偿责任进行追偿。

民事侵权连带责任人之间如何确定各自的赔偿数额?

根据《侵权责任法》的规定,包括教唆人、帮助人与被教唆人、被帮助人在内的共同侵权人对被侵权人所实施的侵权行为应当承担连带责任。本法第13条规定,法律规定承担连带责任的,被侵权人有权请求部分或者全部连带责任人承担责任。本条规定了各个共同侵权人作为连带责任人对被侵权人负有承担侵权责任的外部义务。本法第14条则规定了连带责任人各自承担赔偿数额的内部确定规则,即:连带责任人根据各自责任大小确定相应的赔偿数额;难以确定责任大小的,平均承担赔偿责任。支付超出自己赔偿数额的连带责任人,有权向其他连带责任人追偿。

侵犯人身权、财产权承担侵权责任的方式主要有哪些？

根据《侵权责任法》第15条第1款规定,承担侵权责任的方式主要有:停止侵害;排除妨碍;消除危险;返还财产;恢复原状;赔偿损失;赔礼道歉;消除影响、恢复名誉。

(1)停止侵害,即受害人责令侵权人立即停止侵害,或依法提起诉讼请求人民法院制止正在实施的侵害。

(2)排除妨碍,即权利人在行使权利时受到他人不法阻碍或妨碍的,可以要求侵害人排除妨碍或提起诉讼请求人民法院强制排除妨碍。

(3)消除危险,即权利人的人身或财产已经存在危险或正在发生危险时,权利人可以要求侵权人消除危险。侵权人拒绝消除危险的,权利人可以提起诉讼请求人民法院责令其消除危险。

(4)返还财产,即财产所有人或合法占有人请求非法占有人归还的权利。

(5)恢复原状,即权利人的财产受到不法侵害时,有权要求侵害人根据被损坏或被破坏的财产的性状恢复到原有状态。

(6)赔偿损失,即权利人的财产或人身权、人格权受到不法侵害时,有权要求侵害人进行财产赔偿或精神赔偿。

(7)赔礼道歉,即权利人的人格权或著作权等遭受不法侵害时,有权要求侵害人或请求人民法院强制侵害人承认错误或表示歉意。

(8)消除影响、恢复名誉,即公民或法人的人格权受到不法侵害时,有权要求侵害人或请求人民法院强制侵害人在影响所及的范围内消除不良影响和使受损的名誉得以恢复。

根据《侵权责任法》第15条第2款规定,以上承担侵权责任的方式,可以单独适用,也可以合并适用。

作为公民的被侵权人死亡或者作为单位的被侵权人分立、合并的,谁有权起诉和要求赔偿？

《侵权责任法》第3条规定,被侵权人有权请求侵权人承担侵权责任。《侵权责任法》第18条规定,被侵权人死亡的,其近亲属有权请求侵权人承担侵权责任。被侵权人为单位,该单位分立、合并的,承继权利的单位有权请求侵权人承担侵权责任。被侵权人死亡的,支付被侵权人医疗费、丧葬费等合理费用的人有权请求侵权人赔偿费用,但侵权人已支付该费用的除外。根据《民法通则意见》第12条的规定,近亲属包括配偶、父母、子女、兄弟姐妹、祖父母、外祖父母、孙子女、外孙子女。可见,死亡的被侵权人的近亲属可以作为"赔偿权利人"提起诉讼要求赔偿义务人赔偿。作为被侵权人的单位被侵权后分立、合并的,承继权利的单位作为"赔偿权利人"有权提起诉讼要求赔偿义务人赔偿。"赔偿义务人"则是指因自己或者他人的侵权行为以及其他致害原因依法应当承担民事责任的自然人、法人或者其他组织。

侵害他人财产的,财产损失如何计算?

根据《侵权责任法》第2条的规定,侵害他人民事权益应当承担侵权责任,侵权包括对人身权益和财产权益等的侵害。本法第19条对侵害他人财产权益所造成损害的计算作出了规定,即:侵害他人财产的,财产损失按照损失发生时的市场价格或者其他方式计算。据此,侵害他人财产所造成的损失的计算方式可以按市场价格计算或者其他方式计算。对具有市场价格的财产可以按照其市场价格计算,因为市场价格具有波动性,侵害他人财产所造成的损失的计算时点不同,其市场价格就有可能不同。为了防止法律适用的任意性,本条明确规定以财产损失发生之时的市场价格为计算时点。但对于没有市场价格或者难以用市场价格衡量的财产,法律有明确规定的,应当按照法律规定的方式计算;法律没有明确规定的,应当用其他适当的方式计算。

侵害他人人身权益造成财产损失的,如何确定赔偿数额?

《侵权责任法》第20条规定,侵害他人人身权益造成财产损失的,按照被侵权人因此受到的损失赔偿;被侵权人的损失难以确定,侵权人因此获得利益的,按照其获得的利益赔偿;侵权人因此获得的利益难以确定,被侵权人和侵权人就赔偿数额协商不一致,向人民法院提起诉讼的,由人民法院根据实际情况确定赔偿数额。本条是关于侵害他人人身权益造成财产损失赔偿数额的规定。侵害他人人身权益造成的财产损失主要是指侵害他人生命权、健康权、身体权、名誉权、荣誉权、隐私权、肖像权及一般人格权等人身权益造成的财产损失。对于因治疗而支出的医疗费、护理费、交通费、住宿费和误工收入，必要的营养费以及因康复护理、继续治疗等实际发生的费用；受害人死亡所支付的丧葬费以及办理丧葬事宜所支出的交通、住宿等其他合理费用；受害人残疾所需要的残疾辅助器具费等财产损失，应当按照被侵权人受到的实际损失赔偿；对于侵害他人名誉权、荣誉权、隐私权、肖像权等被侵权人的损失难以确定，侵权人因此获得利益的，按照其获得的利益赔偿；侵权人因此获得的利益难以确定，被侵权人和侵权人就赔偿数额协商一致的，应当按照协商一致的数额赔偿；侵权人因此获得的利益难以确定，被侵权人和侵权人就赔偿数额协商不一致，侵权人向人民法院提起诉讼的，由人民法院根据实际情况确定赔偿数额。

因见义勇为救助他人而使自己受到损害的，能否要求受益人补偿？

《侵权责任法》第 23 条规定，因防止、制止他人民事权益被侵害而使自己受到损害的，由侵权人承担责任。侵权人逃逸或者无力承担责任，被侵权人请求补偿的，受益人应当给予适当补偿。可见，在他人人身及财产等民事权益受到损害的情况下，因见义勇为或者实施正当防卫以防止或者制止他人民事权益被侵害而受到损害的，应当由侵权人即侵犯他人人身及财产等民事权益的加害人对见义勇为或者实施正当防卫的救助人和帮助人承担损害赔偿等侵权责任，而不是由被帮助、被救助的受益人对帮助人和救助人承担责任。但是，侵权人逃逸导致对其无法追责或者虽对其提起诉讼但其无力承担赔偿责任的情况下，被侵权人即帮助人或者救助人对其因帮助、救助他人所遭受的损失，可以向受益人请求补偿，受益人应当根据其受益程度、自身财力状况以及被侵权人的损害情况等给予适当补偿，而不得以应当由侵权人承担侵权责任为由加以拒绝。

损害发生后，赔偿费用的支付方式如何确定？

《侵权责任法》第 25 条规定，损害发生后，当事人可以协商赔偿费用的支付方式。协商不一致的，赔偿费用应当一次性支付；一次性支付确有困难的，可以分期支付，但应当提供相应的担保。

二、不承担责任和减轻责任的情形

被侵权人对于损害的发生也有过错的,侵权人如何承担赔偿责任?

《侵权责任法》第 26 条规定,被侵权人对损害的发生也有过错的,可以减轻侵权人的责任。上述是关于过失相抵赔偿原则的规定。这里被侵权人的过错包括故意和过失。所谓过失相抵,是指在侵权行为中损害是由侵权行为人导致的,但被侵权人对损害的发生也有过错,这种情况下可以减轻侵害人的相关赔偿责任。可见,在被侵权人对损害的发生也有过错的情况下,被侵权人的损害是由被侵权人自身过错和侵权人的共同过错或者分别过错造成的,在此情形下侵权人所承担的赔偿责任应当与其过错相适应,也就是说被侵权人因自身过错而导致的自身应当承担的损害份额之外的损害赔偿责任由侵权人承担。

损害是因受害人故意造成的,实际加害人是否承担责任?

损害是因受害人故意造成的,是指受害人对损害的发生及其后果具有预见,但仍然追求或者放任这种损害结果的发生。如,正在高速公路上行走的人,在能够躲避高速公路上迎面飞驰而来的汽车的情况下不加躲避遭致受伤或者死亡;再如,受害人在铁路上卧轨自杀等。《侵权责任法》第 27 条规定,损害是因受害人故意造成的,行为人不承担责任。这里的"行为人"是指实际加害人,由上述规定可见,损害是因受害人故意造成的,实际加害人即行为人不承担责任。

损害是因第三人造成的,应当由谁承担侵权责任?

《侵权责任法》第 28 条规定,损害是因第三人造成的,第三人应当承担侵权责任。本条是关于第三人侵权行为及其责任承担的规定。这里的"第三人",是指实际加害人和被侵权人之外的,通过实际加害人的行为造成被侵权人损害的侵权责任人。在第三人侵权行为中,第三人与实际加害人既不具有共同的故意或过失,也不存在实际加害人和第三人对被侵权人的分别侵权行为,而是由于第三人的故意或者过失行为导致加害人直接给被侵权人造成损害的。被侵权人的损害是因第三人造成的,因此,第三人应当对被侵权人承担全部侵权责任,实际加害人对被侵权人不承担侵权责任。如,某甲酒后驾驶,将在道路上正常驾车行驶的某乙撞出机动车行驶线路,不幸将正在人行道上行走的某丙撞伤。在此情形下,作为实际加害人的某乙对某丙的损害并不承担侵权责任,某丙只能要求作为第三人的某甲承担侵权责任。

因不可抗力造成他人损害的,是否承担责任?

《侵权责任法》第29条规定,因不可抗力造成他人损害的,不承担责任。法律另有规定的,依照其规定。根据法律规定,不可抗力,是指不能预见、不能避免并不能克服的客观情况,一般包括地震、海啸、火山爆发等不可抗拒的自然灾害,战争、罢工等社会事件。但是,对于能够预见并及时采取合理措施能够避免的暴雨、台风和大风等自然力量,并不属于不可抗力。如,某地气象台天气预报明后天有7级以上的大风,当地城管部门也及时通知街道两侧的商铺将架在门前的摊位帐篷撤下,商铺摊主某甲未予理睬,结果第二天大风将摊位帐篷刮倒并砸伤行人某乙。对某乙造成的损害,某甲应负全部赔偿责任,不得以7级以上的大风属于不可抗力为由进行免责抗辩。再如,某地发生地震,某丙的房屋瞬间坍塌并将行人某丁砸伤,因该地震属于不可抗力,某丁对某丙房屋砸伤造成的损害无权要求某丙承担责任。此外,法律另有规定因不可抗力造成他人损害,相关责任人需承担或者减轻责任的,应当依照其规定。

受害人因进行防卫对侵害人造成损害的,是否承担民事责任?

《侵权责任法》第30条规定,因正当防卫造成损害的,不承担责任。正当防卫超过必要的限度,造成不应有的损害的,正当防卫人应当承担适当的责任。正当防卫是指本人或者他人的人身或者其他正当权益遭受不法侵害时,行为人所采取的一种防卫措施。进行正当防卫必须符合以下条件:(1)必须是针对不法侵害行为实施的,没有不法侵害就没有正当防卫的必要性。(2)必须是对正在进行的不法侵害行为实施的,对于已经结束的不法侵害行为不能实施。(3)必须是针对不法侵害人本人实施。(4)不能超过必要的限度。这里所说的"必要限度"是指为有效制止不法侵害行为所必须的防卫强度,即能够制止住不法侵害行为的继续进行为强度。明显超过必要的限度,并给不法侵害人造成不应有损害的,属于防卫过当。受害人在正当防卫的必要限度内实施防卫行为,因此给不法侵害人造成损害的不承担责任,但超过必要的限度,给不法侵害人造成不应有损害的,正当防卫人应当承担相应的责任。

因紧急避险造成他人损害的,紧急避险人是否承担民事责任?

《侵权责任法》第31条规定,因紧急避险造成损害的,由引起险情发生的人承担责任。如果危险是由自然原因引起的,紧急避险人不承担责任或者给予适当补偿。紧急避险采取措施不当或者超过必要的限度,造成不应有的损害的,紧急避险人应当承担适当的责任。紧急避险是指为了避免本人或者他人合法权益遭受更大的损害,在迫不得已的情况下所采取的紧急措施。紧急避险必须具备以下条件:(1)紧急避险所造成的损害必须小于不采取避险措施所造成的损害。(2)必须是情况紧急下,没有其他方法可以避免危险时才能采取的避险行为。因紧急避险造成的损害,应当由引起险情发生的人承担责任。因紧急避险造成他人损害的,在紧急避险人采取措施适当或者未超过限度,未造成不应有的损害的,紧急避险人不承担责任。如果危险是由自然原因引起的,紧急避险人不承担责任或者给予适当补偿。但是,紧急避险采取措施不当或者超过必要的限度,造成不应有的损害的,紧急避险人应当承担适当的责任。

三、特殊主体侵权责任

用人单位的工作人员在执行职务中致人损害的,用人单位是否承担赔偿责任?

根据《最高人民法院关于审理人身损害赔偿案件适用法律若干问题的解释》(以下简称《人身损害赔偿司法解释》)第8条规定,法人或者其他组织的法定代表人、负责人以及工作人员,在执行职务中致人损害的,由该法人或者其他组织承担民事责任。上述人员实施与职务无关的行为致人损害的,应当由行为人承担赔偿责任。属于《国家赔偿法》赔偿事由的,依照《国家赔偿法》的规定处理。《侵权责任法》第34条第1款规定,用人单位的工作人员因执行工作任务造成他人损害的,由用人单位承担侵权责任。这里的"用人单位"是指劳动合同法意义上与劳动者订立劳动合同或者形成事实劳动关系的法人或者其他组织,主要包括在我国境内设立的中外有限责任公司、中外股份公司，个人独资企业、合伙企业，个体经济组织、民办非企业单位等组织以及会计师事务所、律师事务所等合伙组织和基金会，以及与劳动者建立劳动关系的国家机关、事业单位、社会团体。用人单位的工作人员主要是指与用人单位建立劳动合同或者形成事实劳动关系的劳动者和企业管理人员。用人单位的工作人员无论是在工作场所或者工作场所之外履行职务，包括按照劳动合同的约定履行职责或者接受用人单位的临时指派执行任务中，因未尽必要的注意义务造成他人损害的，由用人单位承担侵权责任。但是，用人单位的工作人员在执行职务中故意造成他人损害的，或者在执行职务之外故意或者过失造成他人损害的，用人单位不承担侵权责任，而应当由该侵权行为人自己承担侵权责任。

被派遣的劳动者因执行工作任务造成他人损害的，劳务派遣单位是否承担侵权责任？

《侵权责任法》第34条第2款规定，劳务派遣期间，被派遣的工作人员因执行工作任务造成他人损害的，由接受劳务派遣的用工单位承担侵权责任；劳务派遣单位有过错的，承担相应的补充责任。在劳动合同法意义上"劳务派遣"是指派遣单位与被派遣劳动者订立劳动合同，取得劳务派遣权后，再根据其与用工单位订立的劳务派遣协议派遣劳动者，由此使被派遣的劳动者在用工单位工作。"被派遣的工作人员"是指与派遣单位订立劳动合同并接受其派遣到用工单位工作的劳动者。劳务派遣期间，被派遣的工作人员因执行工作任务未尽必要的注意义务造成他人损害的，由接受劳务派遣的用工单位承担侵权责任。但是，被派遣的工作人员在执行工作任务中故意造成他人损害的，或者在执行工作任务之外造成他人损害的，应当由该被派遣的工作人员承担侵权责任。劳务派遣单位对被派遣的工作人员在选任、派遣时未尽到必要注意义务即有过错的，劳务派遣单位根据其过错程度对被派遣的工作人员因执行工作任务造成的他人损害承担相应的补充责任。劳务派遣单位对被派遣的工作人员在选任、派遣时尽到必要注意义务即没有过错的，对被派遣的工作人员因执行工作任务造成的他人损害，既不承担侵权责任，也不承担补充责任。

个人劳务提供者造成他人损害的,接受劳务一方是否承担责任?

《侵权责任法》第35条第1句规定,个人之间形成劳务关系,提供劳务一方因劳务造成他人损害的,由接受劳务一方承担侵权责任。据此,个人劳务提供者在劳务合同的责任范围内或者根据个人劳务接受方的指示提供劳务时因未尽到必要的注意义务造成他人损害的,由劳务接受方对被侵权人承担侵权责任。个人劳务提供者在提供劳务时故意造成他人损害的,应当由其自己承担侵权责任。劳务接受方所承担的是过失责任,即劳务接受方在选任、监督、管理个人劳务提供者时未尽到必要的注意义务。如果劳务接受方故意指示劳务提供者在劳务提供中造成他人损害的,则属于共同侵权,应当由劳务接受方与劳务提供者对被侵权人承担连带侵权责任。

个人劳务提供者因劳务导致自身损害的,接受劳务一方是否承担责任?

根据《侵权责任法》第35条第2句规定,提供劳务一方因劳务自己受到损害的,根据双方各自的过错承担相应的责任。这是关于个人劳务工伤责任的规定。在劳动关系中,用人单位应当依法给劳动者办理工伤保险,并由用人单位逐月缴纳工伤保险费。工伤事故发生后,劳动者依法享受工伤保险待遇。但在个人劳务关系中,个人劳务接受者无需给个人劳务提供者办理工伤保险,个人劳务提供者亦不享有工伤保险待遇。因此,根据上述规定,个人劳务提供者在提供劳务或者进行与劳务有关的活动时,导致自身受到损害的,应当根据个人劳务提供者和接受者的各自过错承担相应责任。即:双方都有过错的,应当按照各自的过错程度分摊责任;若只因个人劳务提供者或者接受者的一方过错造成的,应当由有过错的该方独自承担责任。

帮工人在从事帮工活动中致人损害的,被帮工人是否承担赔偿责任?

《最高人民法院关于审理人身损害赔偿案件适用法律若干问题的解释》(以下简称《人身损害赔偿司法解释》)第13条规定,为他人无偿提供劳务的帮工人,在从事帮工活动中致人损害的,被帮工人应当承担赔偿责任。被帮工人明确拒绝帮工的,不承担赔偿责任。帮工人存在故意或者重大过失,赔偿权利人请求帮工人和被帮工人承担连带责任的,人民法院应予支持。根据上述规定,所谓帮工人是指无偿为他人提供劳务帮助的人,因此它既不同于劳动关系中的劳动者,又不同于个人劳务关系中的个人劳务提供者。帮工人在从事帮工活动中致人损害的,被帮工人应当承担赔偿责任。被帮工人明确拒绝帮工的,应当由帮工人承担赔偿责任,被帮工人不承担赔偿责任。在被帮工人接受帮工的情况下,帮工人故意造成他人损害的,或者其有重大过失(即存在重大疏忽)造成他人损害的,包括被侵权人在内的赔偿权利人有权要求帮工人和被帮工人承担连带责任,即被帮工人和帮工人都负有承担全部赔偿责任的义务,赔偿权利人要求被帮工人承担连带责任的,被帮工人不得拒绝承担赔偿责任。

帮工人因帮工活动遭受人身损害的,能否要求被帮工人承担赔偿责任?

《人身损害赔偿司法解释》第 14 条规定,帮工人因帮工活动遭受人身损害的,被帮工人应当承担赔偿责任。被帮工人明确拒绝帮工的,不承担赔偿责任;但可以在受益范围内予以适当补偿。帮工人因第三人侵权遭受人身损害的,由第三人承担赔偿责任。第三人不能确定或者没有赔偿能力的,可以由被帮工人予以适当补偿。根据上述规定,除了被帮工人明确拒绝帮工而帮工人执意帮工外,帮工人因帮工活动遭受人身损害的,被帮工人应当承担赔偿责任。被帮工人明确拒绝帮工而帮工人执意帮工的,被帮工人虽对帮工人因帮工活动遭受的人身损害不承担赔偿责任,但依据公平原则帮工人可以在被帮工人因帮工而受益的范围内给予适当补偿。帮工人在帮工活动中因被帮工人之外的第三人侵权遭受人身损害的,由第三人承担赔偿责任。第三人不能确定或者没有赔偿能力的,帮工人可以要求被帮工人给予适当补偿。

网络用户利用网络服务散布流言、侮辱、毁损他人人格的,网络服务提供者是否承担侵权责任?

《民法总则》第 109 条规定,自然人的人身自由、人格尊严受法律保护。本法第 111 条规定,自然人享有生命权、身体权、健康权、姓名权、肖像权、名誉权、荣誉权、隐私权、婚姻自主权等权利。法人、非法人组织享有名称权、名誉权、荣誉权等权利。(注:上述规定吸收了《民法通则》第 101 条的规定内容,并对自然人的一般人格权和具体人格权作了全面规定。《民法通则》第 101 条规定,公民、法人享有名誉权,公民的人格尊严受法律保护,禁止用侮辱、诽谤等方式损害公民、法人的名誉。)《侵权责任法》第 36 条第 1 款规定,网络用户、网络服务提供者利用网络侵害他人民事权益的,应当承担侵权责任。据此,网络用户利用网络服务提供者提供的信息存储空间发布或者散布贬损他人人格、有损他人名誉的侮辱、诽谤性言论,构成对他人名誉权侵权的,网络用户应当承担侵权责任。《侵权责任法》第36条第2款规定,网络用户利用网络服务实施侵权行为的,被侵权人有权通知网络服务提供者采取删除、屏蔽、断开链接等必要措施。网络服务提供者接到通知后未及时采取必要措施的,对损害的扩大部分与该网络用户承担连带责任。可见,网络服务提供者不知道网络用户利用其提供的网络存储空间侵犯被侵权人名誉权的,被发现或得知自己的名誉权受到侵权的被侵权人,有权向网络服务提供者发出书面通知,告知其网站上的相关内容构成对自己名誉权的侵权,并有权要求其采取删除、屏蔽、断开链接等必要措施。网络服务提供者接到通知后应及时采取必要措施,以防对被侵权人名誉权损害的进一步扩大。否则,网络服务提供者接到通知后未及时采取必要措施的,被侵权人有权要求其对损害的扩大部分与该网络用户承担连带责任。但是如果被侵权人没有通知网络服务提供者,或者网络服务提供者收到被侵权人的通知后采取了删除、屏蔽或者断开链接等必要措施的,网络服务提供者不承担侵权责任。

网络服务提供者对网络用户在其网站发布他人"不雅视频",未采取必要措施的,是否承担侵权责任?

隐私权是自然人享有的私人生活安宁与私人信息、秘密依法受到保护,不被他人非法侵扰、知悉、散布或公开并利用的一种人格权。未经他人允许,擅自将他人存储于自己的电脑硬盘或者移动硬盘中的夫妻性爱录像,或者恋爱中的一方失恋后未经另一方同意擅自将恋爱中的性爱录像在网络服务提供者的网站上发布,除了涉嫌构成刑法意义上的传播淫秽物品罪并依法受到制裁外,也会构成民法意义上的侵犯他人隐私权。《侵权责任法》第36条第1款规定,网络用户、网络服务提供者利用网络侵害他人民事权益的,应当承担侵权责任。据此,网络用户未经权利人同意在互联网上传播他人的"不雅视频"除了承担相关刑事责任或者行政责任外,还应当承担侵权责任。《侵权责任法》第36条第3款进一步规定,网络服务提供者知道网络用户利用其网络服务侵害他人民事权益,未采取必要措施的,与该网络用户承担连带责任。据此,网络服务提供者在得知网络用户利用其网络服务发布和传播他人的性爱录像等不雅视频的,应当及时采取删除、屏蔽、断开链接等必要措施。否则,被侵权人可以侵犯自己的隐私权为由,要求侵权人即网络用户与网络服务提供者承担连带责任。但是,网络服务提供者在得知网络用户利用其网络服务发布和传播他人的性爱录像等不雅视频后,及时采取删除、屏蔽、断开链接等必要措施的,被侵权人无权要求其承担连带责任。

什么是公共场所的管理人或者群众性活动的组织者应尽的安全保障义务?如何判断其违反该义务?

《侵权责任法》第 37 条规定,宾馆、商场、银行、车站、娱乐场所等公共场所的管理人或者群众性活动的组织者,未尽到安全保障义务,造成他人损害的,应当承担侵权责任。因第三人的行为造成他人损害的,由第三人承担侵权责任;管理人或者组织者未尽到安全保障义务的,承担相应的补充责任。据此,宾馆、商场、银行、车站、娱乐场所等公共场所的管理人或者群众性活动的组织者是安全义务保障人,对进入其经营或者管理的公共场所的顾客或者其举办的群众性活动的参加者负有保障其人身财产安全的义务,这主要表现在以下方面:宾馆、商场、银行、车站、娱乐场所等公共场所的管理人或者群众性活动的组织者应当严格执行安全经营管理和消防安全管理的法律、法规;应当具备相应的安全经营和活动条件,制定和执行保障进入其场所的顾客、参加人员和其他人员人身财产安全的保护制度和应急预案;对经营管理的公共场所和活动场地进行安全检验、监测和评估,采取必要的安全保障措施防止危害发生。

安全义务保障人是否违反安全保障义务,一般应从以下几个方面判断:(1)根据法定标准判断。法律、行政法规及其授权的行政规章对安全保障义务人的安全保障义务有规定的,宾馆、商场、银行、车站、娱乐场所等公共场所的管理人或者群众性活动的组织者等安全义务保障人应当依法履行和执行安全保障义务,否则,造成其场所的顾客、参加人员和其他人员人身财产损害的,构成违反安全保障义务。(2)根据特殊标准判断。宾馆、商场、银行、车站、娱乐场所等公共场所和群众性活动中设立儿童活动区域或者举办对未成年人具有特别诱惑力的活动时,公共场所的管理人或群众性活动的组织者应当根据保护少年儿童和未成年人的特别安全要求,履行包括消除或者隔离危险并采取特别防范措施在内的特别安全保障义务,否则,构成违反安全保障义务。(3)根据行业标准和必要的合理注意标准判断。在法律、行政法规及其授权的行政规章对安全保障义务人的安全保障义务没有作出相应规定的情况下,公共场所的管理人或群众性活动的组织者应当根据保障其场所的顾客、参加人员和其他人员人身财产安全的行业标准采取必要的安全保障措施;没有相应的行业标准的,应当履行必要的合理注意义务,否则,给进入其管理经营或者举行群众性活动的公共场所的顾客、参加者或者其他人员造成人身财产损害的,即构成违反安全保障义务。

公共场所的管理人或者群众性活动的组织者违反安全保障义务,承担侵权责任应具备什么条件?

根据《侵权责任法》第 37 条规定,宾馆、商场、银行、车站、娱乐场所等公共场所的管理人或者群众性活动的组织者,未尽到安全保障义务,造成他人损害的,应当承担侵权责任。可见,宾馆、商场、银行、车站、娱乐场所等公共场所的管理人或者群众性活动的组织者承担侵权责任应同时具备以下条件:(1)公共场所的管理人或者群众性活动的组织者具有违反安全保障义务的行为,即未履行法律、行政法规及其授权的行政规章规定的安全保障义务,或者未按照行业标准履行其经营管理的公共场所、群众性活动所应当履行的必要注意义务。(2)造成了进入或者参加其经营管理的公共场所或者其举办的群众性活动的顾客、参加人员和其他人员等安全保障权利人的生命权、健康权、身体权等人身损害或者财产损害。(3)安全保障权利人受到的损害事实与安全保障义务人未尽安全保障义务行为之间具有因果关系,该二者不具有因果关系的,如安全保障权利人的损害是由于自身原因或者第三人原因造成的,安全保障权利人不得要求安全保障义务人承担责任。(4)安全保障义务人未尽安全保障义务具有过错。安全保障义务人履行法律、法规或者规章规定或者必要的安全保障义务,在主观上表现为过失。

因第三人的行为造成他人损害的,公共场所的管理人或者群众性活动的组织者是否承担侵权责任?

《侵权责任法》第 37 条规定,宾馆、商场、银行、车站、娱乐场所等公共场所的管理人或者群众性活动的组织者,未尽到安全保障义务,造成他人损害的,应当承担侵权责任。因第三人的行为造成他人损害的,由第三人承担侵权责任;管理人或者组织者未尽到安全保障义务的,承担相应的补充责任。据此,在宾馆、商场、银行、车站、娱乐场所等公共场所或者在群众性活动中,安全保障义务人已尽到安全保障义务,安全保障权利人因第三人的故意或者过失行为造成损害的,应当由实施侵权行为的第三人承担侵权责任,安全保障义务人不承担责任。但作为管理人或者组织者的安全保障义务人未尽到安全保障义务,从而使第三人对安全保障权利人实施人身或者财产损害提供可乘之机或者便利条件的,安全保障义务人应当对安全保障权利人即被侵权人承担补充责任。这里所说的"补充责任",是指被侵权人即安全保障权利人应当向实施侵权行为的第三人要求承担全部赔偿责任。但是,当作为侵权人的第三人不能赔偿、赔偿不足或者下落不明时,被侵权人可以要求安全保障义务人按照其过错程度承担相应的补充责任。

四、特殊侵权责任

(一) 产品责任

什么是产品责任? 生产者承担产品责任须具备哪些要件?

《侵权责任法》第 41 条规定,因产品存在缺陷造成他人损害的,生产者应当承担侵权责任。这里的"产品"是《中华人民共和国产品质量法》(以下简称《产品质量法》)意义上的"产品",是指经过加工、制作,用于销售的产品,包括建设工程使用的建筑材料、建筑构配件和设备等,但农林牧副渔等农副产品、食品、药品、矿产品、废旧物品和铁路、公路、机场、码头、桥梁、房屋等建设工程不属于产品。产品责任是指因产品存在缺陷造成他人损害所应承担的侵权责任。根据《侵权责任法》第 41 条规定,生产者承担产品责任不以其主观上存在过错为前提,只要产品存在缺陷造成他人损害,除非存在法定的免责事由,生产者均应承担侵权责任。可见,产品责任属于无过错责任,生产者承担产品责任须具备以下要件:(1)产品存在缺陷。产品缺陷,是指产品存在危及人身、他人财产安全的不合理的危险;产品有保障人体健康和人身、财产安全的国家标准、行业标准的,是指不符合该标准。(2)产品存在的缺陷给被侵权人造成了损害。这里的"被侵权人"是指遭受产品缺陷损害的受害人,包括产品购买人、使用人及其他直接受害人。这里的"损害"包括人身损害和财产损害。(3)产品缺陷与被侵权人遭受的损害事实之间具有因果关系。也就是说,产品缺陷是导致这种损害结果发生的必然原因和不可排除的条件。在具备上述产品责任要件下,生产者只要不能举证证明存在依法免责的事由,其不能以不具有主观过错(即故意或者过失)为由主张免责。

在哪些情形下,被侵权人因产品缺陷造成的损害,无权要求赔偿?

《产品质量法》第41条规定,因产品存在缺陷造成人身、缺陷产品以外的其他财产(以下简称他人财产)损害的,生产者应当承担赔偿责任。生产者能够证明有下列情形之一的,不承担赔偿责任:(1)未将产品投入流通的;(2)产品投入流通时,引起损害的缺陷尚不存在的;(3)将产品投入流通时的科学技术水平尚不能发现缺陷的存在的。此外,根据《侵权责任法》的有关规定,损害是因受害人即被侵权人故意或者重大过失造成的,生产者不承担侵权责任。因产品生产者承担产品责任的归责原则是无过错责任,故其对上述依法免责事由负有举证证明的义务,在其不能举证证明存在以上法定免责事由的,其应当承担产品责任。

对因产品缺陷造成的损害,被侵权人可以直接要求销售者承担侵权责任吗?

《侵权责任法》第41条规定,因产品存在缺陷造成他人损害的,生产者应当承担侵权责任。本法第42条规定,因销售者的过错使产品存在缺陷,造成他人损害的,销售者应当承担侵权责任。销售者不能指明缺陷产品的生产者也不能指明缺陷产品的供货者的,销售者应当承担侵权责任。本法第43条规定,因产品存在缺陷造成损害的,被侵权人可以向产品的生产者请求赔偿,也可以向产品的销售者请求赔偿。产品缺陷由生产者造成的,销售者赔偿后,有权向生产者追偿。因销售者的过错使产品存在缺陷的,生产者赔偿后,有权向销售者追偿。根据上述规定,产品责任发生后,被侵权人有便宜行事的选择权,其可以选择生产者也可以选择销售者承担产品责任。被侵权人无论选择二者之一的哪一方承担赔偿责任,都不得以自己不是最终责任的承担者为由加以拒绝。至于产品责任的最终承担者是生产者还是销售者,是产品生产者和销售者二者之间的内部产品责任确定问题,都不应当对被侵权人行使赔偿请求权构成障碍。因此,无论出于便宜行事的考虑,还是出于二者之中何者有无责任能力的权宜之计,被侵权人对因产品缺陷造成的人身、财产损害,既可以直接要求销售者承担侵权责任,也可以直接要求生产者承担侵权责任。当然,在销售者不能指明缺陷产品的生产者也不能指明缺陷产品的供货者的情况下,被侵权人只能要求销售者承担侵权责任。

生产者、销售者能否因第三人的过错使产品存在缺陷而免于承担侵权责任?

根据《侵权责任法》第41条和第42条的规定,生产者、销售者因产品存在缺陷造成他人损害所承担的侵权责任为无过错责任,即只要因产品存在缺陷给被侵权人造成了损害,损害事实与产品缺陷之间存在因果关系,不论生产者、销售者是否具有故意或者过失即过错,也不论该损害是由于第三人的过错使产品存在缺陷而造成的,都应当向被侵权人承担侵权责任。《侵权责任法》第44条明确规定,因运输者、仓储者等第三人的过错使产品存在缺陷,造成他人损害的,产品的生产者、销售者赔偿后,有权向第三人追偿。据此,生产者、销售者不能以损害是因运输者、仓储者等第三人的过错使产品存在缺陷而造成的,免于承担侵权责任。当然,产品的生产者、销售者向被侵权人承担先付赔偿责任后,有权依法向造成产品缺陷的第三人追偿。

产品投入流通后发现存在缺陷的,生产者、销售者应当及时采取哪些补救措施?

《侵权责任法》第46条规定,产品投入流通后发现存在缺陷的,生产者、销售者应当及时采取警示、召回等补救措施。未及时采取补救措施或者补救措施不力造成损害的,应当承担侵权责任。据此,产品投入流通后发现存在缺陷的,生产者、销售者负有售后警示和召回责任。所谓产品的售后缺陷警示责任是指生产者、销售者对新发现的引起损害的产品缺陷应当及时予以警示,所谓产品的售后召回责任是指生产者、销售者对将已经送到批发商、零售商或最终用户手上的缺陷产品收回,以使产品的最终使用人远离产品缺陷可能带来的人身财产伤害危险。产品投入流通后发现存在缺陷的,生产者、销售者未及时采取警示、召回等补救措施或者采取补救措施不力给产品购买者、使用人或者其他相关人员造成损害的,应当承担侵权责任。

在什么情况下,被侵权人可以要求生产者、销售者承担惩罚性赔偿责任?

侵权人所承担的损害赔偿责任是对其侵权行为导致损害后果的弥补,即对损害赔偿负有义务的人应当恢复至导致赔偿义务情况没有发生而本应存在的状态,在不能恢复原状的情况下应当支付恢复原状所必须的金钱数额。因此,侵权人所承担的损害赔偿义务具有补偿性,一般不具有惩罚性。但是,为了遏制和惩罚侵权人的恶意、欺诈等故意实施侵权行为或者明知其行为会造成损害后果而放任(即间接故意)侵权行为发生,法律也明确规定侵权人在承担相应赔偿责任之外,再同时承担惩罚性赔偿责任。

《侵权责任法》第47条明确规定,明知产品存在缺陷仍然生产、销售,造成他人死亡或者健康严重损害的,被侵权人有权请求相应的惩罚性赔偿。产品责任中惩罚性赔偿的适用应当符合以下条件:(1)侵权人具有主观故意包括直接故意和间接故意,即明知是缺陷产品仍然生产或者销售。(2)要有损害事实,即造成他人死亡或者健康的严重损害,未造成人身伤亡严重损害的,或者仅造成财产损害的,不予适用。(3)要有因果关系,即被侵权人的死亡或者健康严重受损害是因为侵权人生产或者销售的缺陷产品造成的。在符合上述条件下,被侵权人在要求生产者、销售者承担损害赔偿责任的同时,亦可以要求生产者、销售者承担惩罚性赔偿责任。

至于惩罚性赔偿数额,法律有规定的,按照法律规定确定;没有法律规定的,由法官裁量。《食品安全法》第96条规定,违反本法规定,造成人身、财产或者其他损害的,依法承担赔偿责任。生产不符合食品安全标准的食品或者销售明知是不符合食品安全标准的食品,消费者除要求赔偿损失外,还可以向生产者或者销售者要求支付价款 10 倍的赔偿金。

(二) 高度危险责任

从事高度危险的作业造成他人损害的,承担侵权责任须具备哪些要件?

根据《侵权责任法》的规定,高度危险作业损害主要包括以下几类:民用核设施发生的核事故损害,民用航空器损害,易燃、易爆、剧毒、放射性等高度危险物损害,高空、高压、地下挖掘活动或者使用高速轨道运输工具损害。《侵权责任法》第 69 条规定,从事高度危险作业造成他人损害的,应当承担侵权责任。据此,高度危险责任不以行为人主观上存在过错为前提,只要从事高度危险作业造成他人损害,除非存在法定的免责事由,高度危险作业人均应承担侵权责任。可见,高度危险责任属于无过错责任,高度危险作业人承担侵权责任须具备以下要件:(1)发生了造成他人损害的高度危险事故,如民用核设施发生核事故,民用航空器爆炸、坠毁事故,易燃、易爆、剧毒、放射性等高度危险物发生爆炸、泄露、辐射,发生高空、高压、地下挖掘事故或者高速轨道运输事故等。(2)造成损害后果,即发生高度危险作业事故造成他人人身、财产损害。(3)高度危险事故与他人损害后果之间具有因果关系,即高度危险作业事故是导致他人损害结果发生的必然原因和不可排除的条件。在具备上述产品责任要件下,生产者只要不能举证证明存在依法免责的事由,其不能以不具有主观过错(即故意或者过失)为由主张免责。

因高压电造成人身损害的,受害人在哪些情况下无权要求赔偿?

根据《最高人民法院关于审理触电人身损害赔偿案件若干问题的解释》第 1 条规定,《民法通则》第 123 条所规定的"高压"包括 1 千伏(KV)及其以上电压等级的高压电;1 千伏(KV)以下电压等级为非高压电。本《解释》第 2 条规定,因高压电造成人身损害的案件,由电力设施产权人依照《民法通则》第 123 条的规定承担民事责任。但对因高压电引起的人身损害是由多个原因造成的,按照致害人的行为与损害结果之间的原因来确定各自的责任。致害人的行为是损害后果发生的主要原因,应当承担主要责任;致害人的行为是损害后果发生的非主要原因,则承担相应的责任。但是,根据本《解释》第3条规定,受害人在下列情形下造成的人身损害,电力设施产权人不承担民事责任:(1)不可抗力;(2)受害人以触电方式自杀、自伤;(3)受害人盗窃电能,盗窃、破坏电力设施或者因其他犯罪行为而引起触电事故;(4)受害人在电力设施保护区从事法律、行政法规所禁止的行为。

民用核设施发生核事故造成他人损害,民用核设施的经营者在什么情况下不承担责任?

《侵权责任法》第70条规定,民用核设施发生核事故造成他人损害的,民用核设施的经营者应当承担侵权责任,但能够证明损害是因战争等情形或者受害人故意造成的,不承担责任。据此,民用核设施发生核事故造成他人损害的,应当承担无过错责任,即无论其主观上是否具有过错即故意和过失,都应当承担侵权责任。但是,民用核设施的经营者只要能够证明具有依法免责的事由,如战争、自然灾害等不可抗力情形或者受害人故意造成的,民用核设施的经营者不承担责任。

民用航空器造成他人损害的,民用航空器的经营者在什么情况下不承担责任?

《侵权责任法》第71条规定,民用航空器造成他人损害的,民用航空器的经营者应当承担侵权责任,但能够证明损害是因受害人故意造成的,不承担责任。据此,民用航空器造成他人损害的,应当承担无过错责任,即无论其主观上是否具有故意或者过失,都应当承担侵权责任。但是,其有证据证明损害是受害人故意造成的,其不承担责任。

高度危险物造成他人损害的,其占有或者使用人在什么情况下免除或者减轻责任?

《侵权责任法》第72条规定,占有或者使用易燃、易爆、剧毒、放射性等高度危险物造成他人损害的,占有人或者使用人应当承担侵权责任,但能够证明损害是因受害人故意或者不可抗力造成的,不承担责任。被侵权人对损害的发生有重大过失的,可以减轻占有人或者使用人的责任。

从事高空、高压、地下挖掘活动或者使用高速轨道运输工具造成他人损害的,经营者在什么情况下免除或者减轻责任?

《侵权责任法》第73条规定,从事高空、高压、地下挖掘活动或者使用高速轨道运输工具造成他人损害的,经营者应当承担侵权责任,但能够证明损害是因受害人故意或者不可抗力造成的,不承担责任。被侵权人对损害的发生有过失的,可以减轻经营者的责任。

遗失、抛弃高度危险物造成他人损害的,由谁承担侵权责任?

《侵权责任法》第74条规定,遗失、抛弃高度危险物造成他人损害的,由所有人承担侵权责任。所有人将高度危险物交由他人管理的,由管理人承担侵权责任;所有人有过错的,与管理人承担连带责任。据此,遗失、抛弃易燃、易爆、剧毒、放射性等高度危险物的所有人负有按照其特点管理其危害他人的义务,若其所有人未尽管理职责以致遗失、抛弃高度危险物造成他人损害的,应当承担侵权责任。所有人将高度危险物交由他人管理,管理人遗失、抛弃高度危险物造成他人损害的,由管理人承担侵权责任;但所有人存在选择管理人不当、或者未尽必要注意义务以及未告知管理人采取必要和适当措施等过错的,应当与管理人承担连带责任,即被侵权人既可以要求所有人承担全部侵权责任,又可以要求管理人承担全部侵权责任。所有人或者管理人承担全部赔偿责任后,有权根据另一方的过错程度要求其承担相应的赔偿份额。

非法占有高度危险物造成他人损害的,由谁承担侵权责任?

《侵权责任法》第75条规定,非法占有高度危险物造成他人损害的,由非法占有人承担侵权责任。所有人、管理人不能证明对防止他人非法占有尽到高度注意义务的,与非法占有人承担连带责任。

未经许可进入高度危险活动区域或者高度危险物存放区域受到损害,管理人是否承担责任?

《侵权责任法》第76条规定,未经许可进入高度危险活动区域或者高度危险物存放区域受到损害,管理人已经采取安全措施并尽到警示义务的,可以减轻或者不承担责任。据此,未经许可进入高度危险活动区域或者高度危险物存放区域受到损害,管理人未采取安全措施及未作出警示标志或者警示说明的,应当承担侵权责任。

(三) 物件损害责任

建筑物上的搁置物、悬挂物发生坠落造成他人损害的,由谁承担侵权责任?

根据《侵权责任法》第85条规定,建筑物、构筑物或者其他设施及其搁置物、悬挂物损害责任采取过错推定原则,其所有人、管理人或者使用人不能证明自己没有过错的,应当承担侵权责任;能够证明自己没有过错的,不承担侵权责任。所有人、管理人或者使用人赔偿后,有其他责任人的,有权向其他责任人追偿。

建筑物、构筑物或者其他设施倒塌致人损害的,由谁承担责任?

《侵权责任法》第86条规定,建筑物、构筑物或者其他设施倒塌造成他人损害的,由建设单位与施工单位承担连带责任。建设单位、施工单位赔偿后,有其他责任人的,有权向其他责任人追偿。因其他责任人的原因,建筑物、构筑物或者其他设施倒塌造成他人损害的,由其他责任人承担侵权责任。

行人不知被何人从建筑物中抛掷的物品砸伤的,应找谁负责?

《侵权责任法》第87条规定,从建筑物中抛掷物品或者从建筑物上坠落的物品造成他人损害,难以确定具体侵权人的,除能够证明自己不是侵权人的外,由可能加害的建筑物使用人给予补偿。据此,建筑物中抛掷物品损害责任与建筑物上坠落物品致人损害的,在难以确定具体侵权人的情况下,除能够证明自己不是侵权人的建筑物使用人外,该建筑物的其他使用人作为可能加害的建筑物使用人对被侵权人应当承担补偿责任。因此,行人被从一建筑物中抛掷的物品或者从一建筑物上坠落的物品砸伤的,其可以向抛出物品或坠落的物品的建筑物的使用人主张权利,但其中除能够证明自己不是侵权人的建筑物使用人外,该建筑物的其他使用人应当作为可能加害人向被侵权人承担补偿责任。

堆放物倒塌造成他人损害,什么情况下堆放人不承担责任?

《侵权责任法》第88条规定,堆放物倒塌造成他人损害,堆放人不能证明自己没有过错的,应当承担侵权责任。据此,堆放物倒塌损害责任属于过错推定责任,堆放人证明自己没有过错的情况下才不承担责任。否则,堆放人不能证明自己没有过错的,应当承担侵权责任。此外,根据《侵权责任法》第89条规定,在公共道路上堆放、倾倒、遗撒妨碍通行的物品造成他人损害的,有关单位或者个人应当承担侵权责任。

行人被折断的林木砸伤,应当由谁负责?

《侵权责任法》第90条规定,因林木折断造成他人损害,林木的所有人或者管理人不能证明自己没有过错的,应当承担侵权责任。可见,林木折断损害责任属于过错推定责任,林木所有人证明自己没有过错的情况下才不承担责任。否则,不能证明自己没有过错的,应当承担侵权责任。

在公共场所或者道路上挖坑、修缮安装地下设施,没有采取安全措施致使行人受伤的,应由谁负责?

《侵权责任法》第91条规定,在公共场所或者道路上挖坑、修缮安装地下设施等,没有设置明显标志和采取安全措施造成他人损害的,施工人应当承担侵权责任。窨井等地下设施造成他人损害,管理人不能证明尽到管理职责的,应当承担侵权责任。

(四) 环境污染责任

因污染环境发生纠纷,污染者应当承担哪些举证责任?

《侵权责任法》第65条规定,因污染环境造成损害的,污染者应当承担侵权责任。根据上述规定,环境污染责任属于无过错责任,无论环境污染者是否具有主观过错,只要其污染行为与损害后果之间具有因果关系,除存在依法免责事由外应当承担侵权责任。《侵权责任法》第26条规定,被侵权人对损害的发生也有过错的,可以减轻侵权人的责任。本法第27条规定,损害是因受害人故意造成的,行为人不承担责任。本法第29条规定,因不可抗力造成他人损害的,不承担责任。法律另有规定的,依照其规定。本法第66条规定,因污染环境发生纠纷,污染者应当就法律规定的不承担责任或者减轻责任的情形及其行为与损害之间不存在因果关系承担举证责任。据此,污染者除了应当对上述规定的不承担侵权责任及减轻责任的诸情形承担举证责任外,还应当对其行为与损害之间不存在因果关系承担举证责任。否则,污染者举证不能或者放弃举证义务,应当承担侵权责任。

两个以上污染者污染环境,污染者承担责任的大小如何确定?

《侵权责任法》第67条规定,两个以上污染者污染环境,污染者承担责任的大小,根据污染物的种类、排放量等因素确定。

因第三人的过错污染环境造成损害的,被侵权人能否向污染者请求赔偿?

《侵权责任法》第68条规定,因第三人的过错污染环境造成损害的,被侵权人可以向污染者请求赔偿,也可以向第三人请求赔偿。污染者赔偿后,有权向第三人追偿。据此,因第三人的过错污染环境造成损害的,被侵权人有权向污染者请求赔偿,污染者不得以第三人应当承担侵权责任为由加以拒绝。

(五) 饲养动物损害责任

在什么情况下,动物饲养人或管理人对其饲养的动物造成的他人损害,可以不承担或者减轻责任?

《侵权责任法》第78条规定,饲养的动物造成他人损害的,动物饲养人或者管理人应当承担侵权责任,但能够证明损害是因被侵权人故意或者重大过失造成的,可以不承担或者减轻责任。据此,饲养动物损害责任属于无过错责任,饲养的动物造成他人损害的,动物饲养人或者管理人无论其是否具有过错,都应当承担侵权责任。但是,动物饲养人或者管理人有证据证明被侵权人故意或者重大过失致使饲养的动物造成其损害的,可以根据被侵权人的故意或者重大过错程度及其对于损害发生的原因力,视具体情况以免除或者减轻动物饲养人或者管理人的责任。也就是说,被侵权人的故意或者重大过失是动物损害发生的全部原因的,动物饲养人或者管理人全部免责;被侵权人的故意或者重大过失是动物损害发生的部分原因的,动物饲养人或者管理人部分免责。在不存在上述依法免除或者减轻事由的情况下,饲养的动物造成他人损害的,动物饲养人或者管理人应当承担全部侵权责任。

因第三人的过错致使动物造成被侵权人损害的,被侵权人可以向谁要求赔偿?

《侵权责任法》第83条规定,因第三人的过错致使动物造成他人损害的,被侵权人可以向动物饲养人或者管理人请求赔偿,也可以向第三人请求赔偿。动物饲养人或者管理人赔偿后,有权向第三人追偿。

动物饲养人或管理人违反规定所饲养的动物造成他人损害的,是否承担侵权责任?

《侵权责任法》第79条规定,违反管理规定,未对动物采取安全措施造成他人损害的,动物饲养人或者管理人应当承担侵权责任。本法第80条规定,禁止饲养的烈性犬等危险动物造成他人损害的,动物饲养人或者管理人应当承担侵权责任。据此,有关法律、行政法规、地方性法规,部门规章和地方性规章规定对饲养的动物要采取安全措施,以及有关法律、行政法规、地方性法规,部门规章和地方性规章规定禁止饲养危险动物的,动物饲养人或者管理人不得违法违规饲养动物。违法违规(不对动物采取安全措施)饲养的动物和擅自饲养的烈性犬等危险动物致人损害的,动物饲养人或者管理人无论其是否具有主观过错都应当承担侵权责任。

动物园的动物造成他人损害的,什么情况下动物园不承担责任?

《侵权责任法》第81条规定,动物园的动物造成他人损害的,动物园应当承担侵权责任,但能够证明尽到管理职责的,不承担责任。据此,动物园动物致人损害侵权责任属于过错推定责任,即动物园的动物造成他人损害的,首先推定动物园具有过错;动物园主张自己无过错的,则必须证明其已尽到必要的管理职责,如对致人损害动物根据其特性采取了必要的安全措施,对危险动物向游客作出必要的警示提示与警示说明等。动物园证明自己尽到管理职责的为无过错,不承担侵权责任。动物园和被侵权人都有过错的,各自承担相应的责任。

遗弃、逃逸的动物在遗弃、逃逸期间造成他人损害的,被侵权人应要求何人承担侵权责任?

《侵权责任法》第82条规定,遗弃、逃逸的动物在遗弃、逃逸期间造成他人损害的,由原动物饲养人或者管理人承担侵权责任。这里的"遗弃",

是指动物饲养人或者管理人将饲养的动物抛弃不管或者不慎丢失;"逃逸",则是指动物饲养人或者管理人饲养的动物逃脱其控制和占有。根据上述规定,遗弃、逃逸的动物在遗弃、逃逸期间造成他人损害的,应当由遗弃、逃逸动物的原饲养人或者管理人对被侵权人承担侵权责任。遗弃、逃逸的动物被他人收养的,遗弃、逃逸动物在被收养后遗弃或者逃逸,在遗弃、逃逸期间造成他人损害的,遗弃、逃逸动物的收养人应当承担侵权责任。

（六）医疗损害责任

患者在诊疗活动中受到损害,具有过错的医务人员是否承担赔偿责任?

《侵权责任法》第54条规定,患者在诊疗活动中受到损害,医疗机构及其医务人员有过错的,由医疗机构承担赔偿责任。可见,医疗损害责任一般为过错责任,医疗机构及其工作人员对于患者在诊疗活动中没有尽到必要的注意义务即有过错的,由医疗机构(无论是法人还是不具有法人资格的个体诊所)对患者的医疗损害行为承担赔偿责任,而具有过错的医务人员个人不对受到医疗损害的患者负责。

医务人员在诊疗活动中对患者病情和医疗措施未尽到说明义务,造成患者损害的,医疗机构是否承担赔偿责任?

《侵权责任法》第55条规定,医务人员在诊疗活动中应当向患者说明病情和医疗措施。需要实施手术、特殊检查、特殊治疗的,医务人员应当及时向患者说明医疗风险、替代医疗方案等情况,并取得其书面同意;不宜向患者说明的,应当向患者的近亲属说明,并取得其书面同意。医务人员未尽到前款义务,造成患者损害的,医疗机构应当承担赔偿责任。

医疗机构及医务人员对生命垂危的患者,不能取得患者或者其近亲属意见的,能否立即采取相应的医疗措施?

《侵权责任法》第56条规定,因抢救生命垂危的患者等紧急情况,不能取得患者或者其近亲属意见的,经医疗机构负责人或者授权的负责人批准,可以立即实施相应的医疗措施。可见,医疗机构及其医务人员立即对生命垂危的患者实施相应的医疗措施应当具备以下条件:(1)应当具有因抢救生命垂危的患者等紧急情况;(2)不能取得患者或者其近亲属意见;(3)经医疗机构负责人或者授权的负责人批准。

患者能否以医务人员在诊疗活动中未尽到与当时的医疗水平相应的诊疗义务所造成的损害,要求赔偿?

《侵权责任法》第57条规定,医务人员在诊疗活动中未尽到与当时的医疗水平相应的诊疗义务,造成患者损害的,医疗机构应当承担赔偿责任。本条规定的是医疗技术损害责任。根据本条规定,医务人员在诊疗活动中未尽到与当时的医疗水平相应的诊疗义务,造成患者损害的,患者可以要求医疗机构赔偿。医疗技术责任属于过失责任,即医务人员在诊疗活动中未尽到与当时的医疗水平相应的必要技术注意义务。也就是说,医疗技术损害责任是医务人员在对患者的病情检查、检验、诊断,治疗方案、治疗方法、治疗措施以及相应的治疗护理等一系列治疗活动中缺乏符合当时医疗技术水平要求的必要的专业水准,造成患者损害应承担的赔偿责任。根据民事诉讼法"谁主张,谁举证"的举证规则要求,患者主张医疗机构承担医疗技术损害赔偿责任的,应当对医务人员在诊疗活动中未尽到与当时的医疗水平相应的诊疗义务即医疗技术过失,承担举证责任。在其未能证明医务人员具有医疗技术过失的,其主张将不会得到法院的支持。

在什么情形下,应当推定医疗机构具有主观过错?

《侵权责任法》第58条规定,患者有损害,因下列情形之一的,推定医疗机构有过错:(1)违反法律、行政法规、规章以及其他有关诊疗规范的规定;(2)隐匿或者拒绝提供与纠纷有关的病历资料;(3)伪造、篡改或者销毁病历资料。根据上述规定,在患者有损害,符合上述情形之一即推定医疗机构有过错的,患者有权要求医疗机构承担损害赔偿责任。

因医疗用品、器械的缺陷或输入不合格的血液造成损害的患者,应向谁要求赔偿?

《侵权责任法》第59条规定,因药品、消毒药剂、医疗器械的缺陷,或者输入不合格的血液造成患者损害的,患者可以向生产者或者血液提供机构请求赔偿,也可以向医疗机构请求赔偿。患者向医疗机构请求赔偿的,医疗机构赔偿后,有权向负有责任的生产者或者血液提供机构追偿。

在什么情形下,医疗机构对患者的损害不承担赔偿责任?

《侵权责任法》第60条第1款规定,患者有损害,因下列情形之一的,医疗机构不承担赔偿责任:(1)患者或者其近亲属不配合医疗机构进行符合诊疗规范的诊疗;(2)医务人员在抢救生命垂危的患者等紧急情况下已经尽到合理诊疗义务;(3)限于当时的医疗水平难以诊疗。但根据本条第2款规定,前款第(1)项情形中,医疗机构及其医务人员也有过错的,应当承担相应的赔偿责任。

医疗机构及其医务人员泄漏患者的隐私或公开患者的病历,是否应当承担侵权责任?

《侵权责任法》第62条规定,医疗机构及其医务人员应当对患者的隐私保密。泄露患者隐私或者未经患者同意公开其病历资料,造成患者损害的,应当承担侵权责任。

患者不能提供其受到损害的事实证明的,其赔偿请求能否得到法院的支持?

《最高人民法院关于民事诉讼证据的若干规定》第2条规定,当事人对自己提出的诉讼请求所依据的事实或者反驳对方诉讼请求所依据的事实有责任提供证据加以证明。没有证据或者证据不足以证明当事人的事实主张的,由负有举证责任的当事人承担不利后果。可见,通过诉讼解决医疗损害争议时,作为一方当事人的患者应当对其受到医疗损害的事实和要求赔偿的事实依据提供证据加以证明。因不能上述证明,其诉讼主张就不可能得到法院的支持,对此其应承担不利的后果。

(七) 机动车交通事故责任

医疗机构对交通事故中的受伤人员的抢救费用,由谁支付?

《中华人民共和国道路交通安全法》(以下简称《道路交通安全法》)第75条规定,医疗机构对交通事故中的受伤人员应当及时抢救,不得因抢救费用未及时支付而拖延救治。肇事车辆参加机动车第三者责任强制保险的,由保险公司在责任限额范围内支付抢救费用;抢救费用超过责任限额的,未参加机动车第三者责任强制保险或者肇事后逃逸的,由道路交通事故社会救助基金先行垫付部分或者全部抢救费用,道路交通事故社会救助基金管理机构有权向交通事故责任人追偿。

机动车之间发生交通事故的,交通事故责任如何承担？

根据《道路交通安全法》第76条第1款第1项规定,机动车发生交通事故造成人身伤亡、财产损失的,由保险公司在机动车第三者责任强制保险责任限额范围内予以赔偿。机动车之间发生交通事故的,对于超出上述范围的交通事故赔偿责任,由有过错的一方承担赔偿责任;双方都有过错的,按照各自过错的比例分担责任。

机动车与非机动车驾驶人、行人之间发生交通事故的,交通事故责任如何承担？

根据《道路交通安全法》第76条第1款第2项规定,机动车发生交通事故造成人身伤亡、财产损失的,由保险公司在机动车第三者责任强制保险责任限额范围内予以赔偿。机动车与非机动车驾驶人、行人之间发生交通事故,对于超出上述范围的交通事故赔偿责任,非机动车驾驶人、行人没有过错的,由机动车一方承担赔偿责任;有证据证明非机动车驾驶人、行人有过错的,根据过错程度适当减轻机动车一方的赔偿责任;机动车一方没有过错的,承担不超过10%的赔偿责任。

机动车租赁人或借用人发生交通事故的,机动车所有人承担事故责任吗？

《侵权责任法》第49条规定,因租赁、借用等情形机动车所有人与使用人不是同一人时,发生交通事故后属于该机动车一方责任的,由保险公司在机动车强制保险责任限额范围内予以赔偿。不足部分,由机动车使用人承担赔偿责任;机动车所有人对损害的发生有过错的,承担相应的赔偿责任。

已出卖但未办理所有权转移登记的机动车,发生交通事故的,出卖人承担责任吗？

《侵权责任法》第50条规定,当事人之间已经以买卖等方式转让并交付机动车但未办理所有权转移登记,发生交通事故后属于该机动车一方责任的,由保险公司在机动车强制保险责任限额范围内予以赔偿。不足部分,由受让人承担赔偿责任。

已转让的拼装或应报废的机动车,发生交通事故的,受害人可要求谁赔偿?

《侵权责任法》第 51 条规定,以买卖等方式转让拼装或者已达到报废标准的机动车,发生交通事故造成损害的,由转让人和受让人承担连带责任。可见,以买卖、赠与等方式转让拼装或者已达到报废标准的机动车,发生交通事故致他人人身或财产损害的,受害人可以要求转让人或受让人承担全部损害赔偿责任,转让人或受让人承担全部损害赔偿责任后有权在另一方应承担的损害赔偿责任份额内向其追偿。

盗窃、抢劫或者抢夺的机动车发生交通事故的,如何承担赔偿责任?

《侵权责任法》第 52 条规定,盗窃、抢劫或者抢夺的机动车发生交通事故造成损害的,由盗窃人、抢劫人或者抢夺人承担赔偿责任。保险公司在机动车强制保险责任限额范围内垫付抢救费用的,有权向交通事故责任人追偿。

机动车驾驶人发生交通事故后逃逸的,如何承担赔偿责任?

《侵权责任法》第 53 条规定,机动车驾驶人发生交通事故后逃逸,该机动车参加强制保险的,由保险公司在机动车强制保险责任限额范围内予以赔偿;机动车不明或者该机动车未参加强制保险,需要支付被侵权人人身伤亡的抢救、丧葬等费用的,由道路交通事故社会救助基金垫付。道路交通事故社会救助基金垫付后,其管理机构有权向交通事故责任人追偿。

被保险机动车发生道路交通事故时,保险公司在什么范围内予以赔偿?

根据《机动车交通事故责任强制保险条例》第 21 条规定,被保险机动车发生道路交通事故造成本车人员、被保险人以外的受害人人身伤亡、财产损失的,由保险公司依法在机动车交通事故责任强制保险责任限额范围内予以赔偿。道路交通事故的损失是由受害人故意造成的,保险公司不予赔偿。

在哪些情形下,保险公司垫付的抢救费用和受害人所受的财产损失由致害人承担?

根据《机动车交通事故责任强制保险条例》第 22 条第 1 款规定,有下列情形之一的,保险公司在机动车交通事故责任强制保险责任限额范围内垫付抢救费用,并有权向致害人追偿:(1)驾驶人未取得驾驶资格或者醉酒的;(2)被保险机动车被盗抢期间肇事的;(3)被保险人故意制造道路交通事故的。本条第2款规定,有前款所列情形之一,发生道路交通事故的,造成受害人的财产损失,保险公司不承担赔偿责任。

机动车交通事故责任强制保险的责任限额为多少?

根据《机动车交通事故责任强制保险条例》第23条规定,机动车交通事故责任强制保险在全国范围内实行统一的责任限额。责任限额分为死亡伤残赔偿限额、医疗费用赔偿限额、财产损失赔偿限额以及被保险人在道路交通事故中无责任的赔偿限额。根据《机动车交通事故责任强制保险条例》的有关规定,在综合分析各方意见的基础上,保监会会同有关部门确定了机动车交通事故责任强制保险(以下简称"交强险")责任限额调整方案。新责任限额方案内容如下:(1)被保险机动车在道路交通事故中有责任的赔偿限额为:死亡伤残赔偿限额110000元人民币;医疗费用赔偿限额10000元人民币;财产损失赔偿限额2000元人民币。(2)被保险机动车在道路交通事故中无责任的赔偿限额为:死亡伤残赔偿限额11000元人民币;医疗费用赔偿限额1000元人民币;财产损失赔偿限额100元人民币。上述责任限额从2008年2月1日零时起实行。截至2008年2月1日零时保险期间尚未结束的交强险保单项下的机动车在2008年2月1日零时后发生道路交通事故的,按照新的责任限额执行;在2008年2月1日零时前发生道路交通事故的,仍按原责任限额执行。

被保险机动车发生道路交通事故,被保险人如何申请赔偿保险金?

根据《机动车交通事故责任强制保险条例》第27条和第28条规定,被保险机动车发生道路交通事故,应通过以下程序申请保险金:(1)履行通知义务。被保险人或者受害人通知保险公司的,保险公司应当立即给予答复,告知被保险人或者受害人具体的赔偿程序等有关事项。(2)提供有关的证明和资料。被保险机动车发生道路交通事故的,由被保险人向保险公司申请赔偿保险金。保险公司应当自收到赔偿申请之日起1日内,书面告知被保险人需要向保险公司提供的与赔偿有关的证明和资料。

保险公司应在什么期限内对保险责任作出核定和支付赔偿保险金？

根据《机动车交通事故责任强制保险条例》第 29 条规定，保险公司应当自收到被保险人提供的证明和资料之日起 5 日内，对是否属于保险责任作出核定，并将结果通知被保险人；对不属于保险责任的，应当书面说明理由；对属于保险责任的，在与被保险人达成赔偿保险金的协议后 10 日内，赔偿保险金。

保险公司能否直接向受害人赔偿保险金？

根据《机动车交通事故责任强制保险条例》第 31 条规定，保险公司可以向被保险人赔偿保险金，也可以直接向受害人赔偿保险金。但是，因抢救受伤人员需要保险公司支付或者垫付抢救费用的，保险公司在接到公安机关交通管理部门通知后，经核对应当及时向医疗机构支付或者垫付抢救费用。因抢救受伤人员需要救助基金管理机构垫付抢救费用的，救助基金管理机构在接到公安机关交通管理部门通知后，经核对应当及时向医疗机构垫付抢救费用。

五、人格侵权责任

公民的人格权包括哪些方面？

人格权是公民必备的、以人格利益为内容，并为法律所承认和保护的民事权利。公民的人格权分为一般人格权和具体人格权。一般人格权是指以公民的全部人格利益保护为标的的总括性权利，主要包括人格尊严权、自由权和平等权。具体人格权包括公民的生命健康权、姓名权、肖像权、名誉权、荣誉权、隐私权、贞操权等。侵害公民人格权的，应当承担停止侵害、恢复名誉、消除影响、赔礼道歉、赔偿损失、支付精神赔偿金等民事责任。

什么是生命健康权？

自然人享有生命健康权。一般说来，生命健康权是指自然人依法享有的生命权、身体权和健康权。生命权是法律赋予自然人的以生命维持和生命安全为内容的权利。身体权是指自然人对其肢体、器官和其他组织的完整依法享有的权利。健康权是自然人依法享有的保持其身体和精神状况良好为内容的人格权。

什么是姓名权？他人的哪些行为将构成对公民姓名权的侵犯？

姓名权是自然人依法享有的决定、使用和变更自己的姓名并要求他人尊重自己姓名的一种人格权利。具体来讲，自然人享有姓名权，有权决定、使用和依照规定改变自己的姓名，禁止他人干涉、盗用、假冒。据此，干涉、盗用、假冒他人姓名，将构成对自然人姓名权的侵犯。所谓干涉，一般是指限制、禁止他人使用某一姓名，迫使他人使用某一姓名或者改变姓名等。盗用，一般是指未经姓名权人同意或授权，擅自以姓名权人的名义实施某种活动，以抬高自己身价或谋求不正当的利益。冒用，一般是指冒充姓名权人进行活动以达到某种不正当目的。自然人的姓名权受到侵害的，有权要求停止侵害，恢复名誉，消除影响，赔礼道歉，并可以要求赔偿损失。

照相馆将顾客照片在橱窗展览，会侵犯顾客的肖像权吗？

自然人享有肖像权，未经本人同意，不得使用其肖像。肖像权是指自然人享有的通过某种形式再现自己的形象和禁止他人使用自己肖像的权利。肖像通常包括照片、画像、雕像等。肖像权的内容主要包括：自然人拥有制作自己肖像的专有权，他人不得干涉；自然人有权依法使用自己的肖像并通过肖像的利用取得精神上的满足和财产上的利益；自然人有权禁止他人恶意非法毁损、玷污和丑化自己的肖像。未经肖像权人同意，任何人不得使用肖像权人的肖像。可见，照相馆使用拍摄的顾客照片在店堂内或橱窗中进行展览，应当取得肖像权人即顾客的同意，否则将构成对顾客肖像权的侵犯。自然人的肖像权受到侵害的，有权要求停止侵害，恢复名誉，消除影响，赔礼道歉，并可以要求赔偿损失。

新闻传媒报道中使用他人肖像的，是否构成侵犯肖像权？

自然人享有肖像权，未经本人同意，不得使用其肖像。司法实践中，以营利为目的，未经自然人同意利用其肖像做广告、商标、装饰橱窗等，应当认定为侵犯自然人肖像权的行为。但是，新闻传媒报道中配合新闻报道而使用他人肖像，只要未以营利为目的和未利用其肖像做广告的，即使未经肖像权人同意的，一般也不构成侵犯肖像权。

擅自将他人肖像用作广告使用的,肖像权人可以要求谁承担侵权责任?

《广告法》第33条规定,广告主或者广告经营者在广告中使用他人名义或者形象的,应当事先取得其书面同意;使用无民事行为能力人、限制民事行为能力人的名义或者形象的,应当事先取得其监护人的书面同意。根据本法第69条第4项规定,广告主、广告经营者、广告发布者违反本法规定,在广告中未经同意使用他人名义或者形象的,应当依法承担民事责任。据此,肖像权人的肖像未经其同意或其监护人同意被用作广告使用的,其可以要求广告主、广告经营者、广告发布者承担民事侵权责任。

将他人的住址、家庭电话号码及身份证号码在互联网上发布是否构成侵犯隐私权?

隐私权是自然人享有的私人生活安宁与私人信息、秘密依法受到保护,不被他人非法侵扰、知悉、散布或公开并利用的一种人格权,其内容为自然人享有的与社会公共利益、群体利益无关的对其个人信息保密以及对其私生活和私有领域自己支配和不被他人非法干扰、干涉的人格利益。隐私权主要包括以下内容:个人生活安宁权、个人生活信息保密权、个人通信秘密权和个人隐私使用权。为了保证个人生活安宁和防止侵犯公民隐私权,现实生活中要求隐私权人之外的其他人,应当注意做到以下方面:公民的家庭住址、住宅电话、身份证号码、亲属关系、生活伴侣、生活情趣等私密事项,未经其允许,他人不得加以刺探、公开和传播;公民的个人活动,尤其是住宅内的活动及其住宅本身,除依法监视居住外,他人不得监视、监听;公民的财产收入、个人储蓄、投资经营等情况,除依法需要公布财产状况和接受社会监督外,他人不得非法调查或公布;公民的私人通信、日记、包括裸照在内的私人照片、个人文件及具有私密性的生活经历和遭遇及个人电子数据,他人不得刺探、公开和擅自利用。可见,将他人的家庭住址及其电话号码、身份证号码,未经其同意,在互联网擅自发布,属于侵犯公民隐私权的行为,应依法承担侵权责任。

医生未经产妇同意,组织实习医生观摩产妇分娩过程的,是否构成侵权?

隐私权是指自然人享有的对其与社会公共利益无关的个人信息、私人活动和私有领域进行支配的一种人格权。隐私是一种与公共利益、群体利益无关的，当事人不愿他人知道或者他人不便知道的个人信息，当事人不愿他人干涉或者他人不便干涉的个人私事和当事人不愿他人入侵或者他人不便入侵的个人领域。自然人享有对其隐私的控制权、个人活动的自由权、私有领域的保密权和对其隐私的利用权。因此，医生和有关护理人员按照医疗规程进行接生的行为，并不构成侵犯产妇隐私权。但是，除了接生医生和有关护理人员之外，未经产妇同意，医生无论根据医院规定还是私自决定组织实习医生观摩产妇分娩过程的，都将构成对产妇隐私权的侵犯。

在网络媒体上擅自发布或传播他人"艳照"，会构成侵犯他人名誉权吗？

《最高人民法院关于审理名誉权案件若干问题的解答》第 7 条规定，是否构成侵害名誉权的责任，应当根据受害人确有名誉被损害的事实、行为人行为违法、违法行为与损害后果之间有因果关系、行为人主观上有过错来认定。以书面或者口头形式侮辱或者诽谤他人，损害他人名誉的，应认定为侵害他人名誉权。对未经他人同意，擅自公布他人的隐私材料或者以书面、口头形式宣扬他人隐私，致他人名誉受到损害的，按照侵害他人名誉权处理。据此，对未经他人同意，擅自在互联网上或其他媒体上发布、传播他人的裸体图片、性爱视频等，致使他人名誉受到损害的，构成侵犯他人名誉权。

新闻报道失实，会侵害他人名誉权吗？

根据《最高人民法院关于审理名誉权案件若干问题的解答》第 7 条规定，是否构成侵害名誉权的责任，应当根据受害人确有名誉被损害的事实、行为人行为违法、违法行为与损害后果之间有因果关系、行为人主观上有过错来认定。因新闻报道严重失实，致他人名誉受到损害的，应按照侵害他人名誉权处理。据此，新闻报道虽然失实，但未达到严重程度及并未造成他人名誉受到损害的，则不会构成名誉权侵权。

电视新闻误将守法人员摄入扫黄画面进行报道的，是否构成侵犯名誉权？

自然人依法享有人格尊严权、名誉权，禁止用侮辱、诽谤等方式损害其名誉。司法实践中，以书面、口头等形式宣扬他人的隐私，或者捏造事实公然丑化他人人格,以及用侮辱、诽谤等方式损害他人名誉,造成一定影响的,应当认定为侵害名誉权的行为。所谓侮辱,一般是指用暴力或语言、文字等方式贬低他人人格,破坏他人名誉。所谓诽谤,一般是指无中生有,凭空捏造虚假事实并予以散布,从而损害他人人格和名誉。除了上述两种基本形式外,名誉权也可因其他行为而受侵害。例如,电视新闻报道中误将守法人员摄入画面作为非法人员进行报道,使人足以相信守法人员为非法人员,且现实生活中使人因此对其作出负面评价并对其人格、名誉造成不利影响的,应当认定构成侵犯他人名誉权。

新闻媒体披露涉案官员的腐败行为,是否构成名誉权侵权?

自然人依法享有人格尊严权、名誉权,自然人的人格尊严和名誉受法律保护,禁止用侮辱、诽谤等方式损害其名誉。据此,新闻媒体对涉案官员的贪污、受贿、渎职、权钱交易、权色交易等腐败行为进行披露和报道,是其履行依法负有的舆论监督职责,其对涉案官员的腐败行为的报道即使最终与司法机关查明的腐败官员的犯罪事实有所出入,但只要未采取凭空捏造事实,或者故意侮辱、诽谤的,一般不会构成名誉权侵权。此外,根据《最高人民法院关于审理名誉权案件若干问题的解释》第6条规定,新闻单位根据国家机关依职权制作的公开的文书和实施的公开的职权行为所作的报道,其报道客观准确的,不应当认定为侵害他人名誉权;其报道失实或者前述文书和职权行为已公开纠正而拒绝更正报道,致使他人名誉受到损害的,应当认定为侵害他人名誉权。

因提供新闻材料引起的名誉权纠纷,如何认定是否构成侵权?

根据《最高人民法院关于审理名誉权案件若干问题的解答》第7条规定,因提供新闻材料引起的名誉权纠纷,认定是否构成侵权,应区分以下两种情况:(1)主动提供新闻材料,致使他人名誉受到损害的,应当认定为侵害他人名誉权。(2)因被动采访而提供新闻材料,且未经提供者同意公开,新闻单位擅自发表,致使他人名誉受到损害的,对提供者一般不应当认定为侵害名誉权;虽系被动提供新闻材料,但发表时得到提供者同意或者默许,致使他人名誉受到损害的,应当认定为侵害名誉权。

撰写、发表批评文章引起的名誉权纠纷，应如何认定构成侵权？

根据《最高人民法院关于审理名誉权案件若干问题的解答》第8条规定，因撰写、发表批评文章引起的名誉权纠纷，人民法院应根据不同情况处理：文章反映的问题基本真实，没有侮辱他人人格的内容的，不应认定为侵害他人名誉权。文章反映的问题虽基本属实，但有侮辱他人人格的内容，使他人名誉受到侵害的，应认定为侵害他人名誉权。文章的基本内容失实，使他人名誉受到损害的，应认定为侵害他人名誉权。

文学作品以特定人或者特定人的特定事实为描写对象的，是否构成侵权？

根据《最高人民法院关于审理名誉权案件若干问题的解答》第9条规定，撰写、发表文学作品，不是以生活中特定的人为描写对象，仅是作品的情节与生活中某人的情况相似，不应认定为侵害他人名誉权。描写真人真事的文学作品，对特定人进行侮辱、诽谤或者披露隐私损害其名誉的；或者虽未写明真实姓名和住址，但事实是以特定人或者特定人的特定事实为描写对象，文中有侮辱、诽谤或者披露隐私的内容，致其名誉受到损害的，应认定为侵害他人名誉权。编辑出版单位在作品已被认定为侵害他人名誉权或者被告知明显属于侵害他人名誉权后，应刊登声明消除影响或者采取其他补救措施；拒不刊登声明，不采取其他补救措施，或者继续刊登、出版侵权作品的，应认定为侵权。

六、人身损害赔偿

人身损害赔偿的范围包括哪些？

根据《侵权责任法》第16条规定，侵害他人造成人身损害的，应当赔偿医疗费、护理费、交通费等为治疗和康复支出的合理费用，以及因误工减少的收入。造成残疾的，还应当赔偿残疾生活辅助具费和残疾赔偿金。造成死亡的，还应当赔偿丧葬费和死亡赔偿金。本法第17条规定，因同一侵权行为造成多人死亡的，可以以相同数额确定死亡赔偿金。

人身损害赔偿义务人应承担的医疗费用如何确定？

根据《人身损害赔偿司法解释》第 19 条规定，医疗费根据医疗机构出具的医药费、住院费等收款凭证，结合病历和诊断证明等相关证据确定。赔偿义务人对治疗的必要性和合理性有异议的，应当承担相应的举证责任。医疗费的赔偿数额，按照一审法庭辩论终结前实际发生的数额确定。器官功能恢复训练所必要的康复费、适当的整容费以及其他后续治疗费，赔偿权利人可以待实际发生后另行起诉。但根据医疗证明或者鉴定结论确定必然发生的费用，可以与已经发生的医疗费一并予以赔偿。

人身损害赔偿义务人应承担的误工费如何确定？

根据《人身损害赔偿司法解释》第 20 条规定，误工费根据受害人的误工时间和收入状况确定。误工时间根据受害人接受治疗的医疗机构出具的证明确定。受害人因伤致残持续误工的，误工时间可以计算至定残日前一天。受害人有固定收入的，误工费按照实际减少的收入计算。受害人无固定收入的，按照其最近 3 年的平均收入计算；受害人不能举证证明其最近 3 年的平均收入状况的，可以参照受诉法院所在地相同或者相近行业上一年度职工的平均工资计算。

人身损害赔偿义务人应承担的护理费如何确定？

根据《人身损害赔偿司法解释》第 21 条规定，护理费根据护理人员的收入状况和护理人数、护理期限确定。护理人员有收入的，参照误工费的规定计算；护理人员没有收入或者雇佣护工的，参照当地护工从事同等级别护理的劳务报酬标准计算。护理人员原则上为 1 人，但医疗机构或者鉴定机构有明确意见的，可以参照确定护理人员人数。护理期限应计算至受害人恢复生活自理能力时止。受害人因残疾不能恢复生活自理能力的，可以根据其年龄、健康状况等因素确定合理的护理期限，但最长不超过 20 年。受害人定残后的护理，应当根据其护理依赖程度并结合配制残疾辅助器具的情况确定护理级别。

人身损害赔偿义务人应承担的交通费如何确定？

根据《人身损害赔偿司法解释》第 22 条规定，交通费根据受害人及其必要的陪护人员因就医或者转院治疗实际发生的费用计算。交通费应当以正式票据为凭;有关凭据应当与就医地点、时间、人数、次数相符合。

人身损害赔偿义务人应承担的住院伙食补助费、营养费如何确定?

根据《人身损害赔偿司法解释》第 23 条和第 24 条规定,住院伙食补助费可以参照当地国家机关一般工作人员的出差伙食补助标准予以确定。受害人确有必要到外地治疗,因客观原因不能住院,受害人本人及其陪护人员实际发生的住宿费和伙食费,其合理部分应予赔偿。营养费根据受害人伤残情况参照医疗机构的意见确定。

人身损害赔偿义务人应承担的残疾赔偿金、残疾辅助器具费如何计算?

根据《人身损害赔偿司法解释》第 25 条规定,残疾赔偿金根据受害人丧失劳动能力程度或者伤残等级,按照受诉人民法院所在地上一年度城镇居民人均可支配收入或者农村居民人均纯收入标准,自定残之日起按 20 年计算。但 60 周岁以上的,年龄每增加 1 岁减少 1 年;75 周岁以上的,按 5 年计算。受害人因伤致残但实际收入没有减少,或者伤残等级较轻但造成职业妨害严重影响其劳动就业的,可以对残疾赔偿金作相应调整。本解释第 26 条规定,残疾辅助器具费按照普通适用器具的合理费用标准计算。伤情有特殊需要的,可以参照辅助器具配制机构的意见确定相应的合理费用标准。辅助器具的更换周期和赔偿期限参照配制机构的意见确定。

人身损害赔偿义务人应承担的丧葬费和死亡赔偿金如何计算?

根据《人身损害赔偿司法解释》第 27 条和第 29 条规定,丧葬费按照受诉人民法院所在地上一年度职工月平均工资标准,以 6 个月总额计算。死亡赔偿金按照受诉人民法院所在地上一年度城镇居民人均可支配收入或者农村居民人均纯收入标准,按 20 年计算。但 60 周岁以上的,年龄每增加 1 岁减少 1 年;75 周岁以上的,按 5 年计算。

超过确定的护理期限、辅助器具费给付年限或者残疾赔偿金给付年限,赔偿权利人能否要求赔偿义务人继续支付相关费用?

根据《人身损害赔偿司法解释》第 32 条规定,超过确定的护理期限、辅助器具费给付年限或者残疾赔偿金给付年限,赔偿权利人向人民法院起诉请求继续给付护理费、辅助器具费或者残疾赔偿金的,人民法院应予受理。赔偿权利人确需继续护理、配制辅助器具,或者没有劳动能力和生活来源的,人民法院应当判令赔偿义务人继续给付相关费用 5 至 10 年。

因侵权致人精神损害,但未造成严重后果的,被侵权人能否要求精神损害赔偿?

《侵权责任法》第 22 条规定,侵害他人人身权益,造成他人严重精神损害的,被侵权人可以请求精神损害赔偿。根据《人身损害赔偿司法解释》第 18 条和《最高人民法院关于确定民事侵权精神损害赔偿责任若干问题的解释》第 8 条规定,因侵权致人精神损害,但未造成严重后果,受害人请求赔偿精神损害的,一般不予支持,人民法院可以根据情形判令侵权人停止侵害、恢复名誉、消除影响、赔礼道歉。因侵权致人精神损害,造成严重后果的,人民法院除判令侵权人承担停止侵害、恢复名誉、消除影响、赔礼道歉等民事责任外,可以根据受害人一方的请求判令其赔偿相应的精神损害抚慰金。

自然人因人格权利遭受非法侵害的,能否要求精神损害赔偿?

根据《人身损害赔偿司法解释》第 18 条和《最高人民法院关于确定民事侵权精神损害赔偿责任若干问题的解释》第 1 条规定,自然人因下列人格权利遭受非法侵害,向人民法院起诉请求赔偿精神损害的,人民法院应当依法予以受理:(1)生命权、健康权、身体权;(2)姓名权、肖像权、名誉权、荣誉权;(3)人格尊严权、人身自由权。违反社会公共利益、社会公德侵害他人隐私或者其他人格利益,受害人以侵权为由向人民法院起诉请求赔偿精神损害的,人民法院应当依法予以受理。自然人因其人格权利遭受非法侵害的,受害人或者死者近亲属遭受精神损害,赔偿权利人有权向人民法院提起诉讼,要求赔偿义务人赔偿精神损害抚慰金。

自然人死亡后其人格权遭受侵害的,其近亲属能否要求精神损害赔偿?

根据《人身损害赔偿司法解释》第 18 条和《最高人民法院关于确定民事侵权精神损害赔偿责任若干问题的解释》第 3 条规定,自然人死亡后,其近亲属因下列侵权行为遭受精神痛苦,向人民法院起诉请求赔偿精神损害的,人民法院应当依法予以受理:(1)以侮辱、诽谤、贬损、丑化或者违反社会公共利益、社会公德的其他方式,侵害死者姓名、肖像、名誉、荣誉;(2)非法披露、利用死者隐私,或者以违反社会公共利益、社会公德的其他方式侵害死者隐私;(3)非法利用、损害遗体、遗骨,或者以违反社会公共利益、社会公德的其他方式侵害遗体、遗骨。可见,自然人死亡后,因其人格权利遭受非法侵害的,死者近亲属遭受精神损害,赔偿权利人有权向人民法院提起诉讼要求赔偿义务人赔偿精神损害抚慰金。

顾客的结婚照片在冲洗时被丢失的,能否要求精神损害赔偿?

《精神损害赔偿司法解释》第4条规定,具有人格象征意义的特定纪念物品,因侵权行为而永久性灭失或者毁损,物品所有人以侵权为由,向人民法院起诉请求赔偿精神损害的,人民法院应当依法予以受理。一般来说,具有人格象征意义的特定纪念物品,是指与特定人格包括特定人的肖像、名誉、荣誉、身世相联系,对持有者来讲具有一定的精神价值和纪念意义的物品,如恋人之间的定情物、结婚照、结婚庆典上的录像带、祖传器物等。对于这些具有人格象征意义的特定纪念物品,因他人的侵权行为而永久性灭失或者毁损的,物品所有人有权提起诉讼要求侵权人承担精神损害赔偿责任。

赔偿义务人所承担的精神损害赔偿数额,根据哪些因素确定?

根据《人身损害赔偿司法解释》第18条和《最高人民法院关于确定民事侵权精神损害赔偿责任若干问题的解释》第10条规定,精神损害的赔偿数额根据以下因素确定:(1)侵权人的过错程度,法律另有规定的除外;(2)侵害的手段、场合、行为方式等具体情节;(3)侵权行为所造成的后果;(4)侵权人的获利情况;(5)侵权人承担责任的经济能力;(6)受诉法院所在地平均生活水平。

第六部分　就业工作中的财产权与人身权保护

一、就业权利保护

劳动者的劳动就业权主要有哪些表现?

劳动就业权是劳动者参加社会劳动并以此获得物质和文化生活条件的基本前提,是宪法赋予公民的基本权利。也就是说,劳动就业权是具有劳动权利能力和劳动行为能力的劳动主体,依法享有的从事劳动获得劳动报酬和依法从事经营获得经营性收入的权利。劳动者的劳动就业权主要表现在平等就业权、自主择业权和不得实行就业歧视等方面。对此,《中华人民共和国就业促进法》(以下简称《就业促进法》)第3条明确规定,劳动者依法享有平等就业和自主择业的权利。劳动者就业,不因民族、种族、性别、宗教信仰等不同而受歧视。

平等就业权是指招工应聘时别人被录用,自己也被录用吗?

平等就业权是指劳动者在参加应聘和被录用中,参加应聘的劳动者与劳动者之间,劳动者与用人单位之间的法律地位平等;任何到达就业年龄和具有劳动能力的公民,享有平等的就业权利和就业资格,不因民族、性别、年龄、文化背景、宗教信仰、经济条件的不同而受歧视。平等就业权主要是指法律地位的平等,人格尊严的平等,参与就业竞争的机会平等,而并不是指招工应聘时别人被录用,自己也一定被录用。劳动者依法享有的平等就业权并不排斥和剥夺用人单位依法享有的根据自己的需要选择和择优录用劳动者的权利。

什么是劳动者的自主择业权？

自主择业权是指任何达到法定工作年龄即年满 16 周岁和具有相应工作能力的公民，有根据自己的意愿和能力，不受任何人和任何机构干涉而自主、自愿地选择就业的行业、单位、岗位或工种以及就业形式的权利。劳动者的自主择业权不受地域、行政区划、城市乡村户籍差别的限制。因此，达到法定工作年龄和具有相应工作能力的人，既享有择业权也享有自主择业权。

用人单位能仅以家庭状况和家庭背景作为录用员工的条件吗？

用人单位如果仅以家庭条件和家庭背景作为录取员工的条件，而不考虑工作能力，将构成就业歧视。就业歧视不仅违背了《宪法》确立的法律面前人人平等的原则，而且也被《就业促进法》明确禁止。用人单位在招工和录用劳动者时，应当尊重劳动者的平等就业权和自主择业权。劳动者在就业时，只要参加招聘竞争，具有录用单位要求的工作能力，用人单位就不得以劳动者家庭出身、性别、家庭条件、地域等，作为不予录用的理由。《就业促进法》第 25 条规定，各级人民政府创造公平就业的环境，消除就业歧视，制定政策并采取措施对就业困难人员给予扶持和援助。本法第 26 条规定，用人单位招用人员、职业中介机构从事职业中介活动，应当向劳动者提供平等的就业机会和公平的就业条件，不得实施就业歧视。

用人单位在招用员工时不得对妇女有哪些歧视行为？

《就业促进法》第 27 条规定，国家保障妇女享有与男子平等的劳动权利。用人单位招用人员，除国家规定的不适合妇女的工种或者岗位外，不得以性别为由拒绝录用妇女或者提高对妇女的录用标准。用人单位录用女职工，不得在劳动合同中规定限制女职工结婚、生育的内容。因此，用人单位在招用员工时，不得以性别为由拒绝录用妇女或者提高对妇女的录用标准，不得在劳动合同中规定限制女职工结婚、生育等歧视性内容；在劳动合同的履行中，用人单位不得以性别为由降低妇女的劳动报酬和劳动保护标准、不得减少休息休假时间，应当与男性员工同工同酬和提供同样的社会保险和福利。

国家鼓励劳动者自主创业和自谋职业吗？

自主创业是指劳动者依靠自己的劳动技能、自己所拥有的技术、知识、经验、资本和信息等，自己创办公司和经济实体，实现就业。自谋职业是指劳动者使自己的劳动技能、知识水平和工作经验与劳动力的市场需求相结合，实现就业。自主创业和自谋职业，是劳动者就业的基本形式。《就业促进法》第 7 条明确规定，国家倡导劳动者树立正确的择业观念，提高就业能力和创业能力；鼓励劳动者自主创业、自谋职业。各级人民政府和有关部门应当依法简化程序，提高效率，为劳动者自主创业、自谋职业提供便利。

国家为促进就业，对哪些企业和人员给予税收优惠？

《就业促进法》第 17 条规定，国家鼓励企业增加就业岗位，扶持失业人员和残疾人就业，为促进就业，对下列企业、人员依法给予税收优惠：(1) 吸纳符合国家规定条件的失业人员达到规定要求的企业；(2) 失业人员创办的中小企业；(3) 安置残疾人员达到规定比例或者集中使用残疾人的企业；(4) 从事个体经营的符合国家规定条件的失业人员；(5) 从事个体经营的残疾人；(6) 国务院规定给予税收优惠的其他企业、人员。

国家对从事个体经营的失业人员和残疾人，给予什么优惠和照顾？

《就业促进法》第 17 条第 4 项和第 5 项规定，从事个体经营的符合国家规定条件的失业人员和从事个体经营的残疾人依法享有税收优惠。根据《就业促进法》第 18 条规定，对本法第 17 条第 4 项、第 5 项规定的人员，即从事个体经营的符合国家规定条件的失业人员和从事个体经营的残疾人，有关部门应当在经营场地等方面给予照顾，免除行政事业性收费。

用人单位不得对残疾人职工有哪些歧视性行为？

根据《残疾人就业条例》第 12 条规定，用人单位招用残疾人职工，应当依法与其签订劳动合同或者服务协议。本条例第 13 条规定，用人单位应当为残疾人职工提供适合其身体状况的劳动条件和劳动保护，不得在晋职、晋级、评定职称、报酬、社会保险、生活福利等方面歧视残疾人职工。本条例第 14 条规定，用人单位应当根据本单位残疾人职工的实际情况，对残疾人职工进行上岗、在岗、转岗等培训。

用人单位能否以求职者是传染病病原携带者为由拒绝录用？

《就业促进法》第30条明确规定，用人单位招用人员，不得以是传染病病原携带者为由拒绝录用。但是，经医学鉴定传染病病原携带者在治愈前或者排除传染嫌疑前，不得从事法律、行政法规和国务院卫生行政部门规定禁止从事的易使传染病扩散的工作。在现实生活中由于公众对乙型病毒性肝炎（以下简称"乙肝"）存在认识上的误区，造成侵害乙肝表面抗原携带者就业权益的事件时有发生，社会反映强烈。乙肝病毒主要有血液、母婴垂直（分娩和围产期）和性接触三种传播途径，不会通过呼吸道和消化道传染，一般接触也不会造成乙肝病毒的传播。为维护乙肝表面抗原携带者的合法就业权利，促进公平就业，对此，《关于维护乙肝表面抗原携带者就业权利的意见》（劳社部发〔2007〕16号）指出，要保护乙肝表面抗原携带者的就业权利。除国家法律、行政法规和卫生部规定禁止从事的易使乙肝扩散的工作外，用人单位不得以劳动者携带乙肝表面抗原为理由拒绝招用或者辞退乙肝表面抗原携带者，从而促进乙肝表面抗原携带者实现公平就业。

招用员工时能否强行将乙肝病毒血清学指标作为体检标准？

《关于维护乙肝表面抗原携带者就业权利的意见》（劳社部发〔2007〕16号）明确指出，严格规范用人单位的招、用工体检项目，保护乙肝表面抗原携带者的隐私权。用人单位在招、用工过程中，可以根据实际需要将肝功能检查项目作为体检标准，但除国家法律、行政法规和卫生部规定禁止从事的工作外，不得强行将乙肝病毒血清学指标作为体检标准。各级各类医疗机构在对劳动者开展体检过程中要注意保护乙肝表面抗原携带者的隐私权。

用人单位在招用人员时负有哪些义务？

根据《促进就业法》和《就业服务与就业管理规定》的规定，在招用人员时，用人单位依法享有自主用人的权利，并负有以下义务：(1)用人单位招用人员，应当向劳动者提供平等的就业机会和公平的就业条件；(2)用人单位招用人员时，应当依法如实告知劳动者有关工作内容、工作条件、工作地点、职业危害、安全生产状况、劳动报酬以及劳动者要求了解的其他情况。用人单位应当根据劳动者的要求，及时向其反馈是否录用的情况；(3)用人单位应当对劳动者的个人资料予以保密。公开劳动者的个人资料信息和使用劳动者的技术、智力成果,须经劳动者本人书面同意。

公共就业服务机构应免费为劳动者提供哪些服务?

《促进就业法》第35条规定,县级以上人民政府建立健全公共就业服务体系,设立公共就业服务机构,为劳动者免费提供下列服务:(1)就业政策法规咨询;(2)职业供求信息、市场工资指导价位信息和职业培训信息发布;(3)职业指导和职业介绍;(4)对就业困难人员实施就业援助;(5)办理就业登记、失业登记等事务;(6)其他公共就业服务。公共就业服务机构应当不断提高服务的质量和效率,不得从事经营性活动。公共就业服务经费纳入同级财政预算。

劳动者能否对就业歧视行为,向人民法院提起诉讼?

《就业促进法》第62条规定,违反本法规定,实施就业歧视的,劳动者可以向人民法院提起诉讼。

二、劳 动 合 同

(一) 劳动合同订立

1. 订立主体

适用《劳动合同法》与劳动者建立劳动关系的单位主要有哪些?

《中华人民共和国劳动合同法》(以下简称《劳动合同法》)第2条第1款规定,中华人民共和国境内的企业、个体经济组织、民办非企业单位等组织(以下称用人单位)与劳动者建立劳动关系,订立、履行、变更、解除或者终止劳动合同,适用本法。在这里,个体经济组织主要是指依法核准登记,从事工商业的个体工商户;民办非企业单位主要是指企业事业单位、社会团体和其他社会力量以及公民个人利用非国有资产举办的从事非营利性社会服务活动的社会组织。《劳动合同法实施条例》第3条规定,依法成立的会计师事务所、律师事务所等合伙组织和基金会,属于劳动合同法规定的用人单位。据此,适用本法与劳动者建立劳动关系的用人单位主要包括在我国境内设立的中外有限责任公司,中外股份公司,个人独资企业、合伙企业、个体经济组织、民办非企业单位等组织以及会计师事务所、律师事务所等合伙组织和基金会。

国家机关、事业单位、社会团体招用劳动者是否应订立劳动合同？

《劳动合同法》第2条第2款规定，国家机关、事业单位、社会团体和与其建立劳动关系的劳动者，订立、履行、变更、解除或者终止劳动合同，依照本法执行。国家机关，一般是指国家的各级权力机关，审判机关和检察机关，各级行政机关及其政府部门。事业单位，是指国家为了社会公益目的，由国家机关举办或者其他组织利用国有资产举办的，从事教育、科技、文化、卫生等活动的社会服务组织。社会团体，是指中国公民自愿组成、为实现会员共同意愿并按照其章程开展活动的非营利性社会组织，国家机关以外的组织可以作为单位会员加入社会团体。国家机关、事业单位、社会团体作为用人单位其与招用的劳动者之间的关系受《劳动合同法》的调整。

家庭保姆、家教人员是否可以与个人或家庭签订劳动合同？

用人单位以外的家庭和公民个人不能成为《劳动合同法》意义上的用人单位，家庭保姆和小时工、临时家庭教师也不是《劳动合同法》意义上的劳动者。家庭或者公民个人与保姆之间以及家庭或个人与小时工、临时家庭教师之间通过劳务合同所形成的是劳务关系。劳务关系不属于《中华人民共和国劳动法》（以下简称《劳动法》）和《劳动合同法》意义上的劳动关系，其受《民法通则》和《合同法》的调整而不受《劳动法》和《劳动合同法》的调整。

用人单位的分支机构能否与劳动者订立劳动合同？

用人单位的分支机构包括我国境内的企业、个体经济组织、民办非企业单位等组织的分支机构以及国家机关、事业单位、社会团体的分支机构。商业银行、信用合作社依法设立的"分行"、"支行"、"分理处"、"营业部"、"储蓄所"等均为分支机构。公司（包括中外有限责任公司和中外股份公司）设立的分公司不具有法人资格，为公司的分支机构。根据《中华人民共和国合伙企业法》和《中华人民共和国个人独资企业法》的规定，合伙企业和个人独资企业都可以设立分支机构。

《劳动合同法实施条例》第4条规定，劳动合同法规定的用人单位设立的分支机构,依法取得营业执照或者登记证书的,可以作为用人单位与劳动者订立劳动合同;未依法取得营业执照或者登记证书的,受用人单位委托可以与劳动者订立劳动合同。

劳动者与提供劳务的民事合同当事人有什么不同?

劳动合同作为建立劳动关系和确立用人单位与劳动者双方权利义务的具有社会性质的合同,不同于当事人一方提供劳务,而另一方要为此支付劳务费、服务费或者加工费、工程款的劳务合同、承揽合同、建设工程合同、运输合同和委托合同等民事合同。劳动合同中的劳动者与提供劳务的民事合同的一方当事人有着实质性的区别,主要表现在以下方面:

(1)在劳动合同中用人单位获得劳动的使用、管理和支配权,是以向劳动者支付工资、奖金和津贴等劳动报酬为代价的。用人单位向劳动者支付的劳动报酬,不仅受双方订立的劳动合同的约束,而且要受国家制定的工资政策和工资标准的干预,用人单位支付给劳动者的工资不得低于当地最低工资标准;劳动者接受用人单位安排加班的,用人单位还应当依法向劳动者支付加班费。承揽合同、运输合同、建设工程合同、委托合同中的劳务提供方当事人是以完成和交付工作成果或者提供中介服务作为获得劳务费、加工费、工程款或者服务费的代价,即按照合同约定交付工作成果和完成委托事项的,才能得到合同约定的劳务费、加工费、工程款或者服务费。

(2)在劳动合同中劳动者完成劳动是由用人单位提供劳动条件并在劳动过程中通过劳动者与用人单位提供的生产资料的有机结合实现的。用人单位与劳动者之间的劳动关系一般是自用工之日起建立,也就是说,劳动关系的建立之日就是劳动合同的履行之始。劳动者在劳动过程中需要遵守用人单位的规章制度和接受用人单位的劳动管理。而在提供劳务的民事合同中,作为提供劳务的一方当事人,主要是通过自己的工具和技术手段,并有权自主决定完成的方式,不需要遵守另一方的规章制度和接受其劳动管理,届时只要按照合同约定向另一方交付工作成果或者完成委托的任务即可。

(3)劳动合同是劳动者与用人单位建立劳动关系和确立双方之间的劳动权利和义务关系为内容的。在劳动合同法律关系中,劳动者在接受用人单位的管理和支配及获得劳动报酬的同时,用人单位应依法建立和完善规章制度,应当对劳动者提供符合法律法规要求的劳动安全卫生保护以及劳动条件和社会保障。而在提供劳务的民事合同中作为提供劳务的一方当事人,其并不具有劳动合同中劳动者所享有的劳动保障、劳动保护等劳动权利,其只享有民事合同权利。

招用劳动者时用人单位应向劳动者如实告知哪些事项?

根据《劳动合同法》第8条规定,用人单位招用劳动者时,应当如实告知劳动者工作内容、工作条件、工作地点、职业危害、安全生产状况、劳动报酬,以及劳动者要求了解的其他情况;用人单位有权了解劳动者与劳动合同直接相关的基本情况,劳动者应当如实说明。工作内容,是劳动合同中确定的劳动者应当履行的劳动义务的主要内容,包括劳动者从事劳动的职位与劳动职责、工作范围以及劳动生产任务所要达到的效果、指标等;工作条件是劳动者从事工作所应当具备的条件,诸如办公场地、办公环境以及办公设备等;劳动报酬主要是指劳动者的工资待遇。劳动者工作内容、工作条件、工作地点、职业危害、安全生产状况、劳动报酬等,直接关系到劳动者的切身利益,是劳动者择业和是否与用人单位签订劳动合同的先决条件。因此,用人单位对此必须如实告知劳动者。

用人单位了解与建立劳动关系无关的情况,劳动者有权拒绝回答吗?

根据《劳动合同法》第8条规定,在用人单位负有对劳动者如实告知义务的同时,也享有向劳动者了解与工作有关的事项的权利,诸如劳动者的文化水平、知识技能、工作经历及其是否具有接受用人单位安排的加班时间等,因为这项事项与劳动合同的订立密切相关,直接决定着用人单位对劳动者的选择。但是,对于与订立和履行劳动合同无直接关系的个人隐私、家庭背景、社会关系等事项,用人单位则无权了解,对此,劳动者有权拒绝回答。

用人单位有权扣押劳动者的身份证等有效证件吗?

在劳动合同的签订和履行过程中,有些用人单位特别是某些私营企业和外资企业,为了加强对劳动者的管理与控制,出于防范劳动者解除劳动合同或其他商业目的,往往采取扣押劳动者的身份证以及学历证、学位证等其他有效证件;还有某些企业以防止劳动者在工作中出现失误和防止财产丢失为名,在订立劳动合同时要求劳动者提供担保人或财产抵押或质押,从而限制了劳动者的人身活动和社会交往自由,由此构成了对劳动者的人身限制,变相地增加了劳动者的义务。对此,《劳动合同法》第9条明确规定,用人单位招用劳动者,不得扣押劳动者的居民身份证和其他证件,不得要求劳动者提供担保或者以其他名义向劳动者收取财物。

2.订立形式

劳动关系是自双方当事人签订劳动合同时起建立吗?

根据《劳动合同法》第7条和第10条规定,用人单位自用工之日起即与劳动者建立劳动关系。用人单位与劳动者在用工前订立劳动合同的,劳动关系自用工之日起建立。

用人单位不与劳动者订立书面合同,就不存在劳动关系吗?

《劳动合同法》第10条第1款规定,建立劳动关系,应当订立书面劳动合同。书面合同是指以文字等可以有形地再现内容的方式达成的协议。书面形式包括合同书、信件和数据电文(包括电报、电传、传真、电子数据交换和电子邮件)等可以有形地表现所载内容的形式。

根据《关于确立劳动关系有关事项的通知》(劳社部发〔2005〕12号)第1条规定,用人单位招用劳动者未订立书面劳动合同,但同时具备下列情形的,劳动关系成立:(1)用人单位和劳动者符合法律、法规规定的主体资格;(2)用人单位依法制定的各项劳动规章制度适用于劳动者,劳动者受用人单位的劳动管理,从事用人单位安排的有报酬的劳动;(3)劳动者提供的劳动是用人单位业务的组成部分。据此,用人单位与劳动者订立书面劳动合同并不是判断用人单位与劳动者之间存在劳动关系的唯一标准。在用人单位未与劳动者订立书面劳动合同的情况下,双方之间只要具备劳动关系成立的条件,就应当认定双方之间存在事实劳动关系。

劳动关系建立后必须在多长期限内订立书面劳动合同?

根据《劳动合同法》第10条规定,建立劳动关系,应当订立书面劳动合同。已建立劳动关系,未同时订立书面劳动合同的,应当自用工之日起1个月内订立书面劳动合同。用人单位与劳动者在用工前订立劳动合同的,劳动关系自用工之日起建立。

因未订立书面劳动合同导致劳动报酬不明确的，劳动报酬如何确定？

劳动报酬是指用人单位依据国家有关规定及劳动合同的约定，以货币形式直接支付给劳动者的劳动报酬，一般包括计时工资、计件工资、奖金、津贴和补贴、加班工资以及特殊情况下支付的工资等。获得劳动报酬是劳动者的最基本权利，因用人单位未在用工的同时订立书面劳动合同而导致与劳动者约定的劳动报酬不明确的，就有可能使劳动者付出劳动后而得不到相应的报酬，并引发劳动争议。因此，为防止用人单位对劳动者的侵害，《劳动合同法》第 11 条明确规定，用人单位未在用工的同时订立书面劳动合同，与劳动者约定的劳动报酬不明确的，新招用的劳动者的劳动报酬按照集体合同规定的标准执行；没有集体合同或者集体合同未规定的，实行同工同酬。所谓"同工同酬"，根据劳动部《关于劳动法若干条文的说明》的解释，是指用人单位对于从事相同工作、付出等量劳动且取得相同劳动业绩的劳动者，支付同等的劳动报酬。从这里可以看出，用人单位对于从事相同工作的劳动者，应当适用同一标准即"同工同酬"标准向劳动者支付劳动报酬。

劳动合同只有一方当事人的签字或者盖章能生效吗？

《劳动合同法》第 16 条第 1 款明确规定，劳动合同由用人单位与劳动者协商一致，并经用人单位与劳动者在劳动合同文本上签字或者盖章生效。劳动合同文本由用人单位和劳动者各执一份。因为劳动合同作为劳动合同双方当事人就建立劳动关系，明确双方权利与义务的协议，是双方在遵循合法、公平、平等自愿、协商一致、诚实信用的原则基础上达成的共识，所以双方在劳动合同文本上签字或者盖章才能生效，只要其中的任何一方未在上面签字或者盖章就不会生效，对双方就不具有约束力。

用人单位能替劳动者代为保管劳动合同书吗？

《劳动合同法》第 16 条第 2 款规定，劳动合同文本由用人单位和劳动者各执一份。劳动合同文本即书面劳动合同主要记载了劳动合同的内容和双方的权利义务等内容，为了防止用人单位单方擅自更改劳动合同内容，劳动合同文本由用人单位和劳动者各执一份。根据《劳动合同法》第 81 条规定，用人单位未将劳动合同文本交付劳动者的，由劳动行政部门责令改正；

给劳动者造成损害的,应当承担赔偿责任。

3. 订立条款

劳动合同应当具备哪些条款?

根据《劳动合同法》第 17 条第 1 款规定,劳动合同应当具备以下条款:(1)用人单位的名称、住所和法定代表人或者主要负责人;(2)劳动者的姓名、住址和居民身份证或者其他有效身份证件号码;(3)劳动合同期限;(4)工作内容和工作地点;(5)工作时间和休息休假;(6)劳动报酬;(7)社会保险;(8)劳动保护、劳动条件和职业危害防护;(9)法律、法规规定应当纳入劳动合同的其他事项。劳动合同的上述必备条款必须在合同中载明,根据《劳动合同法》第 81 条规定,用人单位提供的劳动合同文本未载明本法规定的劳动合同必备条款的,由劳动行政部门责令改正;给劳动者造成损害的,应当承担赔偿责任。

在劳动合同中当事人可以订入哪些选择性条款?

根据《劳动合同法》第 17 条第 2 款规定,劳动合同除前款规定的必备条款外,用人单位与劳动者可以约定试用期、培训、保守秘密、补充保险和福利待遇等其他事项。劳动合同的选择性条款是由双方当事人根据需要在合同中自愿订立的,当事人未在合同中约定上述条款的,劳动行政部门并不加以干预。

劳动合同中应当载明双方当事人的哪些事项?

根据《劳动合同法》第 17 条第 1 项和第 2 项规定,用人单位与劳动者是订立劳动合同的双方当事人。在签订劳动合同时,应当在合同中载明用人单位的名称、住所和法定代表人等事项以及劳动者的姓名、住址和居民身份证或者其他有效身份证件号码等事项。

在劳动合同中,用人单位是指与劳动者建立劳动关系的我国境内的中外企业、个体经济组织、民办非企业单位等组织以及与劳动者建立劳动关系的国家机关、事业单位、社会团体。作为用人单位的法人或者其他组织、民办非企业单位以及国家机关、事业单位或社会团体,其名称应以在国家有关部门所登记、注册的全称为准,简称或者变更后未经登记、注册的名称不宜作为订立劳动合同时的名称。公司以其主要办事机构所在地为住所,其他经济组织如合伙企业,个人独资企业等以其主要办事机构所在地为住所。公司或国家机关及事业单位其法定代表人以及其他组织的负责人以国家工商管理部门或有关国家机关颁发的法人或非法人执照上所载明的为准。

作为订立劳动合同的劳动者其应当是达到法定劳动年龄的公民,其在劳动合同中使用的姓名最好以其合法有效的身份证件(即国家公安部门颁发的身份证或者户口簿)载明的为准,乳名、笔名或者昵称、绰号、网名等一般不宜作为订立劳动合同时的姓名。这虽然并不影响双方订立的劳动合同的成立及其效力,但一旦双方发生争议尤其是发生用人单位侵害其合法权益的争议,在依法通过劳动争议仲裁或者诉讼解决争议时,其将负有举证证明其为劳动合同的签名人即劳动合同另一方当事人的义务。其住所以其户籍所在地的居住地为住所,经常居住地与住所不一致的,经常居住地为住所。

劳动合同期限条款如何订立?

劳动合同期限,是双方当事人履行合同与接受履行的时间,即当事人履行合同义务的时间界限。《劳动合同法》第 12 条规定,劳动合同分为固定期限劳动合同、无固定期限劳动合同和以完成一定工作任务为期限的劳动合同。劳动合同的双方当事人可以根据自己的愿望与对方协商确定适当期限的劳动合同。对于固定期限劳动合同,应当在合同中明确约定合同的起止时间;对于无固定期限劳动合同,应当对合同的开始时间订明,并明确约定双方签订的劳动合同为无固定期限劳动合同;对于以完成一定工作任务为期限的劳动合同,应当在合同中明确约定所要完成的工作任务。劳动合同期限对双方当事人的利益密切相关,它是判断当事人是否履行了合同义务、是否如期实现合同利益以及是否构成违约的重要依据。因此对期限条款的订立必须严谨、规范、不得模糊,并不得违背《劳动合同法》有关劳动合同期限的强制性规定。

劳动报酬条款如何订立?

劳动报酬是指用人单位依据国家有关规定及劳动合同的约定,以货币形式直接支付给本单位劳动者的劳动报酬,一般包括计时工资、计件工资、奖金、津贴和补贴、加班费以及特殊情况下支付的工资等。其中,工资是劳动者劳动收入的主要组成部分。

在订立劳动合同时劳动者的以下劳动收入不得计入工资范围:(1)单位支付给劳动者个人的社会保险福利费用,如生活困难补助费、计划生育补贴、丧葬抚恤救济费等;(2)劳动保护方面的费用,如用人单位支付给劳动者的工作服、解毒剂、清凉饮料费用等;(3)按规定未列入工资总额的各种劳动报酬及其他劳动收入,如根据国家规定发放的创造发明奖、自然科学奖、科学技术进步奖、合理化建议和技术改进奖、中华技能大奖等,以及稿费、讲课费、翻译费等。劳动报酬的内容和标准不得低于国家法律、行政法规的规定,也不得低于集体合同中规定的工资标准。在坚持上述原则性规定的前提下,劳动报酬所包含的具体内容及其数额,支付时间与支付方式等,应当由劳动合同的双方当事人协商一致,并在劳动合同中载明。

劳动报酬和劳动条件等标准约定不明确引发争议的,怎么办?

《劳动合同法》第18条规定,劳动合同对劳动报酬和劳动条件等标准约定不明确,引发争议的,用人单位与劳动者可以重新协商;协商不成的,适用集体合同规定;没有集体合同或者集体合同未规定劳动报酬的,实行同工同酬;没有集体合同或者集体合同未规定劳动条件等标准的,适用国家有关规定。可见,因劳动报酬约定不明确所引发的争议可以通过以下方法解决:(1)用人单位与劳动者可以重新协商,即双方当事人就劳动报酬的数额或支付标准、劳动条件等争议内容重新协商达成一致,双方按照该约定加以履行;(2)协商不成的,适用集体劳动合同规定。集体合同是集体协商双方代表根据法律、法规的规定就劳动报酬、工作时间、休息休假、劳动安全卫生、保险福利等事项在平等协商一致基础上签订的书面协议。在劳动者与用人单位就劳动报酬和劳动条件等重新协商不成的,有集体合同且该集体合同规定了劳动报酬和劳动条件等标准的,双方应按照集体合同规定的劳动报酬和劳动条件等标准履行;(3)没有集体合同或者集体合同未规定劳动报酬的,实行同工同酬,即用人单位对于从事相同工作具有同等付出的劳动者,应当适用同一标准向劳动者支付劳动报酬。

工作内容条款如何订立?

工作内容,是劳动合同中确定的劳动者应当履行的劳动义务的主要内容,包括劳动者从事劳动的职位与劳动职责、工作范围以及劳动生产任务所要达到的效果、指标等。工作内容体现着对劳动者的技能、技术和管理能力的要求与劳动者的体力和智力付出,并与劳动者的工资水平挂钩。工作内容直接影响到劳动者的权利义务,是劳动合同的必备条款,用人单位与劳动者订立劳动合同时应当明确约定劳动者的工作岗位、工种或者职务,做到定岗定位。这样,将有利于劳动合同的履行、可以防止用人单位对工作内容的随意变更和预防劳动合同纠纷的发生。

工作地点条款如何订立?

工作地点,是劳动者完成劳动合同所约定的工作的具体地点和具体场所,也是用人单位与劳动者履行劳动合同的具体地点。劳动者离工作地点的远近不仅直接影响到其休息时间和交通费用的支出,对于已婚者来讲也将影响到家庭生活和对子女的照顾、教育。可见,工作地点是劳动合同的重要内容,因此,用人单位与劳动者订立劳动合同时应当对工作地点尽量作出明确具体的约定,如用人单位的总部和分部不在同一市区甚至不在同一城市的,应当具体约定工作地点在何处。这样,可以预防劳动合同履行中因工作地点不明确或者因用人单位变更劳动者的工作地点引发的纠纷。

用人单位与劳动者可以约定采取何种工时制度?

工作时间,是指劳动者在用人单位从事工作的时间,即劳动者在一定时间内必须用来完成其负担的工作的时间。工作时间可以时、日、周、月、年来计算。工作时间是我国劳动法律制度的重要组成部分,在法定或者约定工作时间之外的时间为劳动者自由支配的休息时间。根据《劳动法》和相关法规的规定,按照行业特点和工作特点,根据用人单位对劳动者劳动进行计时计量的方式不同,我国的工作制可以划分为以下几种:

(1)标准工时制,是指法律规定的,在正常情况下,职工从事工作的时间的制度。我国目前实行劳动者每日工作 8 小时,每周工作 40 小时这一标准工时制度。

(2)非标准工时制。因工作性质或者生产特点的限制,不能实行每日工作 8 小时、每周工作 40 小时标准工时制度的,按照国家有关规定,可以实行其他工作和休息办法。非标准工时制主要包括不定时工作制或综合计算工时工作制。

不定时工作制,是指企业因生产特点不能实行标准工时制,经劳动行政部门审批,对某些职工实行的每日没有固定工作时数的工时制度。

综合计时工作制,是指企业因生产特点不能实行标准工时制,经劳动行政部门审批,对某些特殊行业的职工实行的分别以周、月、季、年等为周期,综合计算工作时间的工时制度。

对工时制度和工作时间的约定应注意什么?

用人单位实行标准工时制的,在与劳动者签订劳动合同时不得约定每日工作 8 小时以上、每周工作超过 40 小时或者每周工作 6 天、休息 1 天,或者工作 7 天、无休息日,以及法定节假日劳动者照常上班而不安排补休、补假或者要求劳动者放弃或者不享受带薪年休假等违背劳动法律法规的内容。

因工作性质或者生产特点的限制,不能实行每日工作 8 小时、每周工作 40 小时标准工时制度的,用人单位与劳动者在签订劳动合同时应当按照国家有关规定,将实行的综合工时制或不定时工时制或其他工作和休息办法作出明确约定。特别是在实行不定时工时制时,最好在劳动合同中对劳动计量方法及其与劳动报酬的关系,以及劳动者的工作方式和休息方式作出明确约定,合理地确定劳动的计量方法与劳动者的工作及休息时间,不得将不定时工时制变为无限时工时制和无休息休假工时制。

社会保险条款如何订立?

社会保险是指当劳动者在年老、患病、伤残等原因暂时或者永久丧失劳动能力或失业等无生活来源时从国家和社会获得物质帮助的一种社会救济和保障制度。我国的社会保险包括养老保险、医疗保险、失业保险、工伤保险、生育保险等五种。补充保险,是用人单位和劳动者依法参加社会保险、按时足额缴纳社会保险费的法定义务之外,用人单位根据本单位实际情况为劳动者建立的保险。主要包括补充医疗保险、补充工伤保险等。补充保险是对法定保险的补充,因此对法定保险的不足能够起到补充的作用。

社会保险的种类、适用范围和对象以及用人单位和劳动者所缴纳的社会保险费用都具有法定性,社会保险条款应当依法订立,用人单位不得在劳动合同中减轻或者免除为劳动者缴纳社会保险的义务,也不得加重劳动者缴纳有关社会保险的义务。而补充保险条款则是选择条款,用人单位许诺为劳动者提供补充保险的,为了便于履行和防止事后纠纷的发生,最好在劳动合同中将补充保险的种类、缴纳的数额或者计算方法等载明。

劳动保护、劳动条件和职业危害防护条款如何订立?

劳动保护、劳动条件和职业危害防护,是指在劳动合同中约定的用人单位对劳动者所从事的劳动必须提供的生产、工作条件和劳动安全卫生保护措施,即用人单位保障劳动者完成劳动任务和对劳动者工作中的安全健康保护的基本要求,包括劳动场所和设备、劳动安全卫生设施、劳动防护用品等。劳动保护、劳动条件和职业危害防护是劳动合同的必备条款,用人单位与劳动者订立劳动合同时应当将劳动保护、劳动条件和职业危害防护的具体内容作出明确约定。

用人单位不仅必须为劳动者提供必要的劳动条件和劳动保护,而且提供的劳动保护和劳动条件必须符合国家的有关规定。对于法律、行政法规规定的劳动保护、劳动条件和职业病防治的强制性规定,都具有当然的法律效力,是劳动合同中当事人权利、义务关系的当然组成部分。无论当事人是否在合同内容中予以约定,用人单位的法定义务并不以未在合同中约定而免除。因此,用人单位与劳动者订立劳动合同时不得通过约定降低或者免除对劳动者的安全和劳动保护标准,这种约定是无效的。用人单位与劳动者约定的劳动保护、劳动条件和职业危害防护内容应当符合国家法律、行政法规的强制性规定。如果没有强制性规定的,劳动合同中约定的劳动保护措施应当切实保护劳动者从事正常劳动的人身安全;根据工作性质需要为劳动者提供特殊保护的,即需要超过法律、行政法规规定的劳动保护标准的,双方当事人应当在合同中作出特别约定。

4. 劳动合同期限

什么是固定期限劳动合同?

固定期限劳动合同,是指用人单位与劳动者约定合同终止时间的劳动合同。用人单位与劳动者协商一致,可以订立固定期限劳动合同。在签订固定期限劳动合同时,当事人双方应当对合同的存续期间作出约定,当合同约定的期限届满时双方之间的劳动关系终止。当然,届时双方通过协商亦可以续订劳动合同,而不予终止合同。固定期限劳动合同的一个显著特点就是劳动关系的存续时间是预知的。在劳动合同未届满时,除非双方依法协商解除劳动合同和存在依法解除劳动合同的法定事由,双方不得随意解除劳动合同。否则,随意解除合同应当依法承担相应的法律责任。

什么是无固定期限劳动合同?

无固定期限劳动合同,是指用人单位与劳动者约定无确定终止时间的劳动合同。无固定期限劳动合同按其订立的情形不同,可分为协商订立和法定情形下的订立。协商订立是指用人单位与劳动者协商一致,可以订立无固定期限劳动合同。法定情形下的订立是指符合《劳动合同法》规定的法定情形的,劳动者提出或者同意续订、订立劳动合同的,除劳动者提出订立固定期限劳动合同外,应当订立无固定期限劳动合同。无固定期限劳动合同没有具体的终止期限限制,除符合法定解除条件下的依法解除外,用人单位不得解除劳动合同。否则,随意解除合同应当依法承担相应的法律责任。

什么是以完成一定工作任务为期限的劳动合同?

以完成一定工作任务为期限的劳动合同,是用人单位与劳动者约定以某项工作的完成为合同期限的劳动合同。用人单位与劳动者协商一致,可以订立以完成一定工作任务为期限的劳动合同。在劳动合同约定的工作任务完成前,除非存在依法解除和终止的法定事由,否则,随意解除合同应当依法承担相应的法律责任。以完成一定工作任务为期限劳动合同的任务性决定了其具有临时性或季节性和短期性,对那些具有连续性、持久性的行业及其工种和工作岗位并不适合。

订立无固定期限劳动合同对劳动者最有利吗?

无固定期限劳动合同的一大特点就是对劳动者的就业权具有充分的保护,可以使劳动者避免在固定期限劳动合同和以完成一定工作任务为期限的劳动合同下劳动合同终止后的求职辛苦和因此带来的工作不稳定。对用人单位来讲,通过签订无固定期限劳动合同,有利于员工队伍的稳定和工作团队的形成,特别适用于那些要求职工具有一定的工作经验和技术水平,需要保守用人单位商业秘密的行业和工作岗位。对劳动者来说,该种类型的合同特别适合那些在同一个用人单位工作时间较长、年龄大和打算在同一个用人单位长期工作的劳动者。而对那些工作时间不长和需要增加工作阅历、不断争取更好机会与更高劳动待遇或者打算自主创业的人并不适合,签订这种类型的劳动合同在某种程度上是对自己今后自由择业的一种束缚。

劳动者只要在用人单位工作满10年,就可以订立无固定期限劳动合同吗?

根据《劳动合同法》第14条第2款规定,除了用人单位与劳动者协商一致,可以订立无固定期限劳动合同外,劳动者与用人单位订立无固定期限劳动合同应当满足以下条件:劳动者应当是在同一单位、连续工作满10年;劳动者提出或者同意续订、订立劳动合同;且劳动者未提出订立固定期限劳动合同的,用人单位应当与该劳动者订立无固定期限劳动合同。根据《劳动合同法实施条例》第9条规定,连续工作满10年的起始时间,应当自用人单位用工之日起计算,包括劳动合同法施行前的工作年限。根据上述规定,劳动者在同一用人单位的工作时间虽然满10年,但曾经解除或者终止过劳动合同等具有不连续情形的,劳动者即使在同一工作单位先后工作满10年,也无权要求与用人单位订立无固定期限劳动合同。

国有企业改制重新订立劳动合同的,应订立无固定期限劳动合同吗?

根据《劳动合同法》第14条第2款规定,用人单位初次实行劳动合同制度或者国有企业改制重新订立劳动合同时,劳动者在该用人单位连续工作满10年且距法定退休年龄不足10年的,劳动者提出或者同意续订、订立劳动合同的,除劳动者提出订立固定期限劳动合同外,应当订立无固定期限劳动合同。可见,国有企业改制重新订立劳动合同时,劳动者虽然在该用人单位工作满10年且距法定退休年龄不足10年,但工作期间不连续的;或者劳动者在该用人单位连续工作满10年而距法定退休年龄超过10年的,用人单位也无需与其订立无固定期限劳动合同。

连续订立二次固定期限劳动合同后,所续订的劳动合同为何种类型?

根据《劳动合同法》第14条第2款规定,连续订立二次固定期限劳动合同,且劳动者没有本法第39条和第40条第1项、第2项规定的情形,续订劳动合同的,劳动者提出或者同意续订、订立劳动合同,除劳动者提出订立固定期限劳动合同外应当订立无固定期限劳动合同。根据《劳动合同法》第97条规定,连续订立固定期限劳动合同的次数,自本法施行后续订固定期限劳动合同时开始计算。可见,在用人单位与劳动者连续订立二次固定期限劳动合同的情况下,只要劳动者不具有本法第39条规定的用人单位可以解除劳动合同的情形以及本法第40条规定的用人单位可以提前通知解除劳动合同的情形的,用人单位应当与劳动者订立无固定期限劳动合同。

双方对订立无固定期限劳动合同内容不能协商一致的,怎么办?

《劳动合同法实施条例》第11条规定,除劳动者与用人单位协商一致的情形外,劳动者依照劳动合同法第14条第2款的规定,提出订立无固定期限劳动合同的,用人单位应当与其订立无固定期限劳动合同。对劳动合同的内容,双方应当按照合法、公平、平等自愿、协商一致、诚实信用的原则协商确定;对协商不一致的内容,依照劳动合同法第18条的规定执行。即:用人单位与劳动者可以重新协商;协商不成的,适用集体合同规定;没有集体合同或者集体合同未规定劳动报酬的,实行同工同酬;没有集体合同或者集体合同未规定劳动条件等标准的,适用国家有关规定。

公益性岗位上的就业困难人员能否要求订立无固定期限劳动合同?

《劳动合同法实施条例》第12条规定,地方各级人民政府及县级以上地方人民政府有关部门为安置就业困难人员提供的给予岗位补贴和社会保险补贴的公益性岗位,其劳动合同不适用劳动合同法有关无固定期限劳动合同的规定以及支付经济补偿的规定。

自用工始满1年不与劳动者订立书面劳动合同的,视为何种合同?

《劳动合同法》第14条第3款规定,用人单位自用工之日起满1年不与劳动者订立书面劳动合同的,视为用人单位与劳动者已订立无固定期限劳动合同。

无固定期限的劳动合同是终身制劳动合同吗?

无固定期限的劳动合同是不同于传统计划经济体制下的"铁饭碗"和"终身制"的劳动用工制度。根据《劳动合同法》的规定,无固定期限的劳动合同,除了双方可以协商解除外,只要存在着法定解除和终止的情形,无固定期限劳动合同就可以解除或者终止。

5.试用期

未约定试用期的,劳动关系建立之后能再约定试用期吗?

根据《劳动合同法》第17条规定,试用期并不是劳动合同的必备条款,而是劳动合同的选择性条款。劳动者与用人单位作为劳动合同的双方当事人,可以根据自己的具体情况和双方签订的劳动合同的内容与具体要求,在劳动合同中选择约定试用期。在劳动合同中不约定试用期的,在劳动关系建立之后,用人单位不得在劳动合同期间内另行规定试用期。

在任何劳动合同中都可以约定试用期吗?

根据《劳动合同法》第19条第3款规定,以完成一定工作任务为期限的劳动合同或者劳动合同期限不满3个月的,不得约定试用期。

多长期限的劳动合同,试用期不得超过1个月?

根据《劳动合同法》第19条第1款规定,劳动合同期限3个月以上不满1年的,试用期不得超过1个月。

多长期限的劳动合同,试用期不得超过2个月?

根据《劳动合同法》第19条第1款规定,劳动合同期限1年以上不满3年的,试用期不得超过2个月。

劳动合同约定的最长试用期不得超过几个月?

试用期的最长期限为6个月。根据《劳动合同法》第19条第1款规定,3年以上固定期限和无固定期限的劳动合同可以约定最长为6个月期限的试用期。但无论什么情况下,试用期都不得超过6个月。

同一用人单位可以与同一劳动者约定二次以上的试用期吗?

根据《劳动合同法》第19条第2款规定,同一用人单位与同一劳动者只能约定1次试用期。据此,同一用人单位不得与同一劳动者约定2次和2次以上的试用期,即使劳动合同履行中用人单位经营转型和劳动者的工作内容发生变化,也不得重新约定试用期。

试用期能在劳动合同期限之外另行约定吗?

根据《劳动合同法》第19条第4款规定,试用期包含在劳动合同期限内。可见,用人单位不能在劳动合同约定的期限外另行规定试用期或者与劳动者另行约定试用期。

劳动合同仅约定试用期的,劳动合同期限如何确定?

根据《劳动合同法》第 19 条第 4 款规定,劳动合同仅约定试用期的,试用期不成立,该期限为劳动合同期限。

在试用期中,用人单位解除劳动合同可以不受任何限制吗?

《劳动合同法》第 21 条规定,在试用期中,除劳动者有本法第 39 条和第 40 条第 1 项、第 2 项规定的情形外,用人单位不得解除劳动合同。用人单位在试用期解除劳动合同的,应当向劳动者说明理由。据此,用人单位在试用期间解除劳动合同应当符合法定情形,并应当向劳动者说明理由。对于不符合法定情形或未向劳动者说明理由的,属于违法解除劳动合同,对此,用人单位应当依法承担法律责任。

劳动合同约定试用期的,非约定试用期工资不可吗?

根据《劳动合同法》第 17 条的规定,试用期条款是劳动合同的选择性条款,用人单位与劳动者约定试用期的,可以不约定试用期间的工资。劳动合同中只约定了试用期而未约定试用期工资的,那么,用人单位应当按照劳动合同约定的工资向劳动者支付试用期间的工资。在劳动合同中约定试用期工资的,试用期间的工资可以低于劳动者被用人单位正式录用后的工资,但是,劳动合同所约定的试用期工资应当符合《劳动合同法》第 20 条的规定,不得违背本条对试用期工资所作的限制性规定。

劳动合同所约定的试用期工资不得低于什么标准?

《劳动合同法》第 20 条明确规定,劳动者在试用期的工资不得低于本单位相同岗位最低档工资或者劳动合同约定工资的 80%,并不得低于用人单位所在地的最低工资标准。针对本条所产生的表述歧义,《劳动合同法实施条例》第 15 条明确规定,劳动者在试用期的工资不得低于本单位相同岗位最低档工资的 80% 或者不得低于劳动合同约定工资的 80%,并不得低于用人单位所在地的最低工资标准。

根据《劳动合同法》的上述规定,在劳动合同中约定的劳动者在试用期的工资应当根据下列方法确定:(1)劳动者在试用期的工资不得低于本单位相同岗位的最低档工资的 80%,并不得低于用人单位所在地的最低工标准。也就是说,试用期间的工资可以等于或者高于本单位相同岗位最低档工资的 80%,且不得低于用人单位所在地的最低工资标准;(2)劳动合同约定的试用期间的工资不得低于劳动合同约定工资的 80%,同时试用期间的工资也不得低于用人单位所在地的最低工资标准;(3)本单位相同岗位最低档工资的 80% 和劳动合同约定正式工资的 80%,二者都高于当地最低工资标准且二者并不相等时,劳动者在试用期的工资至少应当符合其中之一。

6.专项培训与服务期

用人单位在什么情况下可以与劳动者约定服务期?

根据《劳动合同法》第 22 条规定,用人单位为劳动者提供专项培训费用,对其进行专业技术培训的,可以与该劳动者订立协议,约定服务期。服务期条款不是劳动合同的必备条款,在劳动合同中约定服务期应符合以下条件:用人单位需要对劳动者进行专业技术培训、并且用人单位为劳动者提供专项培训费用的;服务期的约定应通过书面形式,并经双方协商一致;服务期的期限应当约定明确。

用人单位仅向劳动者提供岗位培训的,能否订立服务期协议?

根据《劳动合同法》第 22 条规定,用人单位为劳动者提供专项培训费用,对其进行专业技术培训的,可以与该劳动者订立协议,约定服务期。这里的所谓专业技术培训,是指用人单位通过向国内外专业技术培训机构或者科研院所支付专项培训费用,对作为本单位员工的劳动者进行脱产专业技术培训的活动。用人单位对劳动者进行的上岗培训或者劳动合同履行中为适应工作需要由本单位所进行的岗位培训,不属于专项技术培训,也无需脱产和提供专项培训费用,因此,双方无需订立服务期协议和约定服务期。

服务期协议约定的劳动者承担高于培训费用的违约金,是否有效?

《劳动合同法》第 22 条第 1 款和第 2 款规定,用人单位为劳动者提供专项培训费用,对其进行专业技术培训的,可以与该劳动者订立协议,约定服务期。劳动者违反服务期约定的,应当按照约定向用人单位支付违约金。违约金的数额不得超过用人单位提供的培训费用。用人单位要求劳动者支付的违约金不得超过服务期尚未履行部分所应分摊的培训费用。可见,劳动者因违反服务期约定而向用人单位支付的违约金具有补偿性质而不具有惩罚性质,在用人单位因对劳动者进行专业技术培训提供专项培训费用、且双方约定培训结束后劳动者应向用人单位提供一定期限的服务期的,在该专业培训结束后劳动者拒不履行服务期约定的,劳动者应当按照约定向用人单位支付违约金。但是,如果约定的劳动者承担该种违约金的数额超过用人单位提供的培训费用的,该超过部分的约定无效。因此,服务期协议或者劳动合同中约定的劳动者违反服务期应向用人单位支付的违约金数额,不能高于用人单位为劳动者提供的培训费用。

用人单位为劳动者提供的专项培训费用由哪些构成?

《劳动合同法实施条例》第16条规定,劳动合同法第22条第2款规定的培训费用,包括用人单位为了对劳动者进行专业技术培训而支付的有凭证的培训费用、培训期间的差旅费用以及因培训产生的用于该劳动者的其他直接费用。

劳动者未履行或者部分履行服务期协议的,其承担的违约金数额如何确定?

用人单位为劳动者提供专项培训费用,对其进行专业技术培训,在培训结束后,劳动者未履行服务期协议,即与用人单位解除劳动合同的,用人单位有权要求接受专项技术培训的劳动者支付或者退还全部培训费用。在双方约定的服务期届满前劳动者向用人单位提供了一定期限的服务,但是在双方约定的服务期届满前劳动者提前解除劳动合同的,用人单位有权要求劳动者支付违约金。对此,根据《劳动合同法》第22条第2款的规定,用人单位要求劳动者支付的违约金不得超过服务期尚未履行部分所应分摊的培训费用。

用人单位提供专项技术培训未约定服务期的,劳动者解除合同时是否应返还培训费?

根据《劳动合同法》第17条规定,服务期并不是劳动合同的必备条款,而是劳动合同的选择性条款。用人单位为劳动者提供专项培训费用,对其进行专业技术培训的,可以与该劳动者订立协议,约定服务期。在符合约定服务期条款的情况下,用人单位未与劳动者订立服务期协议和约定服务期条款的,培训结束后劳动者解除劳动合同的,用人单位无权要求劳动者返还或者赔偿培训费。

劳动合同期满而服务期尚未到期的,如何确定劳动合同的履行期限?

《劳动合同法实施条例》第17条规定,劳动合同期满,但是用人单位与劳动者依照劳动合同法第22条的规定约定的服务期尚未到期的,劳动合同应当续延至服务期满;双方另有约定的,从其约定。

用人单位不给处于服务期的劳动者提高劳动报酬合法吗?

《劳动合同法》第22条第3款规定,用人单位与劳动者约定服务期的,不影响按照正常的工资调整机制提高劳动者在服务期期间的劳动报酬。据此,用人单位按照其正常的工资调整机制提高本单位工资水平的,以劳动者曾接受专业技术培训和正处在服务期为由而拒不提高其劳动报酬的,是违反上述规定的。

7. 保密事项与竞业限制

用人单位可以与劳动者订立保密协议吗?

《劳动合同法》第23条第1款规定,用人单位与劳动者可以在劳动合同中约定保守用人单位的商业秘密和与知识产权相关的保密事项。根据《劳动合同法》第17条第2款规定,劳动合同中的保密事项并不是劳动合同的必备条款,而是劳动合同的选择性条款。也就是说,在用人单位认为有必要的情况下,可以与劳动者协商的基础上在劳动合同中订入保密事项或者在劳动合同之外另行订立保密协议。

用人单位能否与劳动者在劳动合同中订立竞业限制条款?

根据《劳动合同法》第23条第2款规定,对负有保密义务的劳动者,用人单位可以在劳动合同或者保密协议中与劳动者约定竞业限制条款。竞业限制条款,是指用人单位与知悉或掌握其商业秘密或知识产权的劳动者在劳动合同中约定的在劳动合同终止或者解除后的一定期限内,劳动者不得到生产与本单位同类产品或者经营同类业务的有竞争关系的其他用人单位任职,也不得自己开业生产或者经营与用人单位有竞争关系的同类产品或者业务。劳动合同中的竞业限制条款也不是劳动合同的必备条款,如果用人单位认为没有必要,即使在劳动合同中已经订入了保密条款或者另行订立了保密协议,也可以不必订立竞业限制条款。

用人单位可以与哪些劳动者订立竞业限制条款?

《劳动合同法》第 24 条第 1 款规定,竞业限制的人员限于用人单位的高级管理人员、高级技术人员和其他负有保密义务的人员。竞业限制的范围、地域、期限由用人单位与劳动者约定,竞业限制的约定不得违反法律、法规的规定。

用人单位与劳动者约定的竞业限制期限最长为几年?

2 年。《劳动合同法》第 24 条第 2 款规定,在解除或者终止劳动合同后,前款规定的人员到与本单位生产或者经营同类产品、从事同类业务的有竞争关系的其他用人单位,或者自己开业生产或者经营同类产品、从事同类业务的竞业限制期限,不得超过 2 年。

约定竞业限制而未同时约定给予劳动者经济补偿的,是否有效?

《劳动合同法》第 23 条第 2 款规定,用人单位与劳动者有竞业限制约定的,应当同时在劳动合同中约定在劳动合同终止或者解除后在竞业限制期限内按月给予劳动者经济补偿。可见,劳动合同中约定竞业限制条款,而未同时约定用人单位在竞业限制期限内按月给予劳动者经济补偿的,该竞业限制条款无效,在劳动合同终止或者解除后劳动者不受竞业限制条款的限制。

用人单位未支付竞业限制经济补偿的,劳动者是否受竞业限制的约束?

《劳动合同法》第 23 条第 2 款规定,用人单位与劳动者有竞业限制约定的,应当同时在劳动合同中约定在劳动合同终止或者解除后在竞业限制期限内按月给予劳动者经济补偿。劳动者违反竞业限制约定的,应当按照约定向用人单位支付违约金。可见,在劳动合同终止或者解除后用人单位未按照竞业限制约定按月给予劳动者经济补偿,劳动者违反竞业限制条款规定的,用人单位无权要求劳动者支付违约金。

在未订立竞业限制条款的情况下,劳动者负有竞业限制义务吗?

根据《劳动合同法》第 23 条规定,劳动合同双方当事人未订立竞业限制条款的情况下,劳动者不负有竞业限制义务。在劳动合同终止或者解除后劳动者可以到生产与本单位同类产品或者经营同类业务的有竞争关系的其他用人单位任职,也可以自己开业生产或者经营与用人单位有竞争关系的同类产品或者业务。

在未订立保密协议或竞业限制条款的情况下,劳动者就不负有保密义务吗?

为了加强对商业秘密和具有保密价值的知识产权的保护,《劳动合同法》第23条第2款明确规定,对负有保密义务的劳动者,用人单位可以在劳动合同或者保密协议中与劳动者约定竞业限制条款。可见,在双方因未达成竞业限制条款的情况下,劳动合同解除或者终止后,劳动者不负有竞业限制的约束。但是,并不能因此得出劳动者有权披露、使用或者出卖用人单位商业秘密和具有保密价值的知识产权的权利。在此种情形下,劳动者侵犯原用人单位商业秘密的,用人单位虽然无权根据劳动合同或者保密协议的约定要求劳动者承担违约责任,但可以根据《中华人民共和国反不正当竞争法》的规定要求劳动者承担法律责任;情节严重构成犯罪的,用人单位有权提起刑事诉讼,依法追究其刑事法律责任。

(二) 劳动合同的效力

劳动者通过提供虚假资格证书订立的劳动合同是否有效?

在劳动合同的订立中,劳动者通过隐瞒真实情况和通过提供虚假资格证书和文凭,骗得用人单位误认为其具备招聘条件的基础上签订劳动合同的,构成欺诈。根据《劳动合同法》第26条第1项规定,一方以欺诈使对方在违背真实意思的情况下订立的劳动合同无效或者部分无效。在一方通过欺诈手段订立的劳动合同仅仅导致了劳动合同的某一条款无效,而并未导致劳动内容全部无效的,此时将导致劳动合同的部分无效;在一方通过欺诈手段订立的劳动合同不仅导致劳动合同的部分无效,而是导致劳动关系不能成立的,那么,该劳动合同将构成无效。对于无效劳动合同或者劳动合同中的无效条款,受害方有权依法请求劳动争议仲裁机构或者人民法院予以撤销或者变更为有效内容。

一方能否通过胁迫手段与对方订立劳动合同?

以胁迫手段订立劳动合同,是指以将来要发生的损害或以直接施加损害相威胁,使对方产生恐惧并因此使对方在违背自己真实意思的情况下而订立劳动合同。在现实生活中,以胁迫手段订立劳动合同具有各种各样的表现形式,诸如揭露他人隐私、个人秘密;公开他人商业秘密、技术诀窍和经营信息或者利用自身的恶劣品质威胁他人等方式,迫使他人与己订立劳动合同。根据《劳动合同法》第26条第1款第1项规定,以胁迫的手段使对方在违背真实意思的情况下订立的劳动合同无效或者部分无效。对于无效劳动合同或者劳动合同中的无效条款,受到胁迫的一方有权依法请求劳动争议仲裁机构或者人民法院予以撤销或者变更为有效内容。

一方乘人之危与对方订立的劳动合同是否有效?

劳动合同的一方当事人明知对方处于危难或急迫状态,提出苛刻条件并为对方所接受,处于危难或急迫状态的一方当事人因订立劳动合同遭受了一定的损害,而利用他人危难的一方当事人所取得的利益超出了法律允许的限度,就构成了乘人之危订立的劳动合同。根据《劳动合同法》第26条第1款第1项规定,乘人之危使对方在违背真实意思的情况下订立的劳动合同无效或者部分无效。对于无效劳动合同或者劳动合同中的无效条款,受害方有权依法请求劳动争议仲裁机构或者人民法院予以撤销或者变更为有效内容。

用人单位订立劳动合同时能否要求劳动者放弃社会保险?

根据《劳动法》《劳动合同法》以及国务院制定的一系列劳动法规中,在赋予用人单位对其招用的劳动者具有劳动用工权的同时,也赋予了劳动者享有获得劳动报酬和加班工资的权利、劳动合同解除时依法获得经济补偿的权利、休息休假的权利、获得劳动安全卫生保护的权利、接受职业技能培训的权利、享受社会保险和福利的权利、提请劳动争议处理的权利以及法律规定的其他劳动权利。同时,在国家制定的一系列法律、行政法规中也规定了用人单位对劳动者所负的劳动保护、劳动安全和劳动保障等应当承担的法律责任以及用人单位违反有关法律规定应承担的法律责任,这些都属于用人单位的法定责任。

用人单位与劳动者订立劳动合同时,不得免除其法定责任,亦不得在订立的劳动合同中排除劳动者的权利。根据《劳动合同法》第26条第1款第

1 项规定,用人单位免除自己的法定责任、排除劳动者权利的劳动合同无效或者部分无效。因此,在劳动合同中订立的要求劳动者放弃社会保险的条款属于无效条款,因该无效条款并不能导致劳动合同的整体无效,而是导致劳动合同的部分无效。劳动合同部分无效,不影响其他部分效力的,其他部分仍然有效。对于劳动合同中的无效条款,受害方有权依法请求劳动争议仲裁机构或者人民法院予以撤销或者变更为有效内容。

劳动合同中可以约定职工不得结婚、生育的条款吗?

针对现实就业中某些用人单位歧视妇女就业和只从本单位利益着想而限制女职工结婚和生育的情形,《中华人民共和国妇女权益保障法》第23条规定,各单位在录用职工时,除不适合妇女的工种或者岗位外,不得以性别为由拒绝录用妇女或者提高对妇女的录用标准。各单位在录用女职工时,应当依法与其签订劳动(聘用)合同或者服务协议,劳动(聘用)合同或者服务协议中不得规定限制女职工结婚、生育的内容。根据《劳动合同法》第26条第3项规定,违反法律、行政法规强制性规定的劳动合同无效或者部分无效。可见,用人单位在劳动合同中禁止劳动者在劳动合同期间结婚和生孩子的约定,违背了我国法律的强制性和禁止性规定,属于无效条款,对劳动者不具有约束力。

当事人对劳动合同的效力有争议的,应如何解决?

根据《劳动合同法》第26条第2款规定,对劳动合同的无效或者部分无效有争议的,由劳动争议仲裁机构或者人民法院确认。

劳动合同被确认无效的,用人单位就可以不用支付劳动报酬吗?

由于在劳动合同无效的情况下,劳动者付出的劳动,也同样能为用人单位创造财富和增加利润,因此劳动者应当获得相应的劳动报酬,否则就构成了对劳动者的无偿剥夺。对此,《劳动合同法》第28条明确规定,劳动合同被确认无效,劳动者已付出劳动的,用人单位应当向劳动者支付劳动报酬。可见,在劳动合同无效的情况下,无论劳动者是否具有过错,也就是说劳动合同无效无论是否由于劳动者的原因造成的,对于劳动者已付出的劳动,用人单位不得以劳动者具有过错导致劳动合同无效为由,拒绝向劳动者支付劳动报酬。根据《劳动合同法》第28条规定,劳动合同被确认无效,对于劳动者已付出的劳动所支付的劳动报酬的数额,参照本单位相同或者相近岗位劳动者的劳动报酬确定。

劳动合同被确认无效的,当事人因此所遭受的损失如何承担?

根据《劳动合同法》的规定,劳动合同的一方当事人以欺诈、胁迫的手段或者乘人之危,使对方在违背真实意思的情况下订立或者变更劳动合同;用人单位免除自己的法定责任、排除劳动者权利的劳动合同;违反法律、行政法规强制性规定的劳动合同,都会导致劳动合同无效或者部分无效。本法第86条规定,劳动合同被依法确认无效,因此给对方造成损失的,有过错的一方应当承担赔偿责任。在劳动合同被依法确认无效时,当事人都会因劳动合同订立中的洽谈、应聘、招聘等造成一定的直接损失以及机会损失。在劳动合同无效的情况下,有过错的一方即采取欺诈、胁迫的手段或者乘人之危的一方当事人、免除自己的法定责任、排除劳动者权利的用人单位以及其他情形下有过错的一方当事人或者双方当事人,其因劳动合同被确认无效所造成的损失应当由该方自己承担;因劳动合同被依法确认无效给对方造成损失的,有过错的一方应当向无过错的一方承担赔偿责任。

(三) 劳动合同的履行

用人单位制定直接涉及劳动者切身利益的规章制度时应遵循什么程序?

《劳动合同法》第4条规定,用人单位应当依法建立和完善劳动规章制度,保障劳动者享有劳动权利、履行劳动义务。用人单位在制定、修改或者决定有关劳动报酬、工作时间、休息休假、劳动安全卫生、保险福利、职工培训、劳动纪律以及劳动定额管理等直接涉及劳动者切身利益的规章制度或者重大事项时,应当经职工代表大会或者全体职工讨论,提出方案和意见,与工会或者职工代表平等协商确定。在规章制度和重大事项决定实施过程中,工会或者职工认为不适当的,有权向用人单位提出,通过协商予以修改完善。用人单位应当将直接涉及劳动者切身利益的规章制度和重大事项决定公示,或者告知劳动者。

劳动合同履行中用人单位应如何制定和执行劳动定额标准？

《劳动合同法》第31条规定,用人单位应当严格执行劳动定额标准,不得强迫或者变相强迫劳动者加班。用人单位安排加班的,应当按照国家有关规定向劳动者支付加班费。劳动定额标准是基于劳动者在正常情况下的一定劳动时间内所完成的工作量,如小时、日、周、月劳动定额标准等来制定的,用人单位在制定劳动定额标准和绩效标准时应当以一定技术条件和劳动条件下绝大多数劳动者在正常情况下所完成的工作量为制定依据,且应遵循法定程序。

根据《劳动合同法》第4条规定,用人单位在制定、修改或者决定有关劳动定额管理等直接涉及劳动者切身利益的规章制度或者重大事项时,应当经职工代表大会或者全体职工讨论,提出方案和意见,与工会或者职工代表平等协商确定。在劳动定额标准事项决定实施过程中,工会或者职工认为不适当的,有权向用人单位提出,通过协商予以修改完善。用人单位应当将劳动定额事项决定公示,或者告知劳动者。可见,劳动定额标准和绩效评价标准的制定应当科学、合理并经过民主程序通过和告知劳动者。用人单位应当严格执行依法制定的劳动定额标准,不得通过任意改变劳动定额标准来不断增加劳动强度。

劳动者有权拒绝用人单位管理人员的违章指挥、强令冒险作业吗？

在劳动关系建立后的劳动合同履行中,用人单位取得了劳动用工权和一定范围内对劳动者的支配和管理权。根据《中华人民共和国安全生产法》的规定,生产经营单位的从业人员有权了解其作业场所里工作岗位存在的危险因素、防范措施及事故应急措施,有权对本单位的安全生产工作提出建议。从业人员有权对本单位安全生产工作中存在的问题提出批评、检举、控告;有权拒绝违章指挥和强令冒险作业。生产经营单位不得因从业人员对本单位安全生产工作提出批评、检举、控告或者拒绝违章指挥、强令冒险作业而降低其工资、福利等待遇或者解除与其订立的劳动合同。从业人员发现直接危及人身安全的紧急情况时,有权停止作业或者在采取可能的应急措施后撤离作业场所。生产经营单位不得因从业人员在前述紧急情况下停止作业或者采取紧急撤离措施而降低其工资、福利等待遇或者解除与其订立的劳动合同。对此,《劳动合同法》第 32 条进一步明确规定,劳动者拒绝用人单位管理人员违章指挥、强令冒险作业的,不视为违反劳动合同。劳动者对危害生命安全和身体健康的劳动条件,有权对用人单位提出批评、检举和控告。

劳动合同履行地与用人单位注册地不一致的,应执行何地的最低工资标准?

《劳动合同法实施条例》第 14 条规定,劳动合同履行地与用人单位注册地不一致的,有关劳动者的最低工资标准、劳动保护、劳动条件、职业危害防护和本地区上年度职工月平均工资标准等事项,按照劳动合同履行地的有关规定执行;用人单位注册地的有关标准高于劳动合同履行地的有关标准,且用人单位与劳动者约定按照用人单位注册地的有关规定执行的,从其约定。

劳动者的哪些发明创造属于职务发明创造?

根据《中华人民共和国专利法》(以下简称《专利法》)第 6 条第 1 款规定,执行本单位的任务或者主要是利用本单位的物质技术条件所完成的发明创造为职务发明创造。对此,根据《专利法实施细则》第 12 条规定,《专利法》第 6 条所称执行本单位的任务所完成的职务发明创造,是指:(1)在本职工作中作出的发明创造;(2)履行本单位交付的本职工作之外的任务所作出的发明创造;(3)退休、调离原单位后或者劳动、人事关系终止后 1 年内作出的,与其在原单位承担的本职工作或者原单位分配的任务有关的发明创造。《专利法》第 6 条所称本单位,包括临时工作单位;《专利法》第 6 条所称本单位的物质技术条件,是指本单位的资金、设备、零部件、原材料或者不对外公开的技术资料等。

劳动者对于职务发明创造是否享有专利申请权和专利权?

根据《专利法》第 6 条规定,执行本单位的任务或者主要是利用本单位的物质技术条件所完成的发明创造为职务发明创造。职务发明创造申请专利的权利属于该单位;申请被批准后,该单位为专利权人。据此,作为发明人或者设计人的劳动者对于职务发明创造一般无权申请专利,从而一般也不能成为专利申请人和专利权人。

劳动者在什么情况下可以成为职务发明创造的专利申请人和专利权人？

《专利法》第6条第3款规定,利用本单位的物质技术条件所完成的发明创造,单位与发明人或者设计人订有合同,对申请专利的权利和专利权的归属作出约定的,从其约定。可见,利用本单位的物质技术条件所完成的发明创造,单位与发明人或者设计人没有订立合同和未对申请专利的权利和专利权的归属作出约定的,是职务发明创造,申请专利的权利属于该单位;申请被批准后该单位为专利权人。劳动者和用人单位双方约定职务发明创造属于单位的,作为发明人或设计人的劳动者就该职务发明创造则不享有专利申请权,也无从享有专利权。但劳动者和用人单位就利用本单位的物质技术条件所完成的发明创造约定属于发明人、设计人的,那么,作为发明人、设计人的劳动者就该发明创造就拥有申请专利权,申请被批准后就成为专利权人。

劳动者对非职务发明创造拥有专利申请权和专利权吗？

既不是执行本单位的任务也不是主要利用本单位的物质技术条件所完成的发明创造为非职务发明创造。《专利法》第6条第2款规定,非职务发明创造,申请专利的权利属于发明人或者设计人;申请被批准后,该发明人或者设计人为专利权人。根据《专利法实施细则》第12条规定,非职务发明创造,是指非在本职工作中作出的发明创造、非履行本单位交付的工作任务所作出的发明创造以及退休、调离原单位后或者劳动、人事关系终止后1年之外作出的,与其在原单位承担的本职工作或者原单位分配的任务有关或者无关的发明创造。《专利法》第6条所称本单位,包括临时工作单位;《专利法》第6条所称本单位的物质技术条件,是指本单位的资金、设备、零部件、原材料或者不对外公开的技术资料等。

为完成用人单位的工作任务所创作的作品是职务作品吗？

根据《中华人民共和国著作权法》(以下简称《著作权法》)第16条第1款规定,公民为完成法人或者其他组织工作任务所创作的作品是职务作品。其特征是:创作作品的公民与所在法人或其他组织之间存在劳动关系,并自所在的用人单位领取劳动报酬;创作完成作品是公民的工作任务,即属于公民在该法人或组织中应当履行的职责范围内所创作的作品,才是职务作品。可见,劳动者为完成用人单位的工作所创作的作品为职务作品。

劳动者对创作完成的职务作品是否享有著作权?

根据《著作权法》的规定,著作权包括下列人身权和财产权。其中,著作人身权包括发表权、署名权、修改权和保护作品完整权;著作财产权包括著作使用权、著作使用权的转让权和获得报酬权。本法第16条第1款规定,公民为完成法人或者其他组织工作任务所创作的作品是职务作品,除本条第2款的规定以外,著作权由作者享有,但法人或者其他组织有权在其业务范围内优先使用。作品完成2年内,未经单位同意,作者不得许可第三人以与单位使用的相同方式使用该作品。根据上述规定,劳动者对完成本单位的工作任务所创作的作品即职务作品享有发表权、署名权、修改权和保护作品完整权等著作人身权,而著作使用权却因属于职务作品受到了限制,即:用人单位在其业务范围内享有优先使用权;作品完成2年内,作者许可第三人以与用人单位使用的相同方式使用该作品,应当征得用人单位的同意。可见,劳动者对创作完成的职务作品并不享有完整的著作权。

劳动者对哪些职务作品仅享有署名权?

《著作权法》第16条第2款规定,有下列情形之一的职务作品,作者享有署名权,著作权的其他权利由法人或者其他组织享有,法人或者其他组织可以给予作者奖励:(1)主要是利用法人或者其他组织的物质技术条件创作,并由法人或者其他组织承担责任的工程设计图、产品设计图、地图、计算机软件等职务作品;(2)法律、行政法规规定或者合同约定著作权由法人或者其他组织享有的职务作品。在这里,关于职务作品的规定中的"工作任务",是指公民在该法人或者该组织中应当履行的职责。关于职务作品的规定中的"物质技术条件",是指该法人或者该组织为公民完成创作专门提供的资金、设备或者资料。

根据上述规定可以看出,对于职务作品的图形作品和计算机软件以及法律、行政法规规定或者合同约定著作权由法人或者其他组织享有的职务作品,其著作权的归属和使用方式不同于一般职务作品。对于《著作权法》第16条第1款规定的一般职务作品的著作权人具有完整的著作人身权即发表权、署名权、修改权和保护作品完整权,而仅仅是其著作财产权中的使用权和转让权受到了限制。但是,对于职务作品的图形作品和计算机软件以及法律、行政法规规定或者合同约定著作权由法人或者其他组织享有的职务作品,作者仅享有署名权,而著作人身权中的发表权、修改权和保护作品完整权以及包括复制权、发行权、出租权、展览权等使用权和获得报酬权及转让权等在内的所有财产权都归用人单位享有,用人单位在享有著作财产权的同时并不用付出代价,而仅仅是可以给予作者奖励。这种奖励包括物质奖励和精神奖励,当然这种奖励可以给予也可以不给予,其决定权属于用人单位。

劳动者在用人单位任职期间所开发的软件是否享有著作权?

《计算机软件保护条例》第 13 条规定,自然人在法人或者其他组织中任职期间所开发的软件有下列情形之一的,该软件著作权由该法人或者其他组织享有,该法人或者其他组织可以对开发软件的自然人进行奖励:(1)针对本职工作中明确指定的开发目标所开发的软件;(2)开发的软件是从事本职工作活动所预见的结果或者自然的结果;(3)主要使用了法人或者其他组织的资金、专用设备、未公开的专门信息等物质技术条件所开发并由法人或者其他组织承担责任的软件。可见,劳动者在用人单位任职期间所开发的符合上述情形之一的软件,其著作权属于用人单位,不属于劳动者。但劳动者在任职期间所开发的软件不属于上述情形之一的,其著作权属于作为软件开发人的劳动者。

用人单位主持创作并代表其意志的作品,参加创作者是否享有著作权?

根据《著作权法》第 11 条规定,著作权属于作者,本法另有规定的除外。创作作品的公民是作者。由法人或者其他组织主持,代表法人或者其他组织意志创作,并由法人或者其他组织承担责任的作品,法人或者其他组织视为作者,而在此种情形下参与创作的公民个人不是作者,当然也无从享有包括人身权和财产权在内的著作权。

(四)劳动合同的变更

用人单位与劳动者能通过口头形式变更劳动合同的内容吗?

《劳动合同法》第 29 条规定,用人单位与劳动者应当按照劳动合同的约定,全面履行各自的义务。这就要求双方当事人应当按照劳动合同所约定的劳动合同期限、工作内容和工作地点、工作时间和休息休假、劳动报酬、试用期、保密与竞业限制条款、补充保险和福利待遇等内容履行劳动合同,任何一方不得擅自变更劳动合同的内容。对此,《劳动合同法》第35条规定,用人单位与劳动者协商一致,可以变更劳动合同约定的内容。变更劳动合同,应当采用书面形式。变更后的劳动合同文本由用人单位和劳动者各执一份。可见,劳动合同的内容变更,必须在用人单位与劳动者双方协商一致的基础上通过订立书面变更协议进行,不得通过口头形式进行。也就是说,即使双方当事人对变更劳动合同的内容口头达成了一致,如果未订立书面劳动合同变更协议,也不能达到变更劳动合同内容的效果。

用人单位能否单方调整劳动者的工作岗位、劳动条件、劳动报酬和福利待遇?

工作岗位、劳动条件、劳动报酬和福利待遇是劳动合同的必备条款和重要内容,在订立劳动合同时经劳动者与用人单位协商一致,并订入劳动合同之中就依法产生法律效力,用人单位和劳动者就应当全面履行,任何一方都不得擅自变更。在劳动合同的履行中,用人单位要调整劳动合同所约定的劳动者的工作岗位或者工种、劳动条件、劳动报酬和福利待遇应当与劳动者双方协商一致,并订立书面变更协议。在未与劳动者协商达成一致或者虽然就变更事项达成一致但未订立书面变更劳动合同协议的情况下,用人单位以行使劳动用工权为由单方调整和变动劳动合同所约定的劳动者的工作岗位、劳动条件、劳动报酬和福利待遇的,将构成违约,应依法承担违约责任。

用人单位能否以法定代表人或投资人发生变更为由拒绝履行劳动合同?

《劳动合同法》第33条规定,用人单位变更名称、法定代表人、主要负责人或者投资人等事项,不影响劳动合同的履行。可见,用人单位因名称、法定代表人、主要负责人或者投资人等事项进行变更的情况下,与劳动者订立的劳动合同仍然有效。用人单位上述有关事项的变更不影响劳动合同的履行,用人单位不得以上述有关事项发生变更为由拒绝继续履行劳动合同。

用人单位与其他单位合并的,劳动合同如何履行?

用人单位的合并包括吸收合并和新设合并。吸收合并包括用人单位吸收其他单位和用人单位被其他单位吸收,被吸收的单位解散。新设合并是指用人单位与其他单位合并设立一个新的单位,合并各方解散。《劳动合同法》第34条规定,用人单位发生合并或者分立等情况,原劳动合同继续有效,劳动合同由承继其权利和义务的用人单位继续履行。可见,用人单位发生合并的情况下,发生合并前原用人单位与劳动者订立的劳动合同,由发生合并后的新用人单位承继原劳动合同的权利与义务。因此,用人单位发生合并的情况下,发生合并前原用人单位与劳动者订立的劳动合同,由发生合并后承继原劳动合同的权利与义务的新用人单位继续履行,新用人单位不得以原用人单位发生合并为由拒绝履行原劳动合同。

用人单位发生分立的,劳动合同如何履行?

用人单位的分立是指用人单位根据法律、法规的规定或者按照其投资人或者设立人的意思,分为两个或者两个以上单位的行为。用人单位分立不仅会发生用人单位的组织管理形式或者经营方式的变化,而且会使用人单位的数量由原来的一个变为两个或者两个以上。《劳动合同法》第34条规定,用人单位发生合并或者分立等情况,原劳动合同继续有效,劳动合同由承继其权利和义务的用人单位继续履行。可见,用人单位发生分立的情况下,发生分立前原用人单位与劳动者订立的劳动合同,由发生分立后承继了原劳动合同的权利与义务的新用人单位继续履行,该用人单位不得以原用人单位发生分立为由拒绝履行原劳动合同。发生分立后,未承继原劳动合同的权利与义务的新用人单位则不负有继续履行的义务。

(五)劳动合同的解除

劳动者首先提出并经协商解除劳动合同的,能得到解除合同的经济补偿吗?

协商解除又被称为协议解除,是指合同成立以后,在未履行或未完全履行之前,当事人双方通过协商一致解除劳动合同,使劳动合同效力消灭的行为。根据《劳动合同法》第46条第2项规定,用人单位首先向劳动者提出解除劳动合同并与劳动者协商一致解除劳动合同的,用人单位应当依法向劳动者支付经济补偿。可见,在劳动者首先提出解除劳动合同并与用人单位协商一致解除劳动合同的,用人单位无需向劳动者支付经济补偿。

劳动者提前解除劳动合同应履行什么程序?

《劳动合同法》第 37 条规定,劳动者提前 30 日以书面形式通知用人单位,可以解除劳动合同。劳动者在试用期内提前 3 日通知用人单位,可以解除劳动合同。可见,劳动者未与用人单位协商即提前解除劳动合同和试用期内提前解除劳动合同的,应当分别在上述法定期间内履行通知义务,这是劳动者在非法定情形下单方解除劳动合同必须履行的程序。否则,属于违法解除劳动合同,劳动者应当依法承担违约责任。

劳动者提前解除劳动合同的,能否要求用人单位支付经济补偿?

根据《劳动合同法》第 46 条规定,劳动者依照本法第 37 条规定解除劳动合同的,即劳动者提前解除劳动合同时向用人单位履行了通知义务的,劳动者也无权要求用人单位支付解除劳动合同的经济补偿。当然,劳动者提前解除劳动合同未履行通知义务的,不仅无权要求用人单位支付经济补偿,而且因提前解除合同给用人单位造成损失的,还应当承担赔偿责任。

劳动者无需通知即可与用人单位解除劳动合同的法定情形有哪些?

根据《劳动合同法》第 38 条规定,用人单位有下列情形之一的,劳动者可以行使单方解除权与用人单位解除劳动合同:(1)未按照劳动合同约定提供劳动保护或者劳动条件的;(2)未及时足额支付劳动报酬的;(3)未依法为劳动者缴纳社会保险费的;(4)用人单位的规章制度违反法律、法规的规定,损害劳动者权益的;(5)因本法第 26 条第 1 款规定的情形致使劳动合同无效的;(6)法律、行政法规规定劳动者可以解除劳动合同的其他情形。用人单位以暴力、威胁或者非法限制人身自由的手段强迫劳动者劳动的,或者用人单位违章指挥、强令冒险作业危及劳动者人身安全的,劳动者可以立即解除劳动合同,不需事先告知用人单位。可见,在用人单位具有上述情形之一时,劳动者无需通知用人单位就可以解除劳动合同。

劳动者在法定情形下解除劳动合同的,用人单位是否应支付经济补偿?

根据《劳动合同法》第 46 条第 1 项规定,劳动者依照本法第 38 条规定行使法定解除权,解除劳动合同的,用人单位应当按照法定标准向劳动者支付经济补偿。

用人单位与劳动者解除劳动合同的法定情形有哪些?

根据《劳动合同法》第 39 条规定,劳动者有下列情形之一的,用人单位可以解除劳动合同:(1)在试用期间被证明不符合录用条件的;(2)严重违反用人单位的规章制度的;(3)严重失职,营私舞弊,给用人单位造成重大损害的;(4)劳动者同时与其他用人单位建立劳动关系,对完成本单位的工作任务造成严重影响,或者经用人单位提出,拒不改正的;(5)因本法第 26 条第 1 款第 1 项规定的情形致使劳动合同无效的;(6)被依法追究刑事责任的。可见,劳动者具有上述情形之一时,用人单位可以行使法定解除权与劳动者解除劳动合同。

用人单位在法定情形下解除合同的,还需向劳动者支付经济补偿吗?

根据《劳动合同法》第 46 条第 1 项规定,用人单位依照本法第 39 条规定解除劳动合同的,用人单位无需向劳动者支付经济补偿。

用人单位在试用期间解除劳动合同,是否支付经济补偿?

根据《劳动合同法》第 39 条第 1 项的规定,劳动者在试用期间被证明不符合录用条件的,用人单位可以解除劳动合同。根据《劳动合同法》第 46 条第 1 项规定,用人单位依照本法第 39 条规定解除劳动合同的,用人单位无需向劳动者支付经济补偿。但劳动者在试用期间被证明符合录用条件的,用人单位解除劳动合同应当依法支付经济补偿,并承担违法解除劳动合同的法律责任。

劳动者只要违反了用人单位的规章制度,用人单位就可以解除劳动合同吗?

根据《劳动合同法》第 39 条第 2 项的规定,劳动者严重违反用人单位的规章制度的,用人单位可以解除劳动合同。据此,劳动者违反了用人单位的规章制度,用人单位可解除劳动合同应同时具备下列条件:(1)劳动者具有违反用人单位规章制度的行为;(2)劳动者违反用人单位规章制度的行为已经达到了严重的程度。在劳动者仅仅具有违反用人单位规章制度的行为,但未达到严重程度的情况下,用人单位不得解除劳动合同。至于何为

"一般违反用人单位规章制度"、何为"严重违反用人单位规章制度"并没有严格的法律界定,一般应当由用人单位依法自主规定。

用人单位的劳动规章制度其内容在涉及有关劳动报酬、工作时间、休息休假、劳动安全卫生、保险福利、职工培训、劳动纪律以及劳动定额管理等劳动者切身利益时,一般是对劳动法律法规的补充和具体化,其内容应当体现双方权利与义务的统一,不得与劳动法律法规和劳动政策相抵触。根据《劳动合同法》第4条规定,用人单位应当依法建立和完善劳动规章制度。用人单位在制定、修改或者决定有关直接涉及劳动者切身利益的规章制度或者重大事项时,应当依据法定程序制定和修改,并应当公示,或者告知劳动者。否则,不能作为解除劳动合同的依据。

劳动者具有失职和营私舞弊行为的,用人单位能否解除劳动合同?

根据《劳动合同法》第39条第3项的规定,劳动者严重失职,营私舞弊,给用人单位造成重大损害的,用人单位可以解除劳动合同。可见,在同时符合下列条件下,用人单位可以解除劳动合同:(1)劳动者具有严重失职、营私舞弊的行为。严重失职,是指劳动者在工作中不能履行自己肩负的职责,玩忽职守,并且达到了严重程度,而不是一般失职和工作疏忽。营私舞弊,是指劳动者利用工作之便谋取私人利益,并采取欺骗的方法掩盖其营私和舞弊行为。(2)劳动者的严重失职或营私舞弊的行为给用人单位造成重大损害。这种损害既包括财产等物质损害,也包括信誉或者声誉等精神损害。如果劳动者的失职,营私舞弊行为没有给用人单位造成重大损害的,用人单位就不具备解除劳动合同的理由。

只要劳动者在其他单位兼职的,用人单位就可以解除劳动合同吗?

劳动者兼职是指劳动者尚未与用人单位解除或者终止劳动合同的情况下,同时与其他用人单位建立劳动关系。根据《劳动合同法》第39条第4项规定,劳动者同时与其他用人单位建立劳动关系,对完成本单位的工作任务造成严重影响,或者经用人单位提出,拒不改正的,用人单位可以解除劳动合同。可见,劳动者同时与其他用人单位建立劳动关系即兼职,如果对完成本单位的工作任务造成严重影响的,无论用人单位事先是否要求其改正,用人单位都可以解除劳动合同;劳动者兼职无论是否对完成本单位的工作任务造成严重影响,经用人单位提出,拒不改正的,用人单位也可以与其解除劳动合同。但是,劳动者同时与其他用人单位建立劳动关系,未对完成本单位的工作任务造成严重影响,或者经用人单位提出后,劳动者改正的,用人单位则不得与其解除劳动合同。

劳动者被依法追究刑事责任的,用人单位是否可以解除劳动合同?

《劳动合同法》第39条第6项规定,劳动者被依法追究刑事责任的,用人单位可以解除劳动合同。根据《刑法》第33条的规定,刑事责任主要有五种,即:管制、拘役、有期徒刑、无期徒刑和死刑。此外,根据《刑法》第35条的规定,对于犯罪的外国人,可以独立适用或者附加适用驱逐出境。管制,是对犯罪分子不予关押,但限制一定自由,交由公安机关管束和群众监督改造的刑罚方法。拘役,是短期剥夺犯罪分子人身自由,并就地实行劳动改造的刑罚方法。它主要适用于罪行较轻,需要短期关押的犯罪分子。拘役的期限,为1个月以上6个月以下;数罪并罚时,最高不能超过1年。有期徒刑,是剥夺犯罪分子一定期限的自由,实行劳动改造的刑罚方法。有期徒刑的期限,为6个月以上15年以下;数罪并罚时,最高不能超过25年。无期徒刑,是剥夺犯罪分子终身自由,并强制劳动改造的刑罚方法。死刑,是剥夺犯罪分子生命的刑罚方法,是对罪犯追究的最严厉的一种刑事责任。根据《劳动合同法》第39条第6项规定,劳动者在被依法追究上述刑事责任的,用人单位可以与其解除劳动合同。上述规定主要适用于那些因承担刑事责任影响用人单位劳动用工的劳动者,但是,对于判处管制或者较短期限拘役的劳动者在其不影响用人单位劳动用工的情况下一般不宜解除劳动合同。

用人单位能否与患病或者非因工负伤的劳动者解除劳动合同?

《劳动合同法》第40条第1项规定,劳动者患病或者非因工负伤,在规定的医疗期满后不能从事原工作,也不能从事由用人单位另行安排的工作的,用人单位提前30日以书面形式通知劳动者本人或者额外支付劳动者1个月工资后,可以解除劳动合同。据此,用人单位不能与正处于医疗期的患病或者非因工负伤的劳动者解除劳动合同。根据上述规定,用人单位与患病或者非因工负伤劳动者解除劳动合同应当同时具备下列条件:(1)解除劳动合同应当在劳动者依法享有的医疗期满后进行;(2)患病或者非因工负伤的劳动者不能从事原工作,也不能从事由用人单位另行安排的工作。患病或者非因工负伤的劳动者,在规定的医疗期满后能从事原工作,或者能从事由用人单位另行安排的工作的,用人单位不得解除劳动合同。

用人单位与患病或非因工负伤的劳动者解除劳动合同应履行哪些义务?

根据《劳动合同法》第 40 条第 1 项规定,用人单位与医疗期满后不能从事原工作,也不能从事由用人单位另行安排的工作的患病或者非因工负伤劳动者解除劳动合同,应当履行下列义务:用人单位提前 30 日以书面形式通知劳动者本人;未能提前 30 日以书面形式通知劳动者本人的,应当额外支付劳动者 1 个月的工资作为通知解除劳动合同的替代金。此外,根据本法第 46 条第 3 项规定,用人单位依照本法第 40 条规定解除劳动合同的,用人单位应当向劳动者支付经济补偿。

用人单位能否与不能胜任工作的劳动者解除劳动合同?

根据《劳动合同法》第 40 条第 2 项规定,劳动者不能胜任工作,经过培训或者调整工作岗位,仍不能胜任工作的,用人单位提前 30 日以书面形式通知劳动者本人或者额外支付劳动者 1 个月工资后,可以解除劳动合同。可见,用人单位与不能胜任工作的劳动者解除劳动合同应当符合下列条件:(1)用人单位对不能胜任工作的劳动者首先应当进行培训或者调整工作岗位,经过培训或者调整工作岗位能够胜任工作的,不能解除劳动合同;(2)经过培训或者调整工作岗位仍不能胜任工作的,在履行下列义务即用人单位提前 30 日以书面形式通知劳动者本人解除劳动合同;或者不履行提前书面通知义务的,在额外支付劳动者 1 个月工资后,可以解除劳动合同。

在此需要说明的是:《劳动合同法》第 40 条第 2 项规定的"劳动者不能胜任工作",应当是指劳动者不能胜任劳动合同约定的工作。如果是劳动合同履行中用人单位未经劳动者同意单方擅自改变劳动者的工作岗位或者工种后,劳动者不能胜任的,不属于《劳动合同法》第 40 条第 2 项规定的"劳动者不能胜任工作",而是属于用人单位擅自变更劳动合同约定的内容。"经过培训"应当是对劳动合同约定的工作内容或者岗位进行培训,而不是擅自改变后的"工作内容或者岗位"进行培训。"调整工作岗位"应当是对劳动合同约定的工作岗位即劳动者正在从事且不能胜任的工作岗位调整到能够胜任或者应当胜任的工作岗位,一般是与原工作岗位劳动强度、技术要求或者责任要求相当的工作岗位,而不应当是劳动强度更高、技术难度更大或者责任要求更高的工作岗位。

用人单位依法与不能胜任工作的劳动者解除合同,是否支付经济补偿?

根据《劳动合同法》第46条第3项规定,用人单位依照本法第40条规定解除劳动合同,即用人单位依法与不能胜任工作的劳动者解除劳动合同的,应当按照法定标准向劳动者支付经济补偿。

用人单位能否以客观情况发生重大变化为由,与劳动者解除劳动合同?

《劳动合同法》第40条第3项规定,劳动合同订立时所依据的客观情况发生重大变化,致使劳动合同无法履行,经用人单位与劳动者协商,未能就变更劳动合同内容达成协议的,用人单位提前30日以书面形式通知劳动者本人或者额外支付劳动者1个月工资后,可以解除劳动合同。据此,劳动合同订立时所依据的客观情况发生重大变化,致使劳动合同无法履行的,用人单位可以客观情况发生重大变化为由,并在遵循法定程序和履行法定义务后,与劳动者解除劳动合同。

用人单位发生情势变更致使劳动合同无法履行的情形,一般是指:(1)劳动合同订立时所依据的客观情况发生重大变化。根据《劳动部关于〈中华人民共和国劳动法〉若干条文的说明》的规定,"致使劳动合同无法履行的客观情况"是指发生不可抗力或出现致使劳动合同全部或者部分条款无法履行的其他情况。这里的"不可抗力"主要是指自然灾害,如地震、海啸、洪涝等灾害和社会动乱、罢工等社会性事件。其他情况一般是指因企业经营方向或经营战略重大调整、企业产品结构调整以及国际性经济危机、全球金融风暴、企业迁移、企业改制等导致企业发生的重大变化。(2)致使劳动合同无法履行。劳动合同订立时所依据的客观情况虽发生重大变化,但如果没有达到"无法履行"的程度的,用人单位不能与劳动者解除劳动合同。例如,用人单位法定代表人和主要负责人变更、企业内部承包、企业分立或合并、被兼并等情况,虽然属于客观情况发生了变化甚至重大变化,但并不导致劳动合同的解除。

用人单位因发生情势变更解除劳动合同的,应履行什么程序和义务?

根据《劳动合同法》第 40 条第 3 项规定,用人单位因发生情势变更在具备解除劳动合同的条件时,亦不能直接解除劳动合同,应当履行下列程序:(1)应当与劳动者协商变更劳动合同,双方经协商能达成一致的,用人单位不能解除劳动合同,应当按照变更后的劳动合同履行;(2)经用人单位与劳动者协商,劳动者不同意变更原劳动合同的内容,未能就变更劳动合同内容达成协议的,用人单位在履行下列义务,即提前 30 日以书面形式通知劳动者本人或者额外支付劳动者 1 个月工资后,可以解除劳动合同。此外,根据本法第 46 条第 3 项规定,用人单位依照本法第 40 条规定解除劳动合同的,应当依法向劳动者支付经济补偿。

用人单位选择额外支付工资补偿解除劳动合同的,如何确定补偿额?

根据《劳动合同法实施条例》第 20 条规定,用人单位依照劳动合同法第 40 条的规定,选择额外支付劳动者 1 个月工资解除劳动合同的,其额外支付的工资应当按照该劳动者上一个月的工资标准确定。

劳动者具有什么情形的,用人单位不得依照《劳动合同法》第 40 条的规定解除劳动合同?

《劳动合同法》第 40 条规定,有下列情形之一的,用人单位提前 30 日以书面形式通知劳动者本人或者额外支付劳动者一个月工资后,可以解除劳动合同:(1)劳动者患病或者非因工负伤,在规定的医疗期满后不能从事原工作,也不能从事由用人单位另行安排的工作的;(2)劳动者不能胜任工作,经过培训或者调整工作岗位,仍不能胜任工作的;(3)劳动合同订立时所依据的客观情况发生重大变化,致使劳动合同无法履行,经用人单位与劳动者协商,未能就变更劳动合同内容达成协议的。

但是,并非劳动者只要出现或者符合上述情形,用人单位即可与其解除劳动合同。《劳动合同法》第 42 条规定,劳动者有下列情形之一的,用人单位不得依照本法第 40 条的规定解除劳动合同:(1)从事接触职业病危害作业的劳动者未进行离岗前职业健康检查,或者疑似职业病病人在诊断或者医学观察期间的;(2)在本单位患职业病或者因工负伤并被确认丧失或者部分丧失劳动能力的;(3)患病或者非因工负伤,在规定的医疗期内的;(4)女职工在孕期、产期、哺乳期的;(5)在本单位连续工作满15年,且距法定退休年龄不足5年的;(6)法律、行政法规规定的其他情形。

用人单位进行经济性裁员应当具备什么基本条件?

《劳动合同法》第41条第1款规定,有下列情形之一,需要裁减人员20人以上或者裁减不足20人但占企业职工总数10%以上的,用人单位提前30日向工会或者全体职工说明情况,听取工会或者职工的意见后,裁减人员方案经向劳动行政部门报告,可以裁减人员:(1)依照企业破产法规定进行重整的;(2)生产经营发生严重困难的;(3)企业转产、重大技术革新或者经营方式调整,经变更劳动合同后,仍需裁减人员的;(4)其他因劳动合同订立时所依据的客观经济情况发生重大变化,致使劳动合同无法履行的。根据上述规定,用人单位进行经济性裁员的基本条件是:首先应当具有进行裁员的上述法定情形之一,不具备法定裁员情形之一的不得裁员;其次,需要裁减人员20人以上或者裁减不足20人但占企业职工总数10%以上。

用人单位进行经济性裁员应遵循什么程序?

根据《劳动合同法》第41条第1款规定,在符合经济性裁员的条件下,用人单位进行裁员应当遵循下列程序:(1)用人单位提前30日向工会或者全体职工说明情况;(2)提出裁减人员方案后,将裁减人员方案征求工会或全体职工意见,在听取工会或者职工的意见后进行修改;(3)裁减人员方案应当向劳动行政部门报告。

用人单位对裁减的员工是否给予经济补偿?

根据《劳动合同法》第46条第4项规定,用人单位依照本法第41条第1款规定因裁减员工解除劳动合同的,用人单位应当向劳动者支付经济补偿。

用人单位裁减人员时哪些人员应当优先留用?

《劳动合同法》第41条第2款规定,裁减人员时,应当优先留用下列人员:(1)与本单位订立较长期限的固定期限劳动合同的;(2)与本单位订立无固定期限劳动合同的;(3)家庭无其他就业人员,有需要扶养的老人或者未成年人的。

用人单位依法裁员后重新招用人员的,被裁减员工是否优先招用?

《劳动合同法》第41条第3款规定,用人单位依照本条第1款规定裁减人员,在6个月内重新招用人员的,应当通知被裁减的人员,并在同等条件下优先招用被裁减的人员。据此,被裁减员工优先招用应当符合下列条件:(1)用人单位依法裁减人员后在6个月内重新招用人员;(2)在同等条件下被裁减人员具有优先招用权。所谓同等条件一般指被裁减员工与劳动力市场上的其他人员相比在知识背景、工作经验、劳动技能、工资报酬要求、工作时间等方面大致相同。用人单位在裁减人员6个月内重新招用人员时,被裁减人员与其他社会招聘人员在同等条件下被裁减人员具有优先招用权。可见,用人单位在裁减人员6个月后重新招用人员,或者被裁减人员与其他社会招聘人员相比处于明显的劣势即不具有同等条件的,被裁减人员则不享有优先招用权。

用人单位裁员时,对哪些劳动者不得裁减?

根据《劳动合同法》第42条规定,用人单位根据本法第41条的规定裁员时,劳动者有下列情形之一的,用人单位不得通过裁员与其解除劳动合同:(1)从事接触职业病危害作业的劳动者未进行离岗前职业健康检查,或者疑似职业病病人在诊断或者医学观察期间的;(2)在本单位患职业病或者因工负伤并被确认丧失或者部分丧失劳动能力的;(3)患病或者非因工负伤,在规定的医疗期内的;(4)女职工在孕期、产期、哺乳期的;(5)在本单位连续工作满15年,且距法定退休年龄不足5年的;(6)法律、行政法规规定的其他情形。

(六) 劳动合同的终止

劳动合同的终止情形有哪些?

根据《劳动合同法》第44条和《劳动合同法实施条例》第21条的规定,有下列情形之一的,劳动合同终止:

(1)劳动合同期满的。劳动合同期满仅适用于有期限的劳动合同,即固定期限劳动合同和以完成一定工作任务为期限的劳动合同,而对于无固定期限的劳动合同并不存在劳动合同期满。在固定期限劳动合同中双方按照约定期限履行完毕的,以及在以完成一定工作任务为期限的劳动合同中劳动者完成约定的工作任务的,劳动合同终止。

(2)劳动者达到法定退休年龄的。《劳动合同法》第44条第2项规定,劳动者开始依法享受基本养老保险待遇的,劳动合同终止。劳动者开始依法享受基本养老保险待遇是其达到法定退休年龄后开始退休生活的标志,但是,在现实中存在着劳动者已达到退休年龄且已办理退休手续而仍未享受基本养老保险待遇的情况。在此情形下如果仍以劳动者开始依法享受基本养老保险待遇作为劳动合同终止的起点,对劳动合同终止情形的认定就很困难。有鉴于此,《劳动合同法实施条例》第21条规定,劳动者达到法定退休年龄的,劳动合同终止。据此,劳动者只要达到法定退休年龄的,不论其是否开始依法享受基本养老保险待遇,劳动合同终止。

(3)劳动者死亡,或者被人民法院宣告死亡或者宣告失踪的。

(4)用人单位被依法宣告破产的。

(5)用人单位被吊销营业执照、责令关闭、撤销或者用人单位决定提前解散的。

(6)法律、行政法规规定的其他情形。

用人单位可以与劳动者约定,通过"末位淘汰"终止劳动合同吗?

"末位淘汰制",是指用人单位根据一定的标准对员工的工作绩效表现进行评判并以此对员工进行自高而低的名次排列,在此基础上按一定的比例终止排名处于末端的员工的劳动合同的一种管理制度。在这一制度下,成为用人单位终止劳动合同对象的员工,一般是在业绩总排名中处于末端的占全体员工10%左右的员工。现实中,末位淘汰有三种形式,第一种是用人单位将处于末端的劳动者由正在从事的岗位或者职位调换到另一岗位或者职位,即降级使用;第二种是用人单位将处于末端的劳动者经过培训仍然处于末端时,在合同终止期到来后不再续订,即劳动合同自然终止;第三种是用人单位与业绩评判中名次排列处于末端的劳动者提前终止劳动合同。

根据《劳动合同法》第40条第2项规定,劳动者不能胜任工作,经过培训或者调整工作岗位,仍不能胜任工作的,用人单位提前30日以书面形式通知劳动者本人或者额外支付劳动者 1 个月工资后,可以解除劳动合同。本法第 44 条第 1 项规定,劳动合同期满的,劳动合同终止。因此,《劳动合同法》生效后,上述第一种和第二种形式的末位淘汰制并不违反法律的规定。至于第三种形式的末位淘汰制,在《劳动合同法》出台和生效前,是作为"当事人约定的劳动合同终止条件"而被用人单位广泛使用的一种形式,而在《劳动合同法》生效后则依法应当禁止。对此,根据《劳动合同法实施条例》第 13 条明确规定,用人单位与劳动者不得在《劳动合同法》第 44 条规定的劳动合同终止情形之外约定其他的劳动合同终止条件。可见,劳动合同的终止属于法定终止,除了法定终止情形外,用人单位不得与劳动者约定其他终止条件。当然,用人单位也不能违法与劳动者约定"末位淘汰制"作为劳动合同终止的条件。

劳动者有什么情形的,劳动合同应当续延至相应的情形消失时终止?

《劳动合同法》第 42 条规定,劳动者有下列情形之一的,用人单位不得依照本法第 40 条、第 41 条的规定解除劳动合同:(1)从事接触职业病危害作业的劳动者未进行离岗前职业健康检查,或者疑似职业病病人在诊断或者医学观察期间的;(2)在本单位患职业病或者因工负伤并被确认丧失或者部分丧失劳动能力的;(3)患病或者非因工负伤,在规定的医疗期内的;(4)女职工在孕期、产期、哺乳期的;(5)在本单位连续工作满 15 年,且距法定退休年龄不足 5 年的;(6)法律、行政法规规定的其他情形。《劳动合同法》第 45 条规定,劳动合同期满,有本法第 42 条规定情形之一的,劳动合同应当续延至相应的情形消失时终止。但是,本法第 42 条第 2 项规定丧失或者部分丧失劳动能力劳动者的劳动合同的终止,按照国家有关工伤保险的规定执行。

劳动合同在哪种情形下终止的,用人单位应向劳动者支付经济补偿?

《劳动合同法》第 46 条第 5 项规定,除用人单位维持或者提高劳动合同约定条件续订劳动合同,劳动者不同意续订的情形外,依照本法第 44 条第 1 项规定终止固定期限劳动合同的,用人单位应当向劳动者支付经济补偿。《劳动合同法》第 46 条第 6 项规定,依照本法第 44 条第 4 项、第 5 项规定终止劳动合同的,即用人单位被依法宣告破产的以及用人单位被吊销营业执照、责令关闭、撤销或者用人单位决定提前解散的,用人单位应当向劳动者支付经济补偿。因此,除了上述终止情形外的其他劳动合同终止情形,即劳动者达到法定退休年龄的;劳动者死亡或者被人民法院宣告死亡或者宣告失踪的情形下终止劳动合同的,用人单位无需向劳动者支付经济补偿。

以完成一定工作任务为期限的劳动合同终止,用人单位不支付经济补偿合法吗?

根据《劳动合同法实施条例》第 22 条规定,以完成一定工作任务为期限的劳动合同因任务完成而终止的,用人单位应当依照《劳动合同法》第 47 条的规定向劳动者支付经济补偿。因此,以完成一定工作任务为期限的劳动合同因任务完成而终止的,用人单位不向劳动者支付经济补偿是违法的。

解除合同时工伤职工在获得经济补偿外,是否还能享受有关工伤保险待遇?

根据《劳动合同法实施条例》第 23 条规定,用人单位依法终止工伤职工的劳动合同的,除依照《劳动合同法》第 47 条的规定支付经济补偿外,还应当依照国家有关工伤保险的规定支付一次性工伤医疗补助金和伤残就业补助金。

(七) 劳动合同解除与终止程序

解除或者终止劳动合同时,用人单位应履行哪些义务?

根据《劳动合同法》的规定,解除和终止劳动合同时,用人单位应当依法向劳动者支付经济补偿。此外,根据本法第 50 条第 1 款规定,用人单位应当在解除或者终止劳动合同时出具解除或者终止劳动合同的证明,并在 15 日内为劳动者办理档案和社会保险关系转移手续。

劳动合同解除或终止后,用人单位还需要保存合同文本吗?

《劳动合同法》第 50 条第 3 款规定,用人单位对已经解除或者终止的劳动合同的文本,至少保存 2 年备查。

用人单位出具的解除、终止劳动合同证明应写明哪些内容?

《劳动合同法实施条例》第 24 条规定,用人单位出具的解除、终止劳动合同的证明,应当写明劳动合同期限、解除或者终止劳动合同的日期、工作岗位、在本单位的工作年限。

劳动合同解除或终止时,劳动者应如何办理工作交接?

《劳动合同法》第50条第2款规定,劳动者应当按照双方约定,办理工作交接。因此,劳动者应当按照劳动合同解除或者终止前与用人单位约定的内容、方式、时间和地点等进行交接。对于所交接内容,应当根据劳动者的工作性质及劳动合同确定的职责范围和劳动者正在从事的工作要求进行约定,包括具体对完成的技术成果所达到的技术指标或者技术标准、应达到的技术性能等;对于交接方式,当事人双方可以约定是以工作报告或者技术报告、文件为载体的书面技术设计、数字化文件,还是以产品、材料、生产线等实物形态为载体的技术成果形式交接。

用人单位应在何时向劳动者支付解除或终止劳动合同的经济补偿?

根据《劳动合同法》第50条第2款规定,用人单位依照本法有关规定应当向劳动者支付经济补偿的,在办结工作交接时支付。

劳动合同解除或终止时,劳动者能否就双方对支付工资报酬、经济补偿或者赔偿金等达成的协议,主张无效或请求撤销?

最高人民法院《关于审理劳动争议案件适用法律若干问题的解释(三)》第10条规定,劳动者与用人单位就解除或者终止劳动合同办理相关手续、支付工资报酬、加班费、经济补偿或者赔偿金等达成的协议,不违反法律、行政法规的强制性规定,且不存在欺诈、胁迫或者乘人之危情形的,应当认定有效。前款协议存在重大误解或者显失公平情形,当事人请求撤销的,人民法院应予支持。

(八) 经济补偿标准

用人单位向劳动者支付经济补偿的标准、年限如何确定?

《劳动合同法》第47条规定,经济补偿按劳动者在本单位工作的年限,每满1年支付1个月工资的标准向劳动者支付。6个月以上不满1年的,按1年计算;不满6个月的,向劳动者支付半个月工资的经济补偿。劳动者月工资高于用人单位所在直辖市、设区的市级人民政府公布的本地区上年度职工月平均工资3倍的,向其支付经济补偿的标准按职工月平均工资3倍的数额支付,向其支付经济补偿的年限最高不超过 12 年。本条所称月工资是指劳动者在劳动合同解除或者终止前 12 个月的平均工资。

用人单位向劳动者支付经济补偿的月工资如何确定?

根据《劳动合同法实施条例》第 27 条规定,《劳动合同法》第 47 条规定的经济补偿的月工资按照劳动者应得工资计算,包括计时工资或者计件工资以及奖金、津贴和补贴等货币性收入。劳动者在劳动合同解除或者终止前 12 个月的平均工资低于当地最低工资标准的,按照当地最低工资标准计算。劳动者工作不满 12 个月的,按照实际工作的月数计算平均工资。

非因本人原因调离原单位的劳动者,其获得经济补偿的年限如何计算?

《劳动合同法实施条例》第 10 条规定,劳动者非因本人原因从原用人单位被安排到新用人单位工作的,劳动者在原用人单位的工作年限合并计算为新用人单位的工作年限。原用人单位已经向劳动者支付经济补偿的,新用人单位在依法解除、终止劳动合同计算支付经济补偿的工作年限时,不再计算劳动者在原用人单位的工作年限。

(九) 特别劳动合同

1. 集体合同
集体合同、行业性集体合同以及区域性集体合同如何订立?

《劳动合同法》第 51 条规定,企业职工一方与用人单位通过平等协商,可以就劳动报酬、工作时间、休息休假、劳动安全卫生、保险福利等事项订立集体合同。集体合同草案应当提交职工代表大会或者全体职工讨论通过。集体合同由工会代表企业职工一方与用人单位订立;尚未建立工会的用人单位,由上级工会指导劳动者推举的代表与用人单位订立。本法第 52 条规定,企业职工一方与用人单位可以订立劳动安全卫生、女职工权益保护、工资调整机制等专项集体合同。本法第 53 条规定,在县级以下区域内,建筑业、采矿业、餐饮服务业等行业可以由工会与企业方面代表订立行业性集体合同,或者订立区域性集体合同。可见,集体合同的劳动者一方为用人单位的劳动者集体而不是劳动者个人,劳动者个人无权与用人单位订立集体合同、专项集体合同以及行业性集体合同或者区域性集体合同。

集体合同草案提交职工代表大会或者全体职工讨论通过就生效吗?

根据《劳动合同法》第 51 条规定,企业职工一方与用人单位通过平等协商,订立集体合同。集体合同草案应当提交职工代表大会或者全体职工讨论通过。但是,集体合同草案提交职工代表大会或者全体职工讨论通过后并不能自动生效,还应当履行报送手续和劳动行政部门审查。《劳动合同法》第 54 条第 1 款规定,集体合同订立后,应当报送劳动行政部门;劳动行政部门自收到集体合同文本之日起 15 日内未提出异议的,集体合同即行生效。

与劳动合同相比,集体合同及行业性、区域性集体合同在什么范围内有效?

《劳动合同法》第 54 条第 2 款规定,依法订立的集体合同对用人单位和劳动者具有约束力。行业性、区域性集体合同对当地本行业、本区域的用人单位和劳动者具有约束力。依法订立的劳动合同和集体合同对用人单位和劳动者具有约束力,但效力范围和效力等级不同。依法生效的劳动合同仅仅对订立劳动合同的双方当事人即劳动者个人和用人单位具有约束力,而对劳动合同之外的第三人即与该用人单位建立劳动关系的其他劳动者不具有约束力。而依法生效的集体合同则对用人单位和与该用人单位建立劳动关系的全体劳动者具有约束力。专项集体合同仅仅是该合同的专项事项约定对用人单位和该单位的全体劳动者具有约束力,行业性、区域性集体合同对当地本行业、本区域的用人单位和劳动者具有约束力。

劳动合同约定的劳动报酬和劳动条件等标准,能高于集体合同规定的标准吗?

《劳动合同法》第 55 条规定,集体合同中劳动报酬和劳动条件等标准不得低于当地人民政府规定的最低标准;用人单位与劳动者订立的劳动合同中劳动报酬和劳动条件等标准不得低于集体合同规定的标准。据此,用人单位与劳动者订立的劳动合同中劳动报酬和劳动条件等标准可以高于或等于集体合同规定的标准,但不得低于集体合同规定的标准。

2. 劳务派遣

在劳务派遣法律关系中劳动者处于何种地位?

劳务派遣是指派遣单位与被派遣劳动者订立劳动合同,取得劳务派遣权后,再根据其与用工单位订立的劳务派遣协议派遣劳动者,由此使被派遣的劳动者在用工单位工作。在劳务派遣法律关系中,劳动者与派遣单位存在着劳动合同关系,劳务派遣单位是用人单位;用人单位与接受以派遣形式的用工单位存在着劳务派遣关系;而劳动者与被派遣单位之间存在着劳动用工关系。

劳务派遣单位能以非全日制用工形式招用被派遣劳动者吗?

根据《劳动合同法》第66条规定,劳务派遣是在临时性、辅助性或者替代性的工作岗位上实施的用工形式。对此,《劳动合同法实施条例》第30条明确规定,劳务派遣单位不得以非全日制用工形式招用被派遣劳动者。

用人单位能否设立劳务派遣单位向本单位或所属单位派遣劳动者?

《劳动合同法》第67条规定,用人单位不得设立劳务派遣单位向本单位或者所属单位派遣劳动者。《劳动合同法实施条例》第28条规定,用人单位或者其所属单位出资或者合伙设立的劳务派遣单位,向本单位或者所属单位派遣劳动者的,属于《劳动合同法》第67条规定的不得设立的劳务派遣单位。

劳务派遣单位与被派遣劳动者订立的劳动合同应包括哪些事项?

根据《劳动合同法》第58条第1款规定,劳务派遣单位与被派遣劳动者订立的劳动合同,应当载明本法第17条规定的事项,即:用人单位的名称、住所和法定代表人或者主要负责人;劳动者的姓名、住址和居民身份证或者其他有效身份证件号码;劳动合同期限;工作内容和工作地点;工作时间和休息休假;劳动报酬;社会保险;劳动保护、劳动条件和职业危害防护;法律、法规规定应当纳入劳动合同的其他事项等必备条款以及用人单位与劳动者可以约定试用期、培训、保守秘密、补充保险和福利待遇等其他事项等非必备条款。此外,还应当载明被派遣劳动者的用工单位以及派遣期限、工作岗位等情况。

劳务派遣单位能否与被派遣劳动者订立2年以下的固定期限劳动合同?

根据《劳动合同法》第58条第2款规定,劳务派遣单位应当与被派遣劳动者订立2年以上的固定期限劳动合同,不得订立2年以下的固定期限劳动合同。

被派遣劳动者在无工作期间,用人单位不支付劳动报酬合法吗?

根据《劳动合同法》第58条第2款规定,劳务派遣单位应当按月支付劳动报酬;被派遣劳动者在无工作期间,劳务派遣单位应当按照所在地人民政府规定的最低工资标准,向其按月支付报酬。

劳务派遣协议应包括哪些内容?

根据《劳动合同法》第59条规定,劳务派遣单位即用人单位派遣劳动者应当与接受以劳务派遣形式用工的单位即用工单位订立劳务派遣协议。劳务派遣协议应当约定派遣岗位和人员数量、派遣期限、劳动报酬和社会保险费的数额与支付方式以及违反协议的责任。用工单位应当根据工作岗位的实际需要与劳务派遣单位确定派遣期限,不得将连续用工期限分割订立数个短期劳务派遣协议。

被派遣劳动者对劳务派遣协议的内容是否有知情权?

被派遣劳动者对劳务派遣协议的内容有知情权。根据《劳动合同法》第60条第1款规定,劳务派遣单位应当将劳务派遣协议的内容告知被派遣劳动者。

劳务派遣单位克扣被派遣劳动者的劳动报酬合法吗?

根据《劳动合同法》第60条第2款规定,劳务派遣单位不得克扣用工单位按照劳务派遣协议支付给被派遣劳动者的劳动报酬。因此,劳务派遣单位克扣用工单位按照劳务派遣协议支付给被派遣劳动者的劳动报酬违法。

劳务派遣单位和用工单位能否向被派遣劳动者收取费用?

根据《劳动合同法》第60条第3款规定,劳务派遣单位和用工单位不得向被派遣劳动者收取费用。

劳务派遣跨地区的,劳动报酬和劳动条件按何地的标准执行?

根据《劳动合同法》第61条规定,劳务派遣单位跨地区派遣劳动者的,被派遣劳动者享有的劳动报酬和劳动条件,按照用工单位所在地的标准执行。

用工单位对被派遣劳动者负有哪些义务？

根据《劳动合同法》的规定,被派遣劳动者与劳务派遣单位即用人单位之间存在劳动合同关系,而被派遣劳动者和被派遣单位即用工单位之间并不存在劳动合同关系,但却存在着用工关系。用工单位依法享有对被派遣劳动者的劳动管理权和用工权的同时,负有《劳动合同法》第62条第1款规定的下列义务:(1)执行国家劳动标准,提供相应的劳动条件和劳动保护;(2)告知被派遣劳动者的工作要求和劳动报酬;(3)支付加班费、绩效奖金,提供与工作岗位相关的福利待遇;(4)对在岗被派遣劳动者进行工作岗位所必需的培训;(5)连续用工的,实行正常的工资调整机制。

用工单位能否将被派遣劳动者再派遣到其他用人单位？

根据《劳动合同法》第62条第2款规定,用工单位不得将被派遣劳动者再派遣到其他用人单位。

用工单位对被派遣劳动者可以实行与本单位劳动者不同的劳动报酬分配办法吗？

《劳动合同法》第63条规定,被派遣劳动者享有与用工单位的劳动者同工同酬的权利。用工单位应当按照同工同酬原则,对被派遣劳动者与本单位同类岗位的劳动者实行相同的劳动报酬分配办法。用工单位无同类岗位劳动者的,参照用工单位所在地相同或者相近岗位劳动者的劳动报酬确定。劳务派遣单位与被派遣劳动者订立的劳动合同和与用工单位订立的劳务派遣协议,载明或者约定的向被派遣劳动者支付的劳动报酬应当符合前款规定。可见,用工单位违背同工同酬原则,对被派遣劳动者实行与本单位劳动者不同的劳动报酬分配办法,属于侵害被派遣劳动者合法权益的违法行为。

被派遣劳动者在劳务派遣或用工单位能否参加或组织工会？

根据《劳动合同法》第64条规定,被派遣劳动者有权在劳务派遣单位或者用工单位依法参加或者组织工会,维护自身的合法权益。

在什么情形下,被派遣劳动者可以与派遣单位解除劳动合同？

《劳动合同法》第65条第1款规定,被派遣劳动者可以依照本法第36条、第38条的规定与劳务派遣单位解除劳动合同。可见,用人单位与劳动者协商一致,可以解除劳动合同。劳动派遣单位即用人单位有下列情形之一的,被派遣劳动者可以解除劳动合同:(1)未按照劳动合同约定提供劳动保护或者劳动条件的;(2)未及时足额支付劳动报酬的;(3)未依法为劳动者缴纳社会保险费的;(4)用人单位的规章制度违反法律、法规的规定,损害劳动者权益的;(5)因本法第 26 条第 1 款规定的情形致使劳动合同无效的;(6)法律、行政法规规定劳动者可以解除劳动合同的其他情形。用人单位或用工单位以暴力、威胁或者非法限制人身自由的手段强迫劳动者劳动的,或者用工单位违章指挥、强令冒险作业危及劳动者人身安全的,劳动者可以立即解除劳动合同,不需事先告知用人单位。

在什么情形下,用工单位可以将被派遣劳动者退回劳务派遣单位?

《劳动合同法》第 65 条第 2 款规定,被派遣劳动者有本法第 39 条和第 40 条第 1 项、第 2 项规定情形的,用工单位可以将劳动者退回劳务派遣单位,劳务派遣单位依照本法有关规定,可以与劳动者解除劳动合同。可见,被派遣劳动者有下列情形之一的,用工单位可以将劳动者退回劳务派遣单位:在试用期间被证明不符合录用条件的;严重违反用人单位的规章制度的;严重失职,营私舞弊,给用人单位造成重大损害的;劳动者同时与其他用人单位建立劳动关系,对完成本单位的工作任务造成严重影响,或者经用人单位提出,拒不改正的;因本法第 26 条第 1 款第 1 项规定的情形致使劳动合同无效的;被依法追究刑事责任的。被派遣劳动者患病或者非因工负伤,在规定的医疗期满后不能从事原工作,也不能从事由用人单位另行安排的工作的;被派遣劳动者不能胜任工作,经过培训或者调整工作岗位,仍不能胜任工作的。

用工单位能否将劳务派遣用工作为基本的用工形式并以此规避劳动合同义务?

《劳动合同法》第 66 条规定,劳动合同用工是我国的企业基本用工形式。劳务派遣用工是补充形式,只能在临时性、辅助性或者替代性的工作岗位上实施。前款规定的临时性工作岗位是指存续时间不超过 6 个月的岗位;辅助性工作岗位是指为主营业务岗位提供服务的非主营业务岗位;替代性工作岗位是指用工单位的劳动者因脱产学习、休假等原因无法工作的一定期间内,可以由其他劳动者替代工作的岗位。用工单位应当严格控制劳务派遣用工数量,不得超过其用工总量的一定比例,具体比例由国务院劳动行政部门规定。据此,用工单位在非临时性、辅助性或者替代性的工作岗位上实施劳务派遣用工,与被派遣劳动者订立6个月以上的劳务派遣用工协议,并以此规避劳动者依法享有的加班费、休息休假及带薪年休假,劳动安全与劳动保护以及社会保险等劳动权利,严重损害了被派遣劳动者的合法权益,对此,应当依法承担法律责任。

3. 非全日制用工

非全日制劳动者在同一用人单位每日和每周的工作不超过多长时间?

《劳动合同法》第68条规定,非全日制用工,是指以小时计酬为主,劳动者在同一用人单位一般平均每日工作时间不超过4小时,每周工作时间累计不超过24小时的用工形式。可见,在非全日制用工形式下劳动者在同一用人单位一般平均每日工作时间不超过4小时,每周工作时间累计不超过24小时。

非全日制用工协议能否以口头形式订立?

根据《劳动合同法》第10条的规定,建立劳动关系应当订立书面劳动合同。这主要是针对全日制用工形式而言的,无论是固定期限劳动合同、无固定期限劳动合同,还是以完成一定工作任务为期限的劳动合同,都应当采取书面形式。但是,对于非全日制用工形式,其用工特点具有一定的灵活性,因此当事人之间既可以采取口头形式订立用工协议,也可以采取书面形式订立用工协议。

非全日制用工协议能否约定试用期?

根据《劳动合同法》第70条规定,非全日制用工双方当事人不得约定试用期。

家教人员或保姆能否与接受其服务的家庭订立非全日制用工协议?

非全日制用工协议是劳动合同的一种特殊形式,它是非全日制劳动者与用人单位之间所订立的特殊劳动合同。因家教人员、家庭保姆不属于《劳动合同法》意义上的劳动者,而接受家教和家庭保姆提供劳务服务的家庭也不是《劳动合同法》意义上的用人单位,因此,即使家教和家庭保姆每天提供家教和劳务的时间不超过 4 小时,每周工作时间累计不超过 24 小时,他们之间既不能订立劳动合同,也不能订立非全日制用工协议。因其双方之间的关系是劳务或者雇佣关系而只能订立劳务协议或者雇佣合同。

非全日制用工小时计酬标准能低于当地最低小时工资标准吗?

《劳动合同法》第 72 条规定,非全日制用工小时计酬标准不得低于用人单位所在地人民政府规定的最低小时工资标准。

非全日制用工劳动报酬结算支付周期最长为多长?

在全日制用工形式下,工资可以采取日工资、周工资和月工资的形式。在非全日制用工形式下,也可以采取日工资、周工资的形式,但不得采取月工资的形式。《劳动合同法》第 72 条第 2 款明确规定,非全日制用工劳动报酬结算支付周期最长不得超过 15 日。

劳动者可以同时与一个以上的用人单位订立非全日制用工合同吗?

根据《劳动合同法》第 69 条第 2 款规定,从事非全日制用工的劳动者可以与一个或者一个以上用人单位订立劳动合同;但是,后订立的劳动合同不得影响先订立的劳动合同的履行。

用人单位终止非全日制用工的,不向劳动者支付经济补偿合法吗?

《劳动合同法》第 71 条规定,非全日制用工双方当事人任何一方都可以随时通知对方终止用工。终止用工,用人单位不向劳动者支付经济补偿。

(十) 劳动合同法律责任

用人单位扣押劳动者的证件或向劳动者收取财物的,是否承担法律责任?

《劳动合同法》第 84 条规定,用人单位违反本法规定,扣押劳动者居民身份证等证件的,由劳动行政部门责令限期退还劳动者本人,并依照有关法律规定给予处罚。用人单位违反本法规定,以担保或者其他名义向劳动者收取财物的,由劳动行政部门责令限期退还劳动者本人,并以每人 500 元以上 2000 元以下的标准处以罚款;给劳动者造成损害的,应当承担赔偿责任。劳动者依法解除或者终止劳动合同,用人单位扣押劳动者档案或者其他物品的,依照前款规定处罚。

用人单位招用与其他单位存在劳动关系的劳动者的,是否承担法律责任?

根据《劳动合同法》第 91 条规定,用人单位招用与其他用人单位尚未解除或者终止劳动合同即存在劳动关系的劳动者,给其他用人单位造成损失的,应当承担连带赔偿责任。据此,用人单位招用与其他用人单位存在劳动关系的劳动者,因此给原用人单位造成损失的,现用人单位和劳动者都负有全部赔偿义务,原用人单位既可以要求劳动者承担全部赔偿责任,也可以要求现用人单位承担全部赔偿责任。

用人单位自用工之日起 1 个月内未签订书面劳动合同的,会导致什么后果?

《劳动合同法》第 82 条第 1 款规定,用人单位自用工之日起超过 1 个月不满 1 年未与劳动者订立书面劳动合同的,应当向劳动者每月支付 2 倍的工资。根据《劳动合同法实施条例》第 6 条第 1 款规定,用人单位自用工之日起超过 1 个月不满 1 年未与劳动者订立书面劳动合同的,应当依照《劳动合同法》第 82 条的规定向劳动者每月支付 2 倍的工资,并与劳动者补订书面劳动合同;届时劳动者不与用人单位补订书面劳动合同的,用人单位应当书面通知劳动者终止劳动关系,并依照《劳动合同法》第 47 条的规定支付经济补偿。

用人单位因未与劳动者签订书面劳动合同向劳动者支付两倍工资的起止时间如何确定?

根据《劳动合同法实施条例》第 6 条第 2 款规定,用人单位因未与劳动者签订书面劳动合同向劳动者每月支付两倍工资的起算时间为用工之日起满 1 个月的次日,截止时间为补订书面劳动合同的前一日。

自用工之日起 1 个月内劳动者拒绝与用人单位签订书面劳动合同的,会导致什么后果?

《劳动合同法实施条例》第 5 条规定,自用工之日起 1 个月内,经用人单位书面通知后,劳动者不与用人单位订立书面劳动合同的,用人单位应当书面通知劳动者终止劳动关系,无需向劳动者支付经济补偿,但是应当依法向劳动者支付其实际工作时间的劳动报酬。

用人单位自用工始满1年未与劳动者订立书面劳动合同的,会导致什么后果?

根据《劳动合同法实施条例》第7条规定,用人单位自用工之日起满一年未与劳动者订立书面劳动合同的,自用工之日起满1个月的次日至满1年的前一日应当依照《劳动合同法》第82条的规定向劳动者每月支付两倍的工资,并视为自用工之日起满1年的当日已经与劳动者订立无固定期限劳动合同,应当立即与劳动者补订书面劳动合同。

用人单位未依法与劳动者订立无固定期限劳动合同的,应承担什么责任?

《劳动合同法》第82条第2款规定,用人单位违反本法规定不与劳动者订立无固定期限劳动合同的,自应当订立无固定期限劳动合同之日起向劳动者每月支付2倍的工资。

违法约定的试用期已经履行的,用人单位应向劳动者支付赔偿金吗?

《劳动合同法》第83条规定,用人单位违反本法规定与劳动者约定试用期的,由劳动行政部门责令改正;违法约定的试用期已经履行的,由用人单位以劳动者试用期满月工资为标准,按已经履行的超过法定试用期的期间向劳动者支付赔偿金。

除哪些情形外,在劳动合同中不得约定由劳动者承担违约金责任?

《劳动合同法》第25条明确规定,除本法第22条和第23条规定的情形外,用人单位不得与劳动者约定由劳动者承担违约金。根据本法第22条规定,用人单位为劳动者提供专项培训费用,对其进行专业技术培训的,可以与该劳动者订立协议,约定服务期。劳动者违反服务期约定的,应当按照约定向用人单位支付违约金。根据本法第23条规定,对负有保密义务的劳动者,用人单位可以在劳动合同或者保密协议中与劳动者约定竞业限制条款,并约定在解除或者终止劳动合同后,在竞业限制期限内按月给予劳动者经济补偿。劳动者违反竞业限制约定的,应当按照约定向用人单位支付违约金。可见,除了上述两种情形下可以在劳动合同中约定由劳动者承担违约金责任外,不得约定由劳动者承担违约金责任。否则,劳动者可以请求劳动仲裁机构或者人民法院确认该约定无效。

劳动者行使法定解除权,而服务期未履行完毕的,是否支付违约金?

尽管服务期约定是基于用人单位支付专项培训费用对劳动者进行专业技术培训而对劳动者所作的有效约束,但是劳动者单方行使法定解除权不受服务期约定的限制。对此,根据《劳动合同法实施条例》第 26 条第 1 款规定,用人单位与劳动者约定了服务期,劳动者依照《劳动合同法》第 38 条的规定行使法定解除权解除劳动合同的,不属于违反服务期的约定,用人单位不得要求劳动者支付违约金。

用人单位行使法定解除权解除约定服务期的劳动合同的,能否要求劳动者支付违约金?

根据《劳动合同法实施条例》第 26 条第 2 款规定,有下列情形之一,用人单位与劳动者解除约定服务期的劳动合同的,劳动者应当按照劳动合同的约定向用人单位支付违约金:(1)劳动者严重违反用人单位的规章制度的;(2)劳动者严重失职,营私舞弊,给用人单位造成重大损害的;(3)劳动者同时与其他用人单位建立劳动关系,对完成本单位的工作任务造成严重影响,或者经用人单位提出,拒不改正的;(4)劳动者以欺诈、胁迫的手段或者乘人之危,使用人单位在违背真实意思的情况下订立或者变更劳动合同的;(5)劳动者被依法追究刑事责任的。

直接涉及劳动者切身利益的规章制度违反法律、法规规定的,用人单位是否承担法律责任?

用人单位在制定、修改或者决定有关劳动报酬、工作时间、休息休假、劳动安全卫生、保险福利、职工培训、劳动纪律以及劳动定额管理等直接涉及劳动者切身利益的规章制度或者重大事项时,如果未履行法定程序,其内容违反了法律、法规规定的,将对劳动者不具有约束力。对此,《劳动合同法》第 80 条明确规定,用人单位直接涉及劳动者切身利益的规章制度违反法律、法规规定的,由劳动行政部门责令改正,给予警告;给劳动者造成损害的,应当承担赔偿责任。

劳动者未履行通知义务提前解除劳动合同的,是否承担法律责任?

根据《劳动合同法》第 90 条规定,劳动者违反本法规定解除劳动合同,给用人单位造成损失的,应当承担赔偿责任。可见,劳动者未提前30日以书面形式通知用人单位就解除劳动合同的,或者劳动者在试用期内未提前3日通知用人单位就解除劳动合同的,因此给用人单位造成损失的,应当承担赔偿责任。劳动者虽未履行提前通知义务解除劳动合同,但未给用人单位造成损失的,可以不负赔偿责任。

用人单位未向劳动者出具解除或终止劳动合同书面证明的,是否承担法律责任?

《劳动合同法》第89条规定,用人单位违反本法规定未向劳动者出具解除或者终止劳动合同的书面证明,由劳动行政部门责令改正;给劳动者造成损害的,应当承担赔偿责任。

用人单位违法解除或者终止劳动合同的,应当承担什么法律责任?

用人单位违法解除或者终止劳动合同,主要是指用人单位违反《劳动合同法》的规定,在不具备依法解除或者终止劳动合同的情形下擅自解除或者终止劳动合同,以及违反法定程序解除或者终止劳动合同。《劳动合同法》第48条规定,用人单位违反本法规定解除或者终止劳动合同,劳动者要求继续履行劳动合同的,用人单位应当继续履行;劳动者不要求继续履行劳动合同或者劳动合同已经不能继续履行的,用人单位应当依照本法第87条规定支付赔偿金。

试用期间用人单位解除劳动合同,就不用承担法律责任吗?

劳动者在试用期间被证明符合录用条件的,用人单位在试用期不得解除劳动合同。根据《劳动合同法》第48条规定,试用期间用人单位违反本法规定解除或者终止劳动合同,劳动者要求继续履行劳动合同的,用人单位应当继续履行;劳动者不要求继续履行劳动合同或者劳动合同已经不能继续履行的,用人单位应当依照本法第87条规定支付赔偿金。

用人单位违法解除或者终止劳动合同的,应按照什么标准支付赔偿金?

《劳动合同法》第87条规定,用人单位违反本法规定解除或者终止劳动合同的,应当依照本法第47条规定的经济补偿标准的2倍向劳动者支付赔偿金。

用人单位解除或者终止劳动合同时未依法支付经济补偿的,应承担什么法律责任?

根据《劳动合同法》第 85 条第 4 项规定,用人单位解除或者终止劳动合同,未依照本法规定向劳动者支付经济补偿的,由劳动行政部门责令限期支付经济补偿,逾期不支付的,责令用人单位按应付金额 50% 以上 100% 以下的标准向劳动者加付赔偿金。

用人单位支付了违法解除或终止劳动合同赔偿金的,还支付经济补偿吗?

根据《劳动合同法实施条例》第 25 条规定,用人单位违反《劳动合同法》的规定解除或者终止劳动合同,依照《劳动合同法》第 87 条的规定支付了赔偿金的,不再支付经济补偿。

用人单位违法解除或终止劳动合同应支付的赔偿金自何时起计算?

根据《劳动合同法实施条例》第 25 条规定,用人单位违反本法规定解除或者终止劳动合同的,应依法向劳动者支付赔偿金。赔偿金的计算年限自用工之日起计算。

不具备合法经营资格的用人单位被追究刑事责任的,其对劳动者负有什么责任?

《劳动合同法》第 93 条规定,对不具备合法经营资格的用人单位的违法犯罪行为,依法追究法律责任;劳动者已经付出劳动的,该单位或者其出资人应当依照本法有关规定向劳动者支付劳动报酬、经济补偿、赔偿金;给劳动者造成损害的,应当承担赔偿责任。

劳务派遣单位违法解除或者终止劳动合同应承担什么法律责任?

根据《劳动合同法实施条例》第 32 条规定,劳务派遣单位违法解除或者终止被派遣劳动者的劳动合同的,依照《劳动合同法》第 48 条的规定执行。即:劳务派遣单位违反本法规定解除或者终止劳动合同,被派遣劳动者要求继续履行劳动合同的,派遣单位应当继续履行;被派遣劳动者不要求继续履行劳动合同或者劳动合同已经不能继续履行的,派遣单位应当依照本法第 87 条规定支付赔偿金。

因劳务派遣单位或用工单位的违法行为给被派遣劳动者造成损害的，如何承担赔偿责任？

《劳动合同法》第 92 条第 2 款规定，劳务派遣单位、用工单位违反本法有关劳务派遣规定的，由劳动行政部门责令限期改正；逾期不改正的，以每人五千元以上一万元以下的标准处以罚款，对劳务派遣单位，吊销其劳务派遣业务经营许可证。用工单位给被派遣劳动者造成损害的，劳务派遣单位与用工单位承担连带赔偿责任。根据《劳动合同法实施条例》第 35 条规定，用工单位违反《劳动合同法》和本《条例》有关劳务派遣规定，给被派遣劳动者造成损害的，劳务派遣单位和用工单位承担连带赔偿责任。这里的"连带赔偿责任"是指对于劳务派遣单位因违反《劳动合同法》及其实施条例给被派遣劳动者造成的损害，劳务派遣单位或用工单位都负有全部赔偿的义务。被派遣劳动者既可以要求劳务派遣单位进行赔偿，又可以要求用工单位赔偿。

三、工作时间、工资、休假和劳动保护

（一）工作时间

在标准工时制下劳动者的日和周工作时间是多少小时？

标准工时制，是指劳动法律、行政法规规定的在正常情况下，职工在法定时间内从事工作的制度。根据《国务院关于职工工作时间的规定》的规定，我国目前实行劳动者每日工作 8 小时，每周工作 40 小时这一标准工时制度。在特殊条件下从事劳动和有特殊情况，需要适当缩短工作时间的，按照国家有关规定执行。因工作性质或者生产特点的限制，不能实行每日工作 8 小时、每周工作 40 小时标准工时制度的，按照国家有关规定，可以实行其他工作和休息办法。任何单位和个人不得擅自延长职工工作时间。因特殊情况和紧急任务确需延长工作时间的，按照国家有关规定执行。国家机关、事业单位实行统一的工作时间，星期六和星期日为周休息日。企业和不能实行前款规定的统一工作时间的事业单位，可以根据实际情况灵活安排

周休息日。

用人单位安排劳动者加班是否不受时间限制?

根据《劳动法》第41条规定,用人单位由于生产经营需要,经与工会和劳动者协商后可以延长工作时间,一般每日不得超过1小时;因特殊原因需要延长工作时间的,在保障劳动者身体健康的条件下延长工作时间每日不得超过3小时,但是每月不得超过36小时。可见,用人单位安排劳动者加班应当遵循上述加班时间限制,不能无限制地安排劳动者加班。

用人单位未与劳动者协商,能安排劳动者加班吗?

根据《劳动法》第41条规定,用人单位由于生产经营需要,经与工会和劳动者协商后可以依法延长工作时间。可见,企业确因生产经营需要,必须延长工作时间时,应与工会和劳动者协商是其必须履行的程序。经协商取得工会和劳动者的同意的,企业可以在法定限定的加班时间内和保障劳动者健康的条件下安排加班时间。对于企业违反法律、行政法规强迫劳动者加班的,劳动者有权拒绝。

在什么情形下,用人单位安排劳动者加班不受法定加班时间的限制?

根据《劳动法》第42条规定,有下列情形之一的,延长工作时间不受本法第41条的限制:(1)发生自然灾害、事故或者因其他原因,威胁劳动者生命健康和财产安全,需要紧急处理的;(2)生产设备、交通运输线路、公共设施发生故障,影响生产和公众利益,必须及时抢修的;(3)法律、行政法规规定的其他情形。本法第43条规定,用人单位不得违反本法规定延长劳动者的工作时间。

用人单位对哪些职工可以实行综合计时工作制?

综合计时工作制,是指企业因生产特点不能实行标准工时制,经劳动行政部门审批,对某些特殊行业的职工实行的分别以周、月、季、年等为周期,综合计算工作时间和采取与标准工时制度下不同的休息休假办法的工时制度。根据原劳动部《关于企业实行不定时工作制和综合计算工时工作制的审批办法》第5条的规定,企业对符合下列条件之一的职工,即交通、铁路、邮电、水运、航空、渔业等行业中因工作性质特殊,需连续作业的职工;地质及资源勘探、建筑、制盐、制糖、旅游等受季节和自然条件限制的行业的部分职工;其他适合实行综合计算工时工作制的职工,可实行综合计算工时工作制,即分别以周、月、季、年等为周期,综合计算工作时间,但其平均日工作时间和平均周工作时间应与法定标准工作时间基本相同。

用人单位对哪些职工可以实行不定时工作制?

不定时工作制,是指企业因生产特点不能实行标准工时制,经劳动行政部门审批,对某些职工实行的每日没有固定工作时数的工时制度。根据《关于企业实行不定时工作制和综合计时工作制的审批办法》第 4 条的规定,企业对符合下列条件之一的职工,即企业中的高级管理人员、外勤人员、推销人员、部分值班人员和其他因工作无法按标准工作时间衡量的职工;企业中的长途运输人员、出租汽车司机和铁路、港口、仓库的部分装卸人员以及因工作性质特殊,需机动作业的职工;其他因生产特点、工作特殊需要或职责范围的关系,适合实行不定时工作制的职工,可以实行不定时工作制。

用人单位可以自行决定实行综合计时工作制和不定时工作制吗?

根据《劳动法》第 39 条规定,企业因生产特点不能实行标准工时制的,经劳动行政部门批准,可以实行其他工作和休息办法。可见,与劳动者协商一致并经劳动行政部门审批,是实行综合计时工作制和不定时工时制即非标准工时制的基本程序,未与劳动者协商一致和未经劳动行政部门批准,用人单位不得擅自实行综合计时工作制和不定时工作制等非标准工时制,用人单位采取隐瞒事实真相和虚假说明骗取劳动者同意的无效。

在实行非标准工时制下,劳动者的工作时间可以不受限制吗?

根据《关于企业实行不定时工作制和综合计时工作制的审批办法》第 6 条的规定,对于实行不定时工作制和综合计算工作时制等其他工作和休息办法的职工,企业应根据《劳动法》第一章、第四章的有关规定,在保障职工身体健康并充分听取职工意见的基础上,采用集中工作、集中休息、轮休调休、弹性工作时间等适当方式,确保职工的休息休假权利和生产、工作任务的完成。可见,综合计时工作制和不定时工作制并非对工作时间毫无限制,而是基本上按标准工作时间执行,只是集中工作、集中休息、轮休调休、弹性工作而已,用人单位不得以实行非标准工时制作为安排劳动者工作不受时间限制以及不支付加班费的借口。

（二）工资支付

用人单位向劳动者支付的工资由哪些构成？

工资是指用人单位与劳动者在劳动合同中约定的劳动者接受用人单位的劳动管理和付出劳动后的收入所得，是用人单位为使用劳动者的劳动所付出的代价。根据国家统计局《关于工资总额组成的规定》第4条规定，工资总额由下列6个部分组成：计时工资；计件工资；奖金；津贴和补贴；加班加点工资；特殊情况下支付的工资。

什么是计时工资？

根据《关于工资总额组成的规定》第5条规定，计时工资是指按计时工资标准（包括地区生活费补贴）和工作时间支付给个人的劳动报酬。包括：对已做工作按计时工资标准支付的工资；实行结构工资制的单位支付给职工的基础工资和职务（岗位）工资；新参加工作职工的见习工资（学徒的生活费）；运动员体育津贴。

什么是计件工资？

根据《关于工资总额组成的规定》第6条规定，计件工资是指对已做工作按计件单价支付的劳动报酬。包括：实行超额累进计件、直接无限计件、限额计件、超定额计件等工资制，按劳动部门或主管部门批准的定额和计件单价支付给个人的工资；按工作任务包干方法支付给个人的工资；按营业额提成或利润提成办法支付给个人的工资。

什么是奖金？

根据《关于工资总额组成的规定》第7条规定，奖金是指支付给职工的超额劳动报酬和增收节支的劳动报酬。包括：生产奖；节约奖；劳动竞赛奖；机关、事业单位的奖励工资；其他奖金。

什么是津贴和补贴？

根据《关于工资总额组成的规定》第8条规定，津贴和补贴是指为了补偿职工特殊或额外的劳动消耗和因其他特殊原因支付给职工的津贴，以及为了保证职工工资水平不受物价影响支付给职工的物价补贴。津贴，包括：补偿职工特殊或额外劳动消耗的津贴，保健性津贴，技术性津贴，年功性津贴及其他津贴。物价补贴,包括:为保证职工工资水平不受物价上涨或变动影响而支付的各种补贴。

什么是加班加点工资?

根据《劳动合同法》的规定,加班加点工资是指劳动者在法定工作时间或者约定工作时间外因加班加点工作而按规定支付的工资即加班费。

用人单位在特殊情况下支付的工资包括哪些?

根据《关于工资总额组成的规定》第 10 条规定,用人单位在特殊情况下支付的工资,包括:根据国家法律、法规和政策规定,因病、工伤、产假、计划生育假、婚丧假、事假、探亲假、定期休假、停工学习、执行国家或社会义务等原因按计时工资标准或计时工资标准的一定比例支付的工资;附加工资、保留工资。

劳动者的哪些收入不属于工资的范畴?

根据《劳动法》的有关规定,劳动者的以下劳动收入不属于工资范围:(1)单位支付给劳动者个人的社会保险福利费用,如生活困难补助费、计划生育补贴、丧葬抚恤救济费等;(2)劳动保护方面的费用,如用人单位支付给劳动者的工作服、解毒剂、清凉饮料费用等;(3)按规定未列入工资总额的各种劳动报酬及其他劳动收入,如根据国家规定发放的创造发明奖、国家星火奖、自然科学奖、科学技术进步奖、合理化建议和技术改进奖、中华技能大奖以及支付给运动员、教练员的奖金等,以及稿费、讲课费、翻译费等;(4)出差伙食补助费、午餐补助、调动工作的旅费和安家费等。

用人单位应如何向劳动者支付工资?

根据《劳动合同法》和原劳动部发布的《工资支付暂行规定》第 5 条和第 6 条规定,用人单位应当按照劳动合同约定的数额、时间、方式向劳动者支付工资。工资应当以法定货币支付。不得以实物及有价证券替代货币支付。用人单位应将工资支付给劳动者本人。劳动者本人因故不能领取工资时,可由其亲属或委托他人代领。用人单位可委托银行代发工资。用人单位必须书面记录支付劳动者工资的数额、时间、领取者的姓名以及签字,并保存 2 年以上备查。用人单位在支付工资时应向劳动者提供一份其个人的工资清单。

工资支付时间为节假日或休息日的,应在何时支付?

《劳动合同法》第 29 条规定,用人单位与劳动者应当按照劳动合同的约定,全面履行各自的义务。据此,用人单位应当在劳动合同约定的时间内足额向劳动者支付工资。根据《工资支付暂行规定》第 7 条规定,如遇节假日或休息日,则应提前在最近的工作日支付。

工资支付周期如何确定?

根据《工资支付暂行规定》第 7 条规定,工资至少每月支付一次,实行周、日、小时工资制的可按周、日、小时支付工资。此外,根据《劳动合同法》第 72 条第 2 款规定,非全日制用工劳动报酬结算支付周期最长不得超过15 日。

对一次性或临时劳动,用人单位应在何时支付工资?

根据《工资支付暂行规定》第 8 条规定,对完成一次性临时劳动或某项具体工作的劳动者,用人单位应按有关协议或合同规定在其完成劳动任务后即支付工资。

解除或终止劳动合同时,用人单位应在何时支付工资?

根据《工资支付暂行规定》第 9 条规定,劳动关系双方依法解除或终止劳动合同时,用人单位应在解除或终止劳动合同时一次付清劳动者工资。

劳动者在依法参加社会活动期间,用人单位是否支付工资?

《劳动法》第 51 条规定,劳动者在法定休假日和婚丧假期间以及依法参加社会活动期间,用人单位应当依法支付工资。根据《工资支付暂行规定》第 10 条规定,劳动者在法定工作时间内依法参加社会活动期间,用人单位应视同其提供了正常劳动而支付工资。社会活动包括:依法行使选举权或被选举权;当选代表出席乡(镇)、区以上政府、党派、工会、青年团、妇女联合会等组织召开的会议;出任人民法院证明人;出席劳动模范、先进工作者大会;《工会法》规定的不脱产工会基层委员会委员因工会活动占用的生产或工作时间;其他依法参加的社会活动。

在非因劳动者原因造成停工、停产期间,用人单位是否支付工资?

根据《工资支付暂行规定》的规定,非因劳动者原因造成单位停工、停产在一个工资支付周期内的,用人单位应按劳动合同规定的标准支付劳动者工资。超过一个工资支付周期的,若劳动者提供了正常劳动,则支付给劳动者的劳动报酬不得低于当地的最低工资标准;若劳动者没有提供正常劳动,应按国家有关规定办理。

用人单位安排劳动者加班的,应按什么标准支付加班费?

《劳动法》第44条规定,有下列情形之一的,用人单位应当按照下列标准支付高于劳动者正常工作时间工资的工资报酬:(1)安排劳动者延长工作时间的,支付不低于工资的150%的工资报酬;(2)休息日安排劳动者工作又不能安排补休的,支付不低于工资的200%的工资报酬;(3)法定休假日安排劳动者工作的,支付不低于工资的300%的工资报酬。

实行计件工资的劳动者,在完成计件定额任务后能获得加班费吗?

根据《工资支付暂行规定》第13条第2款规定,实行计件工资的劳动者,在完成计件定额任务后,由用人单位安排延长工作时间的,应分别按照不低于其本人法定工作时间计件单价的150%、200%、300%支付其工资。原劳动和社会保障部发布的《关于进一步健全最低工资制度的通知》也指出,劳动者在完成计件定额任务后,由用人单位安排在日法定工作时间以外、休息日和法定休假节日工作的,应分别按照不低于其本人法定工作时间计件单价的150%、200%、300%支付工资。可见,实行计件工资的劳动者,在完成计件定额任务后,在法定工作时间内可以实行多劳多得、按件计酬。在法定工作时间之外由用人单位安排延长工作时间的,在延长的工作时间内劳动者所完成的件数应当按照不低于其本人法定工作时间计件单价的150%支付加班费;用人单位依法安排劳动者在休息日工作,而又不能安排补休的,按照不低于其本人法定工作时间计件单价的200%支付加班费;在法定休假日安排劳动者工作的,按照不低于其本人法定工作时间计件单价的300%支付加班费。

用人单位安排劳动者休息日加班后安排补休的,还应支付加班费吗?

根据《劳动法》第44条第2项规定,用人单位依法安排劳动者在休息日工作,而又不能安排补休的,按照不低于劳动合同规定的劳动者本人日或小时工资标准的200%支付劳动者工资。从上述规定可见,用人单位休息日安排劳动者工作又安排补休的,劳动者无权要求支付加班费。

用人单位安排劳动者加班不支付加班费的,应按什么标准向劳动者支付赔偿金?

根据《劳动合同法》第 85 条第 3 项规定,用人单位安排加班不支付加班费的,由劳动行政部门责令限期支付加班费,逾期不支付的,责令用人单位按应付金额 50% 以上 100% 以下的标准向劳动者加付赔偿金。

用人单位所支付的 300% 的法定休假节日工资,是包含工资在内吗?

根据《对〈工资支付暂行规定〉有关问题的补充规定》,《工资支付暂行规定》第 13 条第(1)、(2)、(3)款规定的在符合法定标准工作时间的制度工时以外延长工作时间及安排休息日和法定休假节日工作应支付的工资,是根据加班加点的多少,以劳动合同确定的正常工作时间工资标准的一定倍数所支付的劳动报酬,即凡是安排劳动者在法定工作日延长工作时间或安排在休息日工作而又不能补休的,均应支付给劳动者不低于劳动合同规定的劳动者本人小时或日工资标准 150%、200% 的工资;安排在法定休假节日工作的,应另外支付给劳动者不低于劳动合同规定的劳动者本人小时或日工资标准 300% 的工资。可见,安排在法定休假节日工作的,用人单位支付给劳动者的加班费应在工资之外另行支付不低于劳动合同规定的劳动者本人小时或日工资标准 300% 的工资,而不是在扣除劳动合同约定的劳动者本人小时工资或日工资后按照 200% 的工资支付。

职工的全年月平均工作时间如何计算?

根据国务院《全国年节及纪念日放假办法》的规定,全体公民的节日假期为 11 天。据此,原劳动与社会保障部发布的《关于职工全年月平均工作时间和工资折算问题的通知》(劳社部发[2008]3 号)规定,职工全年月平均制度工作天数调整如下:年工作日:365 天 - 104 天(休息日)- 11 天(法定节假日)= 250 天。季工作日:250 天 ÷ 4 季 = 62.5 天/季。月工作日:250 天 ÷ 12 月 = 20.83 天/月。工作小时数的计算:以月、季、年的工作日乘以每日的 8 小时。

职工的日工资和月工资如何折算?

按照《劳动法》第 51 条的规定,法定节假日用人单位应当依法支付工资,即折算日工资、小时工资时不剔除国家规定的 11 天法定节假日。据此,日工资、小时工资的折算为:日工资:月工资收入÷月计薪天数。小时工资:月工资收入÷(月计薪天数×8小时)。月计薪天数=(365天-104天)÷12月=21.75天。

用人单位能够克扣劳动者的工资吗?

《劳动合同法》第30条第1款规定,用人单位应当按照劳动合同约定和国家规定,向劳动者及时足额支付劳动报酬。据此,用人单位不得克扣劳动者工资。根据《劳动合同法》和《工资支付暂行规定》第15条的规定,用人单位以下减发工资的情况不属于克扣工资:(1)国家的法律、法规中有明确规定的;(2)依法签订的劳动合同中有明确约定、且该约定并不违反法律、行政法规规定的;(3)用人单位依法制定并经职代会批准的厂规、厂纪中有明确规定,且不违反法律、行政法规规定的;(4)企业工资总额与经济效益相联系,经济效益下浮时,工资必须下浮的(但支付给劳动者工资不得低于当地的最低工资标准);(5)因劳动者请事假等相应减发工资的。

用人单位可以拖欠劳动者的工资吗?

拖欠工资,是指用人单位无正当理由超过劳动合同约定或法律规定的付薪时间支付劳动者工资的行为。《劳动合同法》第30条第1款规定,用人单位应当按照劳动合同约定和国家规定,向劳动者及时足额支付劳动报酬。据此,用人单位不得拖欠劳动者工资。用人单位的下列情况不属于拖欠工资:(1)用人单位遇到非人力所能抗拒的自然灾害、战争等原因,无法按时支付工资;(2)用人单位确因生产经营困难、资金周转受到影响,在征得本单位工会同意后,可暂时延期支付劳动者工资,延期时间的最长限制可由各省、自治区、直辖市劳动行政部门根据各地情况确定。其他情况下拖欠工资均属无故拖欠。

用人单位在哪些情况下可以代扣劳动者工资?

根据《工资支付暂行规定》的规定,用人单位不得克扣劳动者工资,但是有下列情况之一的,用人单位可以代扣劳动者工资:(1)用人单位代扣代缴的个人所得税;(2)用人单位代扣代缴的应由劳动者个人负担的各项社会保险费用;(3)法院判决、裁定中要求代扣的抚养费、赡养费;(4)法律、法规规定可以从劳动者工资中扣除的其他费用。

建筑企业能将农民工的工资发放给"包工头"吗？

根据《建设领域农民工工资支付管理暂行办法》第 7 条规定,建筑企业应将工资直接发放给农民工本人,严禁发放给"包工头"或其他不具备用工主体资格的组织和个人。企业可委托银行发放农民工工资。

建筑企业工资支付表应记录哪些事项并应保留多长时间？

根据《建设领域农民工工资支付管理暂行办法》第 8 条规定,企业支付农民工工资应编制工资支付表,如实记录支付单位、支付时间、支付对象、支付数额等工资支付情况,并保存 2 年以上备查。

业主或工程总承包企业对建设工程承包企业所拖欠的农民工工资,是否负有垫付义务？

《建设领域农民工工资支付管理暂行办法》第 10 条规定,工程总承包企业应对劳务分包企业工资支付进行监督,督促其依法支付农民工工资。业主或工程总承包企业未按合同约定与建设工程承包企业结清工程款,致使建设工程承包企业拖欠农民工工资的,由业主或工程总承包企业先行垫付农民工被拖欠的工资,先行垫付的工资数额以未结清的工程款为限。可见,业主或工程总承包企业对建设工程承包企业所拖欠的农民工工资进行垫付是有条件的,即业主或工程总承包企业未按合同约定与建设工程承包企业结清工程款,致使建设工程承包企业拖欠农民工工资的情况下,才负有垫付义务;否则,不负有垫付义务。

企业追回的被拖欠工程款应优先支付拖欠的农民工工资吗？

《建设领域农民工工资支付管理暂行办法》第 11 条规定,企业因被拖欠工程款导致拖欠农民工工资的,企业追回的被拖欠工程款,应优先用于支付拖欠的农民工工资。

个人承包经营违法招用劳动者,给劳动者造成损害的,劳动者能否要求发包组织承担赔偿责任？

在建设工程合同中,工程承包方应当具有相应的资质要求,一般为建设施工单位。在其他承包合同中法律法规对承包人应当具有相应的资质要求的情况下,个人亦无权承包。根据《建设领域农民工工资支付管理暂行办法》规定,工程总承包企业不得将工程违反规定发包、分包给不具备用工主体资格的组织或个人,否则应承担清偿拖欠工资连带责任。对此,《劳动合同法》第94条明确规定,个人承包经营违反本法规定招用劳动者,给劳动者造成损害的,发包的组织与个人承包经营者承担连带赔偿责任。据此,个人承包经营违反本法规定招用劳动者,给劳动者造成损害的,劳动者既可以要求个人承包经营者又可以要求发包组织承担全部赔偿责任。劳动者要求发包组织承担全部赔偿责任的,发包组织不得拒绝。

农民工对建筑企业在支付工资方面的哪些违法行为可以举报?

根据《建设领域农民工工资支付管理暂行办法》规定,农民工发现建筑企业有下列情形之一的,有权向劳动和社会保障行政部门举报:(1)未按照约定支付工资的;(2)支付工资低于当地最低工资标准的;(3)拖欠或克扣工资的;(4)不支付加班工资的;(5)侵害工资报酬权益的其他行为。各级劳动和社会保障行政部门依法对企业支付农民工工资情况进行监察,对违法行为进行处理。企业在接受监察时应当如实报告情况,提供必要的资料和证明。

用人单位未及时足额向劳动者支付劳动报酬的,应承担什么法律责任?

根据《劳动合同法》第85条第1项规定,用人单位未按照劳动合同的约定或者国家规定及时足额向劳动者支付劳动报酬的,由劳动行政部门责令限期支付劳动报酬,逾期不支付的,责令用人单位按应付金额50%以上100%以下的标准向劳动者加付赔偿金。

用人单位拖欠或者未足额支付劳动报酬的,劳动者可否直接向法院申请支付令?

《劳动合同法》第30条规定,用人单位应当按照劳动合同约定和国家规定,向劳动者及时足额支付劳动报酬。用人单位拖欠或者未足额支付劳动报酬的,劳动者可以依法向当地人民法院申请支付令,人民法院应当依法发出支付令。根据上述规定和《中华人民共和国民事诉讼法》(以下简称《民事诉讼法》)的有关规定,用人单位拖欠或者未足额支付劳动报酬的,在劳动者与用人单位之间不存在其他债权债务关系,支付令能够送达用人单位的情况下,劳动者不必通过劳动行政部门、劳动仲裁程序或者一般民事诉讼程序,可以直接向人民法院申请支付令,要求用人单位支付拖欠或者未足额支付的劳动报酬。作为债务人的用人单位在法定期间不提出异议又不履行支付令的,作为债权人的劳动者可以向人民法院申请执行。

(三) 节假日与年休假

我国全体公民和部分公民放假的节日有哪些?

根据国务院《全国年节及纪念日放假办法》的规定,全体公民放假的节日为:新年,放假 1 天(1 月 1 日);春节,放假 3 天(农历正月初一、初二、初三);清明节,放假 1 天(农历清明当日);劳动节,放假 1 天(5 月 1 日);端午节,放假 1 天(农历端午当日);中秋节,放假 1 天(农历中秋当日);国庆节,放假 3 天(10 月 1 日、2 日、3 日)。部分公民放假的节日及纪念日为:妇女节(3 月 8 日),妇女放假半天;青年节(5 月 4 日),14 周岁以上的青年放假半天;儿童节(6 月 1 日),不满 14 周岁的少年儿童放假 1 天;中国人民解放军建军纪念日(8 月 1 日),现役军人放假半天。少数民族习惯的节日,由各少数民族聚居地区的地方人民政府,按照各民族习惯,规定放假日期。二七纪念日、五卅纪念日、七七抗战纪念日、九三抗战胜利纪念日、九一八纪念日、教师节、护士节、记者节、植树节等其他节日、纪念日,均不放假。

全体公民放假的假日适逢星期六、星期日,工作日补假的,是否应向劳动者支付加班费?

根据《全国年节及纪念日放假办法》的规定,全体公民放假的假日,如果适逢星期六、星期日,应当在工作日补假。部分公民放假的假日,如果适逢星期六、星期日,则不补假。据此,用人单位对于应当在工作日补假而不予补假的,应当依法向劳动者支付不低于劳动合同规定的劳动者本人小时或日工资标准 300% 的加班费。

哪些单位的职工可以享受带薪年休假?

《职工带薪年休假条例》第 2 条规定,机关、团体、企业、事业单位、民办非企业单位、有雇工的个体工商户等单位的职工连续工作 1 年以上的,享受带薪年休假(以下简称年休假)。单位应当保证职工享受年休假。职工在年休假期间享受与正常工作期间相同的工资收入。可见,机关、团体、企业、事业单位、民办非企业单位等用人单位的职工,包括与其订立劳动合同或建立事实劳动关系的劳动者,凡连续工作1年以上的,都可享受带薪年休假。

职工享受的带薪年休假的天数如何确定?

根据《职工带薪年休假条例》第3条规定,职工累计工作已满1年不满10年的,年休假5天;已满10年不满20年的,年休假10天;已满20年的,年休假15天。国家法定休假日、休息日不计入年休假的假期。

依法享受寒暑假的职工能否享受年休假?

根据《职工带薪年休假条例》第4条第1项规定,职工依法享受寒暑假,其休假天数多于年休假天数的,不享受当年的年休假。可见,职工依法享受寒暑假的天数少于年休假天数的,可以在扣除已经享受寒暑假的天数外享受年休假。

职工请事假累计20天以上单位已扣发工资的,是否享受年休假?

根据《职工带薪年休假条例》第4条规定,职工请事假累计20天以上且单位按照规定不扣工资的,不享受当年的年休假。可见,职工请事假累计少于20天的,或者请事假累计20天以上但单位已经扣发工资的,依法应当享受当年的年休假。

职工请病假累计几个月以上的,不享受当年的年休假?

根据《职工带薪年休假条例》第4条第3项至第5项规定,根据职工的工作年限和每年请病假的累计月数,有下列情形之一的,不享受当年的年休假:(1)累计工作满1年不满10年的职工,请病假累计2个月以上的;(2)累计工作满10年不满20年的职工,请病假累计3个月以上的;(3)累计工作满20年以上的职工,请病假累计4个月以上的。

用人单位能否跨年度安排职工的年休假时间?

根据《职工带薪年休假条例》第5条第1款和第2款的规定,单位根据生产、工作的具体情况,并考虑职工本人意愿,统筹安排职工年休假。年休假在1个年度内可以集中安排,也可以分段安排,一般不跨年度安排。单位因生产、工作特点确有必要跨年度安排职工年休假的,可以跨1个年度安排。

用人单位不能安排职工休年休假的,应按什么标准支付年休假工资报酬?

根据《职工带薪年休假条例》第5条第3款的规定,单位确因工作需要不能安排职工休年休假的,经职工本人同意,可以不安排职工休年休假。对职工应休未休的年休假天数,单位应当按照该职工日工资收入的 300% 支付年休假工资报酬。

用人单位不安排职工休年休假又不支付年休假报酬的,应承担什么法律责任?

根据《职工带薪年休假条例》第 7 条规定,单位不安排职工休年休假又不依照本《条例》规定给予年休假工资报酬的,由县级以上地方人民政府人事部门或者劳动保障部门依据职权责令限期改正;对逾期不改正的,除责令该单位支付年休假工资报酬外,单位还应当按照年休假工资报酬的数额向职工加付赔偿金;对拒不支付年休假工资报酬、赔偿金的,属于公务员和参照《公务员法》管理的人员所在单位的,对直接负责的主管人员以及其他直接责任人员依法给予处分;属于其他单位的,由劳动保障部门、人事部门或者职工申请人民法院强制执行。

(四) 最低工资标准

什么是最低工资标准?

根据原劳动和社会保障部制定的《最低工资规定》第 3 条规定,最低工资标准,是指劳动者在法定工作时间或依法签订的劳动合同约定的工作时间内提供了正常劳动的前提下,用人单位依法应支付的最低劳动报酬。本《规定》所称正常劳动,是指劳动者按依法签订的劳动合同约定,在法定工作时间或劳动合同约定的工作时间内从事的劳动。劳动者依法享受带薪年休假、探亲假、婚丧假、生育(产)假、节育手术假等国家规定的假期期间,以及法定工作时间内依法参加社会活动期间,视为提供了正常劳动。本《规定》第 2 条规定,本规定适用于在中华人民共和国境内的企业、民办非企业单位、有雇工的个体工商户(以下统称用人单位)和与之形成劳动关系的劳动者。国家机关、事业单位、社会团体和与之建立劳动合同关系的劳动者,依照本规定执行。

最低工资标准一般采取什么形式?

根据《最低工资规定》第 5 条规定,最低工资标准一般采取月最低工资标准和小时最低工资标准的形式。月最低工资标准适用于全日制就业劳动者,小时最低工资标准适用于非全日制就业劳动者。

最低工资标准如何确定?

《最低工资规定》第 6 条规定,确定和调整月最低工资标准,应参考当地就业者及其赡养人口的最低生活费用、城镇居民消费价格指数、职工个人缴纳的社会保险费和住房公积金、职工平均工资、经济发展水平、就业状况等因素。确定和调整小时最低工资标准,应在颁布的月最低工资标准的基础上,考虑单位应缴纳的基本养老保险费和基本医疗保险费因素,同时还应适当考虑非全日制劳动者在工作稳定性、劳动条件和劳动强度、福利等方面与全日制就业人员之间的差异。

最低工资标准如何批准和公布?

《最低工资规定》第 9 条规定,省、自治区、直辖市劳动保障行政部门应将本地区最低工资标准方案报省、自治区、直辖市人民政府批准,并在批准后 7 日内在当地政府公报上和至少一种全地区性报纸上发布。省、自治区、直辖市劳动保障行政部门应在发布后 10 日内将最低工资标准报劳动保障部。

最低工资标准发布实施后,在哪些情形下应当调整?

《最低工资规定》第 10 条规定,最低工资标准发布实施后,如本《规定》第 6 条所规定的相关因素发生变化,应当适时调整。可见,最低月工资标准发布实施后,当地就业者及其赡养人口的最低生活费用、城镇居民消费价格指数、职工个人缴纳的社会保险费和住房公积金、职工平均工资、经济发展水平、就业状况等因素发生变化的情况下,最低月工资标准应当适时调整。在最低月工资标准发生调整的基础上,考虑单位应缴纳的基本养老保险费和基本医疗保险费因素,同时还应适当考虑非全日制劳动者在工作稳定性、劳动条件和劳动强度、福利等方面与全日制就业人员之间的差异,小时最低工资标准也应当进行适当的调整。

最低工资标准至少在多长时间内调整一次?

根据《最低工资规定》第 10 条规定,最低工资标准发布实施后,如本《规定》第 6 条所规定的相关因素发生变化,应当适时调整。最低工资标准每两年至少调整一次。为了进一步做好这项工作,在经济发展基础上逐步合理提高低收入劳动者的工资水平,有利于维护劳动者的合法权益,更好地保障劳动者个人及其家庭成员的基本生活,《关于进一步健全最低工资制度的通知》(劳社部发〔2007〕20号)针对一些地区最低工资标准确定不够科学合理,最低工资调整过慢的现实出发,要求各地劳动保障部门要会同同级工会、企业联合会、企业家协会,定期对最低工资标准进行评估,根据本地区经济发展水平、职工平均工资、城镇居民消费价格指数和就业状况等相关因素变化情况,及时提出调整月最低工资标准和小时最低工资标准的方案,按照规定程序报批。各地要通过适时调整最低工资标准,确保最低工资实际水平不因当地消费价格指数上升而降低,并随经济增长逐步提高,使广大普通劳动者共享经济发展成果。

对发布实施的最低工资标准,用人单位有公示的义务吗?

《最低工资规定》第11条规定,用人单位应在最低工资标准发布后10日内将该标准向本单位全体劳动者公示。用人单位违反前述规定的,由劳动保障行政部门责令其限期改正。

用人单位能按最低工资标准向劳动者支付工资吗?

原劳动和社会保障部《关于进一步健全最低工资制度的通知》(劳社部发〔2007〕20号)指出,生产经营正常、经济效益持续增长的用人单位,原则上不得以最低工资标准支付劳动者在法定工作时间内提供劳动的工资。因生产经营原因确须以最低工资标准支付全体劳动者或部分岗位劳动者工资的,应当经全体职工或职工代表大会讨论同意,并报当地劳动保障部门备案。

用人单位支付给劳动者的工资扣除哪些费用后,不得低于当地最低工资标准?

根据《最低工资规定》第12条规定,在劳动者提供正常劳动的情况下,用人单位应支付给劳动者的工资在剔除下列各项以后,不得低于当地最低工资标准:(1)延长工作时间工资即加班费;(2)中班、夜班、高温、低温、井下、有毒有害等特殊工作环境、条件下的津贴;(3)法律、法规和国家规定的劳动者福利待遇等。可见,用人单位支付给劳动者的工资应当在扣除加班费、劳动津贴和劳动福利待遇后不低于当地最低工资标准,而不是包含加班费、劳动津贴、福利待遇在内不低于当地最低工资标准。劳动者由于本人原因造成在法定工作时间内或依法签订的劳动合同约定的工作时间内未提供正常劳动的,不适用于上述规定。

实行计件工资或提成工资的劳动者的工资,可以低于最低工资标准吗?

根据原劳动和社会保障部《关于进一步健全最低工资制度的通知》的要求,实行计件工资或提成工资等工资形式的用人单位,在科学合理的劳动定额基础上,其支付劳动者的工资不得低于相应的最低工资标准。实行计件工资形式的用人单位,要通过平等协商合理确定劳动定额和计件单价,保证劳动者在法定工作时间内提供正常劳动的前提下,应得工资不低于当地的最低工资标准。劳动者由于本人原因造成在法定工作时间内或依法签订的劳动合同约定的工作时间内未提供正常劳动的,不适用于上述规定。

用人单位支付劳动者的工资低于当地最低工资标准的,应承担什么法律责任?

根据《劳动合同法》第85条第2项规定,用人单位低于当地最低工资标准支付劳动者工资的,由劳动行政部门责令限期支付其差额部分;逾期不支付的,责令用人单位按应付金额50%以上100%以下的标准向劳动者加付赔偿金。

(五) 劳动保护

1. 女职工的特殊保护

用人单位应在哪些方面对女职工进行特殊劳动保护?

《中华人民共和国妇女权益保障法》(以下简称《妇女权益保障法》)第26条规定,任何单位均应根据妇女的特点,依法保护妇女在工作和劳动时的安全和健康,不得安排不适合妇女从事的工作和劳动。妇女在经期、孕期、产期、哺乳期受特殊保护。《女职工劳动保护特别规定》第2条规定,中华人民共和国境内的国家机关、企业、事业单位、社会团体、个体经济组织以及其他社会组织等用人单位及其女职工,适用本规定。本《规定》第4条第1款规定,用人单位应当遵守女职工禁忌从事的劳动范围的规定。用人单位应当将本单位属于女职工禁忌从事的劳动范围的岗位书面告知女职工。因此,在我国境内的一切企业,无论是私人企业或者国有企业、集体企业,还是外资企业的女职工,都享有法律、行政法规所规定的禁止从事某些范围的劳动以及怀孕、生育、哺乳期受特殊保护的权利。

用人单位不得安排女职工从事哪些范围的劳动?

《劳动法》第 59 条规定,禁止安排女职工从事矿山井下、国家规定的第四级体力劳动强度的劳动和其他禁忌从事的劳动。根据《女职工禁忌从事的劳动范围》第 1 条规定,女职工禁忌从事的劳动范围包括:(1)矿山井下作业;(2)体力劳动强度分级标准中规定的第四级体力劳动强度的作业;(3)每小时负重 6 次以上、每次负重超过 20 公斤的作业,或者间断负重、每次负重超过 25 公斤的作业。

用人单位不得安排女职工在经期从事哪些范围的劳动?

《劳动法》第 60 条规定,不得安排女职工在经期从事高处、低温、冷水作业和国家规定的第三级体力劳动强度的劳动。根据《女职工禁忌从事的劳动范围》第 2 条规定,女职工在经期禁忌从事的劳动范围包括:(1)冷水作业分级标准中规定的第二级、第三级、第四级冷水作业;(2)低温作业分级标准中规定的第二级、第三级、第四级低温作业;(3)体力劳动强度分级标准中规定的第三级、第四级体力劳动强度的作业;(4)高处作业分级标准中规定的第三级、第四级高处作业。

用人单位对怀孕女职工应在哪些方面给予劳动保护?

《劳动法》第 61 条规定,不得安排女职工在怀孕期间从事国家规定的第三级体力劳动强度的劳动和孕期禁忌从事的劳动。对怀孕 7 个月以上的女职工,不得安排其延长工作时间和夜班劳动。《女职工劳动保护特别规定》第 6 条进一步规定,女职工在孕期不能适应原劳动的,用人单位应当根据医疗机构的证明,予以减轻劳动量或者安排其他能够适应的劳动。对怀孕 7 个月以上的女职工,用人单位不得延长劳动时间或者安排夜班劳动,并应当在劳动时间内安排一定的休息时间。怀孕女职工在劳动时间内进行产前检查,所需时间计入劳动时间。

用人单位不得安排女职工在怀孕期从事哪些范围的劳动？

根据《女职工禁忌从事的劳动范围》第 3 条规定,女职工在孕期禁忌从事的劳动范围包括:(1)作业场所空气中铅及其化合物、汞及其化合物、苯、镉、铍、砷、氰化物、氮氧化物、一氧化碳、二硫化碳、氯、己内酰胺、氯丁二烯、氯乙烯、环氧乙烷、苯胺、甲醛等有毒物质浓度超过国家职业卫生标准的作业;(2)从事抗癌药物、己烯雌酚生产,接触麻醉剂气体等的作业;(3)非密封源放射性物质的操作,核事故与放射事故的应急处置;(4)高处作业分级标准中规定的高处作业;(5)冷水作业分级标准中规定的冷水作业;(6)低温作业分级标准中规定的低温作业;(7)高温作业分级标准中规定的第三级、第四级的作业;(8)噪声作业分级标准中规定的第三级、第四级的作业;(9)体力劳动强度分级标准中规定的第三级、第四级体力劳动强度的作业;(10)在密闭空间、高压室作业或者潜水作业,伴有强烈振动的作业,或者需要频繁弯腰、攀高、下蹲的作业。

用人单位能否因女职工怀孕、生育、哺乳降低其工资、予以辞退、与其解除劳动或者聘用合同？

妇女在经期、孕期、产期、哺乳期受特殊保护。《女职工劳动保护特别规定》第 5 条规定,用人单位不得因女职工怀孕、生育、哺乳降低其工资、予以辞退、与其解除劳动或者聘用合同。据此,我国境内的国家机关、事业单位、社会团体、中外企业、个体经济组织以及其他社会组织等用人单位都不得因女职工怀孕、生育、哺乳予以辞退、与其解除劳动或者聘用合同,也不得因此而降低其原有工资。

女职工生育或者怀孕未满 4 个月流产的,享受多少天的产假？

《女职工劳动保护特别规定》第 7 条规定,女职工生育享受 98 天产假,其中产前可以休假 15 天;难产的,增加产假 15 天;生育多胞胎的,每多生育 1 个婴儿,增加产假 15 天。女职工怀孕未满 4 个月流产的,享受 15 天产假;怀孕满 4 个月流产的,享受 42 天产假。

女职工产假期间的生育津贴、女职工生育或者流产的医疗费用如何支付？

《女职工劳动保护特别规定》第 8 条规定,女职工产假期间的生育津贴,对已经参加生育保险的,按照用人单位上年度职工月平均工资的标准由生育保险基金支付;对未参加生育保险的,按照女职工产假前工资的标准由用人单位支付。女职工生育或者流产的医疗费用,按照生育保险规定的项目和标准,对已经参加生育保险的,由生育保险基金支付;对未参加生育保险的,由用人单位支付。

用人单位对哺乳未满 1 周岁婴儿的女职工的劳动和哺乳时间应如何安排?

《女职工劳动保护特别规定》第 9 条规定,对哺乳未满 1 周岁婴儿的女职工,用人单位不得延长劳动时间或者安排夜班劳动。用人单位应当在每天的劳动时间内为哺乳期女职工安排 1 小时哺乳时间;女职工生育多胞胎的,每多哺乳 1 个婴儿每天增加 1 小时哺乳时间。

用人单位违反女职工劳动保护特别规定,侵害女职工合法权益的,如何处理?

《女职工劳动保护特别规定》第 14 条规定,用人单位违反本规定,侵害女职工合法权益的,女职工可以依法投诉、举报、申诉,依法向劳动人事争议调解仲裁机构申请调解仲裁,对仲裁裁决不服的,依法向人民法院提起诉讼。

用人单位违反女职工劳动保护特别规定,侵害女职工合法权益的,应承担什么法律责任?

《女职工劳动保护特别规定》第 15 条规定,用人单位违反本规定,侵害女职工合法权益,造成女职工损害的,依法给予赔偿;用人单位及其直接负责的主管人员和其他直接责任人员构成犯罪的,依法追究刑事责任。

2. 未成年工保护

用人单位对未成年工应在哪些方面给予特殊劳动保护?

未成年工是指年满 16 周岁,未满 18 周岁的劳动者。《中华人民共和国未成年人保护法》(以下简称《未成年人保护法》)第 38 条规定,任何组织或者个人不得招用未满 16 周岁的未成年人,国家另有规定的除外。任何组织或者个人按照国家有关规定招用已满 16 周岁未满 18 周岁的未成年人的,应当执行国家在工种、劳动时间、劳动强度和保护措施等方面的规定,不得安排其从事过重、有毒、有害等危害未成年人身心健康的劳动或者危险作业。可见,未成年工的特殊保护是针对未成年工处于生长发育期的特点,以及接受义务教育的需要,采取的特殊劳动保护措施。

用人单位不得安排未成年工从事哪些范围的劳动?

根据《未成年工特殊保护规定》第3条规定,用人单位不得安排未成年工从事以下范围的劳动:(1)《生产性粉尘作业危害程度分级》国家标准中第一级以上的接尘作业;(2)《有毒作业分级》国家标准中第一级以上的有毒作业;(3)《高处作业分级》国家标准中第二级以上的高处作业;(4)《冷水作业分级》国家标准中第二级以上的冷水作业;(5)《高温作业分级》国家标准中第三级以上的高温作业;(6)《低温作业分级》国家标准中第三级以上的低温作业;(7)《体力劳动强度分级》国家标准中第四级体力劳动强度的作业;(8)矿山井下及矿山地面采石作业;(9)森林业中的伐木、流放及守林作业;(10)工作场所接触放射性物质的作业;(11)有易燃易爆、化学性烧伤和热烧伤等危险性大的作业;(12)地质勘探和资源勘探的野外作业;(13)潜水、涵洞、涵道作业和海拔3000米以上的高原作业(不包括世居高原者);(14)连续负重每小时在六次以上并每次超过20公斤,间断负重每次超过25公斤的作业;(15)使用凿岩机、捣固机、气镐、气铲、铆钉机、电锤的作业;(16)工作中需要长时间保持低头、弯腰、上举、下蹲等强迫体位和动作频率每分钟大于50次的流水线作业;(17)锅炉司炉。

用人单位不得安排患有某种疾病或具有某些生理缺陷的未成年工,从事哪些范围的劳动?

根据《未成年工特殊保护规定》第5条规定,患有某种疾病或具有某些生理缺陷(非残疾型)的未成年工,是指有以下一种或一种以上情况者:(1)心血管系统,包括:先天性心脏病;克山病;收缩期或舒张期二级以上心脏杂音。(2)呼吸系统,包括:中度以上气管炎或支气管哮喘;呼吸音明显减弱;各类结核病;体弱儿,呼吸道反复感染者。(3)消化系统,包括各类肝炎;肝、脾肿大;胃、十二指肠溃疡;各种消化道疝。(4)泌尿系统,包括:急、慢性肾炎;泌尿系感染。(5)内分泌系统,包括:甲状腺机能亢进;中度以上糖尿病。(6)精神神经系统,包括:智力明显低下;精神忧郁或狂暴。(7)肌肉、骨骼运动系统,包括:身高和体重低于同龄人标准;一个及一个以上肢体存在明显功能障碍;躯干四分之一以上部位活动受限,包括强直或不能旋转。(8)其他,包括:结核性胸膜炎;各类重度关节炎;血吸虫病;严重贫血,其血色素每升低于 95 克(<9.5g/dL)。

根据《未成年工特殊保护规定》第 4 条规定,未成年工患有某种疾病或具有某些生理缺陷(非残疾型)时,用人单位不得安排其从事以下范围的劳动:(1)《高处作业分级》国家标准中第一级以上的高处作业;(2)《低温作业分级》国家标准中第二级以上的低温作业;(3)《高温作业分级》国家标准中第二级以上的高温作业;(4)《体力劳动强度分级》国家标准中第三级以上体力劳动强度的作业;(5)接触铅、苯、汞、甲醛、二硫化碳等易引起过敏反应的作业。

用人单位应按照什么要求对未成年工定期进行健康检查?

根据《未成年工特殊保护规定》第 6 条规定,用人单位应按下列要求对未成年工定期进行健康检查:(1)安排工作岗位之前;(2)工作满 1 年;(3)年满 18 周岁,距前一次的体检时间已超过半年。本《规定》第 7 条规定,未成年工的健康检查,应按本规定所附《未成年工健康检查表》列出的项目进行。

对经体检身体状况不能胜任原劳动岗位的未成年工,用人单位应如何安排?

根据《未成年工特殊保护规定》第 8 条规定,用人单位应根据未成年工的健康检查结果安排其从事适合的劳动,对不能胜任原劳动岗位的,应根据医务部门的证明,予以减轻劳动量或安排其他劳动。

对未成年工的使用和特殊保护登记包括哪些内容?

根据《未成年工特殊保护规定》第 9 条规定,对未成年工的使用和特殊保护实行登记制度。(1)用人单位招收使用未成年工,除符合一般用工要求外,还须向所在地的县级以上劳动行政部门办理登记。劳动行政部门根据《未成年工健康检查表》《未成年工登记表》,核发《未成年工登记证》。(2)各级劳动行政部门须按本规定第 3、4、5、7 条的有关规定,审核体检情况和拟安排的劳动范围。(3)未成年工须持《未成年工登记证》上岗。(4)

《未成年工登记证》由国务院劳动行政部门统一印制。

未成年工体检和登记的费用由谁承担?

根据《未成年工特殊保护规定》第10条规定,未成年工上岗前用人单位应对其进行有关的职业安全卫生教育、培训;未成年工体检和登记,由用人单位统一办理和承担费用。

3. 禁止使用童工

用人单位能招用童工作为劳动者吗?

根据国务院制定的《禁止使用童工规定》的规定,童工是指用人单位招用的年龄未满16岁的劳动者。本《规定》第2条规定,国家机关、社会团体、企业事业单位、民办非企业单位或者个体工商户(以下统称用人单位)均不得招用不满16周岁的未成年人(招用不满16周岁的未成年人,以下统称使用童工)。禁止任何单位或者个人为不满16周岁的未成年人介绍就业。禁止不满16周岁的未成年人开业从事个体经营活动。本《规定》第3条规定,不满16周岁的未成年人的父母或者其他监护人应当保护其身心健康,保障其接受义务教育的权利,不得允许其被用人单位非法招用。不满16周岁的未成年人的父母或者其他监护人允许其被用人单位非法招用的,所在地的乡(镇)人民政府、城市街道办事处以及村民委员会、居民委员会应当给予批评教育。

哪些单位可以招用未满16周岁的未成年人?

在劳动合同中,劳动者是以接受用人单位的管理和进行劳动付出后获得工资的一方主体,因此,劳动者应当是身体发育到一定程度、达到一定年龄并具有劳动能力的人。对此,《劳动法》第15条规定,禁止用人单位招用未满16周岁的未成年人。文艺、体育和特种工艺单位招用未满16周岁的未成年人,必须依照国家有关规定,履行审批手续,并保障其接受义务教育的权利。根据上述规定,除了文艺、体育和特种工艺单位外,用人单位不得录用未满16周岁的未成年人工作。文艺、体育和特种工艺单位招用未满16周岁的未成年人,必须履行审批手续,并保障其接受义务教育的权利。

单位对招用的未满16周岁的未成年人,应当履行什么义务?

根据《禁止使用童工规定》第13条规定,文艺、体育单位经未成年人的父母或者其他监护人同意,可以招用不满 16 周岁的专业文艺工作者、运动员。用人单位应当保障被招用的不满 16 周岁的未成年人的身心健康,保障其接受义务教育的权利。文艺、体育单位招用不满 16 周岁的专业文艺工作者、运动员的办法,由国务院劳动保障行政部门会同国务院文化、体育行政部门制定。学校、其他教育机构以及职业培训机构按照国家有关规定组织不满 16 周岁的未成年人进行不影响其人身安全和身心健康的教育实践劳动、职业技能培训劳动,不属于使用童工。

招用的童工患病或受伤及伤残或者死亡的,用人单位承担什么法律责任?

根据《禁止使用童工规定》第 10 条规定,童工患病或者受伤的,用人单位应当负责送到医疗机构治疗,并负担治疗期间的全部医疗和生活费用。童工伤残或者死亡的,用人单位由工商行政管理部门吊销营业执照或者由民政部门撤销民办非企业单位登记;用人单位是国家机关、事业单位的,由有关单位依法对直接负责的主管人员和其他直接责任人员给予降级或者撤职的行政处分或者纪律处分;用人单位还应当一次性地对伤残的童工、死亡童工的直系亲属给予赔偿,赔偿金额按照国家的有关规定计算。

4. 医疗期

劳动者在什么情况下可以享有医疗期?

《企业职工患病或非因工负伤医疗期规定》(劳部发〔1994〕479 号)第 2 条规定,医疗期是指企业职工因患病或非因工负伤停止工作治病休息不得解除劳动合同的时限。可见,劳动者因患病或非因工负伤停止工作治病休息的,依法享有医疗期,用人单位在医疗期间不得与劳动者解除劳动合同。

患病或非因工负伤的劳动者可享有多长时间的医疗期?

根据《企业职工患病或非因工负伤医疗期规定》第 3 条规定,企业职工因患病或非因工负伤,需要停止工作医疗时,根据本人实际参加工作年限和在本单位工作年限,给予 3 个月到 24 个月的医疗期:(1)实际工作年限 10 年以下的,在本单位工作年限 5 年以下的为 3 个月;5 年以上的为 6 个月。(2)实际工作年限 10 年以上的,在本单位工作年限 5 年以下的为 6 个月;5 年以上 10 年以下的为 9 个月;10 年以上 15 年以下的为 12 个月;15 年以上

20 年以下的为 18 个月;20 年以上的为 24 个月。

劳动者在医疗期内的病休时间如何计算?

劳动者因患病或者非因工负伤所享有的医疗期不是连续计算而是在一定期限内实行累计计算。根据《企业职工患病或非因工负伤医疗期规定》第 4 条规定,医疗期 3 个月的按 6 个月内累计病休时间计算;6 个月的按 12 个月内累计病休时间计算;9 个月的按 15 个月内累计病休时间计算;12 个月的按 18 个月内累计病休时间计算;18 个月的按 24 个月内累计病休时间计算;24 个月的按 30 个月内累计病休时间计算。病休期间,公休、假日和法定节日包括在内。

医疗期应从何时开始累计计算?

《关于贯彻〈企业职工患病或非因工负伤医疗期规定〉的通知》(劳部发〔1995〕236 号)进一步明确规定,医疗期计算应从病休第一天开始,累计计算。如:应享受 3 个月医疗期的职工,如果从 1995 年 3 月 5 日起第一次病休,那么,该职工的医疗期应在 3 月 5 日至 9 月 5 日之间确定,在此期间累计病休 3 个月即视为医疗期满。其他依此类推。

对于患有特殊疾病的职工其医疗期能否延长?

《关于贯彻〈企业职工患病或非因工负伤医疗期规定〉的通知》规定,根据目前的实际情况,对某些患特殊疾病(如癌症、精神病、瘫痪等)的职工,在 24 个月内尚不能痊愈的,经企业和劳动主管部门批准,可以适当延长医疗期。

四、职业病防治

怎样的用人单位对劳动者负有职业病防治的义务?

根据《中华人民共和国职业病防治法》(以下简称《职业病防治法》)的有关规定,用人单位向劳动者提供的职业存在职业病危害的,就对劳动者负有职业病防治的义务。本法所称职业病,是指企业、事业单位和个体经济组织等用人单位的劳动者在职业活动中,因接触粉尘、放射性物质和其他有毒、有害因素而引起的疾病。职业病危害,是指对从事职业活动的劳动者可能导致职业病的各种危害。职业病危害因素包括：职业活动中存在的各种有害的化学、物理、生物因素以及在作业过程中产生的其他职业有害因素。

产生职业病危害的用人单位其工作场所应符合哪些要求？

根据《职业病防治法》第4条第1款和第2款规定，劳动者依法享有职业卫生保护的权利。用人单位应当为劳动者创造符合国家职业卫生标准和卫生要求的工作环境和条件，并采取措施保障劳动者获得职业卫生保护。本法第14条规定，用人单位应当依照法律、法规要求，严格遵守国家职业卫生标准，落实职业病预防措施，从源头上控制和消除职业病危害。本法第15条规定，产生职业病危害的用人单位的设立除应当符合法律、行政法规规定的设立条件外，其工作场所还应当符合下列职业卫生要求：(1)职业病危害因素的强度或者浓度符合国家职业卫生标准；(2)有与职业病危害防护相适应的设施；(3)生产布局合理，符合有害与无害作业分开的原则；(4)有配套的更衣间、洗浴间、孕妇休息间等卫生设施；(5)设备、工具、用具等设施符合保护劳动者生理、心理健康的要求；(6)法律、行政法规和国务院卫生行政部门、安全生产监督管理部门关于保护劳动者健康的其他要求。

用人单位在劳动过程中应采取哪些职业病防治管理措施？

根据《职业病防治法》第20条规定，用人单位应当采取下列职业病防治管理措施：(1)设置或者指定职业卫生管理机构或者组织，配备专职或者兼职的职业卫生管理人员，负责本单位的职业病防治工作；(2)制定职业病防治计划和实施方案；(3)建立、健全职业卫生管理制度和操作规程；(4)建立、健全职业卫生档案和劳动者健康监护档案；(5)建立、健全工作场所职业病危害因素监测及评价制度；(6)建立、健全职业病危害事故应急救援预案。

用人单位提供的职业病防护用品必须符合什么要求？

根据《职业病防治法》第22条规定，用人单位必须采用有效的职业病防护设施，并为劳动者提供个人使用的职业病防护用品。用人单位为劳动者个人提供的职业病防护用品必须符合防治职业病的要求；不符合要求的，不得使用。

产生职业病危害的用人单位和工作岗位,应对哪些事项进行公告和设置警示标识?

根据《职业病防治法》第 24 条规定,产生职业病危害的用人单位,应当在醒目位置设置公告栏,公布有关职业病防治的规章制度、操作规程、职业病危害事故应急救援措施和工作场所职业病危害因素检测结果。对产生严重职业病危害的作业岗位,应当在其醒目位置,设置警示标识和中文警示说明。警示说明应当载明产生职业病危害的种类、后果、预防以及应急救治措施等内容。

对可能发生急性职业损伤的有毒、有害工作场所,应设置哪些装置和设备?

根据《职业病防治法》第 25 条规定,对可能发生急性职业损伤的有毒、有害工作场所,用人单位应当设置报警装置,配置现场急救用品、冲洗设备、应急撤离通道和必要的泄险区。对放射工作场所和放射性同位素的运输、贮存,用人单位必须配置防护设备和报警装置,保证接触放射线的工作人员佩戴个人剂量计。对职业病防护设备、应急救援设施和个人使用的职业病防护用品,用人单位应当进行经常性的维护、检修,定期检测其性能和效果,确保其处于正常状态,不得擅自拆除或者停止使用。

用人单位应如何实施对职业病危害因素的日常监测?

根据《职业病防治法》第 26 条第 1 款、第 2 款和第 3 款规定,用人单位应当实施由专人负责的职业病危害因素日常监测,并确保监测系统处于正常运行状态。用人单位应当按照国务院安全生产监督管理部门的规定,定期对工作场所进行职业病危害因素检测、评价。检测、评价结果存入用人单位职业卫生档案,定期向所在地安全生产监督管理部门报告并向劳动者公布。职业病危害因素检测、评价由依法设立的取得国务院安全生产监督管理部门或者设区的市级以上地方人民政府安全生产监督管理部门按照职责分工给予资质认可的职业卫生技术服务机构进行。职业卫生技术服务机构所作检测、评价应当客观、真实。

发现工作场所职业病危害因素不符合国家职业卫生标准和要求时,用人单位怎么办?

根据《职业病防治法》第 26 条第 4 款规定,发现工作场所职业病危害因素不符合国家职业卫生标准和卫生要求时,用人单位应当立即采取相应治理措施,仍然达不到国家职业卫生标准和卫生要求的,必须停止存在职业病危害因素的作业;职业病危害因素经治理后,符合国家职业卫生标准和卫生要求的,方可重新作业。

用人单位对采用有职业病危害的技术工艺材料隐瞒其危害的,是否承担责任?

根据《职业病防治法》第 32 条规定,用人单位对采用的技术、工艺、设备、材料,应当知悉其产生的职业病危害,对有职业病危害的技术、工艺、设备、材料隐瞒其危害而采用的,对所造成的职业病危害后果承担责任。

用人单位未如实告知职业病危害的,劳动者能否拒绝从事存在职业病危害的作业?

根据《职业病防治法》第 33 条规定,用人单位与劳动者订立劳动合同(含聘用合同,下同)时,应当将工作过程中可能产生的职业病危害及其后果、职业病防护措施和待遇等如实告知劳动者,并在劳动合同中写明,不得隐瞒或者欺骗。劳动者在已订立劳动合同期间因工作岗位或者工作内容变更,从事与所订立劳动合同中未告知的存在职业病危害的作业时,用人单位应当依照前款规定,向劳动者履行如实告知的义务,并协商变更原劳动合同相关条款。用人单位违反前两款规定的,劳动者有权拒绝从事存在职业病危害的作业,用人单位不得因此解除与劳动者所订立的劳动合同。

用人单位及其负责人和劳动者对职业病防治工作各负有什么义务?

根据《职业病防治法》第 34 条规定,用人单位的主要负责人和职业卫生管理人员应当接受职业卫生培训,遵守职业病防治法律、法规,依法组织本单位的职业病防治工作。用人单位应当对劳动者进行上岗前的职业卫生培训和在岗期间的定期职业卫生培训,普及职业卫生知识,督促劳动者遵守职业病防治法律、法规、规章和操作规程,指导劳动者正确使用职业病防护设备和个人使用的职业病防护用品。劳动者应当学习和掌握相关的职业卫生知识,增强职业病防范意识,遵守职业病防治法律、法规、规章和操作规程,正确使用、维护职业病防护设备和个人使用的职业病防护用品,发现职业病危害事故隐患应当及时报告。劳动者不履行前款规定义务的,用人单位应当对其进行教育。

对从事接触职业病危害作业的劳动者,用人单位应当进行哪些方面的职业健康检查?

根据《职业病防治法》第 35 条第 1 款规定,对从事接触职业病危害的作业的劳动者,用人单位应当按照国务院安全生产监督管理部门、卫生行政部门的规定组织上岗前、在岗期间和离岗时的职业健康检查,并将检查结果书面告知劳动者。职业健康检查费用由用人单位承担。用人单位不得安排未经上岗前职业健康检查的劳动者从事接触职业病危害的作业;不得安排有职业禁忌的劳动者从事其所禁忌的作业;对在职业健康检查中发现有与所从事的职业相关的健康损害的劳动者,应当调离原工作岗位,并妥善安置;对未进行离岗前职业健康检查的劳动者不得解除或者终止与其订立的劳动合同。职业健康检查应当由省级以上人民政府卫生行政部门批准的医疗卫生机构承担。

用人单位是否负有为劳动者建立职业健康监护档案和妥善保存的义务?

根据《职业病防治法》第 36 条规定,用人单位应当为劳动者建立职业健康监护档案,并按照规定的期限妥善保存。职业健康监护档案应当包括劳动者的职业史、职业病危害接触史、职业健康检查结果和职业病诊疗等有关个人健康资料。劳动者离开用人单位时,有权索取本人职业健康监护档案复印件,用人单位应当如实、无偿提供,并在所提供的复印件上签章。

发生或可能发生急性职业病危害事故时,用人单位应立即采取哪些措施?

根据《职业病防治法》第 37 条规定,发生或者可能发生急性职业病危害事故时,用人单位应当立即采取应急救援和控制措施,并及时报告所在地安全生产监督管理部门和有关部门。安全生产监督管理部门接到报告后,应当及时会同有关部门组织调查处理;必要时,可以采取临时控制措施。卫生行政部门应当组织做好医疗救治工作。对遭受或者可能遭受急性职业病危害的劳动者,用人单位应当及时组织救治、进行健康检查和医学观察,所需费用由用人单位承担。

用人单位不得安排哪些人员从事接触职业病危害的作业或者有危害的作业?

根据《职业病防治法》第38条规定,用人单位不得安排未成年工从事接触职业病危害的作业;不得安排孕期、哺乳期的女职工从事对本人和胎儿、婴儿有危害的作业。

劳动者享有哪些职业卫生保护权利?

根据《职业病防治法》第39条第1款规定,劳动者享有下列职业卫生保护权利:(1)获得职业卫生教育、培训;(2)获得职业健康检查、职业病诊疗、康复等职业病防治服务;(3)了解工作场所产生或者可能产生的职业病危害因素、危害后果和应当采取的职业病防护措施;(4)要求用人单位提供符合防治职业病要求的职业病防护设施和个人使用的职业病防护用品,改善工作条件;(5)对违反职业病防治法律、法规以及危及生命健康的行为提出批评、检举和控告;(6)拒绝违章指挥和强令进行没有职业病防护措施的作业;(7)参与用人单位职业卫生工作的民主管理,对职业病防治工作提出意见和建议。

用人单位能否因劳动者行使职业卫生保护权利,降低其待遇或者解除、终止劳动合同?

《职业病防治法》第39条第2款规定,用人单位应当保障劳动者行使前款所列权利。因劳动者依法行使正当权利而降低其工资、福利等待遇或者解除、终止与其订立的劳动合同的,其行为无效。据此,用人单位不得因劳动者依法行使职业卫生保护权利而降低其工资、福利等待遇或者解除、终止劳动合同。

劳动者可以在什么医疗卫生机构进行职业病诊断?

根据《职业病防治法》第43条第1款和第3款规定,医疗卫生机构承担职业病诊断,应当经省、自治区、直辖市人民政府卫生行政部门批准。省、自治区、直辖市人民政府卫生行政部门应当向社会公布本行政区域内承担职业病诊断的医疗卫生机构的名单。承担职业病诊断的医疗卫生机构不得拒绝劳动者进行职业病诊断的要求。本法第44条规定,劳动者可以在用人单位所在地、本人户籍所在地或者经常居住地依法承担职业病诊断的医疗卫生机构进行职业病诊断。

医疗卫生机构在进行职业病诊断时应综合分析哪些因素?

根据《职业病防治法》第46条第1款和第2款规定,职业病诊断,应当综合分析下列因素:(1)病人的职业史;(2)职业病危害接触史和工作场所职业病危害因素情况;(3)临床表现以及辅助检查结果等。没有证据否定职业病危害因素与病人临床表现之间的必然联系的,应当诊断为职业病。

职业病诊断应当由几名执业医师进行和如何制作职业病诊断证明书?

根据《职业病防治法》第46条第3款和第4款规定,承担职业病诊断的医疗卫生机构在进行职业病诊断时,应当组织3名以上取得职业病诊断资格的执业医师集体诊断。职业病诊断证明书应当由参与诊断的医师共同签署,并经承担职业病诊断的医疗卫生机构审核盖章。

用人单位应当如实提供职业病诊断、鉴定所需的劳动者的哪些资料?

根据《职业病防治法》第47条规定,用人单位应当如实提供职业病诊断、鉴定所需的劳动者职业史和职业病危害接触史、工作场所职业病危害因素检测结果等资料;安全生产监督管理部门应当监督检查和督促用人单位提供上述资料;劳动者和有关机构也应当提供与职业病诊断、鉴定有关的资料。职业病诊断、鉴定机构需要了解工作场所职业病危害因素情况时,可以对工作场所进行现场调查,也可以向安全生产监督管理部门提出,安全生产监督管理部门应当在10日内组织现场调查。用人单位不得拒绝、阻挠。

用人单位不提供职业病诊断、鉴定所需的劳动者的有关资料的,职业病诊断、鉴定结论如何作出?

根据《职业病防治法》第48条规定,职业病诊断、鉴定过程中,用人单位不提供工作场所职业病危害因素检测结果等资料的,诊断、鉴定机构应当结合劳动者的临床表现、辅助检查结果和劳动者的职业史、职业病危害接触史,并参考劳动者的自述、安全生产监督管理部门提供的日常监督检查信息等,作出职业病诊断、鉴定结论。

职业病诊断、鉴定过程中,当事人对什么事项有争议的,可以申请争议仲裁或依法提起诉讼?

根据《职业病防治法》第49条规定,职业病诊断、鉴定过程中,在确认劳动者职业史、职业病危害接触史时,当事人对劳动关系、工种、工作岗位或者在岗时间有争议的,可以向当地的劳动人事争议仲裁委员会申请仲裁;接到申请的劳动人事争议仲裁委员会应当受理,并在 30 日内作出裁决。当事人在仲裁过程中对自己提出的主张,有责任提供证据。劳动者无法提供由用人单位掌握管理的与仲裁主张有关的证据的,仲裁庭应当要求用人单位在指定期限内提供;用人单位在指定期限内不提供的,应当承担不利后果。劳动者对仲裁裁决不服的,可以依法向人民法院提起诉讼。用人单位对仲裁裁决不服的,可以在职业病诊断、鉴定程序结束之日起 15 日内依法向人民法院提起诉讼;诉讼期间,劳动者的治疗费用按照职业病待遇规定的途径支付。

当事人对职业病诊断或诊断鉴定结论有异议或不服的,怎么办?

根据《职业病防治法》第 52 条规定,当事人对职业病诊断有异议的,可以向作出诊断的医疗卫生机构所在地地方人民政府卫生行政部门申请鉴定。职业病诊断争议由设区的市级以上地方人民政府卫生行政部门根据当事人的申请,组织职业病诊断鉴定委员会进行鉴定。当事人对设区的市级职业病诊断鉴定委员会的鉴定结论不服的,可以向省、自治区、直辖市人民政府卫生行政部门申请再鉴定。

对职业病争议作出诊断鉴定时,参加诊断鉴定委员会的专家如何确定?

根据《职业病防治法》第 53 条第 1 款和第 2 款规定,职业病诊断鉴定委员会由相关专业的专家组成。省、自治区、直辖市人民政府卫生行政部门应当设立相关的专家库,需要对职业病争议作出诊断鉴定时,由当事人或者当事人委托有关卫生行政部门从专家库中以随机抽取的方式确定参加诊断鉴定委员会的专家。

职业病诊断鉴定委员会如何进行职业病诊断鉴定?

根据《职业病防治法》第 53 条第 3 款规定,职业病诊断鉴定委员会应当按照国务院卫生行政部门颁布的职业病诊断标准和职业病诊断、鉴定办法进行职业病诊断鉴定,向当事人出具职业病诊断鉴定书。

职业病诊断、鉴定费用和疑似职业病病人在诊断、医学观察期间的费用是否由劳动者承担?

根据《职业病防治法》第 53 条第 3 款规定,职业病诊断、鉴定费用由用人单位承担。根据本法第 55 条第 3 款的规定,疑似职业病病人在诊断、医学观察期间的费用,由用人单位承担。

在疑似职业病病人诊断或医学观察期间,用人单位能解除劳动合同吗?

根据《职业病防治法》第 55 条第 1 款和第 2 款规定,医疗卫生机构发现疑似职业病病人时,应当告知劳动者本人并及时通知用人单位。用人单位应当及时安排对疑似职业病病人进行诊断;在疑似职业病病人诊断或者医学观察期间,不得解除或者终止与其订立的劳动合同。

职业病病人享受哪些职业病待遇?

根据《职业病防治法》第 56 条规定,用人单位应当保障职业病病人依法享受国家规定的职业病待遇。用人单位应当按照国家有关规定,安排职业病病人进行治疗、康复和定期检查。用人单位对不适宜继续从事原工作的职业病病人,应当调离原岗位,并妥善安置。用人单位对从事接触职业病危害的作业的劳动者,应当给予适当岗位津贴。根据本法第 57 条规定,职业病病人的诊疗、康复费用,伤残以及丧失劳动能力的职业病病人的社会保障,按照国家有关工伤保险的规定执行。本法第 58 条规定,职业病病人除依法享有工伤保险外,依照有关民事法律,尚有获得赔偿的权利的,有权向用人单位提出赔偿要求。

用人单位没有参加工伤社会保险的,职业病患者的医疗和生活保障由谁承担?

根据《职业病防治法》第 59 条规定,劳动者被诊断患有职业病,但用人单位没有依法参加工伤保险的,其医疗和生活保障由该用人单位承担。

用人单位发生分立、合并、解散、破产等情形的,应如何安置职业病病人?

根据《职业病防治法》第 60 条规定,职业病病人变动工作单位,其依法享有的待遇不变。用人单位在发生分立、合并、解散、破产等情形时,应当对从事接触职业病危害的作业的劳动者进行健康检查,并按照国家有关规定妥善安置职业病病人。

用人单位已不存在或者无法确认劳动关系的职业病病人,能否向政府部门申请救助?

根据《职业病防治法》第 61 条规定,用人单位已经不存在或者无法确认劳动关系的职业病病人,可以向地方人民政府民政部门申请医疗救助和生活等方面的救助。地方各级人民政府应当根据本地区的实际情况,采取其他措施,使前款规定的职业病病人获得医疗救治。

五、社 会 保 险

(一) 职工基本医疗保险

1. 保险范围

什么是基本医疗保险? 其主要有哪几种?

我国实行的基本医疗保险亦称国家基本医疗保险,它是按国家法律法规政策强制实施的为企业职工非工伤患病医疗、城镇居民患病医疗以及农民患病医疗提供物质帮助的一种社会保险。根据《中华人民共和国社会保险法》(以下简称《社会保险法》)的规定,我国的基本医疗保险主要包括职工基本医疗保险、城镇居民基本医疗保险和新型农村合作医疗保险。

职工基本医疗保险的覆盖范围包括哪些?

《社会保险法》第23条规定,职工应当参加职工基本医疗保险,由用人单位和职工按照国家规定共同缴纳基本医疗保险费。根据《劳动合同法》的规定,用人单位主要包括:在我国境内设立的中外有限责任公司,中外股份公司,个人独资企业、合伙企业,个体经济组织、民办非企业单位等组织以及会计师事务所、律师事务所等合伙组织和基金会,与劳动者建立劳动关系的国家机关、事业单位、社会团体,以及与劳动者建立劳动关系的上述用人单位的分支机构。劳动者作为上述用人单位的职工应当参加基本医疗保险,劳动者即职工及其所在用人单位应依法共同缴纳基本医疗保险费。

城镇异地就业职工、农民工能否参加基本医疗保险?

《社会保险法》第23条规定,职工应当参加职工基本医疗保险,由用人单位和职工按照国家规定共同缴纳基本医疗保险费。本法第95条规定,进城务工的农村居民依照本法规定参加社会保险。因此,城镇、异地就业职工、进城务工的农村居民只要与用人单位建立劳动关系,其有权参加职工基本医疗保险,其作为职工和其所在的用人单位就负有按照国家规定共同缴纳基本医疗保险费的义务。

2. 基本医疗保险费的缴纳

用人单位和职工所缴纳的基本医疗保险费率一般为多少?

根据《国务院关于建立城镇职工基本医疗保险制度的决定》(国发〔1998〕44号)的规定,基本医疗保险费由用人单位和职工共同缴纳。用人单位缴费率应控制在职工工资总额的6%左右,职工缴费率一般为本人工资收入的2%。随着经济发展,用人单位和职工缴费率可作相应调整。

城镇职工基本医疗保险基金由哪些构成?

城镇基本医疗保险基金是指按照国家规定,由用人单位和职工及其他灵活就业人员分别按工资总额及缴费工资的一定比例缴纳以及政府补贴等组成,为保障职工和其他灵活就业人员在职期间及离退休后的基本医疗而筹集的专项基金。根据《国务院关于建立城镇职工基本医疗保险制度的决定》的规定,基本医疗保险基金由统筹基金和个人账户构成。用人单位缴纳的基本医疗保险费分为两部分,一部分用于建立统筹基金,一部分划入个人账户。

用人单位缴纳的基本医疗保险费是否部分划入个人账户?

《社会保险法》对此没有作出明确规定。我国目前的城镇职工基本医疗保险制度是根据《国务院关于建立城镇职工基本医疗保险制度的决定》规定建立的。根据该《决定》规定,职工个人缴纳的基本医疗保险费,全部计入个人账户。用人单位缴纳的基本医疗保险费分为两部分,一部分用于建立统筹基金,一部分划入个人账户。划入个人账户的比例一般为用人单位缴费的30%左右,具体比例由统筹地区根据个人账户的支付范围和职工年龄等因素确定。

国有企业下岗职工的基本医疗保险缴费基数如何确定?

根据《国务院关于建立城镇职工基本医疗保险制度的决定》规定,国有企业下岗职工的基本医疗保险费,包括单位缴费和个人缴费,均由再就业服务中心按照当地上年度职工平均工资的60%为基数缴纳。

3. 基本医疗保险待遇

参保职工退休后享受基本医疗保险待遇应具备什么条件？

根据《社会保险法》第 27 条规定,参加职工基本医疗保险的个人,退休后不再缴纳基本医疗保险费,按照国家规定享受基本医疗保险待遇须同时具备以下两个条件:(1)达到法定退休年龄退休。参加职工基本医疗保险的个人应当按照以下法定退休年龄退休:男年满 60 周岁,女年满 50 周岁,女干部年满 55 周岁。从事井下、高空、高温、特别繁重体力劳动或其他有害身体健康工作(以下称特殊工种)的,退休年龄为男年满 55 周岁、女年满 45 周岁;因病或非因工致残,由医院证明并经劳动鉴定委员会确认完全丧失劳动能力的,退休年龄为男年满 50 周岁、女年满 45 周岁。(2)退休时累计缴费达到国家规定年限。可见,参加职工基本医疗保险的个人达到法定退休年龄退休,但是其缴费未达到国家规定年限的,其退休后亦不得享受基本医疗保险待遇。

未达到缴费年限的参保职工,怎样才能在退休后享受基本医疗保险待遇？

《社会保险法》第 27 条规定,参加职工基本医疗保险的个人,达到法定退休年龄时累计缴费达到国家规定年限的,退休后不再缴纳基本医疗保险费,按照国家规定享受基本医疗保险待遇;未达到国家规定年限的,可以缴费至国家规定年限。据此,参加职工基本医疗保险的个人,达到法定退休年龄时累计缴费未达到国家规定年限的,要在退休后按照国家规定享受基本医疗保险待遇,应当在退休后缴费至国家规定的年限。

参保人员医疗费用中应由基本医疗保险基金支付的部分如何结算？

《社会保险法》第 29 条规定,参保人员医疗费用中应当由基本医疗保险基金支付的部分,由社会保险经办机构与医疗机构、药品经营单位直接结算。社会保险行政部门和卫生行政部门应当建立异地就医医疗费用结算制度,方便参保人员享受基本医疗保险待遇。

基本医疗保险统筹基金和个人账户各自支付的医疗费用范围如何确定？

根据《国务院关于建立城镇职工基本医疗保险制度的决定》规定,统筹基金和个人账户要划定各自的支付范围,分别核算,不得互相挤占。要确定统筹基金的起付标准和最高支付限额,起付标准原则上控制在当地职工年平均工资的 10%左右,最高支付限额原则上控制在当地职工年平均工资的 4 倍左右。起付标准以下的医疗费用,从个人账户中支付或由个人自付。起付标准以上、最高支付限额以下的医疗费用,主要从统筹基金中支付,个人也要负担一定比例。超过最高支付限额的医疗费用,可以通过商业医疗保险等途径解决。统筹基金的具体起付标准、最高支付限额以及在起付标准以上和最高支付限额以下医疗费用的个人负担比例,由统筹地区根据以收定支、收支平衡的原则确定。

参保人员的哪些医疗费用从基本医疗保险基金中支付?

《社会保险法》第 28 条规定,符合基本医疗保险药品目录、诊疗项目、医疗服务设施标准以及急诊、抢救的医疗费用,按照国家规定从基本医疗保险基金中支付。

参保人员因工伤发生的医疗费用能否由基本医疗保险基金支付?

根据《社会保险法》第 30 条第 1 款第 1 项规定,应当从工伤保险基金中支付的医疗费用不纳入基本医疗保险基金支付范围。根据《社会保险法》的规定,用人单位的职工都应当参加工伤保险和基本医疗保险,基本医疗保险基金的支付范围主要为参保人员患病和非因工负伤所发生的医疗费用,而职工因患职业病或因工负伤所发生的医疗费用则应当从工伤保险基金中支付。因此,应当从工伤保险基金中支付的医疗费用不得由基本医疗保险基金支付。

参保人员因第三人的伤害而发生的医疗费用能否由基本医疗保险基金支付?

应当由第三人负担的医疗费用主要是指参加基本医疗保险的职工患病或者非因工负伤为第三人的故意或者过失造成的,根据《侵权责任法》的规定,在上述情形下发生的医疗费用应当由第三人负担。此外,根据《中华人民共和国道路交通安全法》的规定,机动车发生交通事故给作为基本医疗保险的参保人造成的医疗费损失,由保险公司在机动车第三者责任强制保险之一的医疗费用赔偿限额范围内予以赔偿。因此,《社会保险法》第 30

条第 1 款第 2 项规定,应当由第三人负担的医疗费用不纳入基本医疗保险基金支付范围。

参保人员因公共卫生事件而发生的医疗费用是否由基本医疗保险基金支付?

应当由公共卫生负担的医疗费用,主要是指在全国或者局部地区大规模范围内发生流行性疾病或传染性疾病或其他公共卫生事件而导致发生大规模疫情等情况下,参保人员因治疗而发生的医疗费用。对此,《社会保险法》第 30 条第 1 款第 3 项规定,应当由公共卫生负担的医疗费用不纳入基本医疗保险基金支付范围。

参保人员在境外就医所发生的医疗费用能否由基本医疗保险基金支付?

参保人员在境外就医所发生的医疗费用,主要是指参保人员未经许可擅自在境外医院或其他医疗机构治疗疾病所发生的费用。按照《社会保险法》及相关规定,基本医疗保险的参保人应当在医保指定医院就医,因此《社会保险法》第 30 条第 1 款第 4 项规定,参保人员在境外就医所发生的医疗费用不纳入基本医疗保险基金支付范围。

在什么情况下,参保人员的医疗费用由基本医疗保险基金先行支付?

根据《社会保险法》第 30 条第 2 款规定,参保人员的医疗费用由基本医疗保险基金先行支付应当同时满足以下条件:(1)医疗费用依法应当由第三人负担;(2)第三人不支付或者无法确定第三人的。此外,需要说明的是,第 30 条第 2 款还规定了基本医疗保险基金追偿权,即基本医疗保险基金先行支付后,有权向第三人追偿。

参保人员所使用的药品能否超出《药品目录》的范围?

根据《城镇职工基本医疗保险用药范围管理暂行办法》规定,参保人员的用药超出《药品目录》范围的,其费用不得由基本医疗保险基金支付。但急救、抢救期间所需药品的使用可适当放宽范围,各统筹地区要根据当地实际制定具体的管理办法。

基本医疗保险不予支付费用的诊疗服务项目包括哪些?

根据《关于城镇职工基本医疗保险诊疗项目管理的意见》的规定,城镇职工基本医疗保险不予支付费用的诊疗服务项目包括:(1)挂号费、院外会诊费、病历工本费等。(2)出诊费、检查治疗加急费、点名手术附加费、优质优价费、自请特别护士等特需医疗服务。

基本医疗保险不予支付费用的非疾病治疗项目包括哪些?

根据《关于城镇职工基本医疗保险诊疗项目管理的意见》的规定,城镇职工基本医疗保险不予支付费用的非疾病治疗项目类包括:(1)各种美容、健美项目以及非功能性整容、矫形手术等。(2)各种减肥、增胖、增高项目。(3)各种健康体检。(4)各种预防、保健性的诊疗项目。(5)各种医疗咨询、医疗鉴定。

基本医疗保险对参保职工使用的哪些诊疗设备及医用材料不予支付费用?

根据《关于城镇职工基本医疗保险诊疗项目管理的意见》的规定,对参保职工所使用的下列诊疗设备及医用材料,基本医疗保险不予支付费用:(1)应用正电子发射断层扫描装置(PET)、电子束CT、眼科准分子激光治疗仪等大型医疗设备进行的检查、治疗项目。(2)眼镜、义齿、义眼、义肢、助听器等康复性器具。(3)各种自用的保健、按摩、检查和治疗器械。(4)各省物价部门规定不可单独收费的一次性医用材料。

基本医疗保险对参保职工的哪些治疗项目不予支付费用?

根据《关于城镇职工基本医疗保险诊疗项目管理的意见》的规定,对参保职工的下列治疗项目,基本医疗保险不予支付费用:(1)各类器官或组织移植的器官源或组织源。(2)除肾脏、心脏瓣膜、角膜、皮肤、血管、骨、骨髓移植外的其他器官或组织移植。(3)近视眼矫形术。(4)气功疗法、音乐疗法、保健性的营养疗法、磁疗等辅助性治疗项目。(5)其他:①各种不育(孕)症、性功能障碍的诊疗项目。②各种科研性、临床验证性的诊疗项目。

基本医疗保险医疗服务设施费用主要包括哪些?

根据原劳动和社会保障部、国家发展计划委员会、财政部、卫生部、国家中医药管理局联合制定的《关于确定城镇职工基本医疗保险医疗服务设施范围和支付标准的意见》规定,基本医疗保险医疗服务设施是指由定点医疗机构提供的,参保人员在接受诊断、治疗和护理过程中必需的生活服务设施。

根据本《意见》规定,基本医疗保险医疗服务设施费用主要包括住院床位费及门(急)诊留观床位费。对已包含在住院床位费或门(急)诊留观床位费中的日常生活用品、院内运输用品和水、电等费用,基本医疗保险基金不另行支付,定点医疗机构也不得再向参保人员单独收费。

基本医疗保险基金不予支付的服务项目和服务设施费用包括哪些?

根据《关于城镇职工基本医疗保险诊疗项目管理的意见》的规定,基本医疗保险基金不予支付的生活服务项目和服务设施费用,主要包括:(1)就(转)诊交通费、急救车费;(2)空调费、电视费、电话费、婴儿保温箱费、食品保温箱费、电炉费、电冰箱费及损坏公物赔偿费;(3)陪护费、护工费、洗理费、门诊煎药费;(4)膳食费;(5)文娱活动费以及其他特需生活服务费用。其他医疗服务设施项目是否纳入基本医疗保险基金支付范围,由各省(自治区、直辖市)劳动保障行政部门规定。

基本医疗保险住院床位费支付标准如何确定?

根据《关于城镇职工基本医疗保险诊疗项目管理的意见》的规定,基本医疗保险住院床位费支付标准,由各统筹地区劳动保障行政部门按照本省物价部门规定的普通住院病房床位费标准确定。需隔离以及危重病人的住院床位费支付标准,由各统筹地区根据实际情况确定。基本医疗保险门(急)诊留观床位费支付标准按本省物价部门规定的收费标准确定,但不得超过基本医疗保险住院床位费支付标准。

参保人员住院床位费高于或低于基本医疗保险支付标准时如何处理?

根据《关于城镇职工基本医疗保险诊疗项目管理的意见》的规定,定点医疗机构要公开床位收费标准和基本医疗保险床位费支付标准,在安排病房或门(急)诊留观床位时,应将所安排的床位收费标准告知参保人员或家属。参保人员可以根据定点医疗机构的建议,自主选择不同档次的病房或门(急)诊留观床位。由于床位紧张或其他原因,定点医疗机构必须把参保人员安排在超标准病房时,应首先征得参保人员或家属的同意。参保人员的实际床位费低于基本医疗保险住院床位费支付标准的,以实际床位费按基本医疗保险的规定支付;高于基本医疗保险住院床位费支付标准的,在支付标准以内的费用,按基本医疗保险的规定支付,超出部分由参保人员自付。

4. 保险关系转移接续

城乡各类流动就业人员能否同时参加和重复享受基本医疗保险待遇?

根据《流动就业人员基本医疗保障关系转移接续暂行办法》(人社部发〔2009〕191 号)第 2 条规定,城乡各类流动就业人员按照现行规定相应参加城镇职工基本医疗保险、城镇居民基本医疗保险或新型农村合作医疗,不得同时参加和重复享受待遇。

城乡各类流动就业人员应在何地参加基本医疗保险?

根据《流动就业人员基本医疗保障关系转移接续暂行办法》第 3 条规定,农村户籍人员在城镇单位就业并有稳定劳动关系的,由用人单位按照《社会保险登记管理暂行办法》的规定办理登记手续,参加就业地城镇职工基本医疗保险。其他流动就业的,可自愿选择参加户籍所在地新型农村合作医疗或就业地城镇基本医疗保险,并按照有关规定到户籍所在地新型农村合作医疗经办机构或就业地社会(医疗)保险经办机构办理登记手续。

进城农村务工人员参加城镇基本医疗保险后,基本医疗保险关系如何转移?

根据《流动就业人员基本医疗保障关系转移接续暂行办法》第 4 条规定,新型农村合作医疗参合人员参加城镇基本医疗保险后,由就业地社会(医疗)保险经办机构通知户籍所在地新型农村合作医疗经办机构办理转移手续,按当地规定退出新型农村合作医疗,不再享受新型农村合作医疗待遇。

退出城镇基本医疗保险关系的农村务工人员如何参加新型农村合作医疗?

根据《流动就业人员基本医疗保障关系转移接续暂行办法》第 5 条规定,由于劳动关系终止或其他原因中止城镇基本医疗保险关系的农村户籍人员,可凭就业地社会(医疗)保险经办机构出具的参保凭证,向户籍所在地新型农村合作医疗经办机构申请,按当地规定参加新型农村合作医疗。

城镇基本医疗保险参保人员跨统筹地区流动就业的,如何在当地参加基本医疗保险?

根据《流动就业人员基本医疗保障关系转移接续暂行办法》第6条规定,城镇基本医疗保险参保人员跨统筹地区流动就业,新就业地有接收单位的,由单位按照《社会保险登记管理暂行办法》的规定办理登记手续,参加新就业地城镇职工基本医疗保险;无接收单位的,个人应在中止原基本医疗保险关系后的3个月内到新就业地社会(医疗)保险经办机构办理登记手续,按当地规定参加城镇职工基本医疗保险或城镇居民基本医疗保险。

城镇基本医疗保险参保人员跨统筹地区流动就业的,基本医疗保险关系如何转移?

根据《流动就业人员基本医疗保障关系转移接续暂行办法》第7条规定,城镇基本医疗保险参保人员跨统筹地区流动就业并参加新就业地城镇基本医疗保险的,由新就业地社会(医疗)保险经办机构通知原就业地社会(医疗)保险经办机构办理转移手续,不再享受原就业地城镇基本医疗保险待遇。建立个人账户的,个人账户原则上随其医疗保险关系转移划转,个人账户余额(包括个人缴费部分和单位缴费划入部分)通过社会(医疗)保险经办机构转移。

个人跨统筹地区就业的,其基本医疗保险缴费年限如何计算?

《社会保险法》第32条规定,个人跨统筹地区就业的,其基本医疗保险关系随本人转移,缴费年限累计计算。

(二) 工伤保险

1. 保险范围

应为职工缴纳工伤保险费的用人单位包括哪些?

根据《工伤保险条例》第2条规定,中国境内的企业、事业单位、社会团体、民办非企业单位、基金会、律师事务所、会计师事务所等组织和有雇工的个体工商户(以下称用人单位)应当依照本《条例》规定参加工伤保险,为本单位全部职工或者雇工(以下称职工)缴纳工伤保险费。中国境内的企业、事业单位、社会团体、民办非企业单位、基金会、律师事务所、会计师事务所等组织的职工和个体工商户的雇工,均有依照本《条例》的规定享受工伤保险待遇的权利。可见,无论是中资企业还是外资企业、国有企业或是民营企业、合伙企业还是乡镇企业、个人独资企业还是事业单位、社会团体、民办非企业单位、基金会、律师事务所、会计师事务所等组织及个体工商户,都负有为其职工或者雇工缴纳工伤保险费的义务。

用人单位招用农村务工人员的,是否应为其缴纳工伤保险费?

《社会保险法》第95条规定,进城务工的农村居民依照本法规定参加社会保险。根据《工伤保险条例》第2条规定,作为用人单位的企业、事业单位、社会团体、民办非企业单位、基金会、律师事务所、会计师事务所等组织或有雇工的个体工商户(以下称用人单位),只要与进城务工的农村居民建立劳动关系或雇佣关系就应当依照本《条例》规定参加工伤保险,为本单位全部职工或者雇工(以下称职工)缴纳工伤保险费。作为企业、事业单位、社会团体、民办非企业单位、基金会、律师事务所、会计师事务所等组织的职工和个体工商户雇工的进城务工的农村居民,均有依照本《条例》的规定享受工伤保险待遇的权利。

职工被派遣出境工作的,能否在当地参加工伤保险?

根据《工伤保险条例》第44条规定,职工被派遣出境工作,依据前往国家或者地区的法律应当参加当地工伤保险的,参加当地工伤保险,其国内工伤保险关系中止;不能参加当地工伤保险的,其国内工伤保险关系不中止。

2. 保险费的缴纳

职工参加工伤保险个人应缴纳工伤保险费吗?

《社会保险法》第33条明确规定,职工应当参加工伤保险,由用人单位缴纳工伤保险费,职工不缴纳工伤保险费。对此,《工伤保险条例》第10条进一步明确规定,用人单位应当按时缴纳工伤保险费。职工个人不缴纳工伤保险费。

用人单位可以不将参加工伤保险的有关情况告知劳动者吗?

《工伤保险条例》第4条第1款规定,用人单位应当将参加工伤保险的有关情况在本单位内公示。据此,用人单位应将参加工伤保险的有关情况通过公示的方式告知劳动者。

用人单位缴纳工伤保险费的数额如何计算？

《社会保险法》第35条规定，用人单位应当按照本单位职工工资总额，根据社会保险经办机构确定的费率缴纳工伤保险费。对此，《工伤保险条例》第10条进一步明确规定，用人单位缴纳工伤保险费的数额为本单位职工工资总额乘以单位缴费费率之积。对难以按照工资总额缴纳工伤保险费的行业，其缴纳工伤保险费的具体方式，由国务院社会保险行政部门规定。根据本《条例》第64条第1款规定，本条例所称工资总额，是指用人单位直接支付给本单位全部职工的劳动报酬总额。

难以按照工资总额缴纳工伤保险费的行业企业，其缴纳费额如何计算？

根据人力资源和社会保障部公布并自2011年1月1日起施行的《部分行业企业工伤保险费缴纳办法》规定，本《办法》所称的部分行业企业是指建筑、服务、矿山等行业中难以直接按照工资总额计算缴纳工伤保险费的建筑施工企业、小型服务企业、小型矿山企业等。建筑施工企业可以实行以建筑施工项目为单位，按照项目工程总造价的一定比例，计算缴纳工伤保险费。商贸、餐饮、住宿、美容美发、洗浴以及文体娱乐等小型服务业企业以及有雇工的个体工商户，可以按照营业面积的大小核定应参保人数，按照所在统筹地区上一年度职工月平均工资的一定比例和相应的费率，计算缴纳工伤保险费；也可以按照营业额的一定比例计算缴纳工伤保险费。小型矿山企业可以按照总产量、吨矿工资含量和相应的费率计算缴纳工伤保险费。本《办法》中所列部分行业企业工伤保险费缴纳的具体计算办法，由省级社会保险行政部门根据本地区实际情况确定。

用人单位应缴纳的工伤保险费率是如何确定的？

《工伤保险条例》第8条规定，工伤保险费根据以支定收、收支平衡的原则，确定费率。国家根据不同行业的工伤风险程度确定行业的差别费率，并根据工伤保险费使用、工伤发生率等情况在每个行业内确定若干费率档次。行业差别费率及行业内费率档次由国务院社会保险行政部门制定，报国务院批准后公布施行。统筹地区经办机构根据用人单位工伤保险费使用、工伤发生率等情况，适用所属行业内相应的费率档次确定单位缴费费率。

因工伤发生的哪些费用由工伤保险基金支付？

《社会保险法》第38条规定,因工伤发生的下列费用,按照国家规定从工伤保险基金中支付:(1)治疗工伤的医疗费用和康复费用;(2)住院伙食补助费;(3)到统筹地区以外就医的交通食宿费;(4)安装配置伤残辅助器具所需费用;(5)生活不能自理的,经劳动能力鉴定委员会确认的生活护理费;(6)一次性伤残补助金和一至四级伤残职工按月领取的伤残津贴;(7)终止或者解除劳动合同时,应当享受的一次性医疗补助金;(8)因工死亡的,其遗属领取的丧葬补助金、供养亲属抚恤金和因工死亡补助金;(9)劳动能力鉴定费。

因工伤发生的哪些费用由用人单位支付？

《社会保险法》第39条规定,因工伤发生的下列费用,按照国家规定由用人单位支付:(1)治疗工伤期间的工资福利;(2)五级、六级伤残职工按月领取的伤残津贴;(3)终止或者解除劳动合同时,应当享受的一次性伤残就业补助金。

用人单位拒绝支付工伤保险待遇的,能否从工伤保险基金中先行支付？

《社会保险法》第41条规定,职工所在用人单位未依法缴纳工伤保险费,发生工伤事故的,由用人单位支付工伤保险待遇。用人单位不支付的,从工伤保险基金中先行支付。从工伤保险基金中先行支付的工伤保险待遇应当由用人单位偿还。用人单位不偿还的,社会保险经办机构可以依照本法第63条的规定追偿。

第三人造成工伤而不支付工伤医疗费的,能否由工伤保险基金先行支付？

《社会保险法》第42条规定,由于第三人的原因造成工伤,第三人不支付工伤医疗费用或者无法确定第三人的,由工伤保险基金先行支付。工伤保险基金先行支付后,有权向第三人追偿。

工伤职工未经工伤认定或劳动能力鉴定,能否享受工伤保险待遇？

《社会保险法》第36条规定,职工因工作原因受到事故伤害或者患职业病,且经工伤认定的,享受工伤保险待遇;其中,经劳动能力鉴定丧失劳动能力的,享受伤残待遇。工伤认定和劳动能力鉴定应当简捷、方便。可见,职工因工作原因受到事故伤害或者患职业病,要享受工伤保险待遇及伤残待遇,应当依法进行工伤认定和劳动能力鉴定,否则无法享受工伤待遇。

3. 工伤认定情形

职工有什么情形的,应当认定为工伤?

《工伤保险条例》第 14 条规定,职工有下列情形之一的,应当认定为工伤:(1)在工作时间和工作场所内,因工作原因受到事故伤害的;(2)工作时间前后在工作场所内,从事与工作有关的预备性或者收尾性工作受到事故伤害的;(3)在工作时间和工作场所内,因履行工作职责受到暴力等意外伤害的;(4)患职业病的;(5)因工外出期间,由于工作原因受到伤害或者发生事故下落不明的;(6)在上下班途中,受到非本人主要责任的交通事故或者城市轨道交通、客运轮渡、火车事故伤害的;(7)法律、行政法规规定应当认定为工伤的其他情形。

职工有什么情形的,视同工伤?

《工伤保险条例》第 15 条第 1 款规定,职工有下列情形之一的,视同工伤:(1)在工作时间和工作岗位,突发疾病死亡或者在 48 小时之内经抢救无效死亡的;(2)在抢险救灾等维护国家利益、公共利益活动中受到伤害的;(3)职工原在军队服役,因战、因公负伤致残,已取得革命伤残军人证,到用人单位后旧伤复发的。本条第 2 款规定,职工有前款第(1)项、第(2)项情形的,按照本条例的有关规定享受工伤保险待遇;职工有前款第(3)项情形的,按照本条例的有关规定享受除一次性伤残补助金以外的工伤保险待遇。

职工在什么情形下导致伤亡的,不得认定为工伤?

《社会保险法》第 37 条规定,职工因下列情形之一导致本人在工作中伤亡的,不认定为工伤:(1)故意犯罪;(2)醉酒或者吸毒;(3)自残或者自杀;(4)法律、行政法规规定的其他情形。

大学生在实习单位因操作机器被切去手指,能否认定为工伤?

根据《工伤保险条例》第 14 条第 1 项的规定,用人单位的职工在工作时间和工作场所内,因工作原因受到事故伤害的,应当认定为工伤。因为在校大学生在实习单位实习时并未与实习单位建立劳动关系,故不属于用人单位的职工,其无权参加工伤保险,用人单位亦无需为其缴纳社会保险费,因此,在校大学生在实习期间因操作机器有误致使发生事故受到伤害的,不属于工伤,其无权享受工伤保险待遇。但是,如果用人单位与该实习生签订了劳动合同,双方因此建立劳动关系的情况下,其在工作期间的事故伤害就应当按工伤处理。

职工因违反安全操作规程受到事故伤害的,是否属于工伤?

现代工伤赔偿原则实行的是无过错赔偿原则,无论劳动者的职业伤害责任属于雇主、其他人或者劳动者自己,工伤受害者都应得到必需的补偿。也就是说,只要劳动者所受的伤害被依法认定为工伤,不论对于工伤的发生是否具有过错,都应当依法得到赔偿。对此,《工伤保险条例》所确立的工伤事故赔偿原则也是无过错原则。根据本《条例》第14条第1项规定,职工在工作时间和工作场所内,因工作原因受到事故伤害的,应当认定为工伤。因此,职工在工作时间和工作场所内,违反安全操作规程受到事故伤害的,无论其是否存在主观过错,也应当认定为工伤。

被派遣出境工作的职工受到事故伤害的,能否认定为工伤?

《工伤保险条例》第44条规定,职工被派遣出境工作,依据前往国家或者地区的法律应当参加当地工伤保险的,参加当地工伤保险,其国内工伤保险关系中止;不能参加当地工伤保险的,其国内工伤保险关系不中止。据此,被用人单位派遣出境工作的职工按照当地法律参加工伤保险的,在工作场所和工作期间受到事故伤害的,应当按照当地的有关法律规定认定是否属于工伤,而不能按照我国《工伤保险条例》的规定认定工伤。被派遣出境工作的职工不能参加当地工伤保险的,应当按照我国《工伤保险条例》的规定认定为工伤。

职工在工作结束收拾工具时不慎摔伤骨折的,能否认定为工伤?

根据《工伤保险条例》第14条第1项和第2项规定,职工在工作时间和工作场所内,因工作原因受到事故伤害的,以及工作时间前后在工作场所内,从事与工作有关的预备性或者收尾性工作受到事故伤害的,应当认定为工伤。可见,在实际工作中,职工受到事故伤害有时并不是在完成工作任务本身中受到伤害,而是在工作时间结束后在工作场所内,收拾工具等收尾性工作时不慎摔倒造成骨折、甚至残疾的,也应当认定为工伤。

职工在工作开始前从事预备性工作受到事故伤害的,是否属于工伤?

根据《工伤保险条例》第14条第1项和第2项规定,职工在工作时间和工作场所内,因工作原因受到事故伤害的,以及工作时间前后在工作场所内,从事与工作有关的预备性或者收尾性工作受到事故伤害的,应当认定为工伤。可见,在实际工作中,职工受到事故伤害有时并不是在完成工作任务本身中受到伤害,而是在工作时间开始前在工作场所内,从事与工作有关的预备性工作而引发事故并受到伤害的,应当认定为工伤。

职工在工作场所遭到暴力袭击伤亡的,能否认定为工伤?

根据《工伤保险条例》第14条第3项规定,职工在工作时间和工作场所内,因履行工作职责受到暴力等意外伤害的,应当认定为工伤。因此,在银行、商店遭到暴徒抢劫时,因拒绝交出现钞、其他财物或者因反击抢劫行为而遭到抢劫暴徒的袭击而伤亡的职工,应当认定为工伤。

职工在上班时间和工作场所内因互殴而伤亡的,是否属于工伤?

根据《工伤保险条例》第14条第3项规定,职工在工作时间和工作场所内,因履行工作职责受到暴力等意外伤害的,应当认定为工伤。但根据本《条例》第16条规定,职工在工作时间和工作场所内因打架斗殴、故意犯罪受到暴力伤亡的,则不能认定或者视为工伤。

职工在上班时间因制止他人打架斗殴而伤亡的,能否认定为工伤?

根据《工伤保险条例》第14条第3项规定,职工在工作时间和工作场所内,因履行工作职责受到暴力等意外伤害的,应当认定为工伤。可见,在工作中如保安公司的保安员因履行职责受到暴力而伤亡的,或者用人单位的部门负责人因履行职责、制止不法行为、制止打架斗殴受到暴力而伤亡的,都应当认定为工伤。

工作中因替他人看管机器而受到事故伤害的,能否认定为工伤?

根据《工伤保险条例》第14条第1项规定,职工在工作时间和工作场所内,因工作原因受到事故伤害的,应当认定为工伤。根据本《条例》第16条第3款规定,职工在工作中自残或者自杀的,不属于工伤。可见,职工在工作时间、工作区域因工作原因造成的伤亡,即使职工本人有一定的过错,也不属于故意致残行为。因此,职工在工作中因帮助其他职工看管机器致残的情况下,应当认定为工伤。

职工在上下班途中被机动车撞伤的,能否认定为工伤?

根据《工伤保险条例》第 14 条第 6 项规定,职工在上下班途中,受到非本人主要责任的交通事故或者城市轨道交通、客运轮渡、火车事故伤害的,应当认定为工伤。因此,职工在上下班途中在遵守交通规则和本人对发生交通事故非承担主要责任的情况下,应当认定为工伤。

职工酒后驾车在上下班途中发生交通事故伤亡的,能否认定为工伤?

根据《工伤保险条例》第 14 条第 6 项规定,职工在上下班途中,受到非本人主要责任的交通事故或者城市轨道交通、客运轮渡、火车事故伤害的,应当认定为工伤。因此,对职工上下班途中本人承担主要责任的交通事故,如无证驾驶、酒后驾车等行为造成本人伤亡的,不能认定为工伤。

职工在乘公交车上班途中因拥挤被摔伤,能否认定为工伤?

根据《工伤保险条例》第 14 条第 6 项规定,职工在上下班途中,受到非本人主要责任的交通事故或者城市轨道交通、客运轮渡、火车事故伤害的,应当认定为工伤。上述内容虽未规定上下班途中职工乘公交车因发生拥挤而遭受伤害的应认定为工伤,但是,基于职工受到的伤害是发生在上下班途中,且职工对事故伤害不负主要责任,因此,也应当认定为工伤。

替代职工上班的非职工人员上下班途中遭遇事故伤害的,是否属于工伤?

根据《工伤保险条例》第 14 条第 6 项规定,职工在上下班途中,受到非本人主要责任的交通事故或者城市轨道交通、客运轮渡、火车事故伤害的,应当认定为工伤。据此,代替职工上班的非职工人员,因其与用人单位之间不存在合法有效的劳动关系或雇佣关系,不能依法成为工伤保险的保障对象,在其替代职工上班时,在上下班途中,受到非本人主要责任的交通事故或者城市轨道交通、客运轮渡、火车事故伤害的,不能认定为工伤。

职工在工作中突然昏迷后经抢救无效死亡的,能否认定为工伤?

根据《工伤保险条例》第 15 条第 1 项规定,在工作时间和工作岗位,突发疾病死亡或者在 48 小时之内经抢救无效死亡的,视同工伤。可见,职工在工作时间和工作岗位,突发疾病处于昏迷状态,经抢救在48小时后死亡的,不能视为或者认定为工伤;而在48小时内经抢救无效死亡的,应当认定为工伤。

职工在工作中发生伤残事故而在48小时后死亡的,能否认定为工伤?

《工伤保险条例》第15条第1项规定,职工在工作时间和工作岗位,突发疾病死亡或者在48小时之内经抢救无效死亡的,视同工伤。据此,在现实工伤认定或者司法实践中,往往将职工在工作中发生伤残事故而事故发生后48小时内经抢救无效死亡的视为工伤,而对超过48小时经抢救无效死亡的不视为工伤。这是对上述规定的曲解。《工伤保险条例》第15条第1项规定只适用于职工所发生的那些突发性疾病,而不管这种导致死亡的突发性疾病是否是因工作原因引起的。但是,对于职工在工作时间和工作场所内,因工作原因受到事故伤害而死亡的,不论其死亡是否发生在事故发生后的48小时之内,都应当根据《工伤保险条例》第14条第1项规定认定为工伤。

职工外出工作期间因处理私事发生车祸受到伤害的,能否认定为工伤?

根据《工伤保险条例》第14条第5项规定,因工外出期间,由于工作原因受到伤害或者发生事故下落不明的,应当认定为工伤。可见,职工在出差途中发生车祸受到伤害的或者由于工作原因发生车祸受到伤害的,属于工伤。但是,出差期间因处理与工作无关的私事或者游山玩水发生车祸受到伤害的,则不能认定为工伤。

职工出差期间途中因发生沉船下落不明的,能否认定为工伤?

根据《工伤保险条例》第14条第5项规定,因工外出期间,由于工作原因受到伤害或者发生事故下落不明的,应当认定为工伤。可见,职工在出差期间,由于工作原因,在途中或者目的地发生地震、火灾、水灾、雪灾或者沉船、沉水、飞机失事等事故下落不明的,应当认定为工伤。

职工参加抢险救灾受到伤害的,能否认定为工伤?

根据《工伤保险条例》第15条第2项规定,在抢险救灾等维护国家利益、公共利益活动中受到伤害的,视同工伤。职工参加抢险救灾是维护国家利益、公共利益的活动,因此,无论是否得到单位同意,受到伤害的都应当认定为工伤。

4. 工伤认定程序

职工发生事故伤害,所在单位应在何时提出工伤认定申请?

根据《工伤保险条例》第 17 条第 1 款规定,职工发生事故伤害,所在单位应当自事故伤害发生之日起 30 日内,向统筹地区社会保险行政部门提出工伤认定申请。遇有特殊情况,经报社会保险行政部门同意,申请时限可以适当延长。

职工依法被诊断鉴定为职业病,所在单位应在何时提出工伤认定申请?

根据《工伤保险条例》第 17 条第 1 款规定,职工按照《职业病防治法》规定被诊断、鉴定为职业病,所在单位应当自被诊断、鉴定为职业病之日起 30 日内,向统筹地区社会保险行政部门提出工伤认定申请。遇有特殊情况,经报社会保险行政部门同意,申请时限可以适当延长。

在什么情况下,工伤职工或其近亲属可以提出工伤认定申请?

根据《工伤保险条例》第 17 条第 2 款规定,职工发生事故伤害或者按照《职业病防治法》规定被诊断、鉴定为职业病,所在单位自事故伤害发生之日或者被诊断、鉴定为职业病之日起 30 日内,未向统筹地区社会保险行政部门提出工伤认定申请的,工伤职工或者其近亲属可以向用人单位所在地统筹地区社会保险行政部门提出工伤认定申请。

工伤职工或其近亲属申请工伤认定,应在什么期间提出?

根据《工伤保险条例》第 17 条第 2 款规定,职工发生事故伤害或者按照《职业病防治法》规定被诊断、鉴定为职业病,所在单位自事故伤害发生之日或者被诊断、鉴定为职业病之日起 30 日内,未向统筹地区社会保险行政部门提出工伤认定申请的,工伤职工或者其近亲属、工会组织在事故伤害发生之日或者被诊断、鉴定为职业病之日起 1 年内,可以直接向用人单位所在地统筹地区社会保险行政部门提出工伤认定申请。

申请工伤认定应向何地哪一级劳动保障行政部门提出?

根据《工伤保险条例》第 17 条第 3 款规定,按照本条第 1 款规定应当由省级社会保险行政部门进行工伤认定的事项,根据属地原则由用人单位所在地的设区的市级社会保险行政部门办理。因此,当事人申请工伤认定,应当向用人单位所在地的设区的市级社会保险行政部门提出。

用人单位未在法定期间提出工伤认定申请的,会导致什么后果?

根据《工伤保险条例》第17条第4款规定,用人单位未在本条第1款规定的时限内提交工伤认定申请,在此期间发生符合本条例规定的工伤待遇等有关费用由该用人单位负担。

提出工伤认定申请须向社会保险行政部门提交哪些材料?

根据《工伤保险条例》第18条第1款和人力资源和社会保障部《工伤认定办法》第6条规定,提出工伤认定申请应当提交下列材料:(1)工伤认定申请表,工伤认定申请表应当包括事故发生的时间、地点、原因以及职工伤害程度等基本情况。(2)与用人单位存在劳动关系(包括事实劳动关系)的证明材料,包括劳动、聘用合同文本复印件或者与用人单位存在劳动关系(包括事实劳动关系)、人事关系的其他证明材料。(3)医疗诊断证明或者职业病诊断证明书(或者职业病诊断鉴定书),这主要是指医疗机构出具的受伤后诊断证明书或者职业病诊断证明书(或者职业病诊断鉴定书)。

申请人提供的工伤认定符合什么条件的,应当受理?

根据《工伤保险条例》第18条第2款和《工伤认定办法》第8条规定,社会保险行政部门收到工伤认定申请后,应当在15日内对申请人提交的材料进行审核,材料完整的,作出受理或者不予受理的决定;材料不完整的,应当以书面形式一次性告知申请人需要补正的全部材料。社会保险行政部门收到申请人提交的全部补正材料后,应当在15日内作出受理或者不予受理的决定。社会保险行政部门决定受理的,应当出具《工伤认定申请受理决定书》;决定不予受理的,应当出具《工伤认定申请不予受理决定书》。

用人单位在什么情况下应承担工伤认定的举证责任?

举证责任,即证明责任。工伤认定中的举证责任是指工伤认定所依据的法律事实处于真伪不明的状态或者用人单位与劳动者对认定工伤有争议时,负有证明义务的一方当事人所承担的工伤认定上的不利后果。根据《工伤保险条例》第19条第2款规定,职工或者其近亲属认为是工伤,用人单位不认为是工伤的,由用人单位承担举证责任。

用人单位拒不履行举证责任的,工伤认定结论该如何作出?

根据《工伤认定办法》第 17 条规定,职工或者其近亲属认为是工伤,用人单位不认为是工伤而又拒不举证的,社会保险行政部门可以根据受伤害职工提供的证据或者调查取得的证据,依法作出工伤认定决定。

社保行政部门受理工伤认定申请后是否需要核实工伤伤害?

根据《工伤保险条例》第 19 条第 1 款规定,社会保险行政部门受理工伤认定申请后,根据审核需要可以对事故伤害进行调查核实,用人单位、职工、工会组织、医疗机构以及有关部门应当予以协助。职业病诊断和诊断争议的鉴定,依照《职业病防治法》的有关规定执行。对依法取得职业病诊断证明书或者职业病诊断鉴定书的,社会保险行政部门不再进行调查核实。

社会保险行政部门应在什么期限内作出工伤认定的决定?

《工伤保险条例》第 20 条第 1 款和第 2 款规定,社会保险行政部门应当自受理工伤认定申请之日起 60 日内作出工伤认定的决定,并书面通知申请工伤认定的职工或者其近亲属和该职工所在单位。社会保险行政部门对受理的事实清楚、权利义务明确的工伤认定申请,应当在 15 日内作出工伤认定的决定。根据上述规定可见,对于事实不清、权利义务不明确的疑难或复杂工伤案件,社会保险行政部门应当自受理工伤认定申请之日起 60 日内作出工伤认定决定;而对于事实清楚、权利义务明确的简易工伤案件,应当自受理工伤认定申请之日起 15 日内作出工伤认定决定。

社会保险行政部门可以不在工伤认定决定书上加盖公章吗?

根据《工伤认定办法》第 18 条规定,社会保险行政部门作出的工伤认定决定应当出具工伤认定决定书,工伤认定决定书包括《认定工伤决定书》和《不予认定工伤决定书》两种。第 19 条第 3 款规定,《认定工伤决定书》和《不予认定工伤决定书》应当加盖社会保险行政部门工伤认定专用印章。

《认定工伤决定书》应当载明哪些事项?

根据《工伤认定办法》第 19 条第 1 款规定,《认定工伤决定书》应当载明下列事项:(1)用人单位全称;(2)职工的姓名、性别、年龄、职业、身份证号码;(3)受伤害部位、事故时间和诊断时间或职业病名称、受伤害经过和核实情况、医疗救治的基本情况和诊断结论;(4)认定工伤或者视同工伤的依据;(5)不服认定决定申请行政复议或者提起行政诉讼的部门和时限;(6)作出认定工伤或者视同工伤决定的时间。

《不予认定工伤决定书》应当载明哪些事项?

根据《工伤认定办法》第 19 条第 2 款规定,《不予认定工伤决定书》应当载明下列事项:(1)用人单位全称;(2)职工的姓名、性别、年龄、职业、身份证号码;(3)不予认定工伤或者不视同工伤的依据;(4)不服认定决定申请行政复议或者提起行政诉讼的部门和时限;(5)作出不予认定工伤或者不视同工伤决定的时间。

工伤认定决定作出后,应在什么期间内送达当事人?

根据《工伤认定办法》第 22 条规定,社会保险行政部门应当自工伤认定决定作出之日起 20 日内,将《认定工伤决定书》或者《不予认定工伤决定书》送达受伤害职工(或者其近亲属)和用人单位,并抄送社会保险经办机构。《认定工伤决定书》和《不予认定工伤决定书》的送达参照民事法律有关送达的规定执行。

5. 劳动能力鉴定

什么是劳动能力鉴定?

根据《工伤保险条例》第 22 条第 1 款规定,劳动能力鉴定是指劳动功能障碍程度和生活自理障碍程度的等级鉴定。

工伤职工应在什么情况下进行劳动能力鉴定?

根据《工伤保险条例》第 21 条规定,职工发生工伤,经治疗伤情相对稳定后存在残疾、影响劳动能力的,应当进行劳动能力鉴定。

劳动功能障碍和生活自理障碍划分为多少等级?

根据《工伤保险条例》第 22 条第 2 款和第 3 款规定,劳动功能障碍分为十个伤残等级,最重的为一级,最轻的为十级。生活自理障碍分为三个等级:生活完全不能自理、生活大部分不能自理和生活部分不能自理。

劳动能力鉴定可以由谁提出申请?

根据《工伤保险条例》第 23 条规定,劳动能力鉴定由用人单位、工伤职工或者其近亲属向设区的市级劳动能力鉴定委员会提出申请,并提供工伤认定决定和职工工伤医疗的有关资料。

劳动能力鉴定委员会由哪些部门、机构的代表组成？

根据《工伤保险条例》第 24 条规定,省、自治区、直辖市劳动能力鉴定委员会和设区的市级劳动能力鉴定委员会分别由省、自治区、直辖市和设区的市级社会保险行政部门、卫生行政部门、工会组织、经办机构代表以及用人单位代表组成。劳动能力鉴定委员会建立医疗卫生专家库。列入专家库的医疗卫生专业技术人员应当具备下列条件:(1)具有医疗卫生高级专业技术职务任职资格;(2)掌握劳动能力鉴定的相关知识;(3)具有良好的职业品德。

鉴定委员会组成人员或鉴定专家有何种情形的,应当回避？

根据《工伤保险条例》第 27 条规定,劳动能力鉴定工作应当客观、公正。劳动能力鉴定委员会组成人员或者参加鉴定的专家与当事人有利害关系的,应当回避。

劳动能力鉴定专家组有几人组成？

根据《工伤保险条例》第 25 条第 1 款规定,设区的市级劳动能力鉴定委员会收到劳动能力鉴定申请后,应当从其建立的医疗卫生专家库中随机抽取 3 名或者 5 名相关专家组成专家组,由专家组提出鉴定意见。

劳动能力鉴定委员会如何作出工伤职工劳动能力鉴定结论？

根据《工伤保险条例》第 25 条第 1 款规定,设区的市级劳动能力鉴定委员会根据专家组的鉴定意见作出工伤职工劳动能力鉴定结论;必要时,可以委托具备资格的医疗机构协助进行有关的诊断。可见,劳动能力鉴定专家组虽有权提出鉴定意见,但无权作出鉴定结论,鉴定结论由劳动能力鉴定委员会根据专家组的鉴定意见作出。

劳动能力鉴定委员会作出鉴定结论的期限是多长？

根据《工伤保险条例》第 25 条第 2 款规定,设区的市级劳动能力鉴定委员会应当自收到劳动能力鉴定申请之日起 60 日内作出劳动能力鉴定结论,必要时,作出劳动能力鉴定结论的期限可以延长 30 日。劳动能力鉴定结论应当及时送达申请鉴定的单位和个人。

当事人对鉴定结论不服的,应在多长期限内提出再次鉴定申请？

根据《工伤保险条例》第 26 条规定,申请鉴定的单位或者个人对设区的市级劳动能力鉴定委员会作出的鉴定结论不服的,可以在收到该鉴定结论之日起 15 日内向省、自治区、直辖市劳动能力鉴定委员会提出再次鉴定申请。省、自治区、直辖市劳动能力鉴定委员会作出的劳动能力鉴定结论为最终结论。

在什么情况下,可以申请劳动能力复查鉴定?

根据《工伤条例》第 28 条规定,自劳动能力鉴定结论作出之日起 1 年后,工伤职工或者其近亲属、所在单位或者经办机构认为伤残情况发生变化的,可以申请劳动能力复查鉴定。

6. 工伤保险待遇

什么是工伤医疗待遇? 其包括哪些方面?

工伤医疗待遇是指职工因工作遭受事故伤害或者患职业病进行治疗,依法享受的各种物质性待遇。工伤职工的医疗待遇主要包括:由工伤保险基金中支付的治疗工伤的医疗费用和康复费用;住院伙食补助费;到统筹地区以外就医的交通食宿费;安装配置伤残辅助器具所需费用;生活不能自理的,经劳动能力鉴定委员会确认的生活护理费以及由用人单位支付的治疗工伤期间的工资福利。

职工治疗非工伤引发的疾病是否享受工伤医疗待遇?

根据《工伤保险条例》第 30 条第 1 款和第 5 款规定,职工因工作遭受事故伤害或者患职业病进行治疗,享受工伤医疗待遇。工伤职工治疗非工伤引发的疾病,不享受工伤医疗待遇,按照基本医疗保险办法处理。

职工治疗工伤能否在未签订服务协议的医疗机构就医?

根据《工伤保险条例》第 30 条第 2 款规定,职工治疗工伤应当在签订服务协议的医疗机构就医,情况紧急时可以先到就近的医疗机构急救。

工伤职工到统筹地区以外就医所需的交通、食宿费用能否从工伤保险基金支付?

根据《工伤保险条例》第 30 条第 4 款规定,职工住院治疗工伤的伙食补助费,以及经医疗机构出具证明,报经办机构同意,工伤职工到统筹地区以外就医所需的交通、食宿费用从工伤保险基金支付,基金支付的具体标准由统筹地区人民政府规定。可见,工伤职工在未经医疗机构出具证明并报经办机构同意的情况下,工伤职工到统筹地区以外就医所需的交通、食宿费用不能从工伤保险基金支付。

工伤职工治疗工伤所需费用从工伤保险基金支付,应符合什么要求?

根据《工伤保险条例》第 30 条第 3 款规定,治疗工伤所需费用符合工伤保险诊疗项目目录、工伤保险药品目录、工伤保险住院服务标准的,从工伤保险基金支付。工伤保险诊疗项目目录、工伤保险药品目录、工伤保险住院服务标准,由国务院社会保险行政部门会同国务院卫生行政部门、食品药品监督管理部门等部门规定。根据本条第 6 款规定,工伤职工到签订服务协议的医疗机构进行工伤康复的费用,符合规定的,从工伤保险基金支付。此外,根据本《条例》第 32 条规定,工伤职工因日常生活或者就业需要,经劳动能力鉴定委员会确认,可以安装假肢、矫形器、假眼、假牙和配置轮椅等辅助器具,所需费用按照国家规定的标准从工伤保险基金支付。

什么是停工留薪期? 工伤职工的停工留薪期一般为多长?

停工留薪期,是指职工因工作遭受事故伤害或者患职业病需要暂停工作接受工伤医疗并有权享受原工资福利待遇的期限。根据《工伤保险条例》第 33 条第 2 款规定,停工留薪期一般不超过 12 个月。伤情严重或者情况特殊,经设区的市级劳动能力鉴定委员会确认,可以适当延长,但延长不得超过 12 个月。

用人单位能否在停工留薪期内降低工伤职工的工资福利待遇?

根据《工伤保险条例》第 33 条第 1 款规定,职工因工作遭受事故伤害或者患职业病需要暂停工作接受工伤医疗的,在停工留薪期内,原工资福利待遇不变,由所在单位按月支付。

用人单位可以自何时停发工伤职工原工资福利待遇?

根据《工伤保险条例》第 33 条第 2 款规定,工伤职工评定伤残等级后,用人单位可以停发其原工资福利待遇,工伤职工按照本《条例》的有关规定享受伤残待遇。

工伤职工在停工留薪期满后仍需治疗的,是否享受工伤医疗待遇?

根据《工伤保险条例》第 33 条第 2 款规定,工伤职工在停工留薪期满后仍需治疗的,继续享受工伤医疗待遇,这主要包括:治疗工伤的医疗费用和康复费用;住院伙食补助费;到统筹地区以外就医的交通食宿费;安装配置伤残辅助器具所需费用;生活不能自理的,经劳动能力鉴定委员会确认的生活护理费。

工伤职工在停工留薪期的护理费由所在单位负责吗?

根据《工伤保险条例》第33条第3款规定,生活不能自理的工伤职工在停工留薪期需要护理的,由所在单位负责。可见,用人单位向工伤职工支付护理费应当满足以下条件:(1)工伤职工生活不能自理;(2)工伤职工在停工留薪期需要护理。

工伤职工从工伤保险基金按月领取生活护理费应具备什么条件?

根据《工伤保险条例》第34条第1款规定,工伤职工已经评定伤残等级并经劳动能力鉴定委员会确认需要生活护理的,从工伤保险基金按月支付生活护理费。

从工伤保险基金按月向工伤职工支付生活护理费的标准如何确定?

根据《工伤保险条例》第34条第2款规定,从工伤保险基金按月向工伤职工支付的生活护理费,按照生活完全不能自理、生活大部分不能自理或者生活部分不能自理3个不同等级支付,其标准分别为统筹地区上年度职工月平均工资的50%、40%或者30%。

工伤复发确认需要治疗的职工,是否享受工伤待遇?

《工伤保险条例》第38条规定,工伤职工工伤复发,确认需要治疗的,享受本条例第30条、第32条和第33条规定的工伤待遇。

什么是伤残待遇?其包括哪些方面?

伤残待遇,是指职工因工作原因受到事故伤害或者患职业病,经依法认定为工伤并按照其依法鉴定的伤残等级而享受的物质待遇。根据《社会保险法》第38条和第39条的规定,伤残待遇主要包括以下方面:一是按照国家规定从工伤保险基金中支付的费用:一次性伤残补助金和一至四级伤残职工按月领取的伤残津贴;终止或者解除劳动合同时,应当享受的一次性医疗补助金;因工死亡的,其遗属领取的丧葬补助金、供养亲属抚恤金和因工死亡补助金。二是按照国家规定由用人单位支付的以下费用:五级、六级伤残职工按月领取的伤残津贴;终止或者解除劳动合同时,应当享受的一次性伤残就业补助金。

因工致残被鉴定为一级伤残的职工,享受哪些伤残待遇?

根据《工伤保险条例》第 35 条第 1 款规定,职工因工致残被鉴定为一级伤残的,保留劳动关系,退出工作岗位,享受以下待遇:(1)从工伤保险基金按伤残等级支付一次性伤残补助金,标准为 27 个月的本人工资;(2)从工伤保险基金按月支付伤残津贴,标准为本人工资的 90%。伤残津贴实际金额低于当地最低工资标准的,由工伤保险基金补足差额。(3)工伤职工达到退休年龄并办理退休手续后,停发伤残津贴,按照国家有关规定享受基本养老保险待遇。基本养老保险待遇低于伤残津贴的,由工伤保险基金补足差额。

因工致残被鉴定为二级伤残的职工,享受哪些伤残待遇?

根据《工伤保险条例》第 35 条第 1 款规定,职工因工致残被鉴定为二级伤残的,保留劳动关系,退出工作岗位,享受以下待遇:(1)从工伤保险基金按伤残等级支付一次性伤残补助金,标准为 25 个月的本人工资;(2)从工伤保险基金按月支付伤残津贴,标准为本人工资的 85%。伤残津贴实际金额低于当地最低工资标准的,由工伤保险基金补足差额。(3)工伤职工达到退休年龄并办理退休手续后,停发伤残津贴,按照国家有关规定享受基本养老保险待遇。基本养老保险待遇低于伤残津贴的,由工伤保险基金补足差额。

因工致残被鉴定为三级伤残的职工,享受哪些伤残待遇?

根据《工伤保险条例》第 35 条第 1 款规定,职工因工致残被鉴定为三级伤残的,保留劳动关系,退出工作岗位,享受以下待遇:(1)从工伤保险基金按伤残等级支付一次性伤残补助金,标准为 23 个月的本人工资;(2)从工伤保险基金按月支付伤残津贴,标准为本人工资的 80%。伤残津贴实际金额低于当地最低工资标准的,由工伤保险基金补足差额。(3)工伤职工达到退休年龄并办理退休手续后,停发伤残津贴,按照国家有关规定享受基本养老保险待遇。基本养老保险待遇低于伤残津贴的,由工伤保险基金补足差额。

因工致残被鉴定为四级伤残的职工,享受哪些伤残待遇?

根据《工伤保险条例》第 35 条第 1 款规定,职工因工致残被鉴定为四级伤残的,保留劳动关系,退出工作岗位,享受以下待遇:(1)从工伤保险基金按伤残等级支付一次性伤残补助金,标准为 21 个月的本人工资;(2)从工伤保险基金按月支付伤残津贴,标准为本人工资的 75%。伤残津贴实际金额低于当地最低工资标准的,由工伤保险基金补足差额。(3)工伤职工达到退休年龄并办理退休手续后,停发伤残津贴,按照国家有关规定享受基本养老保险待遇。基本养老保险待遇低于伤残津贴的,由工伤保险基金补足差额。

因工致残被鉴定为一至四级伤残的职工,其缴纳基本医疗保险费的基数如何确定?

根据《工伤保险条例》第 35 条第 2 款规定,职工因工致残被鉴定为一级至四级伤残的,由用人单位和职工个人以伤残津贴为基数,缴纳基本医疗保险费。

因工致残被鉴定为五级伤残的职工,享受哪些伤残待遇?

根据《工伤保险条例》第 36 条规定,职工因工致残被鉴定为五级伤残的,享受以下待遇:(1)从工伤保险基金按伤残等级支付一次性伤残补助金,标准为 18 个月的本人工资;(2)保留与用人单位的劳动关系,由用人单位安排适当工作。难以安排工作的,由用人单位按月发给伤残津贴,标准为本人工资的 70%,并由用人单位按照规定为其缴纳应缴纳的各项社会保险费。伤残津贴实际金额低于当地最低工资标准的,由用人单位补足差额。经工伤职工本人提出,该职工可以与用人单位解除或者终止劳动关系,由工伤保险基金支付一次性工伤医疗补助金,由用人单位支付一次性伤残就业补助金。一次性工伤医疗补助金和一次性伤残就业补助金的具体标准由省、自治区、直辖市人民政府规定。

因工致残被鉴定为六级伤残的职工,享受哪些伤残待遇?

根据《工伤保险条例》第 36 条规定,职工因工致残被鉴定为六级伤残的,享受以下待遇:(1)从工伤保险基金按伤残等级支付一次性伤残补助金,标准为 16 个月的本人工资;(2)保留与用人单位的劳动关系,由用人单位安排适当工作。难以安排工作的,由用人单位按月发给伤残津贴,标准为本人工资的 60%,并由用人单位按照规定为其缴纳应缴纳的各项社会保险费。伤残津贴实际金额低于当地最低工资标准的,由用人单位补足差额。经工伤职工本人提出,该职工可以与用人单位解除或者终止劳动关系,由工伤保险基金支付一次性工伤医疗补助金,由用人单位支付一次性伤残就业补助金。一次性工伤医疗补助金和一次性伤残就业补助金的具体标准由省、自治区、直辖市人民政府规定。

因工致残被鉴定为七级伤残的职工,享受哪些伤残待遇?

根据《工伤保险条例》第 37 条规定,职工因工致残被鉴定为七级伤残的,享受以下待遇:(1)从工伤保险基金按伤残等级支付一次性伤残补助金,标准为 13 个月的本人工资;(2)劳动、聘用合同期满终止,或者职工本人提出解除劳动、聘用合同的,由工伤保险基金支付一次性工伤医疗补助金,由用人单位支付一次性伤残就业补助金。一次性工伤医疗补助金和一次性伤残就业补助金的具体标准由省、自治区、直辖市人民政府规定。

因工致残被鉴定为八级伤残的职工,享受哪些伤残待遇?

根据《工伤保险条例》第 37 条规定,职工因工致残被鉴定为八级伤残的,享受以下待遇:(1)从工伤保险基金按伤残等级支付一次性伤残补助金,标准为 11 个月的本人工资;(2)劳动、聘用合同期满终止,或者职工本人提出解除劳动、聘用合同的,由工伤保险基金支付一次性工伤医疗补助金,由用人单位支付一次性伤残就业补助金。一次性工伤医疗补助金和一次性伤残就业补助金的具体标准由省、自治区、直辖市人民政府规定。

因工致残被鉴定为九级伤残的职工,享受哪些伤残待遇?

根据《工伤保险条例》第 37 条规定,职工因工致残被鉴定为九级伤残的,享受以下待遇:(1)从工伤保险基金按伤残等级支付一次性伤残补助金,标准为 9 个月的本人工资;(2)劳动、聘用合同期满终止,或者职工本人提出解除劳动、聘用合同的,由工伤保险基金支付一次性工伤医疗补助金,由用人单位支付一次性伤残就业补助金。一次性工伤医疗补助金和一次性伤残就业补助金的具体标准由省、自治区、直辖市人民政府规定。

因工致残被鉴定为十级伤残的职工,享受哪些伤残待遇?

根据《工伤保险条例》第 37 条规定,职工因工致残被鉴定为十级伤残的,享受以下待遇:(1)从工伤保险基金按伤残等级支付一次性伤残补助金,标准为 7 个月的本人工资;(2)劳动、聘用合同期满终止,或者职工本人提出解除劳动、聘用合同的,由工伤保险基金支付一次性工伤医疗补助金,由用人单位支付一次性伤残就业补助金。一次性工伤医疗补助金和一次性伤残就业补助金的具体标准由省、自治区、直辖市人民政府规定。

职工因工外出期间发生事故或在抢险救灾中下落不明的,其工资自何时停发?

根据《工伤保险条例》第 41 条规定,职工因工外出期间发生事故或者在抢险救灾中下落不明的,从事故发生当月起 3 个月内照发工资,从第 4 个月起停发工资。

职工因下落不明停发工资后,其亲属是否享有工伤保险待遇?

根据《工伤保险条例》第 41 条规定,职工因工外出期间发生事故或者在抢险救灾中下落不明的,从事故发生第 4 个月起停发工资,由工伤保险基金向其供养亲属按月支付供养亲属抚恤金。生活有困难的,可以预支一次性工亡补助金的 50%。职工被人民法院宣告死亡的,按照本《条例》第 39 条职工因工死亡的规定处理。

工伤职工停止享受工伤保险待遇的情形有哪些?

根据《工伤保险条例》第 42 条规定,工伤职工有下列情形之一的,停止享受工伤保险待遇:(1)丧失享受待遇条件的;(2)拒不接受劳动能力鉴定的;(3)拒绝治疗的。

职工再次发生工伤,其应享受伤残津贴待遇按什么执行?

根据《工伤保险条例》第 45 条规定,职工再次发生工伤,根据规定应当享受伤残津贴的,按照新认定的伤残等级享受伤残津贴待遇。

用人单位分立、合并、转让的,工伤保险责任如何承担?

根据《工伤保险条例》第 43 条第 1 款规定,用人单位分立、合并、转让的,承继单位应当承担原用人单位的工伤保险责任;原用人单位已经参加工伤保险的,承继单位应当到当地经办机构办理工伤保险变更登记。

承包经营单位职工的工伤保险责任由谁承担?

根据《工伤保险条例》第43条第2款规定,用人单位实行承包经营的,工伤保险责任由职工劳动关系所在单位承担。

被借调职工的工伤保险责任由谁承担?

根据《工伤保险条例》第43条第3款规定,职工被借调期间受到工伤事故伤害的,由原用人单位承担工伤保险责任,但原用人单位与借调单位可以约定补偿办法。

企业破产的,破产企业的工伤职工能否享受工伤保险待遇?

《工伤保险条例》第43条第4款规定,企业破产的,在破产清算时依法拨付应当由单位支付的工伤保险待遇费用。据此,破产企业拨付应当由单位支付的工伤保险待遇费用后,工伤职工可以依法从工伤保险基金中领取有关工伤保险待遇。

作为确定享受工伤保险待遇依据的本人工资如何计算?

根据《工伤保险条例》第64条第2款规定,作为确定享受工伤保险待遇的本人工资,是指工伤职工因工作遭受事故伤害或者患职业病前12个月平均月缴费工资。本人工资高于统筹地区职工平均工资300%的,按照统筹地区职工平均工资的300%计算;本人工资低于统筹地区职工平均工资60%的,按照统筹地区职工平均工资的60%计算。

7. 工伤死亡职工亲属待遇

职工因工死亡的,其近亲属享有哪些待遇?

根据《工伤保险条例》第39条第1款规定,职工因工死亡,其近亲属按照下列规定从工伤保险基金领取丧葬补助金、供养亲属抚恤金和一次性工亡补助金:(1)丧葬补助金为6个月的统筹地区上年度职工月平均工资;(2)供养亲属抚恤金按照职工本人工资的一定比例发给由因工死亡职工生前提供主要生活来源、无劳动能力的亲属。标准为:配偶每月40%,其他亲属每人每月30%,孤寡老人或者孤儿每人每月在上述标准的基础上增加10%。核定的各供养亲属的抚恤金之和不应高于因工死亡职工生前的工资。供养亲属的具体范围由国务院社会保险行政部门规定;(3)一次性工亡补助金标准为上一年度全国城镇居民人均可支配收入的20倍。

停工留薪期内因工伤死亡的职工,其近亲属享受什么待遇?

根据《工伤保险条例》第 39 条第 2 款规定,伤残职工在停工留薪期内因工伤导致死亡的,其近亲属享受本条第 1 款规定的待遇。

一级至四级伤残职工在停工留薪期满后死亡的,其近亲属享受什么待遇?

根据《工伤保险条例》第 39 条第 3 款规定,一级至四级伤残职工在停工留薪期满后死亡的,其近亲属可以享受本条第 1 款第(1)项、第(2)项规定的待遇。

因工死亡职工供养亲属包括哪些人?

根据《因工死亡职工供养亲属范围规定》的规定,因工死亡职工供养亲属是指该职工的配偶、子女、父母、祖父母、外祖父母、孙子女、外孙子女、兄弟姐妹。本《规定》所称子女,包括婚生子女、非婚生子女、养子女和有抚养关系的继子女,其中,婚生子女、非婚生子女包括遗腹子女;本规定所称父母,包括生父母、养父母和有抚养关系的继父母;本规定所称兄弟姐妹,包括同父母的兄弟姐妹、同父异母或者同母异父的兄弟姐妹、养兄弟姐妹、有抚养关系的继兄弟姐妹。

因工死亡职工供养亲属符合什么条件的,可申请抚恤金?

根据《因工死亡职工供养亲属范围规定》的规定,依靠因工死亡职工生前提供主要生活来源的亲属有下列情形之一的,可按规定申请供养亲属抚恤金:(1)完全丧失劳动能力的;(2)工亡职工配偶男年满 60 周岁、女年满 55 周岁的;(3)工亡职工父母男年满 60 周岁、女年满 55 周岁的;(4)工亡职工子女未满 18 周岁的;(5)工亡职工父母均已死亡,其祖父、外祖父年满 60 周岁,祖母、外祖母年满 55 周岁的;(6)工亡职工子女已经死亡或完全丧失劳动能力,其孙子女、外孙子女未满 18 周岁的;(7)工亡职工父母均已死亡或完全丧失劳动能力,其兄弟姐妹未满 18 周岁的。因工死亡职工供养亲属享受抚恤金待遇的资格,由统筹地区社会保险经办机构核定。因工死亡职工供养亲属的劳动能力鉴定,由因工死亡职工生前单位所在地设区的市级劳动能力鉴定委员会负责。

领取抚恤金人员停止享受抚恤金待遇的情形有哪些？

根据《因工死亡职工供养亲属范围规定》的规定,领取抚恤金人员有下列情形之一的,停止享受抚恤金待遇:(1)年满18周岁且未完全丧失劳动能力的;(2)就业或参军的;(3)工亡职工配偶再婚的;(4)被他人或组织收养的;(5)死亡的。此外,领取抚恤金的人员,在被判刑收监执行期间,停止享受抚恤金待遇。刑满释放仍符合领取抚恤金资格的,按规定的标准享受抚恤金。

8.法律责任

对有关当事人或机构骗取工伤保险待遇或保险基金的,如何惩处？

根据《工伤保险条例》第60条规定,用人单位、工伤职工或者其近亲属骗取工伤保险待遇,医疗机构、辅助器具配置机构骗取工伤保险基金支出的,由社会保险行政部门责令退还,处骗取金额2倍以上5倍以下的罚款;情节严重,构成犯罪的,依法追究刑事责任。

对未依法参加工伤保险的用人单位如何处罚？

根据《工伤保险条例》第62条第1款规定,用人单位依照本《条例》规定应当参加工伤保险而未参加的,由社会保险行政部门责令限期参加,补缴应当缴纳的工伤保险费,并自欠缴之日起,按日加收万分之五的滞纳金;逾期仍不缴纳的,处欠缴数额1倍以上3倍以下的罚款。

未依法参加工伤保险的用人单位,是否应承担职工的工伤保险待遇？

根据《工伤保险条例》第62条第2款规定,依照本《条例》规定应当参加工伤保险而未参加工伤保险的用人单位职工发生工伤的,由该用人单位按照本《条例》规定的工伤保险待遇项目和标准支付费用。根据本条第3款规定,用人单位参加工伤保险并补缴应当缴纳的工伤保险费、滞纳金后,由工伤保险基金和用人单位依照本条例的规定支付新发生的费用。

9.非法用工赔偿

无营业执照或者未经登记、备案的单位的职工是否享受工伤保险待遇？

根据《工伤保险条例》第66条第1款规定,无营业执照或者未经依法登记、备案的单位以及被依法吊销营业执照或者撤销登记、备案的单位的职工受到事故伤害或者患职业病的,由该单位向伤残职工或者死亡职工的近亲属给予一次性赔偿,赔偿标准不得低于本条例规定的工伤保险待遇。可见,无营业执照或者未经依法登记、备案的单位以及被依法吊销营业执照或者撤销登记、备案的单位的职工受到事故伤害或者患职业病的,虽不能享受工伤保险待遇,但用人单位应当按照不低于工伤保险待遇的标准给予一次性赔偿。

用人单位使用的童工在工伤事故发生后,能否享受工伤保险待遇?

根据《工伤保险条例》第66条第1款规定,用人单位不得使用童工,用人单位使用童工造成童工伤残、死亡的,由该单位向童工或者童工的近亲属给予一次性赔偿,赔偿标准不得低于本条例规定的工伤保险待遇。具体办法由国务院社会保险行政部门规定。可见,因工伤亡的童工不能享受工伤保险待遇,但用人单位应当按照不低于工伤保险待遇的标准给予一次性赔偿。

什么是非法用工单位和非法用工单位伤亡人员?

根据《工伤保险条例》第66条第1款规定,非法用工单位是指无营业执照或者未经依法登记、备案的单位以及被依法吊销营业执照或者撤销登记、备案的单位。

根据人力资源和社会保障部《非法用工单位伤亡人员一次性赔偿办法》第2条规定,非法用工单位伤亡人员,是指无营业执照或者未经依法登记、备案的单位以及被依法吊销营业执照或者撤销登记、备案的单位受到事故伤害或者患职业病的职工,或者用人单位使用童工造成的伤残、死亡童工。

非法用工单位伤亡人员获得的一次性赔偿包括哪些?

根据《非法用工单位伤亡人员一次性赔偿办法》第3条第1款规定,一次性赔偿包括受到事故伤害或者患职业病的职工或童工在治疗期间的费用和一次性赔偿金。一次性赔偿金数额应当在受到事故伤害或者患职业病的职工或童工死亡或者经劳动能力鉴定后确定。

非法用工单位伤亡人员进行劳动能力鉴定的费用由谁承担?

根据《非法用工单位伤亡人员一次性赔偿办法》第3条第2款规定,劳动能力鉴定按照属地原则由单位所在地设区的市级劳动能力鉴定委员会办理。劳动能力鉴定费用由伤亡职工或童工所在单位支付。

用工单位应承担的非法用工伤亡人员的治疗费用包括哪些？如何确定？

根据《非法用工单位伤亡人员一次性赔偿办法》第 4 条规定，职工或童工受到事故伤害或者患职业病，在劳动能力鉴定之前进行治疗期间的生活费按照统筹地区上年度职工月平均工资标准确定，医疗费、护理费、住院期间的伙食补助费以及所需的交通费等费用按照《工伤保险条例》规定的标准和范围确定，并全部由伤残职工或童工所在单位支付。

非法用工单位按什么标准支付一次性赔偿金？

根据《非法用工单位伤亡人员一次性赔偿办法》第 5 条规定，一次性赔偿金按照以下标准支付：一级伤残的为赔偿基数的 16 倍，二级伤残的为赔偿基数的 14 倍，三级伤残的为赔偿基数的 12 倍，四级伤残的为赔偿基数的 10 倍，五级伤残的为赔偿基数的 8 倍，六级伤残的为赔偿基数的 6 倍，七级伤残的为赔偿基数的 4 倍，八级伤残的为赔偿基数的 3 倍，九级伤残的为赔偿基数的 2 倍，十级伤残的为赔偿基数的 1 倍。前款所称赔偿基数，是指单位所在工伤保险统筹地区上年度职工年平均工资。

用工单位按什么标准向非法用工死亡人员的近亲属支付赔偿金？

根据《非法用工单位伤亡人员一次性赔偿办法》第 6 条规定，受到事故伤害或者患职业病造成死亡的，按照上一年度全国城镇居民人均可支配收入的 20 倍支付一次性赔偿金，并按照上一年度全国城镇居民人均可支配收入的 10 倍一次性支付丧葬补助等其他赔偿金。

用工单位拒不支付一次性赔偿的，伤亡职工、童工及近亲属该怎么办？

根据《非法用工单位伤亡人员一次性赔偿办法》第 7 条规定，单位拒不支付一次性赔偿的，伤残职工或者死亡职工的近亲属、伤残童工或者死亡童工的近亲属可以向人力资源和社会保障行政部门举报。经查证属实的，人力资源和社会保障行政部门应当责令该单位限期改正。

非法用工单位与伤残人员或其近亲属就一次性赔偿发生争议的，如何处理？

根据《工伤保险条例》第 66 条第 2 款和《非法用工单位伤亡人员一次

性赔偿办法》第8条规定,非法用工单位与伤残职工、童工或者死亡职工、童工的近亲属就赔偿数额发生争议的,按照处理劳动争议的有关规定处理。

(三) 失业保险

1. 保险范围

哪些单位和职工应当参加失业保险?

《失业保险条例》第2条规定,城镇企业事业单位、城镇企业事业单位职工依照本条例的规定,缴纳失业保险费。城镇企业事业单位失业人员依照本条例的规定,享受失业保险待遇。本条所称城镇企业,是指国有企业、城镇集体企业、外商投资企业、城镇私营企业以及其他城镇企业。可见,应当参加失业保险的单位不仅包括城镇企业及其职工,而且包括城镇事业单位及其职工。

社会团体及其职工、城镇个体工商户及其雇工能否参加失业保险?

《失业保险条例》第32条规定,省、自治区、直辖市人民政府根据当地实际情况,可以决定本条例适用于本行政区域内的社会团体及其专职人员、民办非企业单位及其职工、有雇工的城镇个体工商户及其雇工。根据上述规定,上述单位及其专职人员、职工或者雇工依法按省、自治区、直辖市人民政府的有关规定参加了失业保险和缴纳了失业保险费,社会团体专职人员、民办非企业单位职工、城镇个体工商户的雇工就依法享受失业保险待遇。

军队机关事业单位职工是否应参加失业保险?

《关于对军队机关事业单位职工参加失业保险有关问题的复函》(劳社厅函〔2002〕52号)指出,人事部、劳动和社会保障部、中国人民解放军总后勤部《关于军队后勤保障社会化改革中人事和劳动保障工作有关问题的通知》(〔2000〕后司字第332号)规定,"军队机关事业单位职工,从2000年7月1日起,按国家规定参加当地失业保险,缴纳失业保险费,享受失业保险待遇"。其中,"军队机关事业单位职工",是指军队机关事业单位中无军籍的所有职工,即:列入军队队列编制员额的职工和不列入军队队列编制员额的职员、工人(含合同制)以及聘用的其他职工(不含离退休人员)。军队机关事业单位参加失业保险,应按照规定如实提供职工人数、缴费工资基数等情况。失业保险经办机构应按照军队机关事业单位提供的参保人员名单和缴费工资等情况,为缴费单位和缴费个人办理参保手续、建立缴费记录。军队机关事业单位中的参保人员失业时,对符合条件的失业人员,要按时足额发放失业保险金,并提供相应的服务。

2. 保险费的缴纳

城镇企业事业单位应按什么标准缴纳失业保险费?

《社会保险法》第 44 条规定,职工应当参加失业保险,由用人单位和职工按照国家规定共同缴纳失业保险费。对此,《失业保险条例》第 6 条规定,城镇企业事业单位按照本单位工资总额的 2% 缴纳失业保险费。这里的工资总额,是指用人单位直接支付给本单位全部职工的劳动报酬总额。

城镇企业事业单位的职工应按什么标准缴纳失业保险费?

根据《失业保险条例》第 6 条规定,城镇企业事业单位职工按照本人工资的 1% 缴纳失业保险费。

城镇个体工商户的缴费基数及其从业人员的缴费额如何确定?

原劳动和社会保障部《关于贯彻两个条例扩大社会保险覆盖范围加强基金征缴工作的通知》(劳社部发〔1999〕10 号)规定,城镇个体工商户参加基本养老保险,缴费基数可在当地上年度职工平均工资 60%—300% 的范围内确定,缴费比例一般为 18%。业主全部由本人缴纳,从业人员本人缴纳8%,其余由业主缴纳。个体工商户符合规定的条件时,可以按月领取基础养老金和个人账户养老金。城镇个体工商户参加基本医疗保险,缴费基数可按统筹地区上年度职工平均工资确定。业主及其从业人员的缴费比例和享受的基本医疗保险待遇,执行统筹地区的规定。

失业保险基金由哪些费用构成?

根据《失业保险条例》第 5 条规定,失业保险基金由下列各项构成:(1)城镇企业事业单位、城镇企业事业单位职工缴纳的失业保险费;(2)失业保险基金的利息;(3)财政补贴;(4)依法纳入失业保险基金的其他资金。

失业保险基金用于哪些支出?

根据《失业保险条例》第 7 条规定,失业保险基金在直辖市和设区的市实行全市统筹;其他地区的统筹层次由省、自治区人民政府规定。根据本

《条例》第10条规定,失业保险基金用于下列支出:(1)失业保险金;(2)领取失业保险金期间的医疗补助金;(3)领取失业保险金期间死亡的失业人员的丧葬补助金和其供养的配偶、直系亲属的抚恤金;(4)领取失业保险金期间接受职业培训、职业介绍的补贴,补贴的办法和标准由省、自治区、直辖市人民政府规定;(5)国务院规定或者批准的与失业保险有关的其他费用。

3. 失业保险待遇

失业人员及其所在单位至少缴费多长时间,才能够领取失业保险金?

根据《社会保险法》第45条第1项规定,失业人员失业前用人单位和本人已经缴纳失业保险费满1年的,有权从失业保险基金中领取失业保险金。可见,按照规定参加失业保险,所在单位和本人按照规定履行缴费义务不满1年的,无权领取失业保险金。

因本人意愿中断就业的,能否领取失业保险金?

根据《社会保险法》第45条第2项规定,非因本人意愿中断就业的,有权从失业保险基金中领取失业保险金。根据《失业保险金申领发放办法》的规定,非因本人意愿中断就业的人员是指下列人员:(1)终止劳动合同的;(2)被用人单位解除劳动合同的;(3)被用人单位开除、除名和辞退的;(4)根据《中华人民共和国劳动法》第32条第2、3项之一,即因用人单位以暴力、威胁或者非法限制人身自由的手段强迫劳动的或者因用人单位未按照劳动合同约定支付劳动报酬或者提供劳动条件与用人单位解除劳动合同的;(5)法律、行政法规另有规定的。可见,除了上述情形下非因本人意愿中断就业的失业人员外,因本人意愿中断就业的失业人员无权领取失业保险金。

失业人员不办理失业登记就不能领取失业保险金吗?

根据《失业保险条例》第14条第1款第3项和《社会保险法》第45条第3项规定,已办理失业登记,并有求职要求的,可以领取失业保险金。可见,未办理失业登记的失业人员不能领取失业保险金。此外,已办理失业登记但无求职要求的失业人员也无权领取失业保险金。

累计缴费满1年不足5年的失业人员,最长可领取多长时间的失业保险金?

根据《社会保险法》第46条和《失业保险条例》第17条的规定,失业人员失业前用人单位和本人累计缴费满 1 年不足 5 年的,领取失业保险金的期限最长为 12 个月。

累计缴费满 5 年不足 10 年的失业人员,最长可领取多长时间的失业保险金?

根据《社会保险法》第 46 条和《失业保险条例》第 17 条的规定,失业人员失业前用人单位和本人累计缴费满 5 年不足 10 年的,领取失业保险金的期限最长为 18 个月。

累计缴费 10 年以上的失业人员,最长可领取多长时间的失业保险金?

根据《社会保险法》第 46 条和《失业保险条例》第 17 条的规定,失业人员失业前用人单位和本人累计缴费 10 年以上的,领取失业保险金的期限最长为 24 个月。

重新就业后再次失业的,其缴费时间及领取失业保险金的期限如何计算?

根据《社会保险法》第 46 条和《失业保险条例》第 17 条的规定,失业人员重新就业后,再次失业的,缴费时间重新计算,领取失业保险金的期限与前次失业应当领取而尚未领取的失业保险金的期限合并计算,最长不超过 24 个月。

失业人员领取失业保险金的标准如何确定?

《社会保险法》第 47 条规定,失业保险金的标准,由省、自治区、直辖市人民政府确定,不得低于城市居民最低生活保障标准。而《失业保险条例》第 18 条规定,失业保险金的标准,按照低于当地最低工资标准、高于城市居民最低生活保障标准的水平,由省、自治区、直辖市人民政府确定。

在领取失业保险金期间,失业人员能否享受其他保险待遇?

《社会保险法》第 48 条明确规定,失业人员在领取失业保险金期间,参加职工基本医疗保险,享受基本医疗保险待遇。

失业人员在领取失业保险金期间,不用缴纳基本医疗保险费吗?

根据《社会保险法》第 48 条规定,失业人员在领取失业保险金期间,参加职工基本医疗保险,享受基本医疗保险待遇。但失业人员应当缴纳的基本医疗保险费从失业保险基金中支付,个人不缴纳基本医疗保险费。

失业人员在领取失业保险金期间患病就医的，可以领取医疗补助金吗？

《失业保险条例》第 19 条规定，失业人员在领取失业保险金期间患病就医的，可以按照规定向社会保险经办机构申请领取医疗补助金。医疗补助金的标准由省、自治区、直辖市人民政府规定。

失业人员在领取失业保险金期间死亡的，其家属能享受什么待遇？

《失业保险条例》第 20 条规定，失业人员在领取失业保险金期间死亡的，参照当地对在职职工的规定，对其家属一次性发给丧葬补助金和抚恤金。对此，《社会保险法》第 49 条第 1 款规定，失业人员在领取失业保险金期间死亡的，参照当地对在职职工死亡的规定，向其遗属发给一次性丧葬补助金和抚恤金。所需资金从失业保险基金中支付。

失业人员遗属能否同时领取基本养老保险、工伤保险和失业保险丧葬补助金？

根据《社会保险法》第 49 条第 2 款规定，个人死亡同时符合领取基本养老保险丧葬补助金、工伤保险丧葬补助金和失业保险丧葬补助金条件的，其遗属只能选择领取其中的一项。

失业人员应停止领取失业保险待遇的情形有哪些？

《社会保险法》第 51 条规定，失业人员在领取失业保险金期间有下列情形之一的，停止领取失业保险金，并同时停止享受其他失业保险待遇：(1)重新就业的；(2)应征服兵役的；(3)移居境外的；(4)享受基本养老保险待遇的；(5)无正当理由，拒不接受当地人民政府指定部门或者机构介绍的适当工作或者提供的培训的。

破产企业职工自谋职业领取一次性安置费后，能否享受失业保险待遇？

原劳动和社会保障部《关于破产企业职工自谋职业领取一次性安置费后能否享受失业保险待遇问题的复函》(劳社厅函〔2001〕133 号)指出，优化资本结构试点城市安置国有破产企业职工时，可以根据当地情况，对自谋职业的发放一次性安置费，以鼓励和帮助职工尽快实现重新就业。实行这项政策，应坚持职工自愿原则，规范操作。按照《失业保险条例》的规定，在业人员不享受失业保险待遇，对未提出自谋职业申请或虽提出申请但未实现自谋职业，及实行劳动合同制以后参加工作的职工，企业在与其解除劳动合同时,应按规定支付经济补偿金,符合法定条件的按规定享受失业保险待遇。

刑满释放或者解除劳动教养人员能否享受失业保险待遇?

原劳动和社会保障部《关于对刑满释放或者解除劳动教养人员能否享受失业保险待遇问题的复函》(劳社厅函〔2000〕108 号)指出,按照《失业保险条例》的规定,失业人员领取失业保险金应具备的条件是:按照规定参加失业保险,所在单位和本人已按照规定履行缴费义务满 1 年的;非因本人意愿中断就业的;已办理失业登记,并有求职要求的。失业人员在领取失业保险金期间被判刑收监执行或者被劳动教养的,停止领取失业保险金。根据上述规定,在职人员因被判刑收监执行或者被劳动教养,而被用人单位解除劳动合同的,可以在其刑满、假释、劳动教养期满或解除劳动教养后,申请领取失业保险金。失业保险金自办理失业登记之日起计算。失业人员在领取失业保险金期间因被判刑收监执行或者被劳动教养而停止领取失业保险金的,可以在其刑满、假释、劳动教养期满或解除劳动教养后恢复领取失业保险金。失业人员在领取失业保险金期间,按照规定同时享受其他失业保险待遇。失业保险金及其他失业保险待遇标准按现行规定执行。

对取得境外居民身份证的单位外派职工的失业保险如何处理?

根据原劳动和社会保障部《关于单位外派职工在境外工作期间取得当地居民身份证后社会保险关系处理问题的复函》(劳社厅函〔2001〕115 号)指出,职工在被本单位派到境外工作期间,合法取得当地永久性居民身份证后,职工所在单位应停止为其缴纳社会保险费,及时为其办理终止社会保险关系的手续。社会保险经办机构应当终止其社会保险关系,并根据职工的申请,对参加失业保险的,单位和个人此前缴纳的失业保险费不予退还。职工在被派到香港、澳门和台湾地区工作期间合法取得当地永久性居民身份证的,其社会保险关系参照上述办法处理。

农民合同制工人劳动合同终止或者解除的,能否享受失业保险待遇?

《失业保险条例》第 21 条规定,单位招用的农民合同制工人连续工作满 1 年,本单位并已缴纳失业保险费,劳动合同期满未续订或者提前解除劳动合同的,由社会保险经办机构根据其工作时间长短,对其支付一次性生活补助金。补助的办法和标准由省、自治区、直辖市人民政府规定。可见,单位招用的农民合同制工人连续工作满 1 年,工作单位缴纳失业保险费的,劳动合同解除或者终止后,社会保险经办机构应当按照省、自治区、直辖市人民政府的规定标准对其支付一次性生活补助金。

失业人员在领取失业保险金期间可否享受城市居民最低生活保障待遇?

《失业保险条例》第 23 条规定,失业人员符合城市居民最低生活保障条件的,按照规定享受城市居民最低生活保障待遇。《失业保险金申领发放办法》第 12 条进一步明确规定,失业人员在领取失业保险金期间或期满后,符合享受当地城市居民最低生活保障条件的,可以按照规定申请享受城市居民最低生活保障待遇。

4. 失业保险金申领

用人单位应何时将失业人员名单报社会保险经办机构?

《社会保险法》第 50 条第 1 款规定,用人单位应当及时为失业人员出具终止或者解除劳动关系的证明,并将失业人员的名单自终止或者解除劳动关系之日起 15 日内告知社会保险经办机构。

失业人员应在终止或者解除劳动合同多长时间内申领失业保险金?

根据《失业保险金申领发放办法》第 6 条规定,失业人员应在终止或者解除劳动合同之日起 60 日内到受理其单位失业保险业务的经办机构申领失业保险金。

失业人员申领失业保险金应填写和提供哪些材料?

《失业保险金申领发放办法》第 7 条规定,失业人员申领失业保险金应填写《失业保险金申领表》,并出示下列证明材料:(1)本人身份证明;(2)所在单位出具的终止或者解除劳动合同的证明;(3)失业登记及求职证明;(4)省级劳动保障行政部门规定的其他材料。

失业人员领取失业保险金应自何时计发?

《失业保险金申领发放办法》第 14 条规定,经办机构自受理失业人员领取失业保险金申请之日起 10 日内,对申领者的资格进行审核认定,并将结果及有关事项告知本人。经审核合格者,从其办理失业登记之日起计发失业保险金。

失业人员应凭何种单证领取失业保险金？

《失业保险条例》第 16 条第 3 款规定,失业保险金由社会保险经办机构按月发放。社会保险经办机构为失业人员开具领取失业保险金的单证,失业人员凭单证到指定银行领取失业保险金。

失业人员家属领取一次性丧葬补助金和抚恤金需提交哪些证明？

根据《失业保险金申领发放办法》第 10 条规定,失业人员在领取失业保险金期间死亡的,其家属可持失业人员死亡证明、领取人身份证明、与失业人员的关系证明,按规定向经办机构领取一次性丧葬补助金和其供养配偶、直系亲属的抚恤金。失业人员当月尚未领取的失业保险金可由其家属一并领取。

职工跨统筹地区就业的,其失业保险关系能否随本人转移？

根据《社会保险法》第 52 条规定,职工跨统筹地区就业的,其失业保险关系随本人转移,缴费年限累计计算。

失业保险关系跨省转迁的,需划转的失业保险费用包括哪些？

根据《失业保险金申领发放办法》第 22 条规定,失业人员失业保险关系跨省、自治区、直辖市转迁的,失业保险费用应随失业保险关系相应划转。需划转的失业保险费用包括失业保险金、医疗补助金和职业培训、职业介绍补贴。其中,医疗补助金和职业培训、职业介绍补贴按失业人员应享受的失业保险金总额的一半计算。本《办法》第 23 条规定,失业人员失业保险关系在省、自治区范围内跨统筹地区转迁,失业保险费用的处理由省级劳动保障行政部门规定。

失业人员跨统筹地区转移的,应凭什么证明材料领取失业保险金？

根据《失业保险金申领发放办法》第 24 条规定,失业人员跨统筹地区转移的,凭失业保险关系迁出地经办机构出具的证明材料到迁入地经办机构领取失业保险金。

5.法律责任

以非法手段骗取失业保险金和其他失业保险待遇的,如何处罚？

《失业保险条例》第 28 条规定,不符合享受失业保险待遇条件,骗取失业保险金和其他失业保险待遇的,由社会保险经办机构责令退还;情节严重的,由劳动保障行政部门处骗取金额 1 倍以上 3 倍以下的罚款。

经办机构工作人员因违反规定给失业人员造成损失的,是否赔偿?

《失业保险金申领发放办法》第 26 条规定,经办机构工作人员违反本办法规定的,由经办机构或主管该经办机构的劳动保障行政部门责令其改正;情节严重的,依法给予行政处分;给失业人员造成损失的,依法赔偿。

(四) 生育保险

1. 保险范围

生育保险适用于哪些企业及其职工?

《社会保险法》第 53 条规定,职工应当参加生育保险,由用人单位按照国家规定缴纳生育保险费,职工不缴纳生育保险费。根据《劳动合同法》的规定,用人单位主要包括在我国境内设立的中外有限责任公司,中外股份公司,个人独资企业、合伙企业,个体经济组织、民办非企业单位等组织以及会计师事务所、律师事务所等合伙组织和基金会,与劳动者建立劳动关系的国家机关、事业单位、社会团体,以及与劳动者建立劳动关系的上述用人单位的分支机构。劳动者作为上述用人单位的职工应当参加生育保险,职工所在用人单位应按照国家规定缴纳生育保险费。

职工未就业的配偶,是否享受生育保险待遇?

《社会保险法》第 54 条第 1 款规定,用人单位已经缴纳生育保险费的,其职工享受生育保险待遇;职工未就业配偶按照国家规定享受生育医疗费用待遇。所需资金从生育保险基金中支付。可见,生育保险的范围囊括全体职工,职工未就业配偶按照国家规定享受生育医疗费用待遇,其生育保险待遇应从生育保险基金中支付。

2. 保险费的缴纳

企业缴纳生育保险费的比例占工资总额的多少?

根据《企业职工生育保险试行办法》第 4 条第 1 款的规定,生育保险费的提取比例由当地人民政府根据计划内生育人数和生育津贴、生育医疗费等项费用确定,并可根据费用支出情况适时调整,但最高不得超过工资总额的1%。企业缴纳的生育保险费作为期间费用处理,列入企业管理费用。

职工个人需要缴纳生育保险费吗?

《社会保险法》第53条明确规定,职工应当参加生育保险,由用人单位按照国家规定缴纳生育保险费,职工不缴纳生育保险费。

3. 生育保险待遇

职工享有哪些生育保险待遇?

根据《社会保险法》第54条第2款规定,生育保险待遇包括生育医疗费用和生育津贴。

生育医疗费用包括哪些?

根据《社会保险法》第55条规定,生育医疗费用包括下列各项:(1)生育的医疗费用。生育的医疗费用主要包括生育检查费、接生费、手术费、住院费和药费,这些费用由生育保险基金支付。超出规定的医疗服务费和药费(含自费药品和营养药品的药费)由职工个人负担。(2)计划生育的医疗费用。计划生育手术费用是指职工因实行计划生育需要,实施放置(取出)宫内节育器、流产术、引产术、绝育及复通手术所发生的医疗费用。(3)法律、法规规定的其他项目费用。

职工在哪些情形下可以享受生育津贴?

根据《社会保险法》第56条第1款规定,职工有下列情形之一的,可以按照国家规定享受生育津贴:(1)女职工生育享受产假;(2)享受计划生育手术休假;(3)法律、法规规定的其他情形。

女职工享受的生育津贴按照什么标准计发?

根据《社会保险法》第56条第2款明确规定,生育津贴按照职工所在用人单位上年度职工月平均工资计发。

女职工因生育引起疾病需要休息治疗的,是否享受生育保险待遇?

《企业职工生育保险试行办法》第6条第2款规定,女职工生育出院后,因生育引起疾病的医疗费,由生育保险基金支付;其他疾病的医疗费,按照医疗保险待遇的规定办理。女职工产假期满后,因病需要休息治疗的,按照有关病假待遇和医疗保险待遇规定办理。可见,女职工生育出院后,因生育引起疾病的医疗费,由生育保险基金支付;女职工生育出院后,非因生育引起疾病的医疗费以及女职工产假期满后,因病需要休息治疗的,则不享受生育保险待遇,应当按照有关病假待遇和医疗保险待遇规定办理。

领取生育津贴和报销生育医疗费应办理什么手续?

《企业职工生育保险试行办法》第 7 条规定,女职工生育或流产后,由本人或所在企业持当地计划生育部门签发的计划生育证明,婴儿出生、死亡或流产证明,到当地社会保险经办机构办理手续,领取生育津贴和报销生育医疗费。

由生育保险基金所支付的生育医疗费用标准如何确定?

原劳动和社会保障部办公厅于 2004 年 9 月 8 日发布的《关于进一步加强生育保险工作的指导意见》指出,生育保险实行医疗机构协议管理,签订协议的医疗机构范围要考虑基本医疗保险定点医疗机构和妇产医院、妇幼保健院等医疗机构。社会保险经办机构在对这些医疗机构的保险管理、服务质量、信息管理等服务能力评价的基础上,选择适合生育保险要求的医疗机构签订生育保险医疗服务协议,明确双方的权利和义务。参保职工在生育保险协议医疗机构生育所发生符合规定的医疗费用,由生育保险基金支付。生育保险医疗费用支付的范围原则上按照基本医疗保险药品目录、诊疗项目和医疗服务设施标准执行,具体支付办法由各地根据实际情况制定。可见,参保职工未在生育保险协议医疗机构生育所发生医疗费用,不得由生育保险基金支付。

用人单位未依法缴纳生育保险费的,职工的生育保险待遇损失如何承担?

《社会保险法》第 54 条规定,用人单位已经缴纳生育保险费的,其职工享受生育保险待遇;职工未就业配偶按照国家规定享受生育医疗费用待遇。所需资金从生育保险基金中支付。据此,因用人单位未依法缴纳生育保险费而使职工不能从生育保险基金中领取生育津贴、生育医疗费的,用人单位应当按照国家规定的生育津贴、生育医疗费支付范围和标准向职工支付生育保险待遇损失。

（五）职工基本养老保险

1. 保险范围

我国的基本养老保险主要有哪几种？

养老保险是社会保障制度的重要组成部分,是社会保险五大险种中最重要的险种之一。养老保险制度是国家和社会根据一定的法律法规,为解决劳动者或其他工作人员在达到国家规定的解除劳动义务的劳动年龄界限或因年老丧失劳动能力退出劳动岗位后的基本生活而建立的一种社会保险制度。根据《社会保险法》的规定,我国的基本养老保险主要包括职工基本养老保险,灵活就业人员基本养老保险,公务员和参照公务员法管理的工作人员养老保险以及新型农村社会养老保险和城镇居民养老社会保险。

用人单位的职工是否都应参加基本养老保险？

《社会保险法》第10条第1款规定,职工应当参加基本养老保险,由用人单位和职工共同缴纳基本养老保险费。根据《劳动合同法》的规定,用人单位主要包括在我国境内设立的中外有限责任公司,中外股份公司,个人独资企业、合伙企业,个体经济组织、民办非企业单位等组织以及会计师事务所、律师事务所等合伙组织和基金会,与劳动者建立劳动关系的国家机关、事业单位、社会团体,以及与劳动者建立劳动关系的上述用人单位的分支机构。劳动者作为上述用人单位的职工应当参加基本养老保险,员工及其所在用人单位应依法缴纳基本养老保险费。

异地就业的职工和农村务工人员能否参加单位所在地的养老保险？

《社会保险法》第10条第1款规定,职工应当参加基本养老保险,由用人单位和职工共同缴纳基本养老保险费。本法第95条规定,进城务工的农村居民依照本法规定参加社会保险。因此,无论是城镇异地就业的职工还是与用人单位建立劳动关系的农村务工人员都应当参加单位所在地的职工基本养老保险。

2. 基本养老保险金的缴纳

用人单位能否以劳动者同意为由免除为其缴纳基本养老保险费？

根据《劳动法》第72条和第73条规定,用人单位和劳动者必须依法参加社会保险,缴纳社会保险费。劳动者享受社会保险待遇的条件和标准由法律法规规定。用人单位对劳动者享受的社会保险金必须按时足额支付。对此,《社会保险法》第 10 条第 1 款进一步明确规定,职工应当参加基本养老保险,由用人单位和职工共同缴纳基本养老保险费。可见,职工参加基本养老保险和依法缴纳基本养老保险费既是其应享有的权利,又是其应尽的义务,依法为职工缴纳社会保险费是用人单位应尽的法定义务。在职工与用人单位订立的劳动合同或建立的事实劳动关系合法有效的情况下,劳动合同中约定的用人单位免除自己为职工应尽的缴纳基本养老保险费的法定责任、排除劳动者依法应享有的社会保险权利的,该约定无效。因此,用人单位不能以劳动者同意为由免除其应为职工缴纳基本养老保险费的法定义务。

基本养老保险基金由哪几部分构成?

基本养老保险基金是指按照国家规定,由用人单位和职工及其他灵活就业人员分别按工资总额及缴费工资的一定比例缴纳以及政府补贴等组成,为保障职工和其他灵活就业人员离退休后的基本生活而筹集的专项基金。《社会保险法》第 11 条规定,基本养老保险实行社会统筹与个人账户相结合。基本养老保险基金由用人单位和个人缴费以及政府补贴等组成。

用人单位应缴纳的基本养老保险费如何确定?

《社会保险法》第 12 条规定,用人单位应当按照国家规定的本单位职工工资总额的比例缴纳基本养老保险费,记入基本养老保险统筹基金。根据《国务院关于建立统一的企业职工基本养老保险制度的决定》(国发〔1997〕26 号)第 3 条规定,企业缴纳基本养老保险费(以下简称企业缴费)的比例,一般不得超过企业工资总额的 20%(包括划入个人账户的部分),具体比例由省、自治区、直辖市人民政府确定。少数省、自治区、直辖市因离退休人数较多、养老保险负担过重,确需超过企业工资总额 20% 的,应报劳动部、财政部审批。根据该《决定》第 4 条规定,按本人缴费工资 11% 的数额为职工建立基本养老保险个人账户,个人缴费全部记入个人账户,其余部分从企业缴费中划入。根据《国务院关于完善企业职工基本养老保险制度的决定》(国发〔2005〕38 号)第 6 条规定,为与做实个人账户相衔接,从

2006 年 1 月 1 日起,个人账户的规模统一由本人缴费工资的 11% 调整为 8%,全部由个人缴费形成,单位缴费不再划入个人账户。"企业缴费部分不再划入个人账户,全部纳入社会统筹基金"的规定,被《社会保险法》第 12 条的规定所吸收。

用人单位能否以经济效益不好为由少缴职工养老保险费?

《劳动法》不仅规定用人单位和劳动者必须依法参加社会保险,缴纳社会保险费,而且规定劳动者享受的社会保险金必须按时足额支付。这些规定表明:社会保险费必须依法缴纳,职工的养老保险费由企业和职工分别按照法律、法规的规定缴纳,缴费人必须按时足额缴费,没有按时足额缴费的,就不能保证劳动者按时足额享受养老保险待遇。可见,企业按时足额缴纳社会保险费是法定义务,必须依照法律规定执行,不能违背法律规定的数额随意少缴。社会保险费是在确定本单位职工工资总额的基础上按比例缴纳的,故用人单位不能以经济效益不好为由少缴职工养老保险费。

职工个人应缴纳的基本养老保险费如何确定?

《社会保险法》第 12 条第 2 款规定,职工应当按照国家规定的本人工资的比例缴纳基本养老保险费,记入个人账户。根据《国务院关于建立统一的企业职工基本养老保险制度的决定》第 3 条规定,个人缴纳基本养老保险费(以下简称个人缴费)的比例,1997 年不得低于本人缴费工资的 4%,1998 年起每两年提高 1 个百分点,最终达到本人缴费工资的 8%。有条件的地区和工资增长较快的年份,个人缴费比例提高的速度应适当加快。根据《国务院关于完善企业职工基本养老保险制度的决定》(国发〔2005〕38 号)第 6 条规定,为与做实个人账户相衔接,从 2006 年 1 月 1 日起,个人账户的规模统一由本人缴费工资的 11% 调整为 8%,全部由个人缴费形成,单位缴费不再划入个人账户。

职工缴费的工资基数是按上年月平均工资还是上月工资确定?

根据《职工基本养老保险个人账户管理暂行办法》(劳办发〔1997〕116 号)第 7 条规定,职工本人一般以上一年度本人月平均工资为个人缴费工资基数(有条件的地区也可以本人上月工资收入为个人缴费工资基数,下同)。因此,当地劳动社会保障部门规定是按职工本人上月工资收入为个人缴费工资基数的,职工所缴纳的基本养老保险费额就应当以职工本人上月工资收入与国家规定的缴费比例之积。当地劳动社会保障部门未规定按职工本人上一年度月平均工资收入为个人缴费工资基数的,就应当以上一年度职工本人月平均工资为个人缴费工资基数。

职工缴费的工资基数是否包括奖金、津贴、补贴等收入?

根据《职工基本养老保险个人账户管理暂行办法》第 7 条规定,月平均工资按国家统计局规定列入工资总额统计的项目计算,包括工资、奖金、津贴、补贴等收入。

职工月平均工资低于当地职工平均工资 60% 的,其缴费基数如何确定?

根据《职工基本养老保险个人账户管理暂行办法》第 7 条规定,本人月平均工资低于当地职工平均工资 60% 的,按当地职工月平均工资的 60% 缴费。

职工月平均工资超过当地职工平均工资 300% 的,其缴费基数如何确定?

根据《职工基本养老保险个人账户管理暂行办法》第 7 条规定,本人月平均工资超过当地职工平均工资 300% 的,按当地职工月平均工资的 300% 缴费,超过部分不记入缴费工资基数,也不记入计发养老金的基数。

新招职工的基本养老保险缴费基数如何确定?

根据《职工基本养老保险个人账户管理暂行办法》第 8 条规定,新招职工(包括研究生、大学生、大中专毕业生等)以起薪当月工资收入作为缴费工资基数;从第二年起,按上一年实发工资的月平均工资作为缴费工资基数。月平均缴费工资的上限和下限按照本办法第 7 条规定执行,即本人月平均工资低于当地职工平均工资 60% 的,按当地职工月平均工资的 60% 缴费;超过当地职工平均工资 300% 的,按当地职工月平均工资的 300% 缴费,超过部分不记入缴费工资基数,也不记入计发养老金的基数。

单位脱产学习人员或请长假的职工缴费基数如何确定?

根据《职工基本养老保险个人账户管理暂行办法》第 8 条规定,单位派出的长期脱产学习人员、经批准请长假的职工,保留工资关系的,以脱产或请假的上年月平均工资作为缴费工资基数。月平均缴费工资的上限和下限按照本办法第 7 条规定执行。

单位派到境外与国外工作的职工缴费基数如何确定？

根据《职工基本养老保险个人账户管理暂行办法》第 8 条规定，单位派到境外、国外工作的职工，按本人出境（国）上年在本单位领取的月平均工资作为缴费工资基数；次年的缴费工资基数按上年本单位平均工资增长率进行调整。月平均缴费工资的上限和下限按照本办法第 7 条规定执行。

失业后再就业的职工缴费工资基数如何确定？

根据《职工基本养老保险个人账户管理暂行办法》第 8 条规定，失业后再就业的职工，以再就业起薪当月的工资收入作为缴费工资基数；从第二年起，按上一年实发工资的月平均工资作为缴费工资基数。月平均缴费工资的上限和下限按照本办法第 7 条规定执行。

3. 基本养老保险待遇

基本养老金由哪几部分组成及如何确定？

《社会保险法》第 15 条第 1 款规定，基本养老金由统筹养老金和个人账户养老金组成。基本养老金根据个人累计缴费年限、缴费工资、当地职工平均工资、个人账户金额、城镇人口平均预期寿命等因素确定。根据《国务院关于完善企业职工基本养老保险制度的决定》（国发〔2005〕38 号）规定：《国务院关于建立统一的企业职工基本养老保险制度的决定》（国发〔1997〕26 号）实施后参加工作、缴费年限（含视同缴费年限，下同）累计满 15 年的人员，退休后按月发给基本养老金。基本养老金由基础养老金和个人账户养老金组成。退休时的基础养老金月标准以当地上年度在岗职工月平均工资和本人指数化月平均缴费工资的平均值为基数，缴费每满 1 年发给 1%。个人账户养老金月标准为个人账户储存额除以计发月数，计发月数根据职工退休时城镇人口平均预期寿命、本人退休年龄、利息等因素确定。

参保人员达到法定退休年龄就可领取基本养老金吗？

《社会保险法》第 16 条第 1 款规定，参加基本养老保险的个人，达到法定退休年龄时累计缴费满 15 年的，按月领取基本养老金。根据上述规定，参加基本养老保险的个人领取基本养老保险金须同时具备两个条件：(1)

达到法定退休年龄。根据国务院《关于工人退休、退职的暂行办法》(国发〔1978〕104 号)的规定,国家法定的企业职工退休年龄是:男年满 60 周岁,女工人年满 50 周岁,女干部年满 55 周岁。从事井下、高空、高温、特别繁重体力劳动或其他有害身体健康工作(以下称特殊工种)的,退休年龄为男年满 55 周岁、女年满 45 周岁;因病或非因工致残,由医院证明并经劳动鉴定委员会确认完全丧失劳动能力的,退休年龄为男年满 50 周岁、女年满 45 周岁。(2)累计缴费满 15 年。这是指参加基本养老保险的个人缴费年限出现中断的情况下,虽然连续缴费年限不满 15 年,但累计缴费年限满 15 年并达到法定退休年龄的,即可领取基本养老保险金。

参保人员缴费不足 15 年的,要领取基本养老保险金该怎么办?

根据《社会保险法》第 16 条第 1 款规定,参加基本养老保险的个人,达到法定退休年龄时累计缴费满 15 年的,按月领取基本养老金。可见,达到法定退休年龄时累计缴费不足 15 年的,原则上不能领取基本养老保险金。但是,根据本条第 2 款规定,参加基本养老保险的个人,达到法定退休年龄时累计缴费不足 15 年的,可以缴费至满 15 年,按月领取基本养老金;也可以转入新型农村社会养老保险或者城镇居民社会养老保险,按照国务院规定享受相应的养老保险待遇。

参保人员因工作流动在不同地区参保的,其缴费年限如何计算?

根据原劳动和社会保障部《关于对户籍不在参保地的人员办理退休手续有关问题的复函》(劳社厅函〔2002〕190 号)规定,参保人员因工作流动在不同地区参保的,不论户籍在何地,其在最后参保地的个人实际缴费年限,与在其他地区工作的实际缴费年限及符合国家规定的视同缴费年限,应合并计算,作为享受基本养老金的条件。

退休职工离家出走、下落不明的,其家属能否领取基本养老金?

《劳动部办公厅关于退休职工下落不明期间应从何时停发退休待遇的复函》(劳办发〔1993〕162 号)规定,退休人员失踪,下落不明在 6 个月以内的,其退休待遇可照发,超过 6 个月的,从第 7 个月起暂时停发其退休待遇。据此,退休职工离家出走、失踪,下落不明在 6 个月以内的,其家属可以领取其按月基本养老金等保险待遇超过 6 个月的,从第 7 个月起其家属再无权领取基本养老金等社会保险待遇。

因失踪被宣告死亡的退休人员再次出现时,能领取基本养老金吗?

《关于因失踪被人民法院宣告死亡的离退休人员养老待遇问题的函》(人社厅函〔2010〕159 号)指出,基本养老金是离退休人员基本生活的保障。离退休人员因失踪等原因被暂停发放基本养老金的,之后被人民法院宣告死亡,期间被暂停发放的基本养老金不再予以补发;离退休人员被人民法院宣告死亡后,其家属应按规定领取丧葬补助费和一次性抚恤金。当离退休人员再次出现或家属能够提供其仍具有领取养老金资格证明的,经社会保险经办机构核准后,应补发其被暂停发放的基本养老金,在被暂停发放基本养老金期间国家统一部署调整基本养老金的,也应予以补调。

参保个人死亡的,基本养老保险个人账户全部储存额能否继承?

《社会保险法》第 14 条规定,个人账户不得提前支取,记账利率不得低于银行定期存款利率,免征利息税。个人死亡的,个人账户余额可以继承。《国务院关于建立统一的企业职工基本养老保险制度的决定》规定,职工或退休人员死亡,个人账户中的个人缴费部分可以继承。

离退休人员死亡时,基本养老保险继承额如何计算?

根据《职工基本养老保险个人账户管理暂行办法》的规定,离退休人员死亡时,继承额按如下公式计算:继承额＝离退休人员死亡时个人账户余额×离退休时个人账户中个人缴费本息占个人账户全部储存额的比例。继承额一次性支付给死亡者生前指定的受益人或法定继承人。个人账户的其余部分,并入社会统筹基金。个人账户处理完后,应停止缴费或支付记录,予以封存。

参保个人因病或非因工死亡的,其遗属可享受什么待遇?

《社会保险法》第 17 条规定,参加基本养老保险的个人,因病或者非因工死亡的,其遗属可以领取丧葬补助金和抚恤金;在未达到法定退休年龄时因病或者非因工致残完全丧失劳动能力的,可以领取病残津贴。所需资金从基本养老保险基金中支付。

对取得境外居民身份证的单位外派职工的基本保险如何处理?

根据原劳动和社会保障部《关于单位外派职工在境外工作期间取得当

地居民身份证后社会保险关系处理问题的复函》(劳社厅函〔2001〕115号)指出,职工在被本单位派到境外工作期间,合法取得当地永久性居民身份证后,职工所在单位应停止为其缴纳社会保险费,及时为其办理终止社会保险关系的手续。社会保险经办机构应当终止其社会保险关系,并根据职工的申请,对参加基本养老保险,且不符合领取基本养老金条件的,将其基本养老保险个人账户储存额中的个人缴费部分一次性退给本人。职工在被派到香港、澳门和台湾地区工作期间合法取得当地永久性居民身份证的,其社会保险关系参照上述办法处理。

4. 个人账户及其转移

什么是职工基本养老保险个人账户?

根据《国务院关于建立统一的企业职工基本养老保险制度的决定》(国发〔1997〕26号)、《国务院关于完善企业职工基本养老保险制度的决定》(国发〔2005〕38号)和原劳动部制定的《职工基本养老保险个人账户管理暂行办法》(劳办发〔1997〕116号)的规定,个人账户用于记录参加基本养老保险社会统筹的职工缴纳的基本养老保险费和从企业缴费中划转记入的基本养老保险费,以及上述两部分的利息金额。从2006年1月1日起,个人账户全部由个人缴费形成,单位缴费不再划入个人账户。个人账户是职工在符合国家规定的退休条件并办理了退休手续后,领取基本养老金的主要依据。个人账户的建立由职工劳动关系所在单位到当地社会保险经办机构办理,由工资发放单位向该社会保险经办机构提供个人的工资收入等基础数据。

职工基本养老保险个人账户主要包括哪些事项?

根据《职工基本养老保险个人账户管理暂行办法》的规定,个人账户主要内容包括:姓名、性别、社会保障号码、参加工作时间、视同缴费年限、个人首次缴费时间、当地上年职工平均工资、个人当年缴费工资基数、当年缴费月数、当年记账利息及个人账户储存额情况等。

职工个人账户中单位划转部分占多少?该部分自何时不再划拨?

根据《国务院关于建立统一的企业职工基本养老保险制度的决定》和《职工基本养老保险个人账户管理暂行办法》规定,按本人缴费工资11%的数额为职工建立基本养老保险个人账户,其中包括个人缴费的全部和社会保险经办机构从企业缴费中划转记入两部分。个人缴费全部记入个人账户,其余部分从企业缴费中划入。个人缴费比例1997年不得低于本人缴费工资的4%,企业划转部分相应补齐到个人缴费工资基数的11%;从1998年起至少每两年个人缴费提高1%,企业划转部分相应减少1%,最终达到个人缴费为本人缴费工资基数的8%,企业划转部分相应减少到个人缴费工资基数的3%。有条件的地区和工资增长较快的年份,个人缴费提高的速度可以适当加快。各地个人账户记账比例低于或高于个人缴费工资基数11%的,要按国家有关规定做好向统一制度的并轨工作。

《国务院关于完善企业职工基本养老保险制度的决定》,从2006年1月1日起,个人账户的规模统一由本人缴费工资的11%调整为8%,全部由个人缴费形成,单位缴费不再划入个人账户。

职工基金养老保险个人账户的储存额是否计算利息?

根据《社会保险法》第14条明确规定,记账利率不得低于银行定期存款利率。根据《国务院关于建立统一的企业职工基本养老保险制度的决定》和《职工基本养老保险个人账户管理暂行办法》第10条规定,个人账户储存额,每年参考银行同期存款利率计算利息。个人账户的储存额按"养老保险基金记账利率"(以下简称"记账利率")计算利息。记账利率暂由各省、自治区、直辖市人民政府参考银行同期存款利率等因素确定并每年公布一次。随着《社会保险法》的生效实施和基本养老保险基金全国统筹的实现,职工基本养老保险个人账户记账利率将由国务院统一确定和公布。

个人账户在按月支付离退休金后的余额部分如何计息?

根据《职工基本养老保险个人账户管理暂行办法》的规定,职工退休后,其个人账户缴费情况停止记录,个人账户在按月支付离退休金(含以后年度调整增加的部分)后的余额部分继续计息。利息计算有两种方法:

其一为年度计算法,即离退休人员个人账户余额生成的利息在每个支付年度结束后按年度计算(支付年度内各月支付的养老金数额相同时适用此方法)。年利息计算公式如下:年利息=(个人账户年初余额-当年支付养老金总额)×本年记账利率+当年支付养老金总额×本年记账利率×

1.083×1/2;个人账户年终余额＝个人账户年初余额－当年支付养老金总额+年利息。

其二为月积数法,即离退休人员个人账户余额生成的利息在每个支付年度内按月计算(支付年度内各月支付的养老金数额不同时适用此方法)。年利息计算公式如下:年利息＝个人账户年初余额×本年记账利率－本年度支付月积数×本年记账利率×1/12 本年度支付月积数＝∑〔n 月份支付额×(12-n+1)〕(n 为本年度各支付月份,且 1≤n≤12)。

基本养老保险个人账户累计储存额如何计算?

根据《职工基本养老保险个人账户管理暂行办法》的规定,利息按每年公布的记账利率计算。至本年底止个人账户累计储存额有两种计算方法:

其一为年度计算法,即至本年底止个人账户累计储存额在每个缴费年度结束以后按年度计算(以上年月平均工资为缴费工资基数记账时适用此方法)。计算公式:至本年底止个人账户累计储存额＝上年底止个人账户累计储存额×(1+本年记账利率)+个人账户本年记账金额×(1+本年记账利率×1.083×1/2)。

其二为月积数法,即至本年底止个人账户累计储存额在一个缴费年度内按月计算(以上月职工工资收入为缴费工资基数记账时适用此方法)。计算公式:至本年底止个人账户累计储存额＝上年底止个人账户累计储存额×(1+本年记账利率)+本年记账额本金+本年记账额利息。其中:本年记账额利息＝本年记账月积数×本年记账利率×1/12;本年记账月积数＝∑〔n 月份记账额×(12-n+1)〕(n 为本年各记账月份,且 1≤n≤12)。

职工基金养老保险个人账户记账利息是否征收利息税?

根据《社会保险法》第 14 条规定,记账利率不得低于银行定期存款利率,免征利息税。

养老保险基金个人账户的储存额能否提前支取?

《社会保险法》第 14 条明确规定,个人账户不得提前支取。根据《国务院关于建立统一的企业职工基本养老保险制度的决定》规定,个人账户储存额只用于职工养老,不得提前支取。职工调动时,个人账户全部随同转移。

职工缴纳基本养老保险费用中断的,个人账户是否保留和继续计息？

根据《职工基本养老保险个人账户管理暂行办法》的规定,职工由于各种原因而中断工作的,不缴纳基本养老保险费用,也不计算缴费年限,其个人账户由原经办机构予以保留,个人账户继续计息。职工调动或中断工作前后个人账户的储存额累计计算,不间断计息。

参保人员跨省流动就业的,未达到待遇领取年龄前能否办理退保手续？

根据《国务院办公厅关于转发人力资源社会保障部财政部城镇企业职工基本养老保险关系转移接续暂行办法的通知》(国办发〔2009〕66号)所实施的《城镇企业职工基本养老保险关系转移接续暂行办法》第2条规定,本《办法》适用于参加城镇企业职工基本养老保险的所有人员,包括农民工。已经按国家规定领取基本养老保险待遇的人员,不再转移基本养老保险关系。本《办法》第3条规定,参保人员跨省流动就业的,由原参保所在地社会保险经办机构(以下简称社保经办机构)开具参保缴费凭证,其基本养老保险关系应随同转移到新参保地。参保人员达到基本养老保险待遇领取条件的,其在各地的参保缴费年限合并计算,个人账户储存额(含本息,下同)累计计算;未达到待遇领取年龄前,不得终止基本养老保险关系并办理退保手续;其中出国定居和到香港、澳门、台湾地区定居的,按国家有关规定执行。

参保人员跨省流动就业转移基本养老保险关系时,如何计算转移资金？

《城镇企业职工基本养老保险关系转移接续暂行办法》第4条规定,参保人员跨省流动就业转移基本养老保险关系时,按下列方法计算转移资金:(1)个人账户储存额:1998年1月1日之前按个人缴费累计本息计算转移,1998年1月1日后按计入个人账户的全部储存额计算转移。(2)统筹基金(单位缴费):以本人1998年1月1日后各年度实际缴费工资为基数,按12%的总和转移,参保缴费不足1年的,按实际缴费月数计算转移。

参保人员跨省流动就业,如何办理基本养老保险关系转移接续？

《城镇企业职工基本养老保险关系转移接续暂行办法》第5条规定,参保人员跨省流动就业,其基本养老保险关系转移接续按下列规定办理:(1)参保人员返回户籍所在地(指省、自治区、直辖市,下同)就业参保的,户籍所在地的相关社保经办机构应为其及时办理转移接续手续。（2）参保人员未返回户籍所在地就业参保的，由新参保地的社保经办机构为其及时办理转移接续手续。但对男性年满50周岁和女性年满40周岁的，应在原参保地继续保留基本养老保险关系，同时在新参保地建立临时基本养老保险缴费账户，记录单位和个人全部缴费。参保人员再次跨省流动就业或在新参保地达到待遇领取条件时，将临时基本养老保险缴费账户中的全部缴费本息，转移归集到原参保地或待遇领取地。（3）参保人员经县级以上党委组织部门、人力资源社会保障行政部门批准调动，且与调入单位建立劳动关系并缴纳基本养老保险费的，不受以上年龄规定限制，应在调入地及时办理基本养老保险关系转移接续手续。

跨省流动就业的参保人员如何确定其基本养老保险待遇领取地？

《城镇企业职工基本养老保险关系转移接续暂行办法》第6条规定，跨省流动就业的参保人员达到待遇领取条件时，按下列规定确定其待遇领取地：（1）基本养老保险关系在户籍所在地的，由户籍所在地负责办理待遇领取手续，享受基本养老保险待遇。（2）基本养老保险关系不在户籍所在地，而在其基本养老保险关系所在地累计缴费年限满10年的，在该地办理待遇领取手续，享受当地基本养老保险待遇。（3）基本养老保险关系不在户籍所在地，且在其基本养老保险关系所在地累计缴费年限不满10年的，将其基本养老保险关系转回上一个缴费年限满10年的原参保地办理待遇领取手续，享受基本养老保险待遇。（4）基本养老保险关系不在户籍所在地，且在每个参保地的累计缴费年限均不满10年的，将其基本养老保险关系及相应资金归集到户籍所在地，由户籍所在地按规定办理待遇领取手续，享受基本养老保险待遇。

转移接续基本养老保险关系后，参保人员领取的养老保险金如何计算？

《城镇企业职工基本养老保险关系转移接续暂行办法》第7条规定，参保人员转移接续基本养老保险关系后，符合待遇领取条件的，按照《国务院关于完善企业职工基本养老保险制度的决定》（国发〔2005〕38号）的规定，以本人各年度缴费工资、缴费年限和待遇领取地对应的各年度在岗职工平均工资计算其基本养老金。

参保人员跨省流动就业的，如何办理基本养老保险关系转移接续手续？

《城镇企业职工基本养老保险关系转移接续暂行办法》第8条规定，参保人员跨省流动就业的，按下列程序办理基本养老保险关系转移接续手续：(1)参保人员在新就业地按规定建立基本养老保险关系和缴费后，由用人单位或参保人员向新参保地社保经办机构提出基本养老保险关系转移接续的书面申请。(2)新参保地社保经办机构在15个工作日内，审核转移接续申请，对符合本办法规定条件的，向参保人员原基本养老保险关系所在地的社保经办机构发出同意接收函，并提供相关信息；对不符合转移接续条件的，向申请单位或参保人员作出书面说明。(3)原基本养老保险关系所在地社保经办机构在接到同意接收函的15个工作日内，办理好转移接续的各项手续。(4)新参保地社保经办机构在收到参保人员原基本养老保险关系所在地社保经办机构转移的基本养老保险关系和资金后，应在15个工作日内办结有关手续，并将确认情况及时通知用人单位或参保人员。

农民工参保后中断缴费的，其基本养老保险关系是否继续有效？

根据《城镇企业职工基本养老保险关系转移接续暂行办法》第9条规定，农民工中断就业或返乡没有继续缴费的，由原参保地社保经办机构保留其基本养老保险关系，保存其全部参保缴费记录及个人账户，个人账户储存额继续按规定计息。农民工返回城镇就业并继续参保缴费的，无论其回到原参保地就业还是到其他城镇就业，均按前述规定累计计算其缴费年限，合并计算其个人账户储存额，符合待遇领取条件的，与城镇职工同样享受基本养老保险待遇；农民工不再返回城镇就业的，其在城镇参保缴费记录及个人账户全部有效，并根据农民工的实际情况，或在其达到规定领取条件时享受城镇职工基本养老保险待遇，或转入新型农村社会养老保险。农民工在城镇参加企业职工基本养老保险与在农村参加新型农村社会养老保险的衔接政策，另行研究制定。

（六）社会保险费征缴

什么是社会保险经办机构？其基本职能有哪些？

根据《社会保险法》第72条规定，社会保险经办机构是在社会保险统筹地区设立的专门对社会保险事务进行管理的职能部门,社会保险经办机构根据工作需要,经所在地的社会保险行政部门和机构编制管理机关批准,可以在本统筹地区设立分支机构和服务网点。社会保险经办机构的人员经费和经办社会保险发生的基本运行费用、管理费用,由同级财政按照国家规定予以保障。

根据《社会保险法》第73条和第74条规定,社会保险经办机构主要有以下基本职能:

(1)社会保险经办机构应当建立健全业务、财务、安全和风险管理制度,应当按时足额支付社会保险待遇。

(2)社会保险经办机构应当及时为用人单位建立档案,完整、准确地记录参加社会保险的人员、缴费等社会保险数据,妥善保管登记、申报的原始凭证和支付结算的会计凭证。

(3)社会保险经办机构应当及时、完整、准确地记录参加社会保险的个人缴费和用人单位为其缴费,以及享受社会保险待遇等个人权益记录,定期将个人权益记录单免费寄送本人。

(4)社会保险经办机构提供社会保险咨询等相关服务,用人单位和个人可以免费向社会保险经办机构查询、核对其缴费和享受社会保险待遇记录。

用人单位应在什么期限内办理社会保险登记?

根据《社会保险法》第57条第1款规定,用人单位应当自成立之日起30日内凭营业执照、登记证书或者单位印章,向当地社会保险经办机构申请办理社会保险登记。社会保险经办机构应当自收到申请之日起15日内予以审核,发给社会保险登记证件。

在什么情形下,用人单位应当办理社会保险变更或注销登记?

《社会保险法》第57条第2款规定,用人单位的社会保险登记事项发生变更或者用人单位依法终止的,应当自变更或者终止之日起30日内,到社会保险经办机构办理变更或者注销社会保险登记。根据《社会保险费征缴暂行条例》第7条规定,缴费单位必须向当地社会保险经办机构办理社会保险登记,参加社会保险。登记事项包括:单位名称、住所、经营地点、单位类型、法定代表人或者负责人、开户银行账号以及国务院劳动保障行政部门规定的其他事项。因此,用人单位在以上社会保险登记事项之一发生变更时以及用人单位依法终止时,应当依法向原社会保险登记机构申请办理变更或注销社会保险登记。

用人单位应在什么期限内为其职工申请办理社会保险登记?

《社会保险法》第 58 条第 1 款规定,用人单位应当自用工之日起 30 日内为其职工向社会保险经办机构申请办理社会保险登记。未办理社会保险登记的,由社会保险经办机构核定其应当缴纳的社会保险费。

用人单位能否缓缴或减免社会保险费?

《社会保险法》第 60 条第 1 款规定,用人单位应当自行申报、按时足额缴纳社会保险费,非因不可抗力等法定事由不得缓缴、减免。可见,除非存在不可抗力等法定事由,用人单位不得缓缴、减免社会保险费。所谓"不可抗力"是指不能预见、不能避免并不能克服的客观情况,主要包括地震、海啸、洪水等自然灾害以及罢工、战争等社会性因素。

职工应当缴纳的社会保险费是由用人单位代扣代缴吗?

《社会保险法》第 60 条第 1 款规定,职工应当缴纳的社会保险费由用人单位代扣代缴,用人单位应当按月将缴纳社会保险费的明细情况告知本人。

社会保险费征收机构可以不将社会保险缴费情况告知用人单位和个人吗?

《社会保险法》第 61 条规定,社会保险费征收机构应当依法按时足额征收社会保险费,并将缴费情况定期告知用人单位和个人。

第七部分 财产权与人身权纠纷诉讼维权指引

一、诉 讼 时 效

财产权与人身权受到侵害的,权利人一般应在什么期间提起诉讼?

财产权与人身权等民事权利受到侵害的权利人通过诉讼维护自己的权益和解决纠纷时,应当遵守法律关于诉讼时效的规定。诉讼时效,是指其权利受到侵害的一方当事人应当自知道或者应当知道其权利受到侵害时开始的法定期间内,向人民法院提起诉讼进行维权的有效期间。诉讼时效分为普通诉讼时效和特别诉讼时效。普通诉讼时效是适用于法律没有特别规定诉讼时效的一般诉讼时效;法律对诉讼时效有特别规定的,民事权利受到侵害的权利人应当在特别诉讼时效期间内提起诉讼。权利人超过诉讼时效期间提起诉讼的,其将丧失通过诉讼获得救济的权利,即使其诉讼请求具有实体法上胜诉的根据,也将因超过诉讼时效而法院不再对其权利予以保护。

《民法总则》第188条第1款规定,向人民法院请求保护民事权利的诉讼时效期间为3年。法律另有规定的,依照其规定。本条第2款规定,诉讼时效期间自权利人知道或者应当知道权利受到损害以及义务人之日起计算。法律另有规定的,依照其规定。但是自权利受到损害之日起超过20年的,人民法院不予保护;有特殊情况的,人民法院可以根据权利人的申请决定延长。(注:上述第1款规定是对《民法通则》第135条的修正,将普通诉讼时效期间由原来的2年提高到了3年,其余表述基本相同。上述第2款吸收了《民法通则》第137条的规定,除了增加第2句"法律另有规定的,依照其规定"外,二者表述基本相同。《民法通则》第135条规定,向人民法院请求保护民事权利的诉讼时效期间为 2 年,法律另有规定的除外。《民法通则》第 137 条规定,诉讼时效期间从知道或者应当知道权利被侵害时起计算。但是,从权利被侵害之日起超过 20 年的,人民法院不予保护。有特殊情况的,人民法院可以延长诉讼时效期间。)此外,《民法总则》完善了诉讼时效期间开始计算的起始时间的有关规定。本法第 189 条规定,当事人约定同一债务分期履行的,诉讼时效期间自最后一期履行期限届满之日起计算。本法第 190 条规定,无民事行为能力人或者限制民事行为能力人对其法定代理人的请求权的诉讼时效期间,自该法定代理终止之日起计算。本法第 191 条规定,未成年人遭受性侵害的损害赔偿请求权的诉讼时效期间,自受害人年满 18 周岁之日起计算。

在哪些情形下,权利人应当在特别诉讼时效内提起诉讼?

在法律特别规定诉讼时效的情况下,适用特别诉讼时效,而不适用普通诉讼时效即一般诉讼时效。与《民法通则》相比,《民法总则》在规定了普通诉讼时效外,并未规定特别诉讼时效,而仅仅规定"法律另有规定的,依照其规定"。(注:《民法总则》生效后,现行《民法通则》第 136 条规定的特别诉讼时效将不再适用。《民法通则》第 136 条规定,下列诉讼时效期间为 1 年:(1)身体受到伤害要求赔偿的;(2)出售质量不合格的商品未声明的;(3)延付或者拒付租金的;(4)寄存财物被丢失或者损毁的。)目前,除了《民法通则》规定的四类特别诉讼时效外,在以下单行法中也规定了特别诉讼时效:《环境保护法》第 66 条规定,提起环境损害赔偿诉讼的时效期间为 3 年,从当事人知道或者应当知道其受到损害时起计算。根据《合同法》第 129 条规定,因国际货物买卖合同和技术进出口合同争议提起诉讼的期限为 4 年,自当事人知道或者应当知道其权利受到侵害之日起计算。因其他合同争议提起诉讼的期限,依照有关法律的规定。

超过诉讼时效期间当事人达成履行义务协议的,该协议是否受法律保护?

《民法总则》第 192 条规定,诉讼时效期间届满的,义务人可以提出不履行义务的抗辩。诉讼时效期间届满后,义务人同意履行的,不得以诉讼时效期间届满为由抗辩;义务人已自愿履行的,不得请求返还。(注:上述规定吸收了《民法通则》第138条的规定,并作了细化。《民法通则》第138条规定,超过诉讼时效期间,当事人自愿履行的,不受诉讼时效限制。)可见,诉讼时效届满后权利人虽然失去了胜诉权,但义务人自愿履行义务的,其履行仍然有效,其自愿履行后不得以诉讼时效届满为由而请求权利人返还。《最高人民法院关于审理民事案件适用诉讼时效制度若干问题的规定》第22条规定,诉讼时效期间届满,当事人一方向对方当事人作出同意履行义务的意思表示或者自愿履行义务后,又以诉讼时效期间届满为由进行抗辩的,人民法院不予支持。可见,诉讼时效期间届满后,当事人双方就履行义务达成协议的,该协议受法律保护。义务人不履行的,权利人有权向人民法院提起诉讼要求其履行义务。

约定同一债务分期履行或未约定合同履行期限的,诉讼时效自何时起计算?

《最高人民法院关于审理民事案件适用诉讼时效制度若干问题的规定》第5条规定,当事人约定同一债务分期履行的,诉讼时效期间从最后一期履行期限届满之日起计算。本《规定》第6条规定,未约定履行期限的合同,依照合同法第61条、第62条的规定,可以确定履行期限的,诉讼时效期间从履行期限届满之日起计算;不能确定履行期限的,诉讼时效期间从债权人要求债务人履行义务的宽限期届满之日起计算,但债务人在债权人第一次向其主张权利之时明确表示不履行义务的,诉讼时效期间从债务人明确表示不履行义务之日起计算。

在什么情形下,诉讼时效发生中断的效力?

《民法总则》第195条规定,有下列情形之一的,诉讼时效中断,从中断、有关程序终结时起,诉讼时效期间重新计算:(1)权利人向义务人提出履行请求;(2)义务人同意履行义务;(3)权利人提起诉讼或者申请仲裁;(4)与提起诉讼或者申请仲裁具有同等效力的其他情形。(注:上述规定来源于《民法通则》第140条的规定内容,并对诉讼时效中断情形进行了细化。《民法通则》第140条规定,诉讼时效因提起诉讼、当事人一方提出要求或者同意履行义务而中断。从中断时起,诉讼时效期间重新计算。)可见,在诉讼时效中断这一制度设计下,权利人受到侵害后,只要有证据证明其具有向义务人提出要求,或者向仲裁机构申请仲裁或者向法院提起诉讼或者其他有权解决民事纠纷的社会组织提出保护其民事权利要求,或者义务人同意履行义务的事实存在以及符合法律规定的其他情形,那么,法律规定的诉讼时效期间应当从上述事实发生时重新开始计算。

根据《最高人民法院关于审理民事案件适用诉讼时效制度若干问题的规定》第 10 条规定,具有下列情形之一的,应当认定为《民法通则》第 140 条规定的"当事人一方提出要求",产生诉讼时效中断的效力:(1)当事人一方直接向对方当事人送交主张权利文书,对方当事人在文书上签字、盖章或者虽未签字、盖章但能够以其他方式证明该文书到达对方当事人的;(2)当事人一方以发送信件或者数据电文方式主张权利,信件或者数据电文到达或者应当到达对方当事人的;(3)当事人一方为金融机构,依照法律规定或者当事人约定从对方当事人账户中扣收欠款本息的;(4)当事人一方下落不明,对方当事人在国家级或者下落不明的当事人一方住所地的省级有影响的媒体上刊登具有主张权利内容的公告的,但法律和司法解释另有特别规定的,适用其规定。

《最高人民法院关于审理民事案件适用诉讼时效制度若干问题的规定》第 12 条规定,当事人一方向人民法院提交起诉状或者口头起诉的,诉讼时效从提交起诉状或者口头起诉之日起中断。本《规定》第 14 条规定,权利人向人民调解委员会以及其他依法有权解决相关民事纠纷的国家机关、事业单位、社会团体等社会组织提出保护相应民事权利的请求,诉讼时效从提出请求之日起中断。本《规定》第 16 条规定,义务人作出分期履行、部分履行、提供担保、请求延期履行、制定清偿债务计划等承诺或者行为的,应当认定为《民法通则》第 140 条规定的当事人一方"同意履行义务"。本《规定》第 17 条规定,对于连带债权人中的一人发生诉讼时效中断效力的事由,应当认定对其他连带债权人也发生诉讼时效中断的效力。对于连带债务人中的一人发生诉讼时效中断效力的事由,应当认定对其他连带债务人也发生诉讼时效中断的效力。

在什么情形下,诉讼时效发生中止的效力?

《民法总则》第 194 条第 1 款规定,在诉讼时效期间的最后 6 个月内,因下列障碍,不能行使请求权的,诉讼时效中止:(1)不可抗力;(2)无民事行为能力人或者限制民事行为能力人没有法定代理人,或者法定代理人死亡、丧失民事行为能力、丧失代理权;(3)继承开始后未确定继承人或者遗产管理人;(4)权利人被义务人或者其他人控制;(5)其他导致权利人不能行使请求权的障碍。本条第 2 款规定,自中止时效的原因消除之日起满 6 个月,诉讼时效期间届满。(注:上述规定来源于《民法通则》第 139 条的规定,并明确规定自中止时效的原因消除之日起满 6 个月,诉讼时效期间届满。此外,吸收了《最高人民法院关于审理民事案件适用诉讼时效制度若干问题的规定》第 20 条的规定内容。《民法通则》第 139 条规定,在诉讼时效期间的最后 6 个月内,因不可抗力或者其他障碍不能行使请求权的,诉讼时效中止。从中止时效的原因消除之日起,诉讼时效期间继续计算。《最高人民法院关于审理民事案件适用诉讼时效制度若干问题的规定》第 20 条规定,有下列情形之一的,应当认定为《民法通则》第 139 条规定的“其他障碍”,诉讼时效中止:(1)权利被侵害的无民事行为能力人、限制民事行为能力人没有法定代理人,或者法定代理人死亡、丧失代理权、丧失行为能力;(2)继承开始后未确定继承人或者遗产管理人;(3)权利人被义务人或者其他人控制无法主张权利;(4)其他导致权利人不能主张权利的客观情形。)

二、管辖与回避

(一) 诉讼管辖

当事人通过诉讼解决民事纠纷时,应当向哪一级人民法院起诉?

民事纠纷发生后,当事人要通过诉讼维护权益和解决纠纷时应当向有管辖权的人民法院提起诉讼。诉讼管辖是指各级人民法院之间和同级各地方人民法院之间受理第一审民事案件的分工和权限。民事诉讼管辖主要包括级别管辖和地域管辖两种。其中,级别管辖是指各级人民法院之间受理第一审民事案件的分工和权限。《民事诉讼法》第 17 条规定,基层人民法院管辖第一审民事案件,但本法另有规定的除外。本法第 18 条规定,中级人民法院管辖下列第一审民事案件:(1)重大涉外案件。根据《最高人民法院关于适用〈中华人民共和国民事诉讼法〉的解释》(以下简称《民事诉讼法司法解释》)第1条规定,该项规定的重大涉外案件,包括争议标的额大的案件、案情复杂的案件,或者一方当事人人数众多等具有重大影响的案件。(2)在本辖区有重大影响的案件。(3)最高人民法院确定由中级人民法院管辖的案件。本法第19条规定,高级人民法院管辖在本辖区有重大影响的第一审民事案件。本法第20条规定,最高人民法院管辖下列第一审民事案件:(1)在全国有重大影响的案件;(2)认为应当由本院审理的案件。据此,当事人通过诉讼解决人身权、财产权民事纠纷时,应当根据上述级别管辖的规定,向有管辖权的人民法院提起诉讼。

通常情况下,第一审民事诉讼案件由何地法院管辖?

当事人通过诉讼解决民事纠纷时,在确定了级别管辖之后,还应当通过地域管辖来进一步具体落实受诉法院。地域管辖,是指同级人民法院之间受理第一审民事案件的分工和权限。地域管辖与级别管辖不同。级别管辖从纵向划分上、下级人民法院之间受理第一审民事案件的权限和分工,解决某一民事案件应由哪一级人民法院管辖的问题;而地域管辖则是从横向划分同级人民法院之间受理第一审民事案件的权限和分工,解决某一民事案件应由哪一地的具体人民法院管辖的问题。《民事诉讼法》第21条规定,对公民提起的民事诉讼,由被告住所地人民法院管辖;被告住所地与经常居住地不一致的,由经常居住地人民法院管辖。对法人或者其他组织提起的民事诉讼,由被告住所地人民法院管辖。同一诉讼的几个被告住所地、经常居住地在两个以上人民法院辖区的,各该人民法院都有管辖权。《民事诉讼法司法解释》第3条规定,公民的住所地是指公民的户籍所在地,法人或者其他组织的住所地是指法人或者其他组织的主要办事机构所在地。法人或者其他组织的主要办事机构所在地不能确定的,法人或者其他组织的注册地或者登记地为住所地。本《解释》第4条规定,公民的经常居住地是指公民离开住所地至起诉时已连续居住一年以上的地方,但公民住院就医的地方除外。本《解释》第5条规定,对没有办事机构的个人合伙、合伙型联营体提起的诉讼,由被告注册登记地人民法院管辖。没有注册登记,几个被告又不在同一辖区的,被告住所地的人民法院都有管辖权。根据上述规定,作为诉讼当事人的原告提起诉讼时,在确定级别管辖的基础上一般采取原告就被告原则确定地域管辖,即对公民提起的民事诉讼,由被告住所地人民法院管辖;被告住所地与经常居住地不一致的,由经常居住地人民法院管辖。对法人或者其他组织提起的民事诉讼,由被告住所地人民法院管辖。但同一诉讼的几个被告住所地、经常居住地在两个以上人民法院辖区的,各该人民法院都有管辖权。此时,原告依法享有诉讼管辖选择权,其可以根据自己的愿望在有管辖权的人民法院之中选择其中之一提起诉讼。

哪些民事诉讼应当由原告住所地或经常居住地的法院管辖?

根据《民事诉讼法》第22条规定,下列民事诉讼,由原告住所地人民法院管辖;原告住所地与经常居住地不一致的,由原告经常居住地人民法院管辖:(1)对不在中华人民共和国领域内居住的人提起的有关身份关系的诉讼。有关身份关系的诉讼主要包括确认婚姻关系无效、离婚诉讼,确认亲子关系诉讼,遗产继承诉讼等。(2)对下落不明或者宣告失踪的人提起的有关身份关系的诉讼。(3)对被采取强制性教育措施的人提起的诉讼。主要包括被实行劳动教养戒毒人员、被收容教育的卖淫嫖娼人员等提起的诉讼。(4)对被监禁的人提起的诉讼。主要包括被判处有期徒刑、无期徒刑、死刑缓期执行人员提起的诉讼。此外,《民事诉讼法司法解释》第9条规定,追索赡养费、抚育费、扶养费案件的几个被告住所地不在同一辖区的,可以由原告住所地人民法院管辖。

因合同纠纷提起的诉讼,由何地法院管辖?

《民事诉讼法》第23条规定,因合同纠纷提起的诉讼,由被告住所地或者合同履行地人民法院管辖。《民事诉讼法司法解释》第3条规定,公民的住所地是指公民的户籍所在地,法人或者其他组织的住所地是指法人或者其他组织的主要办事机构所在地。法人或者其他组织的主要办事机构所在地不能确定的,法人或者其他组织的注册地或者登记地为住所地。本《解释》第5条规定,对没有办事机构的个人合伙、合伙型联营体提起的诉讼,由被告注册登记地人民法院管辖。没有注册登记,几个被告又不在同一辖区的,被告住所地的人民法院都有管辖权。合同履行地一般是指合同当事人行使合同权利或者履行合同义务的地点。《民事诉讼法司法解释》第18条规定,合同约定履行地点的,以约定的履行地点为合同履行地。合同对履行地点没有约定或者约定不明确,争议标的为给付货币的,接收货币一方所在地为合同履行地;交付不动产的,不动产所在地为合同履行地;其他标的,履行义务一方所在地为合同履行地。即时结清的合同,交易行为地为合同履行地。合同没有实际履行,当事人双方住所地都不在合同约定的履行地的,由被告住所地人民法院管辖。本《解释》第19条规定,财产租赁合同、融资租赁合同以租赁物使用地为合同履行地。合同对履行地有约定的,从其约定。本解释第20条规定,以信息网络方式订立的买卖合同,通过信息网络交付标的的,以买受人住所地为合同履行地;通过其他方式交付标的的,收货地为合同履行地。合同对履行地有约定的,从其约定。据此,被告的住所地或者合同履行地应当以《民事诉讼法司法解释》的上述规定确定。

因保险合同纠纷提起的诉讼,由何地法院管辖?

《民事诉讼法》第24条规定,因保险合同纠纷提起的诉讼,由被告住所地或者保险标的物所在地人民法院管辖。《民事诉讼法司法解释》第21条进一步明确规定,因财产保险合同纠纷提起的诉讼,如果保险标的物是运输工具或者运输中的货物,可以由运输工具登记注册地、运输目的地、保险事故发生地人民法院管辖。因人身保险合同纠纷提起的诉讼,可以由被保险人住所地人民法院管辖。

因运输和联合运输合同纠纷提起的诉讼,由何地法院管辖?

《民事诉讼法》第27条规定,因铁路、公路、水上、航空运输和联合运输合同纠纷提起的诉讼,由运输始发地、目的地或者被告住所地人民法院管辖。

因侵权行为提起的诉讼,由何地法院管辖?

《民事诉讼法》第28条规定,因侵权行为提起的诉讼,由侵权行为地或者被告住所地人民法院管辖。根据《民事诉讼法司法解释》第24条规定,上述第28条规定的侵权行为地,包括侵权行为实施地、侵权结果发生地。本解释第25条规定,信息网络侵权行为实施地包括实施被诉侵权行为的计算机等信息设备所在地,侵权结果发生地包括被侵权人住所地。

因产品、服务质量不合格造成他人财产、人身损害提起的诉讼,何地法院有管辖权?

《民事诉讼法司法解释》第 26 条规定,因产品、服务质量不合格造成他人财产、人身损害提起的诉讼,产品制造地、产品销售地、服务提供地、侵权行为地和被告住所地人民法院都有管辖权。据此,因产品、服务质量不合格遭受财产、人身损害的被侵权人可以选择上述有管辖权的任一人民法院提起诉讼。

因铁路、公路、水上和航空事故请求损害赔偿提起的诉讼,由何地法院管辖?

《民事诉讼法》第 29 条规定,因铁路、公路、水上和航空事故请求损害赔偿提起的诉讼,由事故发生地或者车辆、船舶最先到达地、航空器最先降落地或者被告住所地人民法院管辖。

哪些案件由人民法院专属管辖?

专属管辖,是指某些类型的案件的当事人主张权利时只能向有法律规定的有管辖权的特定地点的人民法院提起。属于人民法院专属管辖的案件,当事人不得基于一般地域管辖权、特殊地域管辖权的规定提起诉讼,且排除了当事人协议管辖的可能性,而只能向有专属管辖权的人民法院提起。《民事诉讼法》第 33 条规定,下列案件,由本条规定的人民法院专属管辖:(1)因不动产纠纷提起的诉讼,由不动产所在地人民法院管辖。根据《民事诉讼法司法解释》第 28 条规定,本项规定的不动产纠纷是指因不动产的权利确认、分割、相邻关系等引起的物权纠纷。农村土地承包经营合同纠纷、房屋租赁合同纠纷、建设工程施工合同纠纷、政策性房屋买卖合同纠纷,按照不动产纠纷确定管辖。不动产已登记的,以不动产登记簿记载的所在地为不动产所在地;不动产未登记的,以不动产实际所在地为不动产所在地。(2)因港口作业中发生纠纷提起的诉讼,由港口所在地人民法院管辖。(3)因继承遗产纠纷提起的诉讼,由被继承人死亡时住所地或者主要遗产所在地人民法院管辖。

合同或者其他财产权益纠纷的当事人可以书面协议选择何地的法院管辖？

《民事诉讼法》第34条规定，合同或者其他财产权益纠纷的当事人可以书面协议选择被告住所地、合同履行地、合同签订地、原告住所地、标的物所在地等与争议有实际联系的地点的人民法院管辖，但不得违反本法对级别管辖和专属管辖的规定。根据《民事诉讼法司法解释》第29条规定，上述第34条规定的书面协议，包括书面合同中的协议管辖条款或者诉讼前以书面形式达成的选择管辖的协议。根据本解释第34条规定，当事人因同居或者在解除婚姻、收养关系后发生财产争议，约定管辖的，可以适用上述第34条规定确定管辖。

夫妻一方或者双方离开住所地超过一年离婚的，由何地法院管辖？

《民事诉讼法司法解释》第12条规定，夫妻一方离开住所地超过一年，另一方起诉离婚的案件，可以由原告住所地人民法院管辖。夫妻双方离开住所地超过一年，一方起诉离婚的案件，由被告经常居住地人民法院管辖；没有经常居住地的，由原告起诉时被告居住地人民法院管辖。

在国内结婚或者在国外结婚并定居国外的华侨，其离婚诉讼由何地法院管辖？

《民事诉讼法司法解释》第13条规定，在国内结婚并定居国外的华侨，如定居国法院以离婚诉讼须由婚姻缔结地法院管辖为由不予受理，当事人向人民法院提出离婚诉讼的，由婚姻缔结地或者一方在国内的最后居住地人民法院管辖。本《解释》第14条规定，在国外结婚并定居国外的华侨，如定居国法院以离婚诉讼须由国籍所属国法院管辖为由不予受理，当事人向人民法院提出离婚诉讼的，由一方原住所地或者在国内的最后居住地人民法院管辖。

两个以上法院都有管辖权的诉讼，如何确定管辖？

《民事诉讼法》第35条规定，两个以上人民法院都有管辖权的诉讼，原告可以向其中一个人民法院起诉；原告向两个以上有管辖权的人民法院起诉的，由最先立案的人民法院管辖。

诉讼当事人在什么情况下和在什么期间内,可以对管辖权提出异议?

诉讼程序是由原告向认为有管辖权的人民法院提起诉讼和由人民法院受理而启动的,人民法院受理案件后,当事人认为受理案件的人民法院对本案无管辖权的有权提出异议。对此,《民事诉讼法》第 127 条规定,人民法院受理案件后,当事人对管辖权有异议的,应当在提交答辩状期间提出。人民法院对当事人提出的异议,应当审查。异议成立的,裁定将案件移送有管辖权的人民法院;异议不成立的,裁定驳回。当事人未提出管辖异议,并应诉答辩的,视为受诉人民法院有管辖权,但违反级别管辖和专属管辖规定的除外。根据《民事诉讼法》第 125 条规定,人民法院应当在立案之日起 5 日内将起诉状副本发送被告,被告应当在收到之日起 15 日内提出答辩状。可见,当事人对管辖权有异议的,应当在被告收到起诉状副本之日起 15 日内向受诉人民法院提出。

(二) 回避

在民事诉讼中哪些人员应当回避?

民事诉讼法上的回避,是指审判人员及与案件存在一定利害关系或者其他关系从而有可能影响案件公正审理的有关人员,不得参加案件审理的制度。根据《民事诉讼法》第 44 条第 1 款规定,审判人员有下列情形之一的,应当自行回避,当事人有权用口头或者书面方式申请他们回避:(1)是本案当事人或者当事人、诉讼代理人近亲属的;(2)与本案有利害关系的;(3)与本案当事人、诉讼代理人有其他关系,可能影响对案件公正审理的。本条第 2 款规定,审判人员接受当事人、诉讼代理人请客送礼,或者违反规定会见当事人、诉讼代理人的,当事人有权要求他们回避。本条第 3 款规定,审判人员有前款规定的行为的,应当依法追究法律责任。本条第 4 款规定,前 3 款规定,适用于书记员、翻译人员、鉴定人、勘验人。根据《民事诉讼法司法解释》第 48 条规定,上述第 44 条所称的审判人员,包括参与本案审理的人民法院院长、副院长、审判委员会委员、庭长、副庭长、审判员、助理审判员和人民陪审员。本《解释》第 49 条规定,书记员和执行员适用审判人员回避的有关规定。可见,回避除了适用于与案件有利害关系的审判人员外,还适用于与案件具有利害关系的书记员、翻译人员、鉴定人、勘验人、执行员。回避分为自行回避和当事人申请回避两种。存在依法应当自行回避的情形时,应当回避的上述人员未主动向人民法院说明情况和提出不参加有关案件的审理的情况下,当事人有权向受理案件的人民法院申请他们回避。

当事人提出回避申请,应当在何时提出?

《民事诉讼法》第 45 条第 1 款规定,当事人提出回避申请,应当说明理由,在案件开始审理时提出;回避事由在案件开始审理后知道的,也可以在法庭辩论终结前提出。

法院对当事人提出的回避申请,应当在何时作出决定? 当事人对决定不服的,怎么办?

《民事诉讼法》第 47 条规定,人民法院对当事人提出的回避申请,应当在申请提出的 3 日内,以口头或者书面形式作出决定。申请人对决定不服的,可以在接到决定时申请复议一次。复议期间,被申请回避的人员,不停止参与本案的工作。人民法院对复议申请,应当在 3 日内作出复议决定,并通知复议申请人。

三、诉讼参加人

(一) 当事人

什么是民事诉讼当事人?

民事诉讼当事人包括民事诉讼原告和被告。原告是提起民事诉讼并以自己的名义请求人民法院行使裁判权解决民事争议或保护其民事权益的一方当事人;被告则是由原告要求其履行民事义务或承担民事责任,并被动应诉的一方当事人。《民事诉讼法》第 48 条第 1 款规定,公民、法人和其他组织可以作为民事诉讼的当事人。

法人和其他组织由谁进行诉讼?

《民事诉讼法》第 48 条第 2 款规定,法人由其法定代表人进行诉讼。其他组织由其主要负责人进行诉讼。本法第50条规定,法人的法定代表人以依法登记的为准,但法律另有规定的除外。依法不需要办理登记的法人,以其正职负责人为法定代表人;没有正职负责人的,以其主持工作的副职负责人为法定代表人。法定代表人已经变更,但未完成登记,变更后的法定代表人要求代表法人参加诉讼的,人民法院可以准许。其他组织,以其主要负责人为代表人。根据《民事诉讼法司法解释》第52条规定,《民事诉讼法》第48条规定的其他组织是指合法成立、有一定的组织机构和财产,但又不具备法人资格的组织,包括:(1)依法登记领取营业执照的个人独资企业;(2)依法登记领取营业执照的合伙企业;(3)依法登记领取我国营业执照的中外合作经营企业、外资企业;(4)依法成立的社会团体的分支机构、代表机构;(5)依法设立并领取营业执照的法人的分支机构;(6)依法设立并领取营业执照的商业银行、政策性银行和非银行金融机构的分支机构;(7)经依法登记领取营业执照的乡镇企业、街道企业;(8)其他符合本条规定条件的组织。

如何确定民事诉讼当事人?

根据《民事诉讼法司法解释》第53条至第72条的规定,民事诉讼当事人按照以下规定确定:

(1)法人非依法设立的分支机构,或者虽依法设立,但没有领取营业执照的分支机构,以设立该分支机构的法人为当事人。

(2)以挂靠形式从事民事活动,当事人请求由挂靠人和被挂靠人依法承担民事责任的,该挂靠人和被挂靠人为共同诉讼人。

(3)在诉讼中,一方当事人死亡,需要等待继承人表明是否参加诉讼的,裁定中止诉讼。人民法院应当及时通知继承人作为当事人承担诉讼,被继承人已经进行的诉讼行为对承担诉讼的继承人有效。

(4)法人或者其他组织的工作人员执行工作任务造成他人损害的,该法人或者其他组织为当事人。

(5)提供劳务一方因劳务造成他人损害,受害人提起诉讼的,以接受劳务一方为被告。

(6)在劳务派遣期间,被派遣的工作人员因执行工作任务造成他人损害的,以接受劳务派遣的用工单位为当事人。当事人主张劳务派遣单位承担责任的,该劳务派遣单位为共同被告。

(7)在诉讼中,个体工商户以营业执照上登记的经营者为当事人。有字号的,以营业执照上登记的字号为当事人,但应同时注明该字号经营者的基本信息。营业执照上登记的经营者与实际经营者不一致的,以登记的经营者和实际经营者为共同诉讼人。

(8)在诉讼中,未依法登记领取营业执照的个人合伙的全体合伙人为共同诉讼人。个人合伙有依法核准登记的字号的,应在法律文书中注明登记的字号。全体合伙人可以推选代表人;被推选的代表人,应由全体合伙人出具推选书。

(9)当事人之间的纠纷经人民调解委员会调解达成协议后,一方当事人不履行调解协议,另一方当事人向人民法院提起诉讼的,应以对方当事人为被告。

(10)下列情形,以行为人为当事人:①法人或者其他组织应登记而未登记,行为人即以该法人或者其他组织名义进行民事活动的;②行为人没有代理权、超越代理权或者代理权终止后以被代理人名义进行民事活动的,但相对人有理由相信行为人有代理权的除外;③法人或者其他组织依法终止后,行为人仍以其名义进行民事活动的。

(11)企业法人合并的,因合并前的民事活动发生的纠纷,以合并后的企业为当事人;企业法人分立的,因分立前的民事活动发生的纠纷,以分立后的企业为共同诉讼人。

(12)企业法人解散的,依法清算并注销前,以该企业法人为当事人;未依法清算即被注销的,以该企业法人的股东、发起人或者出资人为当事人。

(13)借用业务介绍信、合同专用章、盖章的空白合同书或者银行账户的,出借单位和借用人为共同诉讼人。

(14)因保证合同纠纷提起的诉讼,债权人向保证人和被保证人一并主张权利的,人民法院应当将保证人和被保证人列为共同被告。保证合同约定为一般保证,债权人仅起诉保证人的,人民法院应当通知被保证人作为共同被告参加诉讼;债权人仅起诉被保证人的,可以只列被保证人为被告。

（15）无民事行为能力人、限制民事行为能力人造成他人损害的,无民事行为能力人、限制民事行为能力人和其监护人为共同被告。

（16）村民委员会或者村民小组与他人发生民事纠纷的,村民委员会或者有独立财产的村民小组为当事人。

（17）对侵害死者遗体、遗骨以及姓名、肖像、名誉、荣誉、隐私等行为提起诉讼的,死者的近亲属为当事人。

（18）在继承遗产的诉讼中,部分继承人起诉的,人民法院应通知其他继承人作为共同原告参加诉讼;被通知的继承人不愿意参加诉讼又未明确表示放弃实体权利的,人民法院仍应将其列为共同原告。

（19）原告起诉被代理人和代理人,要求承担连带责任的,被代理人和代理人为共同被告。

（20）共有财产权受到他人侵害,部分共有权人起诉的,其他共有权人为共同诉讼人。

民事诉讼当事人享有哪些权利和负有哪些义务？

根据《民事诉讼法》的有关规定,在民事诉讼中,当事人享有以下权利:（1）当事人有权委托代理人,提出回避申请,收集、提供证据,进行辩论,请求调解。（2）当事人对人民法院作出的裁判不服的,可以提起上诉。（3）对已经发生法律效力的法院裁决有权依法申请执行。（4）当事人可以查阅本案有关材料,并可以复制本案有关材料和法律文书。（5）双方当事人可以自行和解。（6）诉讼原告可以放弃或者变更诉讼请求,被告可以承认或者反驳诉讼请求,有权提起反诉。

在民事诉讼中,当事人负有下列义务:（1）当事人必须依法行使诉讼权利。（2）遵守诉讼秩序,服从法庭指挥,尊重对方当事人和其他诉讼参与人的权利。（3）应当自觉履行发生法律效力的判决书、裁定书和调解书。

什么是民事诉讼第三人？

民事诉讼第三人,是指民事诉讼当事人之外的与案件的处理结果具有法律上的利害关系的人。如果双方当事人的争议并不涉及他人利益或者其处理结果也与他人的权利和义务无关,则该争议就不可能涉及第三人。第三人是在双方当事人已经开始和尚未结束民事诉讼时加入到诉讼中的,诉讼活动尚未开始或者已经结束的则都不涉及第三人。根据《民事诉讼法》的规定,参加民事诉讼,凡是对双方当事人的诉讼标的有独立请求权的,就是有独立请求权的第三人;参加民事诉讼,凡是对双方当事人的诉讼标的没有独立请求权,而案件处理结果同他有法律上的利害关系的人,就是无独立请求权的第三人。

什么是共同诉讼?

《民事诉讼法》第 52 条规定,当事人一方或者双方为二人以上,其诉讼标的是共同的,或者诉讼标的是同一种类、人民法院认为可以合并审理并经当事人同意的,为共同诉讼。共同诉讼的一方当事人对诉讼标的有共同权利义务的,其中一人的诉讼行为经其他共同诉讼人承认,对其他共同诉讼人发生效力;对诉讼标的没有共同权利义务的,其中一人的诉讼行为对其他共同诉讼人不发生效力。可见,在共同诉讼中,共同诉讼有两种表现形式:一是诉讼标的是共同的,作为共同诉讼人的原告的权利或者作为共同诉讼人的被告的义务是相同的;二是诉讼标的属于同一事实和法律原因产生的。参加共同诉讼的当事人称为共同诉讼人,可作为共同原告和共同被告参加诉讼。

(二) 诉讼代理人

在什么情形下,由法定诉讼代理人代为进行诉讼活动?

法定诉讼代理人,是指根据法律规定代理无民事诉讼行为能力人进行诉讼活动的人。作为被代理人的无民事诉讼行为能力人包括无民事行为能力人和限制民事行为能力人。《民事诉讼法》第 57 条规定,无诉讼行为能力人由他的监护人作为法定代理人代为诉讼。法定代理人之间互相推诿代理责任的,由人民法院指定其中一人代为诉讼。《民事诉讼法司法解释》第83 条规定,在诉讼中,无民事行为能力人、限制民事行为能力人的监护人是他的法定代理人。事先没有确定监护人的,可以由有监护资格的人协商确定;协商不成的,由人民法院在他们之中指定诉讼中的法定代理人。当事人没有《民法通则》第 16 条第 1 款、第 2 款或者第 17 条第 1 款规定的监护人的,可以指定本法第 16 条第 4 款或者第 17 条第 3 款规定的有关组织担任诉讼中的法定代理人。

法定诉讼代理人具有哪些权限？

《民事诉讼法》在规定法定诉讼代理人具有诉讼代理权的同时,并未对法定诉讼代理人的代理权限作出限制性规定。可见,在诉讼活动中,法定诉讼代理人不仅有权处分被代理诉讼当事人的诉讼权利(如提起诉讼、上诉、提起反诉等),而且有权代当事人处分实体权利(如承认或者放弃诉讼请求,达成调解协议等)。

在民事诉讼中,法定诉讼代理人与作为被代理人的当事人具有基本相同的地位。被代理人的一切诉讼行为,均可由法定诉讼代理人实施,法院和诉讼相对人所为的诉讼行为,也可由法定代理人接受。其实施和接受的诉讼行为对被代理人有效。但是,除了作为监护人和法定诉讼代理人的父母外,其他法定诉讼代理人不是实体权利和实体义务的承担者,其诉讼法律后果归属于作为当事人的被代理人。在诉讼中,如果法定诉讼代理人死亡,可以依法另行指定法定诉讼代理人继续诉讼。

当事人、法定代理人可以委托哪些人担任诉讼代理人？

诉讼代理人,是指接受当事人或者法定代理人的委托,在委托权限范围内参加诉讼活动的人。诉讼代理人是基于当事人、法定代理人的委托而产生的,委托代理的权限范围和代理事项由委托人决定,诉讼代理人应当是具有诉讼行为能力的人。《民事诉讼法》第58条规定,当事人、法定代理人可以委托1至2人作为诉讼代理人。下列人员可以被委托为诉讼代理人:(1)律师、基层法律服务工作者。律师是指依法取得国家司法行政部门授予的律师资格的法律服务工作者,而基层法律服务工作者主要是指依法取得基层法律服务工作者资格并在基层法律服务所从事法律服务工作的法律服务人员。(2)当事人的近亲属或者工作人员。根据《民事诉讼法司法解释》第85条规定,与当事人有夫妻、直系血亲、三代以内旁系血亲、近姻亲关系以及其他有抚养、赡养关系的亲属,可以当事人近亲属的名义作为诉讼代理人。根据本《解释》第86条规定,与当事人有合法劳动人事关系的职工,可以当事人工作人员的名义作为诉讼代理人。(3)当事人所在社区、单位以及有关社会团体推荐的公民。根据本《解释》第87条规定,有关社会团体推荐公民担任诉讼代理人的,应当符合下列条件:①社会团体属于依法登记设立或者依法免予登记设立的非营利性法人组织;②被代理人属于本社会团体的成员,或者当事人一方住所地位于该社会团体的活动地域;③代理事务属于该社会团体章程载明的业务范围;④被推荐的公民是该社会团体的负责人或者与该社会团体有合法劳动人事关系的工作人员。专利代理人经中华全国专利代理人协会推荐,可以在专利纠纷案件中担任诉讼代理人。但根据本解释第84条规定,无民事行为能力人、限制民事行为能力人以及其他依法不能作为诉讼代理人的,当事人不得委托其作为诉讼代理人。

诉讼代理人进行哪些诉讼活动,应当取得当事人的特别授权?

诉讼代理人的代理权是基于当事人的委托授权而产生的,诉讼代理人应当在委托人的授权范围和授权期限内进行代理活动,其超出授权范围和期限而进行的诉讼代理活动,一般对当事人不发生效力。也就是说,诉讼代理人只有在被代理人授权的范围和期限内实施诉讼代理行为,其行为的后果才由被代理人承担。《民事诉讼法》第59条规定,委托他人代为诉讼,必须向人民法院提交由委托人签名或者盖章的授权委托书。授权委托书必须记明委托事项和权限。诉讼代理人代为承认、放弃、变更诉讼请求,进行和解,提起反诉或者上诉,必须有委托人的特别授权。侨居在国外的中华人民共和国公民从国外寄交或者托交的授权委托书,必须经中华人民共和国驻该国的使领馆证明;没有使领馆的,由与中华人民共和国有外交关系的第三国驻该国的使领馆证明,再转由中华人民共和国驻该第三国使领馆证明,或者由当地的爱国华侨团体证明。可见,基于委托人的授权,诉讼代理人可以行使以下两方面的权利:一方面是纯程序性方面的代理与诉讼行为,如申请回避、提出管辖权异议、收集和调查取证、在法庭的安排下与对方当事人及其代理人交换证据、向法庭递交诉讼文书、出庭应诉、进行质证、辩论等;另一方面是某些与实体性权利相关的代理与诉讼行为,如代为承认、放弃、变更诉讼请求,进行和解,提起诉讼、反诉或者上诉等。诉讼代理人接受委托后,无需特别授权即可行使上述第一个方面的代理和诉讼行为。但是,对上述后一方面的代理和诉讼行为必须有当事人或者其法定代理人的特别授权。根据《民事诉讼法司法解释》第89条第1款规定,授权委托书仅写"全权代理"而无具体授权的,诉讼代理人无权代为承认、放弃、变更诉讼请求,进行和解,提出反诉或者提起上诉。

引起法定诉讼代理权和委托诉讼代理权消灭的原因有哪些?

法定诉讼代理人代为诉讼的权利是来源于实体法上的监护权,没有实体法上的监护权,也就不会存在程序法上的诉讼代理权。因此,法定诉讼代理权的消灭也在于监护权的消灭,主要有以下原因:(1)无民事行为能力人、丧失或者部分丧失民事行为能力的被代理人恢复和具有了完全民事行为能力。(2)法定代理人丧失了民事行为能力和诉讼行为能力。(3)基于收养或者婚姻关系而产生的监护权,因收养关系解除和离婚而导致监护权的消灭,并因此导致法定代理权的不复存在。(4)法定代理人或者被代理人死亡。(5)诉讼结束。

从诉讼实践来看,引起委托诉讼代理权消灭主要有以下原因:(1)诉讼代理人死亡或者丧失代理和诉讼行为能力。(2)委托人解除委托或者委托事项违法、委托人利用律师提供的服务从事违法活动或者委托人故意隐瞒与案件有关的重要事实的情况下,导致委托代理人辞却委托。(3)委托期限届满。(4)诉讼结束,代理人完成代理任务。

离婚案件当事人委托诉讼代理人的,本人能否不予出庭?

《民事诉讼法》第62条规定,离婚案件有诉讼代理人的,本人除不能表达意思的以外,仍应出庭;确因特殊情况无法出庭的,必须向人民法院提交书面意见。可见,离婚当事人除上述规定的情形不出庭外,本人应当亲自出庭。

四、法律援助与司法救助

(一) 律师收费与法律援助

1. 律师收费

律师服务收费主要有几种方式?

司法部、国家发展改革委员会联合发布实施的《律师服务收费管理办法》第4条规定,律师服务收费主要实行政府指导价和市场调节价两种方式。

根据《律师服务收费管理办法》第6条至第8条规定,政府制定的律师服务收费应当充分考虑当地经济发展水平、社会承受能力和律师业的长远发展,收费标准按照补偿律师服务社会平均成本,加合理利润与法定税金确定。政府制定律师服务收费,应当广泛听取社会各方面意见,必要时可以实行听证。政府指导价的基准价和浮动幅度由各省、自治区、直辖市人民政府价格主管部门会同同级司法行政部门制定。

根据《律师服务收费管理办法》第9条规定,实行市场调节的律师服务收费,由律师事务所与委托人协商确定。律师事务所与委托人协商律师服务收费应当考虑以下主要因素:(1)耗费的工作时间;(2)法律事务的难易程度;(3)委托人的承受能力;(4)律师可能承担的风险和责任;(5)律师的社会信誉和工作水平等。

律师事务所提供的哪些法律服务,应实行政府指导价?

根据《律师服务收费管理办法》第5条规定,律师事务所依法提供下列法律服务实行政府指导价:(1)代理民事诉讼案件;(2)代理行政诉讼案件;(3)代理国家赔偿案件;(4)为刑事案件犯罪嫌疑人提供法律咨询、代理申诉和控告、申请取保候审,担任被告人的辩护人或自诉人、被害人的诉讼代理人;(5)代理各类诉讼案件的申诉。律师事务所提供其他法律服务的收费实行市场调节价。

根据不同的服务内容,律师服务可采取哪种计价收费方式?

根据《律师服务收费管理办法》第10条规定,律师服务收费可以根据不同的服务内容,采取计件收费、按标的额比例收费和计时收费等方式。计件收费一般适用于不涉及财产关系的法律事务;按标的额比例收费适用于涉及财产关系的法律事务;计时收费可适用于全部法律事务。

律师能否采取风险代理收费方式?

所谓风险代理收费,是指律师的服务收费是根据风险代理合同约定的标的额的一定比例收取,而委托人无需事先交纳律师服务费的一种收费方式。《律师服务收费管理办法》第11条规定,办理涉及财产关系的民事案件时,委托人被告知政府指导价后仍要求实行风险代理的,律师事务所可以实行风险代理收费,但下列情形除外:婚姻、继承案件;请求给予社会保险待遇或者最低生活保障待遇的;请求给付赡养费、抚养费、扶养费、抚恤金、救济金、工伤赔偿的;请求支付劳动报酬的等。本办法第12条规定,禁止刑事诉讼案件、行政诉讼案件、国家赔偿案件以及群体性诉讼案件实行风险代理收费。

律师的风险代理收费,有无最高收费金额比例限制?

《律师服务收费管理办法》第13条规定,实行风险代理收费,律师事务所应当与委托人签订风险代理收费合同,约定双方应承担的风险责任、收费方式、收费数额或比例。实行风险代理收费,最高收费金额不得高于收费合同约定标的额的30%。可见,律师实行风险代理收费的,律师与委托人在风险代理收费合同中约定收费金额不得高于标的额的30%,超过部分无效。

委托代理合同中的律师收费条款应载明哪些内容?

根据《律师服务收费管理办法》第16条规定,律师事务所接受委托,应当与委托人签订律师服务收费合同或者在委托代理合同中载明收费条款。收费合同或收费条款应当包括:收费项目、收费标准、收费方式、收费数额、付款和结算方式、争议解决方式等内容。

律师收取费用不能出具合法或有效凭证的,委托人有权拒绝支付吗?

《律师服务收费管理办法》第18条规定,律师事务所向委托人收取律师服务费,应当向委托人出具合法票据。根据本办法第21条规定,律师事务所收取服务费用、代委托人支付的诉讼费、仲裁费、鉴定费、公证费和查档费时,应当向委托人提供有效凭证。不能提供有效凭证的部分,委托人可不予支付。

律师事务所需要预收的异地办案差旅费,能否由其单方决定?

《律师服务收费管理办法》第20条规定,律师事务所需要预收异地办案差旅费的,应当向委托人提供费用概算,经协商一致,由双方签字确认。确需变更费用概算的,律师事务所必须事先征得委托人的书面同意。可见,律师事务所需要预收异地办案差旅费,不能由其单方决定。

律师能否以个人名义向委托人收取费用？

根据《律师服务收费管理办法》第 22 条规定,律师服务费、代委托人支付的费用和异地办案差旅费由律师事务所统一收取。律师不得私自向委托人收取任何费用。除前述所列三项费用外,律师事务所及承办律师不得以任何名义向委托人收取其他费用。

2. 法律援助

当事人在哪些情况下,可以申请法律援助？

法律援助,是指在国家法律援助机构的指导和各地法律援助机构的指派和协调之下,律师等法律服务人员为符合援助条件的当事人承担诉讼代理人或者辩护人,免费或者减费提供法律服务的制度。

《法律援助条例》第 10 条规定,公民对下列需要代理的事项,因经济困难没有委托代理人的,可以向法律援助机构申请法律援助:(1)依法请求国家赔偿的;(2)请求给予社会保险待遇或者最低生活保障待遇的;(3)请求发给抚恤金、救济金的;(4)请求给付赡养费、抚养费、扶养费的;(5)请求支付劳动报酬的;(6)主张因见义勇为行为产生的民事权益的。省、自治区、直辖市人民政府可以对前款规定以外的法律援助事项作出补充规定。公民可以就本条第 1 款、第 2 款规定的事项向法律援助机构申请法律咨询。

律师事务所承办法律援助案件时,能否向受援人收取费用？

根据《律师服务收费管理办法》第 23 条规定,律师事务所应当接受指派承办法律援助案件。办理法律援助案件不得向受援人收取任何费用。对于经济确有困难,但不符合法律援助范围的公民,律师事务所可以酌情减收或免收律师服务费。

申请法律援助的经济困难标准如何确定？

《法律援助条例》第 13 条规定,本条例所称公民经济困难的标准,由省、自治区、直辖市人民政府根据本行政区域经济发展状况和法律援助事业的需要规定。申请人住所地的经济困难标准与受理申请的法律援助机构所在地的经济困难标准不一致的,按照受理申请的法律援助机构所在地的经济困难标准执行。

申请法律援助应当向何地的法律援助机构提出？

根据《法律援助条例》第 14 条规定，请求给予社会保险待遇、最低生活保障待遇或者请求发给抚恤金、救济金的，向提供社会保险待遇、最低生活保障待遇或者发给抚恤金、救济金的义务机关所在地的法律援助机构提出申请；请求支付劳动报酬的，向支付劳动报酬的义务人住所地的法律援助机构提出申请；主张因见义勇为行为产生的民事权益的，向被请求人住所地的法律援助机构提出申请。

丧失或者部分丧失民事行为能力的公民，可由谁代为申请法律援助？

公民向法律援助机构申请法律援助的，应当由本人提出。但是申请人在丧失或者部分丧失民事行为能力的情况下，应当根据《法律援助条例》第 16 条的规定确定申请人，即：申请人为无民事行为能力人或者限制民事行为能力人的，由其法定代理人代为提出申请。无民事行为能力人或者限制民事行为能力人与其法定代理人之间发生诉讼或者因其他利益纠纷需要法律援助的，由与该争议事项无利害关系的其他法定代理人代为提出申请。

申请法律援助应当提供哪些证明材料？

根据《法律援助条例》第 17 条第 1 款规定，公民申请代理的法律援助应当提交下列证件、证明材料：身份证或者其他有效的身份证明，代理申请人还应当提交有代理权的证明；经济困难的证明；与所申请法律援助事项有关的案件材料。

申请法律援助应当采取什么形式？

根据《法律援助条例》第 17 条第 2 款规定，申请应当采用书面形式，填写申请表；以书面形式提出申请确有困难的，可以口头申请，由法律援助机构工作人员或者代为转交申请的有关机构工作人员作书面记录。

申请人对法律援助机构作出的不予提供法律援助决定，可否提出异议？

根据《法律援助条例》第 19 条规定，申请人对法律援助机构作出的不符合法律援助条件的通知有异议的，可以向确定该法律援助机构的司法行政部门提出，司法行政部门应当在收到异议之日起 5 个工作日内进行审查，经审查认为申请人符合法律援助条件的，应当以书面形式责令法律援助机构及时对该申请人提供法律援助。

法律援助机构可指派或安排哪些人员提供法律援助?

根据《法律援助条例》第 21 条规定,法律援助机构可以指派律师事务所安排律师或者安排本机构的工作人员办理法律援助案件;也可以根据其他社会组织的要求,安排其所属人员办理法律援助案件。法律援助机构对公民申请的法律咨询服务,应当即时办理;复杂疑难的,可以预约择时办理。

在哪些情形下,应当终止法律援助?

根据《法律援助条例》第 23 条规定,办理法律援助案件的人员遇有下列情形之一的,应当向法律援助机构报告,法律援助机构经审查核实的,应当终止该项法律援助:(1)受援人的经济收入状况发生变化,不再符合法律援助条件的;(2)案件终止审理或者已被撤销的;(3)受援人又自行委托律师或者其他代理人的;(4)受援人要求终止法律援助的。

(二) 诉讼收费与司法救助

1. 诉讼收费

当事人应当向人民法院交纳的诉讼费用包括哪些?

根据《诉讼费用交纳办法》第 6 条至第 11 条规定,当事人应当向人民法院交纳的诉讼费用包括:案件受理费、申请费和证人、鉴定人、翻译人员、理算人员在人民法院指定日期出庭发生的交通费、住宿费、生活费和误工补贴。

(1)案件受理费包括:①第一审案件受理费;②第二审案件受理费;③再审案件中,依照本办法规定需要交纳的案件受理费。其中,下列案件不交纳案件受理费:①依照民事诉讼法规定的特别程序审理的案件;②裁定不予受理、驳回起诉、驳回上诉的案件;③对不予受理、驳回起诉和管辖权异议裁定不服,提起上诉的案件;④根据民事诉讼法规定的审判监督程序审理的案件。但是,下列情形除外:当事人有新的证据,足以推翻原判决、裁定,向人民法院申请再审,人民法院经审查决定再审的案件;当事人对人民法院第一审判决或者裁定未提出上诉,第一审判决、裁定或者调解书发生法律效力后又申请再审,人民法院经审查决定再审的案件。

(2)当事人依法向人民法院申请下列事项,应当交纳申请费:①申请执行人民法院发生法律效力的判决、裁定、调解书,仲裁机构依法作出的裁决和调解书,公证机构依法赋予强制执行效力的债权文书;②申请保全措施;③申请支付令;④申请公示催告;⑤申请撤销仲裁裁决或者认定仲裁协议效力;⑥申请破产;⑦申请海事强制令、共同海损理算、设立海事赔偿责任限制基金、海事债权登记、船舶优先权催告;⑧申请承认和执行外国法院判决、裁定和国外仲裁机构裁决。

财产案件受理费按什么标准交纳?

根据《诉讼费用交纳办法》第13条规定,财产案件根据诉讼请求的金额或者价额,按照下列比例分段累计交纳:(1)不超过1万元的,每件交纳50元;(2)超过1万元至10万元的部分,按照2.5%交纳;(3)超过10万元至20万元的部分,按照2%交纳;(4)超过20万元至50万元的部分,按照1.5%交纳;(5)超过50万元至100万元的部分,按照1%交纳;(6)超过100万元至200万元的部分,按照0.9%交纳;(7)超过200万元至500万元的部分,按照0.8%交纳;(8)超过500万元至1000万元的部分,按照0.7%交纳;(9)超过1000万元至2000万元的部分,按照0.6%交纳;(10)超过2000万元的部分,按照0.5%交纳。

非财产案件受理费按什么标准交纳?

非财产案件按照下列标准交纳:

(1)离婚案件每件交纳50元至300元。涉及财产分割,财产总额不超过20万元的,不另行交纳;超过20万元的部分,按照0.5%交纳。(2)侵害姓名权、名称权、肖像权、名誉权、荣誉权以及其他人格权的案件,每件交纳100元至500元。涉及损害赔偿,赔偿金额不超过5万元的,不另行交纳;超过5万元至10万元的部分,按照1%交纳;超过10万元的部分,按照0.5%交纳。(3)其他非财产案件每件交纳50元至100元。(4)知识产权民事案件没有争议金额或者价额的,每件交纳500元至1000元;有争议金额或者价额的,按照财产案件的标准交纳。(5)劳动争议案件每件交纳10元。(6)当事人提出案件管辖权异议,异议不成立的,每件交纳50元至100元。除了上述第(5)项外,省、自治区、直辖市人民政府可以结合本地实际情况在上述其他各项规定的幅度内制定具体交纳标准。

既有财产性诉讼请求,又有非财产性诉讼请求的,如何计算缴纳的诉讼费?

《民事诉讼法司法解释》第 201 条规定,既有财产性诉讼请求,又有非财产性诉讼请求的,按照财产性诉讼请求的标准交纳诉讼费。有多个财产性诉讼请求的,合并计算交纳诉讼费;诉讼请求中有多个非财产性诉讼请求的,按一件交纳诉讼费。

申请费分别按照什么标准交纳?

根据《诉讼费用交纳办法》第 14 条规定,申请费分别按照下列标准交纳:

(1)依法向人民法院申请执行人民法院发生法律效力的判决、裁定、调解书,仲裁机构依法作出的裁决和调解书,公证机关依法赋予强制执行效力的债权文书,申请承认和执行外国法院判决、裁定以及国外仲裁机构裁决的,按照下列标准交纳:①没有执行金额或者价额的,每件交纳 50 元至 500 元。②执行金额或者价额不超过 1 万元的,每件交纳 50 元;超过 1 万元至 50 万元的部分,按照 1.5% 交纳;超过 50 万元至 500 万元的部分,按照 1% 交纳;超过 500 万元至 1000 万元的部分,按照 0.5% 交纳;超过 1000 万元的部分,按照 0.1% 交纳。③符合《民事诉讼法》第 55 条第 4 款规定,未参加登记的权利人向人民法院提起诉讼的,按照本项规定的标准交纳申请费,不再交纳案件受理费。

(2)申请保全措施的,根据实际保全的财产数额按照下列标准交纳:财产数额不超过 1000 元或者不涉及财产数额的,每件交纳 30 元;超过 1000 元至 10 万元的部分,按照 1% 交纳;超过 10 万元的部分,按照 0.5% 交纳。但是,当事人申请保全措施交纳的费用最多不超过 5000 元。

(3)其他申请费按照下列标准交纳:①依法申请支付令的,比照财产案件受理费标准的 1/3 交纳。②依法申请公示催告的,每件交纳 100 元。③申请撤销仲裁裁决或者认定仲裁协议效力的,每件交纳 400 元。

调解方式结案、适用简易程序审理的案件,按什么标准交纳案件受理费?

根据《诉讼费用交纳办法》第 15 条至第 16 条规定,调解方式结案、适用简易程序审理的案件,按以下标准交纳案件受理费:(1)以调解方式结案或者当事人申请撤诉的,减半交纳案件受理费。(2)适用简易程序审理的案件减半交纳案件受理费。

上诉、反诉和再审案件,按什么标准交纳案件受理费?

根据《诉讼费用交纳办法》第17条至第19条规定,上诉、反诉和再审案件,按下列标准交纳案件受理费:(1)对财产案件提起上诉的,按照不服一审判决部分的上诉请求数额交纳案件受理费。(2)被告提起反诉、有独立请求权的第三人提出与本案有关的诉讼请求,人民法院决定合并审理的,分别减半交纳案件受理费。(3)下列需要交纳案件受理费的再审案件,按照不服原判决部分的再审请求数额交纳案件受理费:①当事人有新的证据,足以推翻原判决、裁定,向人民法院申请再审,人民法院经审查决定再审的案件;②当事人对人民法院第一审判决或者裁定未提出上诉,第一审判决、裁定或者调解书发生法律效力后又申请再审,人民法院经审查决定再审的案件。

诉讼费用最终是由预交方负担吗?

诉讼费用的预交,是指为了启动有关诉讼程序当事人一方依法交纳的诉讼费用。按照《诉讼费用交纳办法》规定,诉讼费用的交纳与诉讼费用负担是不同的,诉讼费用是由一方当事人在有关诉讼程序启动前预交的,而预付诉讼费用的一方当事人不一定就是最终承担诉讼费用的当事人。诉讼费用由哪一方当事人负担,一般是根据诉讼的胜负结果来确定。对此,《诉讼费用交纳办法》第29条规定,诉讼费用由败诉方负担,胜诉方自愿承担的除外。部分胜诉、部分败诉的,人民法院根据案件的具体情况决定当事人各自负担的诉讼费用数额。共同诉讼当事人败诉的,人民法院根据其对诉讼标的的利害关系,决定当事人各自负担的诉讼费用数额。《民事诉讼法司法解释》第297条进一步明确规定,判决生效后,胜诉方预交但不应负担的诉讼费用,人民法院应当退还,由败诉方向人民法院交纳,但胜诉方自愿承担或者同意败诉方直接向其支付的除外。当事人拒不交纳诉讼费用的,人民法院可以强制执行。

对于诉讼费用的负担,除了上述原则性规定外,《诉讼费用交纳办法》

第30条至第38条作了具体规定：

《诉讼费用交纳办法》第30条规定，第二审人民法院改变第一审人民法院作出的判决、裁定的，应当相应变更第一审人民法院对诉讼费用负担的决定。第31条规定，经人民法院调解达成协议的案件，诉讼费用的负担由双方当事人协商解决；协商不成的，由人民法院决定。

根据《诉讼费用交纳办法》第32条规定，在下列应当交纳案件受理费的再审案件（即当事人有新的证据，足以推翻原判决、裁定，向人民法院申请再审，人民法院经审查决定再审的案件；当事人对人民法院第一审判决或者裁定未提出上诉，第一审判决、裁定或者调解书发生法律效力后又申请再审，人民法院经审查决定再审的案件），诉讼费用由申请再审的当事人负担；双方当事人都申请再审的，诉讼费用依照本《办法》第29条的规定负担。原审诉讼费用的负担由人民法院根据诉讼费用负担原则重新确定。

《诉讼费用交纳办法》第33条规定，离婚案件诉讼费用的负担由双方当事人协商解决；协商不成的，由人民法院决定。第34条第1款规定，民事案件的原告或者上诉人申请撤诉，人民法院裁定准许的，案件受理费由原告或者上诉人负担。第35条规定，当事人在法庭调查终结后提出减少诉讼请求数额的，减少请求数额部分的案件受理费由变更诉讼请求的当事人负担。第36条规定，债务人对督促程序未提出异议的，申请费由债务人负担。债务人对督促程序提出异议致使督促程序终结的，申请费由申请人负担；申请人另行起诉的，可以将申请费列入诉讼请求。第37条规定，公示催告的申请费由申请人负担。

根据《诉讼费用交纳办法》第38条规定，当事人申请执行人民法院发生法律效力的判决、裁定、调解书，仲裁机构依法作出的裁决和调解书，公证机构依法赋予强制执行效力的债权文书，申请承认和执行外国法院判决、裁定和国外仲裁机构裁决的申请费由被执行人负担。执行中当事人达成和解协议的，申请费的负担由双方当事人协商解决；协商不成的，由人民法院决定。当事人申请保全措施的申请费由申请人负担，申请人提起诉讼的，可以将该申请费列入诉讼请求。当事人申请撤销仲裁裁决或者认定仲裁协议效力的申请费，由人民法院依照本《办法》第29条规定决定申请费的负担。

2. 司法救助

当事人申请司法救助,符合什么情形的,应当准予免交诉讼费用?

根据《诉讼费用交纳办法》第 44 条规定,当事人交纳诉讼费用确有困难的,可以依照本《办法》向人民法院申请缓交、减交或者免交诉讼费用的司法救助。诉讼费用的免交只适用于自然人。本《办法》第 45 条规定,当事人申请司法救助,符合下列情形之一的,人民法院应当准予免交诉讼费用:(1)残疾人无固定生活来源的;(2)追索赡养费、扶养费、抚育费、抚恤金的;(3)最低生活保障对象、农村特困定期救济对象、农村五保供养对象或者领取失业保险金人员,无其他收入的;(4)因见义勇为或者为保护社会公共利益致使自身合法权益受到损害,本人或者其近亲属请求赔偿或者补偿的;(5)确实需要免交的其他情形。

当事人申请司法救助,符合什么情形的,应当准予减交诉讼费用?

《诉讼费用交纳办法》第 46 条规定,当事人申请司法救助,符合下列情形之一的,人民法院应当准予减交诉讼费用:(1)因自然灾害等不可抗力造成生活困难,正在接受社会救济,或者家庭生产经营难以为继的;(2)属于国家规定的优抚、安置对象的;(3)社会福利机构和救助管理站;(4)确实需要减交的其他情形。人民法院准予减交诉讼费用的,减交比例不得低于 30%。

当事人申请司法救助,符合什么情形的,应当准予缓交诉讼费用?

《诉讼费用交纳办法》第 47 条规定,当事人申请司法救助,符合下列情形之一的,人民法院应当准予缓交诉讼费用:(1)追索社会保险金、经济补偿金的;(2)海上事故、交通事故、医疗事故、工伤事故、产品质量事故或者其他人身伤害事故的受害人请求赔偿的;(3)正在接受有关部门法律援助的;(4)确实需要缓交的其他情形。根据《诉讼费用交纳办法》第 49 条规定,当事人申请缓交诉讼费用经审查符合本《办法》第 49 条规定的,人民法院应当在决定立案之前作出准予缓交的决定。

当事人申请司法救助,应当提交哪些证明材料?

《诉讼费用交纳办法》第 48 条规定,当事人申请司法救助,应当在起诉或者上诉时提交书面申请、足以证明其确有经济困难的证明材料以及其他相关证明材料。因生活困难或者追索基本生活费用申请免交、减交诉讼费用的,还应当提供本人及其家庭经济状况符合当地民政、劳动保障等部门规定的公民经济困难标准的证明。人民法院对当事人的司法救助申请不予批准的,应当向当事人书面说明理由。

接受司法救助的一方当事人胜诉的,诉讼费用是否由败诉方负担?

《诉讼费用交纳办法》第 50 条规定,人民法院对一方当事人提供司法救助,对方当事人败诉的,诉讼费用由对方当事人负担;对方当事人胜诉的,可以视申请司法救助的当事人的经济状况决定其减交、免交诉讼费用。

五、举证责任与证据规则

(一) 举证责任

民事证据主要有哪些种类?

在民事诉讼中凡是能够证明案件的事实就是证据。《民事诉讼法》第 63 条规定,证据包括:(1)当事人的陈述;(2)书证;(3)物证;(4)视听资料;(5)电子数据;(6)证人证言;(7)鉴定意见;(8)勘验笔录。证据必须查证属实,才能作为认定事实的根据。

(1)当事人的陈述,是指当事人向人民法院就案件事实所作的叙述。当事人是民事法律关系的主体和法律行为的实施者,其对案情的陈述是人民法院审理案件的基本依据。但是,对那些只对一方当事人有利、未得到对方当事人认可、且未有其他证据加以佐证并形成完整证据链的一方当事人的陈述,不能作为直接证据使用。对此,《民事诉讼法》第 75 条规定,人民法院对当事人的陈述,应当结合本案的其他证据,审查确定能否作为认定事实的根据。

(2)书证,是指以文字、图形、符号等形式所记载的内容或者所表达的思想来证明案件事实的证据。书证是以其载明和表达的思想内容来证明案件事实,而不是根据以承载文字、图形、符号等思想内容的物质载体来证明案件事实。

（3）物证，是指以物品的物质属性及物品的形状、质量、规格、痕迹及其他外部特征证明案件事实的证据。物证具有较强的可靠性和直观性，且除了易于腐烂、变质的物品外，物证也具有较强的稳定性。

（4）视听资料，是指以录音磁带、录像带、电影胶片存储的作为证明案件事实的音响、活动影像和图形等，包括录音资料和影像资料。视听资料主要是以其图像、声音动态的表达内容来还原或者证明当事人所主张的事实的真实性。视听资料具有生动、逼真和易于保存的特点，只要不故意伪造、篡改，其具有比较强的准确性和真实性。但是，视听资料易于被人为修改、重新剪辑甚至伪造和消磁，因此，当事人提供的当作证据使用的视听资料不得存有疑点。

（5）电子数据，是指通过电子邮件、电子数据交换、网上聊天记录、博客、微博客、手机短信、电子签名、域名等形成或者存储在电子介质中的信息。存储在电子介质中的录音资料和影像资料，适用电子数据的规定。其一般具有容量大、易存储、易复制等特点，但因其易修改、删改，其稳定性、准确性较差。

（6）证人证言，包括证人和证言两个方面。证人是指了解案件情况，并向人民法院或者当事人提供证词的人。证言则是指证人将其了解的案件情况向人民法院所作的当庭陈述或者递交的书面文字材料。证人证言通常会受利害关系、个人认识能力等主客观因素的限制，具有一定的主观性和片面性。因此，证人证言一般不能单独作为定案的依据。

（7）鉴定意见，是指鉴定人运用专门的知识和技能，根据提供的案件材料，对案件中的专门性问题进行分析、鉴别、判断后所作的书面意见。鉴定意见具有一定的权威性、专门性和科学性，并具有比一般书证、视听资料和证人证言更大的证明力。

（8）勘验笔录，是指法院指派的人员对与争议有关的现场、物品进行勘测、调查、检验时，对勘验过程和结果所作的记录。在民事诉讼中，勘验笔录主要有现场勘验笔录、物证勘验笔录、人身检查笔录等。勘验笔录既是一种固定证据的方法，也是一种独立的证据形式。人民法院勘验物证或者现场，应当制作笔录，记录勘验的时间、地点、勘验人、在场人、勘验的经过、结果，由勘验人、在场人签名或者盖章。对于绘制的现场图应当注明绘制的时间、方位、测绘人姓名、身份等内容。

在民事诉讼中,当事人一般对哪些事实应当提供证据加以证明?

《民事诉讼法》第 64 条第 1 款规定,当事人对自己提出的主张,有责任提供证据。据此,本条规定了当事人"谁主张,谁举证"的一般举证规则。对此,《民事诉讼法司法解释》第 90 条进一步规定了当事人的举证责任,即:当事人对自己提出的诉讼请求所依据的事实或者反驳对方诉讼请求所依据的事实,应当提供证据加以证明,但法律另有规定的除外。在作出判决前,当事人未能提供证据或者证据不足以证明其事实主张的,由负有举证证明责任的当事人承担不利的后果。

在侵权诉讼中,如何承担举证责任?

根据《最高人民法院关于民事诉讼证据的若干规定》第 4 条规定,下列侵权诉讼按照以下规定承担举证责任:

(1)因新产品制造方法发明专利引起的专利侵权诉讼,由制造同样产品的单位或者个人对其产品制造方法不同于专利方法承担举证责任;

(2)高度危险作业致人损害的侵权诉讼,由加害人就受害人故意造成损害的事实承担举证责任;

(3)因环境污染引起的损害赔偿诉讼,由加害人就法律规定的免责事由及其行为与损害结果之间不存在因果关系承担举证责任;

(4)建筑物或者其他设施以及建筑物上的搁置物、悬挂物发生倒塌、脱落、坠落致人损害的侵权诉讼,由所有人或者管理人对其无过错承担举证责任;

(5)饲养动物致人损害的侵权诉讼,由动物饲养人或者管理人就受害人有过错或者第三人有过错承担举证责任;

(6)因缺陷产品致人损害的侵权诉讼,由产品的生产者就法律规定的免责事由承担举证责任;

(7)因共同危险行为致人损害的侵权诉讼,由实施危险行为的人就其行为与损害结果之间不存在因果关系承担举证责任;

(8)因医疗行为引起的侵权诉讼,由医疗机构就医疗行为与损害结果之间不存在因果关系及不存在医疗过错承担举证责任。

此外,有关法律对侵权诉讼的举证责任有特殊规定的,从其规定。

在合同纠纷案件中当事人如何承担举证责任?

根据《最高人民法院关于民事诉讼证据的若干规定》第5条规定,在合同纠纷案件中,主张合同关系成立并生效的一方当事人对合同订立和生效的事实承担举证责任;主张合同关系变更、解除、终止、撤销的一方当事人对引起合同关系变动的事实承担举证责任。对合同是否履行发生争议的,由负有履行义务的当事人承担举证责任。对代理权发生争议的,由主张有代理权一方当事人承担举证责任。

对哪些事实,当事人无须证明?

《民事诉讼法司法解释》第93条规定,下列事实,当事人无须举证证明:(1)自然规律以及定理、定律;(2)众所周知的事实;(3)根据法律规定推定的事实;(4)根据已知的事实和日常生活经验法则推定出的另一事实;(5)已为人民法院发生法律效力的裁判所确认的事实;(6)已为仲裁机构生效裁决所确认的事实;(7)已为有效公证文书所证明的事实。前款第2项至第4项规定的事实,当事人有相反证据足以反驳的除外;第5项至第7项规定的事实,当事人有相反证据足以推翻的除外。

(二) 证据保全

为了防止证据灭失或者以后难以取得,当事人可以采取什么措施?

无论是在起诉前还是诉讼中,证据都可能因为一方当事人的隐匿、毁灭,物品的腐烂,现场被破坏、痕迹消失,有关证人的死亡或者出国定居等发生灭失或者以后难以取得的情况。证据一旦灭失或者难以取得的情况发生,将会给当事人举证和人民法院查明真相带来困难,从而使有关当事人和其他诉讼参与人承担不应有的风险。因此,应当及时对证据进行保全。对此,《民事诉讼法》第81条第1款、第2款明确规定,在证据可能灭失或者以后难以取得的情况下,当事人可以在诉讼过程中向人民法院申请保全证据,人民法院也可以主动采取保全措施。因情况紧急,在证据可能灭失或者以后难以取得的情况下,利害关系人可以在提起诉讼或者申请仲裁前向证据所在地、被申请人住所地或者对案件有管辖权的人民法院申请保全证据。可见,证据保全分为诉前证据保全和诉讼证据保全。根据《民事诉讼法》规定,人民法院进行证据保全,可以根据具体情况,采取查封、扣押、拍照、录音、录像、复制、鉴定、勘验、制作笔录等方法。也就是说,对不同的证据,人民法院应当采取不同的保全措施。

当事人申请证据保全,应当符合什么条件?

当事人申请证据保全应当具备下列条件:(1)证据保全可由本案的当事人或法定代表人、诉讼代表人及其授权的诉讼代理人申请证据保全措施。(2)当事人应当在证据材料存在毁损、灭失或以后难以取得的可能性的情况下申请保全措施。(3)被申请保全的证据材料与案件所涉及的法律关系有关,对证明案件事实及认定当事人或者其他诉讼参与人的责任具有直接的关联性。(4)证据保全的主体只能是人民法院,诉讼当事人申请证据保全只能向有管辖权的人民法院提出。(5)诉讼当事人申请证据保全,既可以在诉前申请,也可以在起诉后开庭审理前申请。根据《民事诉讼法司法解释》第98条规定,当事人申请诉前证据保全的,可以在举证期限届满前书面提出。

（三）证据提供与交换

在什么情况下,当事人可以向法院申请调查收集证据?

根据《民事诉讼法》第64条第2款规定,当事人及其诉讼代理人因客观原因不能自行收集的证据,人民法院应当调查收集。根据《民事诉讼法司法解释》第94条规定,《民事诉讼法》第64条第2款规定的当事人及其诉讼代理人因客观原因不能自行收集的证据包括:(1)证据由国家有关部门保存,当事人及其无权查阅调取的;(2)涉及国家秘密、商业秘密或者个人隐私的;(3)当事人及其诉讼代理人因客观原因不能自行收集的其他证据。当事人及其诉讼代理人因客观原因不能自行收集的证据,可以在举证期限届满前书面申请人民法院调查收集。本《解释》第95条规定,当事人申请调查收集的证据,与待证事实无关联、对证明待证事实无意义或者其他无调查收集必要的,人民法院不予准许。

人民法院认为审理案件需要依职权调查收集的证据包括哪些？

根据《民事诉讼法》第 64 条第 2 款规定,人民法院认为审理案件需要的证据,人民法院应当调查收集。根据《民事诉讼法司法解释》第 96 条规定,《民事诉讼法》第 64 条第 2 款规定的人民法院认为审理案件需要的证据包括:(1)涉及可能损害国家利益、社会公共利益的;(2)涉及身份关系的;(3)涉及《民事诉讼法》第 55 条规定的对污染环境、侵害众多消费者合法权益等损害社会公共利益的行为提起诉讼的;(4)当事人有恶意串通损害他人合法权益可能的;(5)涉及依职权追加当事人、中止诉讼、终结诉讼、回避等程序性事项的。除前款规定外,人民法院调查收集证据,应当依照当事人的申请进行。

当事人应当在什么期限内向法院提供证据？

在民事诉讼中,证据提供是指当事人及其代理人将收集的证据在法律规定的期限内提交给受诉人民法院的活动,也称为举证。根据《民事诉讼法》第 65 条规定,当事人对自己提出的主张应当及时提供证据。人民法院根据当事人的主张和案件审理情况,确定当事人应当提供的证据及其期限。《民事诉讼法司法解释》第 99 条规定,人民法院应当在审理前的准备阶段确定当事人的举证期限。举证期限可以由当事人协商,并经人民法院准许。人民法院确定举证期限,第一审普通程序案件不得少于 15 日,当事人提供新的证据的第二审案件不得少于 10 日。举证期限届满后,当事人对已经提供的证据,申请提供反驳证据或者对证据来源、形式等方面的瑕疵进行补正的,人民法院可以酌情再次确定举证期限,该期限不受前款规定的限制。

当事人在法院确定的期限内提供证据确有困难的,能否申请延长期限？

根据《民事诉讼法》第 65 条第 2 款规定,人民法院根据当事人的主张和案件审理情况,确定当事人应当提供的证据及其期限。当事人在该期限内提供证据确有困难的,可以向人民法院申请延长期限,人民法院根据当事人的申请适当延长。《民事诉讼法司法解释》第 100 条规定,当事人申请延长举证期限的,应当在举证期限届满前向人民法院提出书面申请。申请理由成立的,人民法院应当准许,适当延长举证期限,并通知其他当事人。延长的举证期限适用于其他当事人。申请理由不成立的,人民法院不予准许,并通知申请人。

当事人逾期提供证据的,会导致什么后果?

根据《民事诉讼法》第 65 条第 2 款规定,当事人逾期提供证据的,人民法院应当责令其说明理由;拒不说明理由或者理由不成立的,人民法院根据不同情形可以不予采纳该证据,或者采纳该证据但予以训诫、罚款。《民事诉讼法司法解释》第 101 条规定,当事人逾期提供证据的,人民法院应当责令其说明理由,必要时可以要求其提供相应的证据。当事人因客观原因逾期提供证据,或者对方当事人对逾期提供证据未提出异议的,视为未逾期。本《解释》第 102 条规定,当事人因故意或者重大过失逾期提供的证据,人民法院不予采纳。但该证据与案件基本事实有关的,人民法院应当采纳,并依照《民事诉讼法》第 65 条、第 115 条第 1 款的规定予以训诫、罚款。当事人非因故意或者重大过失逾期提供的证据,人民法院应当采纳,并对当事人予以训诫。当事人一方要求另一方赔偿因逾期提供证据致使其增加的交通、住宿、就餐、误工、证人出庭作证等必要费用的,人民法院可予支持。

当事人提交书证、物证原件、原物确有困难的,能否提交复制品、照片、副本、节录本?

《民事诉讼法》第 70 条规定,书证应当提交原件。物证应当提交原物。提交原件或者原物确有困难的,可以提交复制品、照片、副本、节录本。提交外文书证,必须附有中文译本。根据《民事诉讼法司法解释》第 111 条规定,《民事诉讼法》第 70 条规定的提交书证原件确有困难,包括下列情形:(1)书证原件遗失、灭失或者毁损的;(2)原件在对方当事人控制之下,经合法通知提交而拒不提交的;(3)原件在他人控制之下,而其有权不提交的;(4)原件因篇幅或者体积过大而不便提交的;(5)承担举证证明责任的当事人通过申请人民法院调查收集或者其他方式无法获得书证原件的。前款规定情形,人民法院应当结合其他证据和案件具体情况,审查判断书证复制品等能否作为认定案件事实的根据。

当事人交换证据应当在什么期间内进行?

证据交换是指案件开庭审理前,在人民法院组织下双方当事人互换所掌握的证据材料复印件,并对双方有关证据交流看法的一种诉讼活动。

《最高人民法院关于民事诉讼证据的若干规定》第 37 条规定,经当事人申请,人民法院可以组织当事人在开庭审理前交换证据。人民法院对于证据较多或者复杂疑难的案件,应当组织当事人在答辩期届满后、开庭审理前交换证据。本《规定》第 38 条规定,交换证据的时间可以由当事人协商一致并经人民法院认可,也可以由人民法院指定。人民法院组织当事人交换证据的,交换证据之日举证期限届满。当事人申请延期举证经人民法院准许的,证据交换日相应顺延。

(四) 证据质证

未经质证的证据,能否作为认定案件事实的依据?

证据质证,是指当事人、诉讼代理人在法庭主持下,对双方当事人所展示、宣读的各个证据材料,进行质疑、说明、辩驳、辩论以证明各个证据材料是否真实、是否具有证明力以及证明力大小的活动。《民事诉讼法》第 68 条规定,证据应当在法庭上出示,并由当事人互相质证。对涉及国家秘密、商业秘密和个人隐私的证据应当保密,需要在法庭出示的,不得在公开开庭时出示。《民事诉讼法司法解释》第 103 条规定,证据应当在法庭上出示,由当事人互相质证。未经当事人质证的证据,不得作为认定案件事实的根据。当事人在审理前的准备阶段认可的证据,经审判人员在庭审中说明后,视为质证过的证据。涉及国家秘密、商业秘密、个人隐私或者法律规定应当保密的证据,不得公开质证。

当事人进行法庭质证应遵哪些规则?

《民事诉讼法司法解释》第 104 条规定,人民法院应当组织当事人围绕证据的真实性、合法性以及与待证事实的关联性进行质证,并针对证据有无证明力和证明力大小进行说明和辩论。能够反映案件真实情况、与待证事实相关联、来源和形式符合法律规定的证据,应当作为认定案件事实的根据。根据《最高人民法院关于民事诉讼证据的若干规定》第 49 条至第 52 条的规定,当事人进行法庭质证时,应当遵循以下规则:

(1)对书证、物证、视听资料进行质证时,当事人有权要求出示证据的原件或者原物。但有下列情况之一的除外:出示原件或者原物确有困难并经人民法院准许出示复制件或者复制品的;原件或者原物已不存在,但有证据证明复制件、复制品与原件或原物一致的。

(2)质证时,当事人应当围绕证据的真实性、关联性、合法性,针对证据证明力有无以及证明力大小,进行质疑、说明与辩驳。

(3)质证按下列顺序进行:原告出示证据,被告、第三人与原告进行质证;被告出示证据,原告、第三人与被告进行质证;第三人出示证据,原告、被告与第三人进行质证。

(4)人民法院依照当事人申请调查收集的证据,作为提出申请的一方当事人提供的证据。人民法院依照职权调查收集的证据应当在庭审时出示,听取当事人意见,并可就调查收集该证据的情况予以说明。

(5)案件有两个以上独立的诉讼请求的,当事人可以逐个出示证据进行质证。

(6)法庭应当将当事人的质证情况记入笔录,并由当事人核对后签名或者盖章。

哪些人有义务作证?哪些人不能作证?

《民事诉讼法》第72条规定,凡是知道案件情况的单位和个人,都有义务出庭作证。有关单位的负责人应当支持证人作证。不能正确表达意思的人,不能作证。《最高人民法院关于民事诉讼证据的若干规定》第53条规定,不能正确表达意志的人,不能作为证人。待证事实与其年龄、智力状况或者精神健康状况相适应的无民事行为能力人和限制民事行为能力人,可以作为证人。可见,无民事行为能力人和限制民事行为能力人作为证人是有条件的,即待证事实与其年龄、智力状况或者精神健康状况相适应。

应当出庭作证的证人,什么情形下可以通过书面证言、视听传输技术等方式作证?

《民事诉讼法》第72条规定,经人民法院通知,证人应当出庭作证。有下列情形之一的,经人民法院许可,可以通过书面证言、视听传输技术或者视听资料等方式作证:(1)因健康原因不能出庭的;(2)因路途遥远,交通不便不能出庭的;(3)因自然灾害等不可抗力不能出庭的;(4)其他有正当理由不能出庭的。

证人因出庭作证而支出的合理费用,应当由哪一方当事人承担?

《民事诉讼法》第74条规定,证人因履行出庭作证义务而支出的交通、住宿、就餐等必要费用以及误工损失,由败诉一方当事人负担。当事人申请证人作证的,由该当事人先行垫付;当事人没有申请,人民法院通知证人作证的,由人民法院先行垫付。

当事人申请证人出庭作证,应当在什么期限提出?

根据《民事诉讼法司法解释》第117条规定,当事人申请证人出庭作证的,应当在举证期限届满前提出。符合本《解释》第96条第1款规定情形的,人民法院可以依职权通知证人出庭作证。未经人民法院通知,证人不得出庭作证,但双方当事人同意并经人民法院准许的除外。

(五) 证据鉴定

当事人可以就什么问题向人民法院申请鉴定?

证据鉴定,是指证据鉴定机构运用专门的知识和技能,对当事人提供的证据中的专门性问题进行分析、鉴别、判断,并作出鉴定结论的活动。《民事诉讼法》第76条规定,当事人可以就查明事实的专门性问题向人民法院申请鉴定。当事人申请鉴定的,由双方当事人协商确定具备资格的鉴定人;协商不成的,由人民法院指定。当事人未申请鉴定,人民法院对专门性问题认为需要鉴定的,应当委托具备资格的鉴定人进行鉴定。

当事人申请鉴定,应当在什么期限内提出?

根据《民事诉讼法司法解释》第121条规定,当事人申请鉴定,可以在举证期限届满前提出。对此,《最高人民法院关于民事诉讼证据的若干规定》第25条规定,当事人申请鉴定,应当在举证期限内提出。当事人依法申请重新鉴定的,不受该期限的限制。对需要鉴定的事项负有举证责任的当事人,在人民法院指定的期限内申请鉴定。对需要鉴定的事项负有举证责任的当事人,在人民法院指定的期限内无正当理由不提出鉴定申请或者不预交鉴定费用或者拒不提供相关材料,致使对案件争议的事实无法通过鉴定结论予以认定的,应当对该事实承担举证不能的法律后果。

当事人对鉴定意见有异议的,能否申请重新鉴定?

根据《最高人民法院关于民事诉讼证据的若干规定》第 27 条规定,当事人对人民法院委托的鉴定部门作出的鉴定意见有异议申请重新鉴定,提出证据证明存在下列情形之一的,人民法院应予准许:鉴定机构或者鉴定人员不具备相关的鉴定资格的;鉴定程序严重违法的;鉴定结论明显依据不足的;经过质证认定不能作为证据使用的其他情形。对有缺陷的鉴定意见,可以通过补充鉴定、重新质证或者补充质证等方法解决的,不予重新鉴定。

鉴定人应当在什么情况下出庭作证? 其拒绝出庭作证,有什么后果?

《民事诉讼法》第 78 条规定,当事人对鉴定意见有异议或者人民法院认为鉴定人有必要出庭的,鉴定人应当出庭作证。经人民法院通知,鉴定人拒不出庭作证的,鉴定意见不得作为认定事实的根据;支付鉴定费用的当事人可以要求返还鉴定费用。

当事人能否申请人民法院通知有专门知识的人出庭,就鉴定意见提出意见?

《民事诉讼法》第 79 条规定,当事人可以申请人民法院通知有专门知识的人出庭,就鉴定人作出的鉴定意见或者专业问题提出意见。

(六) 证据的审核认定

人民法院对证据进行审核认定所遵循的基本原则是什么?

证据的审核认定,是指在当事人、其他诉讼参与人对各种证据依法质证的基础上,由法庭审判人员对证据进行审查判断,确认其能否作为判案依据以及判定其是否具有证明力或者证明力大小的诉讼活动。《民事诉讼法》第 105 条规定,人民法院应当按照法定程序,全面、客观地审核证据,依照法律规定,运用逻辑推理和日常生活经验法则,对证据有无证明力和证明力大小进行判断,并公开判断的理由和结果。本法第 106 条规定,对以严重侵害他人合法权益、违反法律禁止性规定或者严重违背公序良俗的方法形成或者获取的证据,不得作为认定案件事实的根据。

哪些证据不能单独作为认定案件事实的依据?

根据《最高人民法院关于民事诉讼证据的若干规定》第 69 条规定,下列证据不能单独作为认定案件事实的依据：未成年人所作的与其年龄和智力状况不相当的证言；与一方当事人或者其代理人有利害关系的证人出具的证言；存有疑点的视听资料；无法与原件、原物核对的复印件、复制品；无正当理由未出庭作证的证人证言。

一方提出的证据，对方没有提供足以反驳的相反证据的，其证明力如何？

根据《最高人民法院关于民事诉讼证据的若干规定》第 70 条规定，一方当事人提出的下列证据，对方当事人提出异议但没有足以反驳的相反证据的，人民法院应当确认其证明力：（1）书证原件或者与书证原件核对无误的复印件、照片、副本、节录本；（2）物证原物或者与物证原物核对无误的复制件、照片、录像资料等；（3）有其他证据佐证并以合法手段取得的、无疑点的视听资料或者与视听资料核对无误的复制件；（4）一方当事人申请人民法院依照法定程序制作的对物证或者现场的勘验笔录。根据本《规定》第 71 条规定，人民法院委托鉴定部门作出的鉴定结论，当事人没有足以反驳的相反证据和理由的，可以认定其证明力。

一方提出的证据，另一方认可的，其证明力如何？

根据《最高人民法院关于民事诉讼证据的若干规定》第 72 条规定，一方当事人提出的证据，另一方当事人认可或者提出的相反证据不足以反驳的，人民法院可以确认其证明力。一方当事人提出的证据，另一方当事人有异议并提出反驳证据，对方当事人对反驳证据认可的，可以确认反驳证据的证明力。

双方当事人对同一事实分别举出相反证据的，如何认定证据的证明力？

根据《最高人民法院关于民事诉讼证据的若干规定》第 73 条规定，双方当事人对同一事实分别举出相反的证据，但都没有足够的依据否定对方证据的，人民法院应当结合案件情况，判断一方提供证据的证明力是否明显大于另一方提供证据的证明力，并对证明力较大的证据予以确认。因证据的证明力无法判断导致争议事实难以认定的，人民法院应当依据举证责任分配的规则作出裁判。

人民法院对当事人承认的对己不利的证据的证明力，如何认定？

根据《最高人民法院关于民事诉讼证据的若干规定》第 74 条规定，诉讼过程中,当事人在起诉状、答辩状、陈述及其委托代理人的代理词中承认的对己方不利的事实和认可的证据人民法院应当予以确认,但当事人反悔并有相反证据足以推翻的除外。

当事人对自己的主张只有本人陈述的,其主张能否得到法院的支持?

《民事诉讼法》第75条规定,人民法院对当事人的陈述,应当结合本案的其他证据,审查确定能否作为认定事实的根据。《最高人民法院关于民事诉讼证据的若干规定》第76条规定,当事人对自己的主张,只有本人陈述而不能提出其他相关证据的,其主张不予支持。但对方当事人认可的除外。

当事人持有证据无正当理由拒不提供的,其证据的证明力如何认定?

根据《最高人民法院关于民事诉讼证据的若干规定》第75条规定,有证据证明一方当事人持有证据无正当理由拒不提供,如果对方当事人主张该证据的内容不利于证据持有人可以推定该主张成立。

如何认定数个证据对同一事实的证明力?

根据《最高人民法院关于民事诉讼证据的若干规定》第77条规定,人民法院就数个证据对同一事实的证明力,可以依照下列原则认定:(1)国家机关、社会团体依职权制作的公文书证的证明力一般大于其他书证;(2)物证、档案、鉴定结论、勘验笔录或者经过公证、登记的书证,其证明力一般大于其他书证、视听资料和证人证言;(3)原始证据的证明力一般大于传来证据;(4)直接证据的证明力一般大于间接证据;(5)证人提供的对与其有亲属或者其他密切关系的当事人有利的证言,其证明力一般小于其他证人证言。

人民法院对于待证事实所应达到的证明标准是什么?

《民事诉讼法司法解释》第108条规定,对负有举证证明责任的当事人提供的证据,人民法院经审查并结合相关事实,确信待证事实的存在具有高度可能性的,应当认定该事实存在。对一方当事人为反驳负有举证证明责任的当事人所主张事实而提供的证据,人民法院经审查并结合相关事实,认为待证事实真伪不明的,应当认定该事实不存在。法律对于待证事实所应达到的证明标准另有规定的,从其规定。

六、期 间

期间可划分为哪几种？

期间,是当事人、其他诉讼参与人或者人民法院进行民事诉讼或者审理民事案件应遵守的期限。比如立案的期间、提交答辩状的期间、上诉期间等。根据《民事诉讼法》第 82 条第 1 款规定,期间包括法定期间和人民法院指定的期间。法定期间,指法律明确规定的期间。法律规定某项诉讼行为只能在一定的期间内进行,超过规定的期间所进行的诉讼行为不发生法律效力。法定期间除法律另有规定外,人民法院不得依职权或者依当事人申请予以延长或者缩短。指定期间,是人民法院根据案件的具体情况,对于具体诉讼事项所指定的期间。

期间如何计算？

《民事诉讼法》第 82 条第 2 款规定,期间以时、日、月、年计算。期间开始的时和日,不计算在期间内。对此,根据《民事诉讼法司法解释》第 125 条规定,依照《民事诉讼法》第 82 条第 2 款规定,民事诉讼中以时起算的期间从次时起算;以日、月、年计算的期间从次日起算。《民事诉讼法》第 82 条第 3 款规定,期间届满的最后一日是节假日的,以节假日后的第一日为期间届满的日期。本条第 4 款规定,期间不包括在途时间,诉讼文书在期满前交邮的,不算过期。

当事人在什么情形下耽误的期限,可以申请顺延？

《民事诉讼法》第 83 条规定,当事人因不可抗拒的事由或者其他正当理由耽误期限的,在障碍消除后的 10 日内,可以申请顺延期限,是否准许,由人民法院决定。

七、调 解

法院调解应遵循什么原则？

法院调解是人民法庭在审判人员的主持下,在事实清楚、分清是非的基础上,经自愿、平等协商达成协议,解决纠纷的活动。《民事诉讼法》第 93

条规定,人民法院审理民事案件,根据当事人自愿的原则,在事实清楚的基础上,分清是非,进行调解。本法第96条规定,调解达成协议,必须双方自愿,不得强迫。调解协议的内容不得违反法律规定。《民事诉讼法司法解释》第145条进一步明确规定,人民法院审理民事案件,应当根据自愿、合法的原则进行调解。当事人一方或者双方坚持不愿调解的,应当及时裁判。

对经调解达成协议的哪些案件,人民法院可以不制作调解书?

《民事诉讼法》第97条规定,调解达成协议,人民法院应当制作调解书。调解书应当写明诉讼请求、案件的事实和调解结果。调解书由审判人员、书记员署名,加盖人民法院印章,送达双方当事人。调解书经双方当事人签收后,即具有法律效力。本法第98条规定,下列案件调解达成协议,人民法院可以不制作调解书:(1)调解和好的离婚案件;(2)调解维持收养关系的案件;(3)能够即时履行的案件;(4)其他不需要制作调解书的案件。对不需要制作调解书的协议,应当记入笔录,由双方当事人、审判人员、书记员签名或者盖章后,即具有法律效力。

当事人或第三人对经法院调解所达成的调解协议能否反悔?

法院调解程序并不是与诉讼程序分开的独立程序。《民事诉讼法司法解释》第142条规定,人民法院受理案件后,经审查,认为法律关系明确、事实清楚,在征得当事人双方同意后,可以径行调解。《民事诉讼法》第99条规定,调解未达成协议或者调解书送达前一方反悔的,人民法院应当及时判决。《民事诉讼法司法解释》第150条规定,人民法院调解民事案件,需由无独立请求权的第三人承担责任的,应当经其同意。该第三人在调解书送达前反悔的,人民法院应当及时裁判。本《解释》第149条规定,调解书需经当事人签收后才发生法律效力的,应当以最后收到调解书的当事人签收的日期为调解书生效日期。可见,调解未达成协议的,一方可以反悔;或者虽经法院调解达成调解协议,但在法院根据调解协议制作的调解书送达前反悔或者送达时通过拒绝签收而反悔。调解书经当事人签收后,即具有法律效力,当事人不得反悔;一方不履行调解书内容的,另一方可以依法向人民法院申请执行。

八、保全与先予执行

（一）保全

为了保证将来生效判决得以执行，当事人在诉前或诉讼中可向法院申请采取何种措施？

根据《民事诉讼法》第 100 条规定，对于可能因当事人一方的行为或者其他原因，使判决不能执行或者难以执行的案件，对方当事人可以向人民法院申请采取财产保全措施。根据本法第 101 条规定，利害关系人因情况紧急，不立即申请财产保全将会使其合法权益受到难以弥补的损害的，可以在起诉前向人民法院申请采取财产保全措施。权利方当事人申请诉讼保全或者财产保全，可以防止被申请人在判决之前动用和处理有关财产，保证将来的生效判决得以顺利地执行，切实维护胜诉一方当事人的合法权益。

人民法院采取诉讼财产保全措施，应当符合哪些条件？

诉讼财产保全，是指在诉讼程序开始之后终结之前，人民法院根据一方当事人的申请或者依职权，对将来负有履行义务的另一方当事人的财产通过裁定所采取的强制性保护措施。根据《民事诉讼法》第 100 条规定，诉讼财产保全应当符合以下条件：

（1）采取诉讼保全措施的案件须为财产保全申请人要求被申请人承担给付义务的诉讼。劳动争议诉讼中，在劳动者要求用人单位支付工资、加班费、经济补偿、赔偿金以及用人单位要求劳动者支付违约金等具有财产支付内容的案件中才可以采取财产保全措施，而对于没有财产给付内容的确认劳动关系诉讼则不得采取财产保全。

（2）须具有财产保全的必要性，即对那些"可能因当事人一方的行为或者其他原因，使判决不能执行或者难以执行的案件"，才可以采取财产保全。"因当事人一方的行为"通常是指有可能被判决承担给付义务的一方当事人出于恶意而出卖、转移、隐匿、损毁或者挥霍其占有、支配或者管理的可用于执行的财产。"其他原因"主要是指因自然原因或者人为原因造成的可用于执行的财产的腐烂、变质等无法执行的因素。

（3）诉讼中的财产保全一般是人民法院根据申请人的申请而采取的，但在申请人未提出诉讼财产保全申请而人民法院认为必要时，法院也可以以职权裁定采取保全措施。

人民法院采取诉前财产保全措施，应当符合哪些条件？

诉前财产保全，是指在提起诉讼前人民法院根据当事人的申请，对争议标的物或者被申请人的有关财产采取的强制性保护措施。根据《民事诉讼法》第 101 条规定，人民法院采取诉前保全措施须具备以下条件：

（1）利害关系人因情况紧急，不立即申请财产保全将会使其合法权益受到难以弥补的损害的。也就是说，诉前财产保全是在被申请人有可能对其占有、支配和管理的可用于执行的财产进行转移或处分，申请人如不立即申请财产保全就会导致其财产权利难以实现或根本无法实现的严重后果的情况下所采取的紧急措施。

（2）必须由利害关系人提出财产保全措施申请。在诉讼财产保全中，采取财产保全可以由当事人申请也可以由法院依职权决定，而诉前财产保全只能由利害关系人提出申请的情况下法院才能采取，利害关系人未提出申请的情况下法院不得依职权采取诉前财产保全措施。

（3）申请人必须提供担保。在诉讼财产保全中申请人是否应当提供担保由法院视情况而定，法院不要求提供担保的，当事人可以不用提供；而诉前财产保全的申请人必须提供担保，不提供担保的，法院应驳回其诉前财产保全申请。

保全的范围和财产保全措施如何确定？

《民事诉讼法》第 102 条规定，保全限于请求的范围，或者与本案有关的财物。本法第 103 条规定，财产保全采取查封、扣押、冻结或者法律规定的其他方法。人民法院保全财产后，应当立即通知被保全财产的人。财产已被查封、冻结的，不得重复查封、冻结。《民事诉讼法司法解释》第 164 条规定，对申请保全人或者他人提供的担保财产，人民法院应当依法办理查封、扣押、冻结等手续。可见，财产保全的范围既不得超过申请人请求的范围，也不得对与本案无关的财物采取保全措施；保全的财产价值"限于请求的范围"即与申请人的权利请求或者诉讼请求的金额大致相等。人民法院可以针对被申请人或当事人财产的不同情形采取以下保全措施:"查封",即对采取保全措施的财产在清点后予以封存;"扣押",即对当事人正在隐匿、转移或者处分中的财产予以强制扣留;"冻结",即对被申请人在银行的存款依法限制其提取和转移。财产已被查封、冻结的,不得重复查封、冻结。

当事人申请财产保全的,人民法院应当在什么时间作出裁定和执行?

根据《民事诉讼法》第100条第3款的规定,当事人申请诉讼财产保全的,人民法院接受申请后,对情况紧急的,必须在48小时内作出裁定;裁定采取保全措施的,应当立即开始执行。根据《民事诉讼法》第101条第2款的规定,当事人申请诉前财产保全的,人民法院接受申请后,必须在48小时内作出裁定;裁定采取财产保全措施的,应当立即开始执行。

人民法院执行财产保全措施后,在什么情况下保全措施应当解除?

根据《民事诉讼法》第101条第3款规定,对于诉前财产保全,申请人在人民法院采取保全措施后30日内不依法提起诉讼或者申请仲裁的,人民法院应当解除保全。本法第104条规定,财产纠纷案件,被申请人提供担保的,人民法院应当裁定解除保全。本法第105条规定,申请有错误的,申请人应当赔偿被申请人因保全所遭受的损失。《民事诉讼法司法解释》第165条规定,人民法院裁定采取保全措施后,除作出保全裁定的人民法院自行解除或者其上级人民法院决定解除外,在保全期限内,任何单位不得解除保全措施。本解释第166条规定,裁定采取保全措施后,有下列情形之一的,人民法院应当作出解除保全裁定:(1)保全错误的;(2)申请人撤回保全申请的;(3)申请人的起诉或者诉讼请求被生效裁判驳回的;(4)人民法院认为应当解除保全的其他情形。解除以登记方式实施的保全措施的,应当向登记机关发出协助执行通知书。

(二) 先予执行

人民法院对哪些案件,根据当事人的申请可以裁定先予执行?

先予执行,是指人民法院在受理案件后终审判决前,为了权利人的生活或生产急需,并依据权利人的申请裁定义务人先予履行义务的制度。《民事诉讼法》设立先予执行的意义在于使权利人的权利在判决生效前即可全部实现或者部分得到实现。《民事诉讼法》第106条规定，人民法院对下列案件，根据当事人的申请，可以裁定先予执行：（1）追索赡养费、扶养费、抚育费、抚恤金、医疗费用的；（2）追索劳动报酬的；（3）因情况紧急需要先予执行的。根据《民事诉讼法司法解释》第170条规定，《民事诉讼法》第106条第3项规定的情况紧急，包括：（1）需要立即停止侵害、排除妨碍的；（2）需要立即制止某项行为的；（3）追索恢复生产、经营急需的保险理赔费的；（4）需要立即返还社会保险金、社会救助资金的；（5）不立即返还款项，将严重影响权利人生活和生产经营的。

人民法院裁定先予执行的案件，应符合哪些条件？

根据《民事诉讼法》第107条第1款规定，人民法院裁定先予执行的，应当符合下列条件：

（1）当事人之间权利义务关系明确。先予执行的意义在于判决前预先满足申请人的诉讼请求，而申请人的诉讼请求肯定在将来的判决中能够得到法院的支持，这就要求申请人与被申请人之间存在着明确的权利义务关系。否则，双方之间的权利义务关系不明确或者彼此之间互负义务，就会导致先予执行的诉讼请求在将来的判决中不能得到法院的支持。

（2）不先予执行将严重影响申请人的生活或者生产经营。采取先予执行，必须是申请人具有生活上的急迫需要，或者是申请人具有生产经营上的急迫需要。在不采取先予执行不会导致申请人的生活无法维持或者生产经营无法继续的，则不得采取先予执行。

（3）被申请人有履行能力。被申请人有履行能力才有必要采取先予执行，如果被申请人没有履行义务的能力，即使法院裁定先予执行，申请人的权利也无法实现。

申请先予执行是否应提供担保？

《民事诉讼法》第107条第2款规定，人民法院可以责令申请人提供担保，申请人不提供担保的，驳回申请。申请人败诉的，应当赔偿被申请人因先予执行遭受的财产损失。可见，根据案件情况，人民法院责令先予执行的申请人提供担保的，申请人应当提供担保，担保方式包括保证、抵押、质押等。申请人不提供担保的,驳回其申请。

先予执行的裁定应在什么时间作出?

人民法院对申请人的先予执行申请审查后,认为符合《民事诉讼法》规定的案件范围和条件的,应当作出先予执行的裁定。否则,应当作出驳回申请的裁定。《民事诉讼法司法解释》第169条规定,民事诉讼法规定的先予执行,人民法院应当在受理案件后终审判决作出前采取。先予执行应当限于当事人诉讼请求的范围,并以当事人的生活、生产经营的急需为限。

当事人或者利害关系人对保全或者先予执行裁定不服的,怎么办?

《民事诉讼法》第108条规定,当事人对保全或者先予执行的裁定不服的,可以申请复议一次。复议期间不停止裁定的执行。《民事诉讼法司法解释》第171条进一步明确规定,当事人对保全或者先予执行裁定不服的,可以自收到裁定书之日起5日内向作出裁定的人民法院申请复议。人民法院应当在收到复议申请后10日内审查。裁定正确的,驳回当事人的申请;裁定不当的,变更或者撤销原裁定。根据该《解释》第172条规定,利害关系人对保全或者先予执行的裁定不服申请复议的,由作出裁定的人民法院依照《民事诉讼法》第108条规定处理。

九、审　判　程　序

(一) 第一审程序

第一审普通程序有什么特点?

根据《民事诉讼法》第10条规定,人民法院审理民事案件,依照法律规定实行两审终审制度。两审终审制,是指一个案件经过两级法院裁判后,即告终结的制度。也就是说,一审法院裁判作出后,当事人不服裁判的,有权提起上诉。二审法院依法受理当事人的上诉后,经依法审理所作出的二审裁决即终审裁决,具有法律强制执行力。当然,这并不是说进入诉讼程序后的每个争议案件都需要两级法院审理,对于一审法院所作的裁判,在上诉期限内当事人不提起上诉的,也发生裁判的效力即具有法律强制执行力,对于生效裁判当事人再无权提起上诉。两审终审制是人民法院案件审理的基本制度,除此之外还有监督程序。监督程序是对已经发生法律效力的裁判发现确有错误进行纠正的一种再审程序,再审程序一旦启动,再审案件的审理即按一审或者二审程序审理。

第一审程序包括普通程序和简易程序,其中普通程序是人民法院审理第一审民事诉讼案件时通常所适用的程序,而简易程序只适用于基层人民法院和它派出的法庭审理事实清楚、权利义务关系明确、争议不大的简单的民事案件,其程序是一审普通程序的简化,不具有普通程序的全面性和完整性。基层人民法院和它派出的法庭审理的简单民事案件,标的额为各省、自治区、直辖市上年度就业人员年平均工资 30% 以下的诉讼,适用简易程序中的小额诉讼程序,实行一审终审。

普通程序与简易程序、二审程序和再审程序相比具有以下特点:(1)普通程序具有普遍的适用性。各级人民法院即基层人民法院、中级人民法院、高级人民法院和最高人民法院审理第一审民事诉讼案件包括劳动争议诉讼案件,都可以适用普通程序。(2)普通程序具有完整性和全面性。普通程序包括了从当事人起诉、法院受理、开庭前准备、开庭审理到法院裁决的完整过程,并设置了起诉制度、受理制度、庭审制度、裁判制度、诉讼中止制度和诉讼终结制度等全面的制度性安排。(3)普通程序对其他诉讼程序具有补充性。在适用简易程序、二审程序和审判监督程序审理民事诉讼案件时,除依照这些程序的规定外,适用第一审普通程序。

当事人提起诉讼应当符合哪些条件?

民事诉讼中的起诉,是指民事权益受到侵害或者与他人发生争议后,原告通过向人民法院提出诉讼请求,要求人民法院予以司法保护并依照法定程序进行裁判的诉讼行为。根据《民事诉讼法》第 119 条规定,起诉必须符合下列条件:(1)原告是与本案有直接利害关系的公民、法人和其他组织。(2)有明确的被告。《民事诉讼法司法解释》第 209 条规定,原告提供被告的姓名或者名称、住所等信息具体明确,足以使被告与他人相区别的,可以认定为有明确的被告。起诉状列写被告信息不足以认定明确的被告的,人民法院可以告知原告补正。原告补正后仍不能确定明确的被告的,人民法院裁定不予受理。(3)有具体的诉讼请求和事实、理由。(4)属于人民法院受理民事诉讼的范围和受诉人民法院管辖。《民事诉讼法司法解释》第211条规定,对本院没有管辖权的案件,告知原告向有管辖权的人民法院起诉;原告坚持起诉的,裁定不予受理;立案后发现本院没有管辖权的,应当将案件移送有管辖权的人民法院。《民事诉讼法》第123条规定,人民法院应当保障当事人依照法律规定享有的起诉权利。对符合本法第119条的起诉,必须受理。符合起诉条件的,应当在7日内立案,并通知当事人;不符合起诉条件的,应当在7日内作出裁定书,不予受理;原告对裁定不服的,可以提起上诉。

原告向人民法院递交的起诉状应当载明哪些事项?

《民事诉讼法》第120条规定,起诉应当向人民法院递交起诉状,并按照被告人数提出副本。书写起诉状确有困难的,可以口头起诉,由人民法院记入笔录,并告知对方当事人。本法第121条规定,起诉状应当记明下列事项:(1)原告的姓名、性别、年龄、民族、职业、工作单位、住所、联系方式,法人或者其他组织的名称、住所和法定代表人或者主要负责人的姓名、职务、联系方式;(2)被告的姓名、性别、工作单位、住所等信息,法人或者其他组织的名称、住所等信息;(3)诉讼请求和所根据的事实与理由;(4)证据和证据来源,证人姓名和住所。

被告提起反诉应当符合什么条件?

反诉,是指在已经进行的诉讼中,被告以本诉的原告为被告,向本诉受诉法院提出的与本诉的诉讼标的有直接联系的独立的诉讼请求。在案件受理后,法庭辩论结束前,被告提出反诉,可以合并审理的,人民法院应当合并审理。案件审理后,人民法院原则上应当对本诉与反诉一同作出裁决。反诉的请求具有独立性,反诉已经成立就不因本诉的撤回而终结,也不因原告放弃诉讼而失效。《民事诉讼法》第51条明确规定,被告有权提起反诉。《民事诉讼法司法解释》第233条规定,反诉的当事人应当限于本诉的当事人的范围。反诉与本诉的诉讼请求基于相同法律关系、诉讼请求之间具有因果关系,或者反诉与本诉的诉讼请求基于相同事实的,人民法院应当合并审理。反诉应由其他人民法院专属管辖,或者与本诉的诉讼标的及诉讼请求所依据的事实、理由无关联的,裁定不予受理,告知另行起诉。可见,反诉是起诉制度的一种特殊形式,应当符合下列条件:(1)反诉只能由本诉被告对本诉原告提起,反诉的当事人应当限于本诉的当事人的范围。(2)反诉必须向提起本诉的人民法院提起。(3)反诉必须在本诉案件受理后,法庭辩论结束前由被告提出。(4)反诉与本诉具有牵连关系,这种牵连关系可以是在诉讼标的上的牵连,也可以是争议事项所涉及到的法律事实上的牵连。

法院对哪些民事案件不宜公开审理?

《民事诉讼法》第 134 条规定,人民法院审理民事案件,除涉及国家秘密、个人隐私或者法律另有规定的以外,应当公开进行。离婚案件,涉及商业秘密的案件,当事人申请不公开审理的,可以不公开审理。本法第 148 条规定,人民法院对公开审理或者不公开审理的案件,一律公开宣告判决。据此,公开审理和公开宣判是公开审判制度的基本要求。但是,为了防止公开审理给国家和当事人造成不可挽回的损失,法律规定了不应当公开审理的案件范围和经当事人申请可以不公开审理的案件范围。

(1)人民法院审理民事案件,涉及国家秘密的案件不应当公开进行。国家秘密是关系国家的安全和利益,依照法定程序确定,在一定时间内只限一定范围的人员知悉的事项。一切国家机关、武装力量、政党、社会团体、企业事业单位和公民都有保守国家秘密的义务。

(2)涉及个人隐私的案件不应当公开进行审理。个人隐私是指不愿公开或者让他人知悉的个人私密。一般说来,公民的隐私权包括通信秘密权和个人生活秘密权。通信秘密权是指公民对其在信件、电报、电话中的内容享有保密权,未经允许不得非法公开。个人生活秘密权是指公民对其财产状况、生活经历、个人资料等生活信息所享有的禁止他人非法利用的权利。

(3)法律另有规定的不应当公开进行审理的案件。除了《民事诉讼法》规定的上述案件不得公开审理外,法律明确规定不得公开审理的案件,也不得进行公开审理。这里的"法律"是指全国人民代表大会及其常务委员会制定和通过的法律。

(4)离婚案件,涉及商业秘密的案件,当事人申请不公开审理的,可以不公开审理。离婚案件一般涉及当事人的个人隐私、生活习惯及双方当事人之间的个人评价等不宜向社会公开的内容,因此当事人申请不公开审理的,可以不公开审理。商业秘密,是指不为公众所知悉、能为权利人带来经济利益、具有实用性并经权利人采取保密措施的技术信息和经营信息。在涉及商业秘密案件的情况下当事人可以申请不公开审理。

法院受理起诉后,原告能否申请撤诉?

撤诉,是人民法院受理案件之后作出裁决之前,原告向法院表示撤回起诉,要求法院对案件停止审理的行为。《民事诉讼法》第 145 条规定,宣判前,原告申请撤诉的,是否准许,由人民法院裁定。人民法院裁定不准许撤诉的,原告经传票传唤,无正当理由拒不到庭的,可以缺席判决。《民事诉讼法解释》第 238 条规定,当事人申请撤诉或者依法可以按撤诉处理的案件,如果当事人有违反法律的行为需要依法处理的,人民法院可以不准许撤诉或者不按撤诉处理。法庭辩论终结后原告申请撤诉,被告不同意的,人民法院可以不予准许。

法院受理原告起诉后,在哪些情形下按撤诉处理?

《民事诉讼法》第 134 条规定,原告经传票传唤,无正当理由拒不到庭的,或者未经法庭许可中途退庭的,可以按撤诉处理;被告反诉的,可以缺席判决。《民事诉讼法司法解释》第 213 条规定,原告应当预交而未预交案件受理费,人民法院应当通知其预交,通知后仍不预交或者申请减、缓、免未获批准而仍不预交的,裁定按撤诉处理。根据本《解释》第 235 条规定,无民事行为能力的当事人的法定代理人,经传票传唤无正当理由拒不到庭,属于原告方的,比照《民事诉讼法》第 143 条的规定,按撤诉处理。

原告撤诉或者法院按撤诉处理后,原告以同一诉讼请求再次起诉的,法院是否受理?

《民事诉讼法司法解释》第 214 条规定,原告撤诉或者人民法院按撤诉处理后,原告以同一诉讼请求再次起诉的,人民法院应予受理。原告撤诉或者按撤诉处理的离婚案件,没有新情况、新理由,6 个月内又起诉的,比照《民事诉讼法》第 124 条第 7 项的规定不予受理。《民事诉讼法》第 124 条第 7 项规定,判决不准离婚和调解和好的离婚案件,判决、调解维持收养关系的案件,没有新情况、新理由,原告在 6 个月内又起诉的,不予受理。

原告或者被告无正当理由拒不到庭或未经许可中途退庭的,法院能否缺席判决?

根据《民事诉讼法》第 143 条规定,对于被告反诉的一审案件,原告经传票传唤,无正当理由拒不到庭的,或者未经法庭许可中途退庭的,可以缺席判决。本法第 144 条规定,被告经传票传唤,无正当理由拒不到庭的,或者未经法庭许可中途退庭的,可以缺席判决。本法第 145 条第 2 款规定,人民法院裁定不准许撤诉的,原告经传票传唤,无正当理由拒不到庭的,可以缺席判决。此外,《民事诉讼法司法解释》第 234 条规定,无民事行为能力人的离婚诉讼,当事人的法定代理人应当到庭;法定代理人不能到庭的,人民法院应当在查清事实的基础上,依法作出判决。根据本《解释》第 235 条规定,无民事行为能力的当事人的法定代理人,经传票传唤无正当理由拒不到庭,属于被告方的,比照《民事诉讼法》第 144 条的规定,缺席判决。必要时,人民法院可以拘传其到庭。

当事人和其他诉讼参与人认为法庭笔录对自己的陈述记录有遗漏或者差错的,怎么办?

《民事诉讼法》第 147 条规定,书记员应当将法庭审理的全部活动记入笔录,由审判人员和书记员签名。法庭笔录应当当庭宣读,也可以告知当事人和其他诉讼参与人当庭或者在 5 日内阅读。当事人和其他诉讼参与人认为对自己的陈述记录有遗漏或者差错的,有权申请补正。如果不予补正,应当将申请记录在案。法庭笔录由当事人和其他诉讼参与人签名或者盖章。拒绝签名盖章的,记明情况附卷。可见,当事人和其他诉讼参与人认为对自己的陈述记录有遗漏或者差错的,可以申请补正。法庭不予补正的,当事人和其他诉讼参与人可以拒绝在法庭笔录上签名盖章。

人民法院适用第一审程序审理案件的期限为多长?

审理期限,是受诉人民法院从立案到对案件作出裁判的法定审理期间。根据《民事诉讼法》的规定,一审程序包括普通程序和简易程序。《民事诉讼法》第 149 条规定,人民法院适用普通程序审理的案件,应当在立案之日起 6 个月内审结。有特殊情况需要延长的,由本院院长批准,可以延长 6 个月;还需要延长的,报请上级人民法院批准。根据《民事诉讼法司法解释》第243条规定,《民事诉讼法》第149条规定的审限,是指从立案之日起至裁判宣告、调解书送达之日止的期间,但公告期间、鉴定期间、双方当事人和解期间、审理当事人提出的管辖异议以及处理人民法院之间的管辖争议期间不应计算在内。《民事诉讼法》第161条规定,人民法院适用简易程序审理案件,应当在立案之日起3个月内审结。

中止诉讼的情形有哪些?

中止诉讼,是指因法定事由,使诉讼程序不能进行或者不宜进行,需要使诉讼程序暂时停止。也就是说,中止诉讼是诉讼程序的暂时停止,中止诉讼的原因消除后,应当恢复诉讼。《民事诉讼法》第150条规定,有下列情形之一的,中止诉讼:(1)一方当事人死亡,需要等待继承人表明是否参加诉讼的;(2)一方当事人丧失诉讼行为能力,尚未确定法定代理人的;(3)作为一方当事人的法人或者其他组织终止,尚未确定权利义务承受人的;(4)一方当事人因不可抗拒的事由,不能参加诉讼的;(5)本案必须以另一案的审理结果为依据,而另一案尚未审结的;(6)其他应当中止诉讼的情形。中止诉讼的原因消除后,恢复诉讼。

终结诉讼的情形有哪些?

终结诉讼,是指在诉讼进行中,因法定事由,使诉讼程序无法进行,或者继续进行下去没有意义时终结诉讼程序。与中止诉讼不同,诉讼程序一经终结将无从恢复。根据《民事诉讼法》第151条规定,有下列情形之一的,终结诉讼:(1)原告死亡,没有继承人,或者继承人放弃诉讼权利的;(2)被告死亡,没有遗产,也没有应当承担义务的人的;(3)离婚案件一方当事人死亡的;(4)追索赡养费、扶养费、抚育费以及解除收养关系案件的一方当事人死亡的。

民事判决向当事人宣布后,作出该判决的法院能否改变或者撤销判决的内容?

《民事诉讼法》第152条规定,判决书应当写明判决结果和作出该判决的理由。判决书内容包括:(1)案由、诉讼请求、争议的事实和理由;(2)判决认定的事实和理由、适用的法律和理由;(3)判决结果和诉讼费用的负担;(4)上诉期间和上诉的法院。判决书由审判人员、书记员署名,加盖人民法院印章。据此,民事判决向当事人宣布后,作出该判决的人民法院不得改变或者撤销判决的内容,即使发现判决错误。对此,《民事诉讼法司法解释》第242条进一步明确规定,一审宣判后,原审人民法院发现判决有错误,当事人在上诉期内提出上诉的,原审人民法院可以提出原判决有错误的意见,报送第二审人民法院,由第二审人民法院按照第二审程序进行审理;当事人不上诉的,按照审判监督程序处理。

民事裁定的适用范围包括哪些?

民事裁定,是指人民法院在审理民事案件时,对一些程序上应解决的事项所作的判定。依法不准上诉或者超过上诉期没有上诉的裁定,是发生法律效力的裁定。《民事诉讼法》第154条规定,裁定适用于下列范围:(1)不予受理;(2)对管辖权有异议的;(3)驳回起诉;(4)保全和先予执行;(5)准许或者不准许撤诉;(6)中止或者终结诉讼;(7)补正判决书中的笔误;(8)中止或者终结执行;(9)撤销或者不予执行仲裁裁决;(10)不予执行公证机关赋予强制执行效力的债权文书;(11)其他需要裁定解决的事项。对前款第(1)项至第(3)项裁定,可以上诉。裁定书应当写明裁定结果和作出该裁定的理由。裁定书由审判人员、书记员署名,加盖人民法院印章。口头裁定的,记入笔录。

当事人可以对哪些判决、裁定提起上诉?

《民事诉讼法》第155条规定,最高人民法院的判决、裁定,以及依法不准上诉或者超过上诉期没有上诉的判决、裁定,是发生法律效力的判决、裁定。对于超过上诉期限而生效的一审判决、裁定和最高人民法院作出的判决不得提起上诉。据此,地方各级人民法院适用普通程序和简易程序审理后作出的一审判决、二审法院发回重审后的判决、按照一审程序对案件再审作出的判决,一审法院所作出的不予受理的裁定、对管辖权异议的裁定和驳回起诉的裁定,当事人在上诉期限内都可以提出上诉。

(二) 第二审程序

第二审程序有什么特点?

第二审程序是当事人对一审人民法院所作的未发生法律效力的裁判不

服,向上一级人民法院提起上诉申请,上一级人民法院根据其申请对案件进行审理所适用的审判程序。

我国民事诉讼实行两审制终审制,即当事人对一审裁决不服的可以提起上诉,经上一级人民法院审理并作出裁判后,诉讼程序便告终结。第一审程序和第二审程序都是诉讼案件的审理程序,两个程序分别属于不同的审级,其二者之间既具有一定的联系又具有一定的区别。

第一审程序主要是围绕着当事人的诉讼请求,在认定事实的基础上进行法律适用和作出裁决。而第二审程序则主要是围绕当事人的上诉请求范围继续审理,第二审人民法院应当对上诉请求的有关事实和适用法律进行审查,以纠正第一审程序中适用法律及程序性的错误。第二审程序不仅是第一审程序的继续,而且履行上级法院对下级法院的审判监督职能。

第一审和第二审程序所作的裁决效力不同。一审判决在上诉期间未发生法律效力的裁决,在上诉期间当事人可以提起上诉。而二审法院的裁决则是自裁决之日起发生法律效力,对裁决结果当事人不得再提起上诉。对于已经发生法律效力的裁决具有强制执行力。

有权提起上诉的当事人包括哪些?

因不服地方人民法院一审未生效判决、裁定,在法定期限内通过提出申请,请求上一级法院对案件进行审理并撤销或变更原判决或者裁定的一方当事人为上诉人。根据《民事诉讼法》的有关规定,凡是不服地方人民法院第一审判决、裁定的当事人,包括原告、被告、共同诉讼人、有独立请求权的第三人及一审法院判决其承担责任的无独立请求权的第三人,都可以作为上诉人提出上诉。根据《民事诉讼法司法解释》第 321 条规定,无民事行为能力人、限制民事行为能力人的法定代理人,可以代理当事人提起上诉。

当事人不服一审判决、裁定的,应在什么期间内提出上诉?

《民事诉讼法》第 416 条规定,当事人不服地方人民法院第一审判决的,有权在判决书送达之日起 15 日内向上一级人民法院提起上诉。当事人不服地方人民法院第一审裁定的,有权在裁定书送达之日起 10 日内向上一级人民法院提起上诉。据此,当事人未在法定上诉期间内提出上诉的,地方人民法院所作的第一审判决、裁定将依法生效,当事人对于生效判决、裁定不能提出上诉。

上诉人可以口头提出上诉吗?

《民事诉讼法》第 165 条规定,上诉应当递交上诉状。上诉状的内容,应当包括当事人的姓名,法人的名称及其法定代表人的姓名或者其他组织的名称及其主要负责人的姓名;原审人民法院名称、案件的编号和案由;上诉的请求和理由。《民事诉讼法司法解释》第 320 条规定,一审宣判时或者判决书、裁定书送达时,当事人口头表示上诉的,人民法院应告知其必须在法定上诉期间内递交上诉状。未在法定上诉期间内递交上诉状的,视为未提起上诉。虽递交上诉状,但未在指定的期限内交纳上诉费的,按自动撤回上诉处理。可见,上诉必须通过递交书面上诉状提出,而不能口头提出。

第二审人民法院对哪些上诉案件,可以不开庭审理?

《民事诉讼法》第 169 条规定,第二审人民法院对上诉案件,应当组成合议庭,开庭审理。经过阅卷、调查和询问当事人,对没有提出新的事实、证据或者理由,合议庭认为不需要开庭审理的,可以不开庭审理。根据《民事诉讼法司法解释》第 333 条规定,第二审人民法院对下列上诉案件,依照《民事诉讼法》第 169 条规定可以不开庭审理:(1)不服不予受理、管辖权异议和驳回起诉裁定的;(2)当事人提出的上诉请求明显不能成立的;(3)原判决、裁定认定事实清楚,但适用法律错误的;(4)原判决严重违反法定程序,需要发回重审的。

当事人应当通过何地的人民法院递交上诉状提起上诉?

《民事诉讼法》第 166 条规定,上诉状应当通过原审人民法院提出,并按照对方当事人或者代表人的人数提出副本。当事人直接向第二审人民法院上诉的,第二审人民法院应当在 5 日内将上诉状移交原审人民法院。本法第 167 条规定,原审人民法院收到上诉状,应当在 5 日内将上诉状副本送达对方当事人,对方当事人在收到之日起 15 日内提出答辩状。人民法院应当在收到答辩状之日起 5 日内将副本送达上诉人。对方当事人不提出答辩状的,不影响人民法院审理。原审人民法院收到上诉状、答辩状,应当在 5 日内连同全部案卷和证据,报送第二审人民法院。根据《民事诉讼法司法解释》第 318 条规定,上述第 166 条、第 167 条规定的对方当事人包括被上诉人和原审其他当事人。

第二审法院在什么情形下依法驳回上诉、维持原判决、裁定？

根据《民事诉讼法》第 170 条第 1 款第 1 项规定，对上诉案件，经过审理，原判决、裁定认定事实清楚，适用法律正确的，第二审人民法院以判决、裁定方式驳回上诉，维持原判决、裁定。根据《民事诉讼法司法解释》第 334 条规定，原判决、裁定认定事实或者适用法律虽有瑕疵，但裁判结果正确的，第二审人民法院可以在判决、裁定中纠正瑕疵后，依照《民事诉讼法》第 170 条第 1 款第 1 项规定予以维持。

第二审法院在什么情形下依法改判、撤销或者变更原判决？

根据《民事诉讼法》第 170 条第 1 款第 2 项规定，对上诉案件，经过审理，原判决、裁定认定事实错误或者适用法律错误的，第二审人民法院以判决、裁定方式依法改判、撤销或者变更原判决、裁定。

第二审法院在什么情形下裁定撤销原判决，发回重审，或者查清事实后改判？

根据《民事诉讼法》第 170 条第 1 款第 3 项、第 4 项规定以及《民事诉讼法司法解释》的有关规定，发回原审人民法院重审，或者查清事实后改判的，主要有以下情形：

(1)根据《民事诉讼法》第 170 条第 1 款第 3 项规定，对上诉案件，经过审理，原判决认定基本事实不清的，裁定撤销原判决，发回原审人民法院重审，或者查清事实后改判。根据《民事诉讼法司法解释》第 335 条规定，《民事诉讼法》第 170 条第 1 款第 3 项规定的基本事实，是指用以确定当事人主体资格、案件性质、民事权利义务等对原判决、裁定的结果有实质性影响的事实。

(2)根据《民事诉讼法》第 170 条第 1 款第 4 项规定，原判决遗漏当事人或者违法缺席判决等严重违反法定程序的，裁定撤销原判决，发回原审人民法院重审。根据《民事诉讼法司法解释》第 325 条规定，下列情形，可以认定为《民事诉讼法》第 170 条第 1 款第 4 项规定的严重违反法定程序：审判组织的组成不合法的；应当回避的审判人员未回避的；无诉讼行为能力人未经法定代理人代为诉讼的；违法剥夺当事人辩论权利的。

（3）《民事诉讼法司法解释》第 326 条规定,对当事人在第一审程序中已经提出的诉讼请求,原审人民法院未作审理、判决的,第二审人民法院可以根据当事人自愿的原则进行调解;调解不成的,发回重审。

（4）《民事诉讼法司法解释》第 327 条规定,必须参加诉讼的当事人或者有独立请求权的第三人,在第一审程序中未参加诉讼,第二审人民法院可以根据当事人自愿的原则予以调解;调解不成的,发回重审。

根据《民事诉讼法》第 170 条第 2 款规定,原审人民法院对发回重审的案件作出判决后,当事人提起上诉的,第二审人民法院不得再次发回重审。

在第二审程序中,原审原告增加独立的诉讼请求或者原审被告提出反诉的,如何处理?

根据《民事诉讼法司法解释》第 328 条规定,在第二审程序中,原审原告增加独立的诉讼请求或者原审被告提出反诉的,第二审人民法院可以根据当事人自愿的原则就新增加的诉讼请求或者反诉进行调解;调解不成的,告知当事人另行起诉。双方当事人同意由第二审人民法院一并审理的,第二审人民法院可以一并裁判。

一审判决不准离婚的案件,上诉后,第二审人民法院认为应当判决离婚的,如何处理?

根据《民事诉讼法司法解释》第 329 条规定,一审判决不准离婚的案件,上诉后,第二审人民法院认为应当判决离婚的,可以根据当事人自愿的原则,与子女抚养、财产问题一并调解;调解不成的,发回重审。双方当事人同意由第二审人民法院一并审理的,第二审人民法院可以一并裁判。

第二审人民法院对不服第一审法院裁定的上诉案件,如何处理?

《民事诉讼法》第 171 条规定,第二审人民法院对不服第一审人民法院裁定的上诉案件的处理,一律使用裁定。

第二审人民法院审理上诉案件,经调解达成协议的,如何处理?

《民事诉讼法》第 172 条规定,第二审人民法院审理上诉案件,可以进行调解。调解达成协议,应当制作调解书,由审判人员、书记员署名,加盖人民法院印章。调解书送达后,原审人民法院的判决即视为撤销。《民事诉讼法司法解释》第 339 条规定,当事人在第二审程序中达成和解协议的,人民法院可以根据当事人的请求,对双方达成的和解协议进行审查并制作调解书送达当事人;因和解而申请撤诉,经审查符合撤诉条件的,人民法院应予准许。

第二审人民法院判决宣告前,上诉人申请撤回上诉的,是否准许?

《民事诉讼法》第 173 条规定,第二审人民法院判决宣告前,上诉人申请撤回上诉的,是否准许,由第二审人民法院裁定。《民事诉讼法司法解释》第 337 条规定,在第二审程序中,当事人申请撤回上诉,人民法院经审查认为一审判决确有错误,或者当事人之间恶意串通损害国家利益、社会公共利益、他人合法权益的,不应准许。本《解释》第 338 条规定,在第二审程序中,原审原告申请撤回起诉,经其他当事人同意,且不损害国家利益、社会公共利益、他人合法权益的,人民法院可以准许。准许撤诉的,应当一并裁定撤销一审裁判。原审原告在第二审程序中撤回起诉后重复起诉的,人民法院不予受理。

当事人对第二审法院发回重审案件的判决、裁定,能否上诉?

根据《民事诉讼法》的规定,发回重审的案件,原审法院应当另行组织合议庭,按照一审程序审理,当事人对重审案件的判决、裁定,可以上诉。原审人民法院重审后,当事人提出上诉并被上诉法院受理的,第二审人民法院经审理认为原判决认定事实错误,或者原判决认定事实不清,证据不足的,应当查清事实后依法改判。

当事人对第二审人民法院的判决、裁定,能否上诉?

《民事诉讼法》第 175 条的规定,第二审人民法院的判决、裁定,是终审的判决、裁定。据此,二审裁判书一经送达当事人即发生法律效力,当事人不得再提起上诉。当事人如果认为第二审人民法院的判决、裁定违反法定程序或适用法律错误的,只能通过审判监督程序即再审程序加以解决。

人民法院适用第二审程序审理案件的期限为多长?

《民事诉讼法》第 176 条规定,人民法院审理对判决的上诉案件,应当在第二审立案之日起 3 个月内审结。有特殊情况需要延长的,由本院院长批准。人民法院审理对裁定的上诉案件,应当在第二审立案之日起 30 日内作出终审裁定。《民事诉讼法司法解释》第 341 条进一步规定,人民法院审理对裁定的上诉案件,应当在第二审立案之日起 30 日内作出终审裁定。有特殊情况需要延长审限的,由本院院长批准。

（三）再审程序

对已经发生法律效力的判决、裁定，当事人在什么情形下可以申请再审？

《民事诉讼法》第 199 条规定，当事人对已经发生法律效力的判决、裁定，认为有错误的，可以向上一级人民法院申请再审；当事人一方人数众多或者当事人双方为公民的案件，也可以向原审人民法院申请再审。当事人申请再审的，不停止判决、裁定的执行。根据《民事诉讼法司法解释》第 375 条规定，当事人死亡或者终止的，其权利义务承继者可以根据《民事诉讼法》第 199 条、第 201 条的规定申请再审。根据本《解释》第 376 条规定，《民事诉讼法》第 199 条规定的人数众多的一方当事人，包括公民、法人和其他组织。本条规定的当事人双方为公民的案件，是指原告和被告均为公民的案件。

当事人的申请符合什么情形的，人民法院应当再审？

《民事诉讼法》第 200 条规定，当事人的申请符合下列情形之一的，人民法院应当再审：

（1）有新的证据，足以推翻原判决、裁定的。根据《民事诉讼法司法解释》第 387 条规定，再审申请人提供的新的证据，能够证明原判决、裁定认定基本事实或者裁判结果错误的，应当认定为该项规定的情形。对于符合前款规定的证据，人民法院应当责令再审申请人说明其逾期提供该证据的理由；拒不说明理由或者理由不成立的，依照《民事诉讼法》第 65 条第 2 款和本《解释》第 102 条的规定处理。

（2）原判决、裁定认定的基本事实缺乏证据证明的。这里的基本事实，是指用以确定当事人主体资格、案件性质、民事权利义务等对原判决、裁定的结果有实质性影响的事实。

（3）原判决、裁定认定事实的主要证据是伪造的。

（4）原判决、裁定认定事实的主要证据未经质证的。根据《民事诉讼法司法解释》第 389 条规定，当事人对原判决、裁定认定事实的主要证据在原审中拒绝发表质证意见或者质证中未对证据发表质证意见的，不属于该项规定的未经质证的情形。

（5）对审理案件需要的主要证据，当事人因客观原因不能自行收集，书面申请人民法院调查收集，人民法院未调查收集的。

（6）原判决、裁定适用法律确有错误的。根据《民事诉讼法司法解释》第390条规定，有下列情形之一，导致判决、裁定结果错误的，应当认定为该项规定的原判决、裁定适用法律确有错误：适用的法律与案件性质明显不符的；确定民事责任明显违背当事人约定或者法律规定的；适用已经失效或者尚未施行的法律的；违反法律溯及力规定的；违反法律适用规则的；明显违背立法原意的。

（7）审判组织的组成不合法或者依法应当回避的审判人员没有回避的。

（8）无诉讼行为能力人未经法定代理人代为诉讼或者应当参加诉讼的当事人，因不能归责于本人或者其诉讼代理人的事由，未参加诉讼的。

（9）违反法律规定，剥夺当事人辩论权利的。根据《民事诉讼法司法解释》第391条规定，原审开庭过程中有下列情形之一的，应当认定为该项规定的剥夺当事人辩论权利：不允许当事人发表辩论意见的；应当开庭审理而未开庭审理的；违反法律规定送达起诉状副本或者上诉状副本，致使当事人无法行使辩论权利的；违法剥夺当事人辩论权利的其他情形。

（10）未经传票传唤，缺席判决的。

（11）原判决、裁定遗漏或者超出诉讼请求的。根据《民事诉讼法司法解释》第392条规定，该项规定的诉讼请求，包括一审诉讼请求、二审上诉请求，但当事人未对一审判决、裁定遗漏或者超出诉讼请求提起上诉的除外。

（12）据以作出原判决、裁定的法律文书被撤销或者变更的。根据《民事诉讼法司法解释》第393条规定，该项规定的法律文书包括：发生法律效力的判决书、裁定书、调解书；发生法律效力的仲裁裁决书；具有强制执行效力的公证债权文书。

（13）审判人员审理该案件时有贪污受贿，徇私舞弊，枉法裁判行为的。根据《民事诉讼法司法解释》第394条规定，该项规定的审判人员审理该案件时有贪污受贿、徇私舞弊、枉法裁判行为，是指已经由生效刑事法律文书或者纪律处分决定所确认的行为。

当事人对已经发生法律效力的调解书,能否申请再审?

双方当事人在法院主持调解下达成协议的,人民法院应当制作调解书。调解书经双方当事人签收后,即具有法律效力。但是,调解达成协议,必须双方自愿、不得强迫,调解协议的内容不得违反法律规定。《民事诉讼法》第201条规定,当事人对已经发生法律效力的调解书,提出证据证明调解违反自愿原则或者调解协议的内容违反法律的,可以申请再审。经人民法院审查属实的,应当再审。本法第202条规定,当事人对已经发生法律效力的解除婚姻关系的判决、调解书,不得申请再审。但根据《民事诉讼法司法解释》第382条规定,当事人就离婚案件中的财产分割问题申请再审,如涉及判决中已分割的财产,人民法院应当依照《民事诉讼法》第200条的规定进行审查,符合再审条件的,应当裁定再审;如涉及判决中未作处理的夫妻共同财产,应当告知当事人另行起诉。

当事人申请再审,应当提交哪些材料?

《民事诉讼法》第203条规定,当事人申请再审的,应当提交再审申请书等材料。《民事诉讼法司法解释》第377条进一步明确规定,当事人申请再审,应当提交下列材料:(1)再审申请书,并按照被申请人和原审其他当事人的人数提交副本。根据本《解释》第378条规定,再审申请书应当记明下列事项:再审申请人与被申请人及原审其他当事人的基本信息;原审人民法院的名称,原审裁判文书案号;具体的再审请求;申请再审的法定情形及具体事实、理由。再审申请书应当明确申请再审的人民法院,并由再审申请人签名、捺印或者盖章。(2)再审申请人是自然人的,应当提交身份证明;再审申请人是法人或者其他组织的,应当提交营业执照、组织机构代码证书、法定代表人或者主要负责人身份证明书。委托他人代为申请的,应当提交授权委托书和代理人身份证明。(3)原审判决书、裁定书、调解书。(4)反映案件基本事实的主要证据及其他材料。前款第2项、第3项、第4项规定的材料可以是与原件核对无异的复印件。

当事人申请再审,应当在什么期限内提出?

根据《民事诉讼法》第205条规定,当事人申请再审,应当在判决、裁定发生法律效力后6个月内提出;有本法第200条第1项、第3项、第12项、第 13 项规定情形,即:有新的证据,足以推翻原判决、裁定的;原判决、裁定认定事实的主要证据是伪造的;据以作出原判决、裁定的法律文书被撤销或者变更的;审判人员审理该案件时有贪污受贿,徇私舞弊,枉法裁判行为的,自知道或者应当知道之日起 6 个月内提出。《民事诉讼法司法解释》第 384 条规定,当事人对已经发生法律效力的调解书申请再审,应当在调解书发生法律效力后 6 个月内提出。根据本《解释》第 395 条规定,当事人主张的再审事由成立,且符合民事诉讼法和本解释规定的申请再审条件的,人民法院应当裁定再审。当事人主张的再审事由不成立,或者当事人申请再审超过法定申请再审期限、超出法定再审事由范围等不符合民事诉讼法和本解释规定的申请再审条件的,人民法院应当裁定驳回再审申请。

当事人申请再审应当注意收集和提供哪些证据?

当事人对于原审认定事实不清、证据不足或者缺乏证据而侵犯其合法权益的生效裁判申请再审时,应当注意收集和提供推翻原生效判决、裁定的有关证据。申请人只有提供有力的证据才有可能推翻原裁判认定的事实,才能通过再审程序的审理而推翻原裁判。具体来讲,在提出再审申请时,申请人应当注意收集和提供以下证据:原审庭审结束前已客观存在而庭审结束后新发现的证据;原审庭审结束前已经发现,但因客观原因无法取得或在规定的期限内不能提供的证据;原审庭审结束后原作出鉴定意见、勘验笔录者重新鉴定、勘验,推翻原结论的证据;原审未予质证、认证,但足以推翻原判决、裁定的证据,以及对原判决、裁定的结果有实质影响、用以确定当事人主体资格、案件性质、具体权利义务和民事责任等主要内容所依据的事实。

在什么情形下,当事人可以向人民检察院申请检察建议或者抗诉?

《民事诉讼法》第 209 条规定,有下列情形之一的,当事人可以向人民检察院申请检察建议或者抗诉:(1)人民法院驳回再审申请的;(2)人民法院逾期未对再审申请作出裁定的;(3)再审判决、裁定有明显错误的。人民检察院对当事人的申请应当在 3 个月内进行审查,作出提出或者不予提出检察建议或者抗诉的决定。当事人不得再次向人民检察院申请检察建议或者抗诉。本法第 211 条规定,人民检察院提出抗诉的案件,接受抗诉的人民法院应当自收到抗诉书之日起 30 日内作出再审的裁定;有本法第 200 条第

1 项至第 5 项规定情形之一的,可以交下一级人民法院再审,但经该下一级人民法院再审的除外。

当事人对人民法院按照审判监督程序再审的案件所作的判决、裁定不服的,能否上诉?

《民事诉讼法》第 207 条第 1 款规定,人民法院按照审判监督程序再审的案件,发生法律效力的判决、裁定是由第一审法院作出的,按照第一审程序审理,所作的判决、裁定,当事人可以上诉;发生法律效力的判决、裁定是由第二审法院作出的,按照第二审程序审理,所作的判决、裁定,是发生法律效力的判决、裁定;上级人民法院按照审判监督程序提审的,按照第二审程序审理,所作的判决、裁定是发生法律效力的判决、裁定。据此,对于再审案件,当事人不服的,只能对按照第一审程序审理所作的判决、裁定有权上诉,而对按照第二审程序审理所作的判决、裁定不得上诉。

十、督　促　程　序

什么是督促程序?

督促程序,是人民法院根据债权人申请,以支付令催促债务人限期向债权人履行给付金钱、有价证券债务的程序。由于督促程序是以支付令催促债务人履行债务,在法定期间内债务人若对该支付令不提出异议又不履行其债务的,债权人有权向发出支付令的人民法院申请强制执行。因此,督促程序又被称为支付令程序。与通过诉讼程序来实现自己的金钱或者有价证券债权相比,债权人通过向有管辖权的基层人民法院申请支付令,更加简单易行,并可以省却繁琐的诉讼程序之苦,也能够更迅速、更及时地实现自己对债务人享有的债权。对于金钱、有价证券债权人来讲,这是一种更加有利的维权方式,在债权人具备申请支付令条件的情形下,债权人可以优先选择通过这一程序来实现自己的债权。

债权人申请支付令符合什么条件的,人民法院应当发出支付令?

《民事诉讼法》第 214 条规定,债权人请求债务人给付金钱、有价证券,符合下列条件的,可以向有管辖权的基层人民法院申请支付令:(1)债权人与债务人没有其他债务纠纷的;(2)支付令能够送达债务人的。申请书应当写明请求给付金钱或者有价证券的数量和所根据的事实、证据。据此,债权人申请支付令应当满足以下条件:

(1)债权人申请支付令应当属于申请支付令的债权范围。债权人请求给付金钱或者汇票、本票、支票、股票、债券、国库券、可转让的存款单等有价证券,且请求给付的金钱或者有价证券已到期且数额确定。基层人民法院受理申请支付令案件,不受债权金额的限制。如果债权人请求债务人给付金钱、有价证券之外的债务,或者具有以下情形下之一的,即:给付金钱或者有价证券的证明文件没有约定逾期给付利息或者违约金、赔偿金,债权人坚持要求给付利息或者违约金、赔偿金的;要求给付的金钱或者有价证券属于违法所得的;要求给付的金钱或者有价证券尚未到期或者数额不确定的,也不符合债权人申请支付令的条件。

(2)债权人与债务人没有其他债务纠纷。债权人向人民法院申请支付令是债权人要求债务人支付金钱、有价证券时采取的法律行为。但是,债权人与债务人互负债务,债权人对债务人负有对待给付义务的,债权人无权申请支付令。

(3)支付令能够送达债务人。支付令申请书所载债务人的地址或者住所准确,且债务人在我国境内且未下落不明,人民法院发出支付令能够依法送达债务人。如果没有债务人明确的地址或者住所,或者债务人不在我国境内且下落不明,存在支付令不能依法送达债务人的情形的,债权人也不具备申请支付令的条件。

(4)债权人应当向有管辖权的基层人民法院申请支付令。申请人申请支付令应当向有管辖权的基层人民法院提出。《民事诉讼法司法解释》第427条规定,两个以上人民法院都有管辖权的,债权人可以向其中一个基层人民法院申请支付令。债权人向两个以上有管辖权的基层人民法院申请支付令的,由最先立案的人民法院管辖。

根据《民事诉讼法司法解释》的有关规定,人民法院收到债权人的支付令申请书后,认为申请书不符合要求的,可以通知债权人限期补正。人民法院应当自收到补正材料之日起5日内通知债权人是否受理。债权人申请支付令,符合条件的,基层人民法院应当受理,并在收到支付令申请书后5日内通知债权人;不符合条件的,人民法院应当在收到支付令申请书后5日内通知债权人不予受理。

人民法院受理支付令申请后,应当在什么期限内向债务人发出支付令?

《民事诉讼法》第216条第1款规定,人民法院受理申请后,经审查债权人提供的事实、证据,对债权债务关系明确、合法的,应当在受理之日起15日内向债务人发出支付令;申请不成立的,裁定予以驳回。

债务人收到支付令后应在什么期限内清偿债务或者向人民法院提出书面异议?

《民事诉讼法》第216条第2款和第3款规定,债务人应当自收到支付令之日起15日内清偿债务,或者向人民法院提出书面异议。债务人在前款规定的期间不提出异议又不履行支付令的,债权人可以向人民法院申请执行。根据《民事诉讼法司法解释》第433条规定,债务人在收到支付令后,未在上述规定的15天的法定期间提出书面异议,而向其他人民法院起诉的,不影响支付令的效力。债务人超过法定期间提出异议的,视为未提出异议。本《解释》第438条规定,债务人对债务本身没有异议,只是提出缺乏清偿能力、延缓债务清偿期限、变更债务清偿方式等异议的,不影响支付令的效力。人民法院经审查认为异议不成立的,裁定驳回。债务人的口头异议无效。

债务人自收到支付令后既不提出异议又不履行支付令的,债权人应在什么期间向人民法院申请执行?

根据《民事诉讼法》第216条第2款和第3款规定,债务人自收到支付令之日起15日内既不提出异议又不履行支付令的,债权人可以向人民法院申请执行。《民事诉讼法司法解释》第442条规定,债权人向人民法院申请执行支付令的期间,适用《民事诉讼法》第239条的规定。《民事诉讼法》第239条规定,申请执行的期间为2年。申请执行时效的中止、中断,适用法律有关诉讼时效中止、中断的规定。前款规定的期间,从法律文书规定履行期间的最后一日起计算;法律文书规定分期履行的,从规定的每次履行期间的最后一日起计算;法律文书未规定履行期间的,从法律文书生效之日起计算。

在什么情形下,人民法院应当裁定终结督促程序,支付令自行失效?

《民事诉讼法》第 217 条第 1 款规定,人民法院收到债务人提出的书面异议后,经审查,异议成立的,应当裁定终结督促程序,支付令自行失效。此外,《民事诉讼法司法解释》第 432 条规定,有下列情形之一的,人民法院应当裁定终结督促程序,已发出支付令的,支付令自行失效:(1)人民法院受理支付令申请后,债权人就同一债权债务关系又提起诉讼的;(2)人民法院发出支付令之日起 30 日内无法送达债务人的;(3)债务人收到支付令前,债权人撤回申请的。

支付令失效的,债权人可以通过什么途径维护自己的债权?

《民事诉讼法》第 217 条第 2 款规定,支付令失效的,转入诉讼程序,但申请支付令的一方当事人不同意提起诉讼的除外。据此,人民法院裁定终结督促程序,支付令自行失效的,债权人可以通过诉讼程序包括一审普通诉讼程序或者简易程序或者简易程序中的小额诉讼程序,来继续维护自己的权益,使自己对债务人享有的金钱或者有价证券债权得以实现。《民事诉讼法司法解释》第 440 条规定,支付令失效后,申请支付令的一方当事人不同意提起诉讼的,应当自收到终结督促程序裁定之日起 7 日内向受理申请的人民法院提出。申请支付令的一方当事人不同意提起诉讼的,不影响其向其他有管辖权的人民法院提起诉讼。本《解释》第 441 条规定,支付令失效后,申请支付令的一方当事人自收到终结督促程序裁定之日起 7 日内未向受理申请的人民法院表明不同意提起诉讼的,视为向受理申请的人民法院起诉。债权人提出支付令申请的时间,即为向人民法院起诉的时间。

十一、执 行 程 序

(一) 执行条件与期限

执行程序是民事争议解决的必经程序吗?

民事诉讼执行程序,是指人民法院执行机构以生效的民事法律文书为依据,依法采取强制性的执行措施迫使不履行义务的当事人履行法律文书所确定的法律义务的活动。生效法律文书所确定的享有权利的一方称为债权人或权利人,而应当履行义务的一方称为债务人或义务人。自觉履行生效法律文书所确定的法律义务,是义务人义不容辞的责任。通过义务人履行义务,生效法律文书所确定的义务人的义务即通过法律程序所确定和认可的权利人的权利才有可能得到实现。但是,如果义务人拒绝履行生效法律文书所确定的义务,权利人有权依法申请强制执行。在民事争议处理中,依法生效的仲裁裁决书、判决书和调解书经义务人自觉履行的,权利人没有必要向人民法院申请执行。也就是说,执行程序不是处理民事争议的必经程序。

当事人申请人民法院执行的生效法律文书包括哪些? 应当具备什么条件?

《民事诉讼法》第236条规定,发生法律效力的民事判决、裁定,当事人必须履行。一方拒绝履行的,对方当事人可以向人民法院申请执行,也可以由审判员移送执行员执行。调解书和其他应当由人民法院执行的法律文书,当事人必须履行。一方拒绝履行的,对方当事人可以向人民法院申请执行。根据本法第237条规定,对依法设立的仲裁机构的裁决,一方当事人不履行的,对方当事人可以向有管辖权的人民法院申请执行。除经人民法院依法裁定不予执行外,受理申请的人民法院应当执行。根据本法第238条规定,对公证机关依法赋予强制执行效力的债权文书,一方当事人不履行的,对方当事人可以向有管辖权的人民法院申请执行。除公证债权文书确有错误,经人民法院裁定不予执行外,受理申请的人民法院应当执行。可见,当事人申请人民法院执行的生效法律文书,即作为民事案件的执行依据主要包括以下生效法律文书:

(1)诉讼生效判决书。对于依法生效的民事诉讼判决书,一方当事人不履行判决书所确定的义务的,另一方当事人可以向人民法院申请执行。

(2)诉讼调解书。在诉讼中人民法院根据法院调解协议依法制作的调解书,经当事人签收后即生效,生效调解书和生效判决书的效力一样,当事人不得上诉。一方当事人不履行调解书的,另一方当事人可以向人民法院申请执行。

（3）人民法院发出的支付令。债务人应当自收到支付令之日起 15 日内清偿债务，或者向人民法院提出书面异议。债务人在前述规定的期间既不提出异议又不履行支付令的，债权人可以向人民法院申请执行。

（4）仲裁调解书。经仲裁庭调解达成协议后所制作的调解书具有强制执行力，一方当事人不履行的，另一方当事人有权向人民法院申请强制执行。

（5）仲裁裁决书。当事人对发生法律效力的仲裁裁决书，应当依照规定的期限履行。一方当事人逾期不履行的，另一方当事人可以依照民事诉讼法的有关规定向人民法院申请执行。

（6）具有强制执行效力的公证债权文书。根据《最高人民法院、司法部关于公证机关赋予强制执行效力的债权文书执行有关问题的联合通知》的规定，公证机关在办理符合赋予强制执行的条件和范围的合同、协议、借据、欠单等债权文书公证时，应当依法赋予该债权文书具有强制执行效力。债权人凭原公证书及执行证书可以向有管辖权的人民法院申请执行。

《民事诉讼法司法解释》第 463 条第 1 款规定，当事人申请人民法院执行的生效法律文书应当具备下列条件：（1）权利义务主体明确；（2）给付内容明确。

有权申请执行生效法律文书的权利人包括哪些？

依生效法律文书享有民事权利的一方，在义务人不依法履行生效文书所确定的义务的情况下，有权申请执行。法律文书生效后，法律文书所确定的权利由他人依法继受的，就会发生执行权利人的变更，该继受权利的人就成为债权人即权利人，该继受人有权向人民法院申请执行。作为权利人的公民死亡的，其继承人可以申请执行而成为执行债权人；作为权利人的法人或者其他组织终止的，继受其权利的法人或其他组织可以申请执行而成为执行债权人。执行程序启动后，执行债权人又被称为申请执行人。

应当履行生效法律文书所确定义务的被执行人包括哪些？

根据生效法律文书承担履行义务的一方，称为债务人或者义务人、被执行人。法律文书生效后，法律文书所确定的被执行人死亡或者作为被执行人的法人或者其他组织终止的，被执行人应当依法确定。

《民事诉讼法》第232条第1句规定,作为被执行人的公民死亡的,以其遗产偿还债务。对此,《民事诉讼法司法解释》第475条进一步明确规定,作为被执行人的公民死亡,其遗产继承人没有放弃继承的,人民法院可以裁定变更被执行人,由该继承人在遗产的范围内偿还债务。继承人放弃继承的,人民法院可以直接执行被执行人的遗产。

《民事诉讼法》第232条第2句规定,作为被执行人的法人或者其他组织终止的,由其权利义务承受人履行义务。对此,根据《民事诉讼法司法解释》第472条规定,依照《民事诉讼法》第232条规定,执行中作为被执行人的法人或者其他组织分立、合并的,人民法院可以裁定变更后的法人或者其他组织为被执行人;被注销的,如果依照有关实体法的规定有权利义务承受人的,可以裁定该权利义务承受人为被执行人。本《解释》第473条规定,其他组织在执行中不能履行法律文书确定的义务的,人民法院可以裁定执行对该其他组织依法承担义务的法人或者公民个人的财产。本《解释》第474条规定,在执行中,作为被执行人的法人或者其他组织名称变更的,人民法院可以裁定变更后的法人或者其他组织为被执行人。

当事人申请执行应当在什么期间内提出?

《民事诉讼法》第239条规定,申请执行的期间为2年。申请执行时效的中止、中断,适用法律有关诉讼时效中止、中断的规定。前款规定的期间,从法律文书规定履行期间的最后一日起计算;法律文书规定分期履行的,从规定的每次履行期间的最后一日起计算;法律文书未规定履行期间的,从法律文书生效之日起计算。根据《民事诉讼法司法解释》第468条规定,申请恢复执行原生效法律文书,适用《民事诉讼法》第239条申请执行期间的规定。申请执行期间因达成执行中的和解协议而中断,其期间自和解协议约定履行期限的最后一日起重新计算。

当事人申请执行,应当向法院提交哪些文件和证件?

当事人申请执行,应向有管辖权的人民法院提交下列文件和证件:(1)申请执行书。申请执行书中应当写明申请执行的理由、事项、执行标的,以及申请执行人所了解的被执行人的财产状况。申请执行人书写申请执行书确有困难的,可以口头提出申请。人民法院接待人员对口头申请应当制作笔录,由申请执行人签字或盖章。外国一方当事人申请执行的,应当提交中文申请执行书。当事人所在国与我国缔结或共同参加的司法协助条约有特别规定的,按照条约规定办理。(2)生效法律文书副本。(3)申请执行人的身份证明。公民个人申请的,应当出示居民身份证;法人申请的,应当提交法人营业执照副本和法定代表人身份证明;其他组织申请的,应当提交营业执照副本和主要负责人身份证明。(4)继承人或权利承受人申请执行的,应当提交继承或承受权利的证明文件。(5)申请执行人向被执行的财产所在地人民法院申请执行的,应当提供该人民法院辖区有可供执行财产的证明材料。

对于生效法律文书,应当由何地人民法院执行?

《民事诉讼法》第 224 条规定,发生法律效力的民事判决、裁定,以及刑事判决、裁定中的财产部分,由第一审人民法院或者与第一审人民法院同级的被执行的财产所在地人民法院执行。法律规定由人民法院执行的其他法律文书,由被执行人住所地或者被执行的财产所在地人民法院执行。

法院自收到申请执行书之日起超过 6 个月未执行的,申请人该怎么办?

《民事诉讼法》第 226 条规定,人民法院自收到申请执行书之日起超过 6 个月未执行的,申请执行人可以向上一级人民法院申请执行。上一级人民法院经审查,可以责令原人民法院在一定期限内执行,也可以决定由本院执行或者指令其他人民法院执行。

达成执行和解协议后,一方当事人不履行的,另一方该怎么办?

执行和解,是指在执行程序中双方当事人就执行标的的一部分或者全部,自愿达成协议、协商解决,经人民法院批准,从而结束执行程序的活动。《民事诉讼法》第 230 条规定,在执行中,双方当事人自行和解达成协议的,执行员应当将协议内容记入笔录,由双方当事人签名或者盖章。申请执行人因受欺诈、胁迫与被执行人达成和解协议,或者当事人不履行和解协议的,人民法院可以根据当事人的申请,恢复对原生效法律文书的执行。据此,一方当事人不履行和解协议的,另一方当事人可以向人民法院申请恢复执行。《民事诉讼法司法解释》第 467 条规定,一方当事人不履行或者不完全履行在执行中双方自愿达成的和解协议,对方当事人申请执行原生效法律文书的,人民法院应当恢复执行,但和解协议已履行的部分应当扣除。和解协议已经履行完毕的,人民法院不予恢复执行。

在执行中,什么情况下人民法院可以决定暂缓执行及暂缓执行的期限?

《民事诉讼法》第231条规定,在执行中,被执行人向人民法院提供担保,并经申请执行人同意的,人民法院可以决定暂缓执行及暂缓执行的期限。被执行人逾期仍不履行的,人民法院有权执行被执行人的担保财产或者担保人的财产。根据《民事诉讼法司法解释》第469条规定,人民法院依照《民事诉讼法》第231条规定决定暂缓执行的,如果担保是有期限的,暂缓执行的期限应当与担保期限一致,但最长不得超过1年。被执行人或者担保人对担保的财产在暂缓执行期间有转移、隐藏、变卖、毁损等行为的,人民法院可以恢复强制执行。本《解释》第470条规定,根据《民事诉讼法》第231条规定向人民法院提供执行担保的,可以由被执行人或者他人提供财产担保,也可以由他人提供保证。担保人应当具有代为履行或者代为承担赔偿责任的能力。他人提供执行保证的,应当向执行法院出具保证书,并将保证书副本送交申请执行人。被执行人或者他人提供财产担保的,应当参照物权法、担保法的有关规定办理相应手续。本《解释》第471条规定,被执行人在人民法院决定暂缓执行的期限届满后仍不履行义务的,人民法院可以直接执行担保财产,或者裁定执行担保人的财产,但执行担保人的财产以担保人应当履行义务部分的财产为限。

法院据以执行的法律文书确有错误的,应如何处理?

《民事诉讼法》第233条规定,执行完毕后,据以执行的判决、裁定和其他法律文书确有错误,被人民法院撤销的,对已被执行的财产,人民法院应当作出裁定,责令取得财产的人返还;拒不返还的,强制执行。

(二)　执行措施

被执行人未按执行通知履行义务的,法院对其财产可以采取哪些执行措施?

(1)罚款、拘留。《民事诉讼法》第241条规定,被执行人未按执行通知履行法律文书确定的义务,应当报告当前以及收到执行通知之日前1年的财产情况。被执行人拒绝报告或者虚假报告的,人民法院可以根据情节轻重对被执行人或者其法定代理人、有关单位的主要负责人或者直接责任人员予以罚款、拘留。

（2）查询、扣押、冻结、划拨、变价财产。根据《民事诉讼法》第 242 条规定，被执行人未按执行通知履行法律文书确定的义务，人民法院有权向有关单位查询被执行人的存款、债券、股票、基金份额等财产情况。人民法院有权根据不同情形扣押、冻结、划拨、变价被执行人的财产。人民法院决定扣押、冻结、划拨、变价财产，应当作出裁定，并发出协助执行通知书，有关单位必须办理。

（3）扣留、提取收入。根据《民事诉讼法》第 243 条规定，被执行人未按执行通知履行法律文书确定的义务，人民法院有权扣留、提取被执行人应当履行义务部分的收入。人民法院扣留、提取收入时，应当作出裁定，并发出协助执行通知书，被执行人所在单位、银行、信用合作社和其他有储蓄业务的单位必须办理。

（4）查封、扣押、冻结、拍卖、变卖财产。根据《民事诉讼法》第 244 条规定，被执行人未按执行通知履行法律文书确定的义务，人民法院有权查封、扣押、冻结、拍卖、变卖被执行人应当履行义务部分的财产。采取上述措施，人民法院应当作出裁定。

人民法院对被执行人的财产采取执行措施时有什么限制？

（1）根据《民事诉讼法》第 242 条第 1 款规定，被执行人未按执行通知履行法律文书确定的义务，人民法院有权向有关单位查询被执行人的存款、债券、股票、基金份额等财产情况。人民法院根据不同情形扣押、冻结、划拨、变价被执行人的财产时，查询、扣押、冻结、划拨、变价的财产不得超出被执行人应当履行义务的范围。

（2）根据《民事诉讼法》第 243 条第 1 款规定，被执行人未按执行通知履行法律文书确定的义务，人民法院扣留、提取被执行人应当履行义务部分的收入时，应当保留被执行人及其所扶养家属的生活必需费用。

（3）根据《民事诉讼法》第 244 条第 1 款规定，被执行人未按执行通知履行法律文书确定的义务，人民法院查封、扣押、冻结、拍卖、变卖被执行人应当履行义务部分的财产时，应当保留被执行人及其所扶养家属的生活必需品。

人民法院查封、扣押财产时，应当遵循什么程序？

《民事诉讼法》第 245 条规定，人民法院查封、扣押财产时，被执行人是公民的，应当通知被执行人或者他的成年家属到场；被执行人是法人或者其他组织的，应当通知其法定代表人或者主要负责人到场。拒不到场的，不影响执行。被执行人是公民的，其工作单位或者财产所在地的基层组织应当派人参加。对被查封、扣押的财产，执行员必须造具清单，由在场人签名或者盖章后，交被执行人一份。被执行人是公民的，也可以交他的成年家属一份。

财产被查封、扣押后，被执行人逾期不履行法律文书确定的义务的，人民法院应当采取什么措施？

《民事诉讼法》第 247 条规定，财产被查封、扣押后，执行员应当责令被执行人在指定期间履行法律文书确定的义务。被执行人逾期不履行的，人民法院应当拍卖被查封、扣押的财产；不适于拍卖或者当事人双方同意不进行拍卖的，人民法院可以委托有关单位变卖或者自行变卖。国家禁止自由买卖的物品，交有关单位按照国家规定的价格收购。

被执行人不履行法律文书确定的义务，并隐匿财产的，人民法院可以采取什么措施？

《民事诉讼法》第 248 条规定，被执行人不履行法律文书确定的义务，并隐匿财产的，人民法院有权发出搜查令，对被执行人及其住所或者财产隐匿地进行搜查。采取前款措施，由院长签发搜查令。

人民法院强制被执行人迁出房屋或者强制退出土地的，应当履行什么程序？

《民事诉讼法》第 250 条规定，强制迁出房屋或者强制退出土地，由院长签发公告，责令被执行人在指定期间履行。被执行人逾期不履行的，由执行员强制执行。强制执行时，被执行人是公民的，应当通知被执行人或者他的成年家属到场；被执行人是法人或者其他组织的，应当通知其法定代表人或者主要负责人到场。拒不到场的，不影响执行。被执行人是公民的，其工作单位或者房屋、土地所在地的基层组织应当派人参加。执行员应当将强制执行情况记入笔录，由在场人签名或者盖章。强制迁出房屋被搬出的财物，由人民法院派人运至指定处所，交给被执行人。被执行人是公民的，也可以交给他的成年家属。因拒绝接收而造成的损失,由被执行人承担。

对判决、裁定和其他法律文书指定的行为,被执行人未按执行通知履行的,人民法院可采取什么措施?

《民事诉讼法》第 252 条规定,对判决、裁定和其他法律文书指定的行为,被执行人未按执行通知履行的,人民法院可以强制执行或者委托有关单位或者其他人完成,费用由被执行人承担。

被执行人未按判决、裁定和其他法律文书指定的期间履行给付金钱义务的,应承担什么责任?

《民事诉讼法》第 253 条规定,被执行人未按判决、裁定和其他法律文书指定的期间履行给付金钱义务的,应当加倍支付迟延履行期间的债务利息。被执行人未按判决、裁定和其他法律文书指定的期间履行其他义务的,应当支付迟延履行金。

被执行人的财产采取执行措施后仍不能偿清债务的,其偿还义务能否免除?

《民事诉讼法》第 254 条规定,人民法院采取本法第 242 条、第 243 条、第 244 条规定的执行措施后,被执行人仍不能偿还债务的,应当继续履行义务。债权人发现被执行人有其他财产的,可以随时请求人民法院执行。可见,人民法院采取查询、扣押、冻结、划拨、变价财产被执行人的财产,扣留、提取被执行人的收入,查封、扣押、冻结、拍卖、变卖被执行人的财产等执行措施后,被执行人仍不能清偿债务的,其偿还义务不会免除,应当继续履行义务,债权人发现被执行人有其他财产的,有权随时请求人民法院执行。

被执行人不履行法律文书确定的义务的,法院能否限制其出境或者公布其不履行信息?

根据《民事诉讼法》第 255 条规定,被执行人不履行法律文书确定的义务的,人民法院可以对其采取或者通知有关单位协助采取限制出境,在征信系统记录、通过媒体公布不履行义务信息以及法律规定的其他措施。

在什么情形下,人民法院应当裁定中止执行?

《民事诉讼法》第 256 条规定,有下列情形之一的,人民法院应当裁定中止执行:(1)申请人表示可以延期执行的;(2)案外人对执行标的提出确有理由的异议的;(3)作为一方当事人的公民死亡,需要等待继承人继承权利或者承担义务的;(4)作为一方当事人的法人或者其他组织终止,尚未确定权利义务承受人的;(5)人民法院认为应当中止执行的其他情形。中止的情形消失后,恢复执行。根据本法第258条规定,中止执行的裁定,送达当事人后立即生效。

在什么情形下,人民法院应当裁定终结执行?

《民事诉讼法》第257条规定,有下列情形之一的,人民法院裁定终结执行:(1)申请人撤销申请的;(2)据以执行的法律文书被撤销的;(3)作为被执行人的公民死亡,无遗产可供执行,又无义务承担人的;(4)追索赡养费、扶养费、抚育费案件的权利人死亡的;(5)作为被执行人的公民因生活困难无力偿还借款,无收入来源,又丧失劳动能力的;(6)人民法院认为应当终结执行的其他情形。根据本法第258条规定,终结执行的裁定,送达当事人后立即生效。

责任编辑:李春林
封面设计:汪　阳
责任校对:马　婕

图书在版编目(CIP)数据

像律师一样维护自己的权利:财产权与人身权保护指南/栾兆安 编著. —北京:
　人民出版社,2017.5
ISBN 978－7－01－016768－8

Ⅰ.①像…　Ⅱ.①栾…　Ⅲ.①财产权-法律保护-基本知识-中国②人身权-
　法律保护-基本知识-中国　Ⅳ.①D923.24②D923.14

中国版本图书馆 CIP 数据核字(2016)第 233807 号

像律师一样维护自己的权利

XIANG LÜSHI YIYANG WEIHU ZIJI DE QUANLI

——财产权与人身权保护指南

栾兆安　编著

人民出版社 出版发行

(100706　北京市东城区隆福寺街 99 号)

北京新华印刷有限公司印刷　新华书店经销

2017 年 5 月第 1 版　2017 年 5 月北京第 1 次印刷
开本:710 毫米×1000 毫米 1/16　印张:34
字数:499 千字　印数:0,001-4,000 册

ISBN 978－7－01－016768－8　定价:69.00 元

邮购地址 100706　北京市东城区隆福寺街 99 号
人民东方图书销售中心　电话 (010)65250042　65289539